出品 | 厦门市工商业联合会（总商会）
厦门市民营经济工作领导小组办公室

厦商风华

改革开放40年　敢勇当先40人

本书编委会　编

厦门大学出版社　国家一级出版社
XIAMEN UNIVERSITY PRESS　全国百佳图书出版单位

图书在版编目(CIP)数据

厦商风华:改革开放40年·敢勇当先40人/本书编委会著.—厦门:厦门大学出版社,2018.11
ISBN 978-7-5615-7119-4

Ⅰ.①厦… Ⅱ.①本… Ⅲ.①民营企业—企业家—生平事迹—厦门—现代 Ⅳ.①K825.38

中国版本图书馆CIP数据核字(2018)第232214号

出 版 人	郑文礼
责任编辑	冀　钦
特约编辑	赖丹丹
美术编辑	李嘉彬
技术编辑	朱　楷
出版发行	厦门大学出版社
社　　址	厦门市软件园二期望海路39号
邮政编码	361008
总 编 办	0592-2182177　0592-2181406(传真)
营销中心	0592-2184458　0592-2181365
网　　址	http://www.xmupress.com
邮　　箱	xmup@xmupress.com
印　　刷	厦门市金凯龙印刷有限公司

开本　885 mm×1 194 mm　1/16
印张　27.5
插页　1
字数　516千字
版次　2018年11月第1版
印次　2018年11月第1次印刷
定价　165.00元

本书如有印装质量问题请直接寄承印厂调换

厦门大学出版社
微信二维码

厦门大学出版社
微博二维码

- 出　　品：厦门市工商业联合会（总商会）

　　　　　厦门市民营经济工作领导小组办公室

编 委 会

- 主　　任：柯希平　陈永东
- 编　　委：郑金泉　林志宏　邱加海　叶正辉　蓝　萍　蔡素卿
　　　　　　林金宗　王华安　李实全　曾世秦　苏勇建　彭明赞
　　　　　　严　旭　谭元生　许宏伟　曾志超　刘海星　宋　铮
- 主　　编：陈永东
- 策　　划：刘海星　谢嘉晟
- 采　　编：《商汇》杂志社
- 撰　　稿：谢嘉晟　赖丹丹　陈惠婷　吴翠珊
- 品牌运营：厦门市闽南企业文化交流中心
　　　　　　福建省道亦有道传媒有限公司

序

今年是全面贯彻党的十九大精神的开局之年，也是改革开放40周年。作为首批四个经济特区之一的厦门，在改革开放的大潮中击楫争先、逐浪前行，实现了从海防前线到开放前沿的成功转型。40年来，全市生产总值增长280倍，财政收入增长817倍，城市人口增加300万，服务业占比达57.8%，正从"小而美"向"美而强"大步前行。特区发展的"厦门速度"，造就了这座高素质的创新创业之城和高颜值的生态花园之城，既是福建改革开放四十年历程的生动缩影，也是国有经济和民营经济合作共赢、联手创造的辉煌成就。

在改革开放春风的吹拂下，民营企业从无到有、从小到大、从大到强，在改革开放的时代舞台上大显身手。2017年我省民营经济对全省GDP的贡献率为67%，提供了全省70%的税收、80%的投资。民营企业以市场机制有效配置资源，提高全要素生产率，为经济成长、增加利税、扩大就业、技术创新和社会繁荣稳定作出了重大贡献，为社会主义现代化建设造就了大批的民营企业家。民营经济推动厦门从以"三来一补"加工贸易为主的传统制造业，向以电子信息为主导的高新技术制造业和以软件、信息、金融、物流、旅游会展等为主导的现代服务业转变。以厦顺铝箔、恒兴集团、金牌橱柜为代表的传统实体企业锚定高质量、跃步新发展，以美图公司、美亚柏科、盈趣科技为首的新兴企业创新动能不断增强，成为各自领域的行业龙头。

市场活力来自于人，特别是来自于企业家，来自于企业家精神。民营企业从破土萌芽成长为参天大树，民营经济从"必要补充"成长为经济主力，为时代发展谱写华章，离不开广大闽商"敢为天下先，爱拼才会赢"的闯劲和拼劲。在改革开放中，厦门各行各业涌现出了一大批优秀企业家，他们是厦门经济特区建设发展中最亮丽的一道风景线，是特区人民爱拼敢赢的精神榜样。厦门市工商联（总商会）推出《厦商风华》一书恰逢其时，既是为勇立潮头、拼搏奋进的闽商立传，也是为波澜壮阔、民族复兴的时代留影。

柯希平、郑金泉、陈清渊、吴迪、邹剑寒等40位企业家的故事，生动而感人，深刻而启智，是改革开放下闽商开拓进取、发展壮大的时代群像。他们曾经一穷二白却敢为人先，逆势奋进、勇于创新，带领企业从"小打小闹"的工厂作坊、乡镇企业，成了今日的行业龙头、"隐形冠军"；他们身家不菲仍保持质朴底色，乐善好施、扶贫济弱，在支持教育发展、参与精准扶贫中，充分展现社会责任担当；他们成绩彪炳但永不止步，从立足本乡本土，到不断向外开疆拓土，在响应"一带一路"倡议中捕获全球商机、拓宽市场空间……他们的发展之歌，从创一代唱到创二代，传承延续了爱国敬业遵纪守法艰苦奋斗、创新发展专注品质追求卓越、履行责任敢于担当服务社会的优秀企业家精神。他们坚守实体经济、拥抱新兴产业的创业实践，已经成为新时代经济社会持续发展的蓬勃动力。

潮起东方万象新，砥砺奋进正当时。随着改革进入深水区，我国又一次走到了历史关口，在更高起点谋划和推进改革，复杂程度、敏感程度、艰巨程度不亚于40年前。让我们紧紧团结在以习近平同志为核心的党中央周围，把思想和行动统一到党的十九大精神上来，继续拿出敢为天下先的胆魄，永葆爱拼才会赢的闯劲，当好新时代的坚定者、奋进者、搏击者，让改革造就新气象、为开放带来新活力，为福建高质量发展落实赶超再建新功，凝心聚力赢得"下一个40年"！

致敬波澜壮阔的改革开放，祝福闽商初心稳如磐、扬帆再启航！

福建省政协副主席
福建省工商联主席　王光远
2018年10月19日

前言

"爱拼才会赢",是闽商精神的精髓。翻开历史的篇章,当探寻闽商发展足迹的时候,我们能深深地感受一种善观时变、顺势而为、敢勇当先、合群团结、恋祖爱乡、回馈桑梓的闽商精神。

"厦商",是闽商的一部分,却又是有其自身特色的一个群体。然而,此前几乎没有针对"厦商"这个群体的描述或研究。所以,在改革开放40周年之际,厦门市工商联(总商会)作为党和政府联系非公有制经济人士的桥梁纽带,为团结非公经济人士,促进"两个健康"工作,树立爱国敬业、守法经营、创业创新、回报社会的企业家典范,谱写华彩篇章,特别推出《厦商风华》一书,历经一年,通过详细采访、深度挖掘,第一次比较完整地描述出厦门最优秀的民营企业家群体形象。

40年风雨兼程,40年高歌猛进。40年,于厦门600多年的城市年轮,不过是窄窄的一圈。但这段岁月,烙印着"改革开放"和"经济特区"8个前所未有的字眼,熠熠生辉,光彩夺目。

"厦商",既有本地土生土长的乡镇企业发展而来的,也有在经济特区开始建设时才投奔于此寻找商机的。"厦商"的发展,既得益于改革开放大潮带来的重大机遇,又享受了厦门经济特区建设的政策支持和内生动力。

改革开放40年,中国企业历经大浪淘沙。

本书选取的40位厦门企业家,他们是"厦商"群体中最活跃的一部分。他们,有的一路走来几经沉浮,企业发展故事波澜壮阔;有的在行业内具有代表性,引领行业蓬勃发展;有的是上市企业,逐鹿资本市场浩浩荡荡,有的几经折戟,却能矢志前行,故事感人至深……

40年商海巨变,有的人挺下来了,以过人的胆识与智慧,在一次次洗礼中实现了企业的腾飞与超越;有的人倒下了,或因时代的骤变而难以跨越，或因竞争的残酷"壮志难酬"。

因采访时间有限，以及各位企业家采访安排时有调整，本书文稿有部分参考企业家提供的企业资料和媒体素材。本书以鲜活生动的故事为线索，博观约取，记录了一个个来自厦门的企业家在激烈的市场竞争中的史诗般崛起。用一个个真实的故事，一个个有血有肉的企业家，及其背后一个个真实的团队在真实的世界里创造出来的成绩，来解释厦门企业的发展逻辑与规律。其中，既有他们的得意，也有他们的失意。

光明的、挣扎的、奋起的，正是这些企业家率领着他们的企业军团前仆后继，才能在40年的时间内，激荡出一幅幅波澜壮阔的画面。

目 录

本书编排按人物姓氏笔画排序

味友王瑞祥：一碗鸭肉面线端上央视　集美渔民的餐饮奇缘　　　1

时间流逝，青葱少年已然步入不惑，小店老板也转身成为企业领头人，王瑞祥依旧习惯半夜到菜市场走走逛逛，挑挑拣拣，选一些当季新鲜的海鲜食材。他说，这可能是厨师对食材的一种偏执，一份初心。

中绿孙少锋：执着的"农场主"　　　11

今天，当振兴乡村的国家战略号角吹响时，孙少锋开始布局"农旅产业"，力图通过一二三产的联动，推动中国美丽乡村建设。
孙少锋有一种务实当个"农场主"的坚守精神。

建安孙吉龙：玩命将一家负债企业做到福建第三　　　21

福建省建筑施工企业信用综合评价最新一期排名中，厦门建安集团全省排名第三，厦门排名第一。把住"质量"、"安全"和"工期"关，树立"诚信"实力，孙吉龙让一家已被勒令停业整顿的集体企业起死回生。

鹭江公证处苏国强：公证社会化试验　　　33

他创立的鹭江公证处，是全国公证信息化标准的参与制定者、中国公证管理平台和知识产权网络服务平台的管理运营者。
他是一个可以在中国司法体系改革进程中留下印记的人物。

弘信李强："云创业"模式的拓荒者　　　45

2017年，弘信创业工场旗下的弘信电子登陆国内资本市场，成为A股中的"柔性电子第一股"；被视为"云创业"线下版的云创智谷，试验两年后，也迈入了快速扩张期。

金旸杨清金：50 岁再创业，在万亿市场玩裂变　　55

他入戏，20 年根植实体，他又入角，当了 30 多年的企业家，天命之年也不放下，毅然选择了二次创业这条并不寻常的路：打造中国首个实体创业平台。

华祥苑肖文华：人在草木间　　63

肖文华说，盛世茶兴是历史规律，如今中国正迎来盛世，外交茶叙是新时代的特色，中国茶在大国邦交中开始扮演越来越重要的角色，开始被世界瞩目，所以他还会继续"傻傻坚持"，让世界爱上中国茶。

来明吴进忠：没有永远成功的企业　只有不断创新的企业　　71

当我看到屹立在鼓浪屿上的郑成功像，得知厦门和台南有着相同的妈祖民俗文化与郑成功国姓爷文化，依靠相同的人缘、文缘、地缘，我深信企业落在厦门可以和厦门一起壮大发展。

荣滨吴国荣：我生在一个好时代　但是冲太快了　　81

吴国荣今年 64 岁。采访中，他说了一句话：我辛苦了一辈子，就希望晚年有点好名声。吴国荣"辛苦的一辈子"中，有 12 年堪称是翻山越岭的雄狮，这段时间，他创造了太多第一。

福信吴迪：知识、战略、坚持与创新成就福信　　89

福信集团的低调比福信的新闻还有名。在吴迪看来，这种低调正是福信的生存发展方式，也是福信与社会联系多元化的表现。这意味着福信更注重内部实力的建设，更专心于做好企业的天职——提供更好的产品。

万利达吴凯庭：我有一个"智"造梦   103

仅六年多时间，吴凯庭便将有着三十多年历史的老牌民营企业驶入"快车道"，开启"加速跑"。在一系列创新举措推动之下，万利达"老树发新枝"，展现出了勃勃生机。

奥佳华邹剑寒：构筑全球健康产业共同体   111

他一手创立的奥佳华是国内"按摩器第一股"，出口份额和工业产值连续十三年保持国内行业第一，也是全球最大的按摩器材供应商和中国按摩器具行业国家标准的主要制定者。

见福张利：三十年两次急流勇退 只为死守一条产业链   121

他这辈子其实就围着一条产业链在转，从1984年到2016年，他的三个"十年规划"完成了不同阶段的沉淀，未来十年，他希望带领见福走进资本市场，去构筑一个新的高地。

安妮股份张杰：让版权实现更大价值 实现人人都是版权人   129

从内容创作、传播，再到变现，不同环节共同牵扯出一个全新的经济名字：数字版权。这一年，厦门老牌上市企业安妮股份从传统产业转型，也将核心业务聚焦在数字版权上。

巨岸陈文豹：当年莆田"少年郎" 缔造神奇"巨岸模式"   139

他，创立了特有的"巨岸模式"，解决了员工凝聚力、企业可持续发展、员工归属感和团队执行力四大问题。他，就是厦门市莆田商会会长、福建巨岸集团有限公司董事长陈文豹。

舒友陈有鹏：点石成金　织造以餐饮为中心的跨界生态圈　　149

陈有鹏堪称点石成金，舒友海鲜大酒楼开一家火一家，无论新开还是接盘，从无败笔；出手娱乐行业照样横扫一方，别人手里的烫手山芋，在他手里都能起死回生，每一次转型升级总能手到擒来。

厦顺铝箔陈成秀：专注实体　践行制造业强国梦　　161

作为第一批进入大陆投资兴业的华商之一，厦顺铝箔创始人陈成秀的故事令人震撼。"国家的改革开放是摸着石头过河，海外华商回国投资也是一步步走过来的，我们要一起同圆共享'中国梦'。"他说。

科华恒盛陈成辉：智慧电能领导者　　169

陈成辉始终执着于民族工业的发展，果断推进企业的转型升级，今天，他希望能让科华恒盛再造一个 UPS 电源的辉煌，由 UPS 的领先者，变成智慧电能的领导者。

立林陈旭黎：
从负债三百万到营业额破八亿　小木匠到国际标准起草者的蜕变之路　　179

闽南人是"磨"出来的成功。这"磨"可以从陈旭黎的创业故事得到印证，他没有轰轰烈烈的壮举，没有耸人听闻的事件，可怕的是，他磨着磨着，已经把一家小经营部做成全球行业领导者，竟还不为多数人所知。

正新轮胎陈秀雄：专注轮胎行业近半个世纪　　191

今年七十多岁的陈秀雄，1970 年在日本静冈大学毕业后便一头扎进轮胎行业，至今已将近半个世纪。可见，他对轮胎行业爱得深沉。

日月谷陈信仲："鸭毛兄"的大陆情结　　199

出生于台北的陈信仲，今天却喜欢把厦门海沧的日月谷温泉度假村当家。他是改革开放后第一个把中国的羽绒生意做到全世界的台商，他在厦门筹建了福建建设最早、规模最大的温泉度假村。

大洲陈铁铭：大浪淘沙勇者胜　厚德载物智者赢　　209

"大浪淘沙勇者胜，厚德载物智者赢"，正是因为舍得有度，陈铁铭带领的大洲集团方能一路乘风破浪、永立潮头，成长为一家总资产超百亿元人民币的综合性、国际化大型企业集团。

永同昌陈爱钦：从未觉得自己优秀　只是我讲诚信　　217

她工作时干脆利落，生活上精细入微，思维巧捷万端，以至于围绕在她身边的人看着她生出了"高山仰止，景行行止，虽不能至，心向往之"的心境。

银鹭陈清渊：青年农民自筹三万元　缔造年销百亿元的商业传奇　　233

三十多年前，在陈清水、陈清渊兄弟热血沸腾的鼓动下，几个青年农民自筹三万元起家，历经濒临破产倒闭、东山再起又一路"开挂"的艰难征战后，银鹭创造了一个时代的辉煌。

禹洲林龙安：千亿房企的谋局者　　247

从下海创业的艰难，始终自信和坚持不懈的意志，到赚到第一桶金后的喜悦；从禹洲地产赴港上市的佳绩，到经济新常态下的转型，林龙安无不胸有成竹。

大博医疗林志雄：骨科医生带出一个上市企业　　257

走进大博医疗展厅，一个个骨科植入类耗材产品在灯光照映下发亮，讲述着这个企业腾飞的故事。其中最精彩的部分，是林志雄带着大博医疗用了不到十五年时间，完成从创立到上市的过程。

洋江食品林国发："蚝汁鼻祖"的传奇追求　　265

林国发称得上大陆蚝汁生产的开山鼻祖，此生充满传奇。三十多年来，他似乎就为蚝油而生，现在，他的洋江蚝汁已经是全球细分市场里的领军品牌。

七匹狼周永伟：闽派服装的"头狼"　　279

他被誉为"头狼"，不仅是七匹狼七个原始创业伙伴的"头狼"，也是闽派服装品牌的开拓者。在中国服装业中，他最早导入 CIS，最早推出加盟连锁模式，也最早实现在国内 A 股挂牌上市。

松霖周华松：打造整屋家居的"高通"　　289

二十多年过去，松霖科技已然是全球卫浴行业的中国版"高通"，它占据着全球卫浴行业的技术制高点，为全球几乎所有顶级卫浴品牌提供着 IDM 服务。

海澳郑金泉：民营油企的百年梦想　　297

厦门海澳集团有限公司董事长郑金泉用了近 40 年的光阴，曲折探索中国民营企业的石油经营之道，力图打造一艘乘风破浪、平稳前行的石油巨轮。

万里石胡精沛：耕耘全世界　走向全球化　　305

万里石在改革开放的大潮中诞生，却开启了中国石材"走出去"的诸多先河。他还推动吸收合并全球行业巨头，让万里石成为国内A股的"中国石材第一股"。

鼎丰洪明显：敢为人先　从打工仔到上市企业老总　　317

鼎丰集团作为海西第一家在香港上市的类金融集团，目前正以稳健有力的步伐引领着海西金融经济的发展。洪明显作为鼎丰集团的掌门人，低调、沉稳又奋进。

恒兴柯希平："厦门首富"的投资秘籍　　323

柯希平是多届福布斯富豪榜的"厦门首富"，因为投资A+H股上市的紫金矿业，一战成名。柯希平以实业起家，投资却成了他的专长。如今，以投资助力实体经济是柯希平新的抱负。

宏发电声郭满金：不断进取，永不满足的"厂长"　　335

他说："一直以来，我不大愿意把时间花在回忆已经做过的事情上，所以宏发深入人心的是'不断进取，永不满足'的原则，把目光永远盯在正前方。"

三五互联龚少晖：将安逸恬静的厦门带入瞬息万变的IT舞台　　355

在中国还是"互联网荒漠"的时代，龚少晖硬把安逸恬静的厦门带入了一个瞬息万变的IT舞台。然而他说，这只是在发展的快速路上取得的阶段性成果，"后面还有更美丽的风景"。

宏泰曾琦：时代的追梦人 365

曾琦博士认为，是厦门这块福地给了他施展才华的空间，因此，对脚下这片土地，他深怀感恩。他欣喜地看到，中华民族伟大的复兴之梦，就要从这块给了他生命、养育他成长的土地上，一步一步地实现。

"纳滤之父"蓝伟光："真净水"背后的故事 377

人生的精彩莫过于把一件喜欢的事情做到极致，蓝伟光正是如此。已经进入天命之年的蓝伟光，前半生的精力差不多都花在了与水处理有关的事业上，潜意识里，他始终保持着一份改善中国饮用水质的责任感。

涌泉赖桂勇：
身家数亿时，全家住六十平小屋　经历低谷后，迎来另一种快意人生 389

厦门民营经济发展史上从来不会少了赖桂勇和他身后涌泉集团的那一笔。他享受过改革开放的红利，也经历过倾家荡产、走投无路的困局，如今再起步的赖桂勇走进了另一种懂取舍、知进退的快意人生。

美亚柏科滕达：改革试验下的成品 399

回顾过去的四十年，滕达称自己是当之无愧的改革试验品，他一手创立的美亚柏科公司已成长为中国大数据社会治理方案探索的先行者，是国内电子数据取证行业的龙头企业、网络空间安全专家。

金牌厨柜潘孝贞：领跑"中国制造2025"的新实业家 411

在品质上领先一着，在成本上占尽优势，在生产工艺上智能制造，占尽天时地利人和优势的中国厨柜，没有理由不受到全世界的欢迎。在金牌厨柜上市一年后，潘孝贞已能看到未来：中国定制家居必将称雄世界。

味友王瑞祥：
一碗鸭肉面线端上央视
集美渔民的餐饮奇缘

文/陈惠婷

  时间流逝，青葱少年已然步入不惑，小店老板也转身成为企业领头人，王瑞祥依旧习惯半夜到菜市场走走逛逛，挑挑拣拣，选一些当季新鲜的海鲜食材。他说，这可能是厨师对食材的一种偏执，一份初心。
  吆喝声、马达声、喇叭声……厦门中埔菜市场晚上十点到凌晨两点的景象，是他二十多年来最熟悉的画面。王瑞祥说："这个点的中埔菜市场是厦门繁华的地方。"

古早味是回忆，也是传承孝道

鸭肉炖汤，汤鲜味浓，吸了油的滑嫩面线分外味美。动筷前，眼睛和鼻腔早已饱食一遍；入口时，浓浓的鸭肉汤味在舌尖味蕾化开，面线则在齿间断裂。这是味友最著名的鸭肉面线，也是味友一直传承的"古早味"。

王瑞祥回忆："小时候闽南地区补冬或者过年的时候，家里会特意杀鸡杀鸭，那会儿人多，每个人也就只能吃上一两块肉，加点面线不仅好吃，而且可以让家里小孩多吃上一碗。"后来光景好了，炖上鸭肉，他也会不由自主地加点面线，像是对鸭肉汤最神圣的处置，好比喝碗豆浆就该配一根油条。

味友还没进驻岛内时，很多来厦门的东南亚华侨、台湾同胞，只要能待上一两天，都会特地赶往集美味友总店吃上一碗热腾腾的鸭肉面线，后来他们跟王瑞祥说："这是我小时候吃到的'古早味'，是妈妈的味道，是家的味道。"

王瑞祥认为，"古早味"是回忆，也是孝道的传承。"小时候家里煮鸭肉汤，父亲都会特意挑最好吃的鸭腿加面线，让我先端去给隔壁的奶奶吃。"

自创立味友那一刻起，王瑞祥手里的每一道餐品，从选材、下料、烹饪，再到端上餐桌给食客，每道流程就像父亲盛给奶奶那碗鸭肉面线一样庄重。现在想想，味友始终坚持的"以味会友，真材实料"，其实是一种"孝道"的传承。

百善孝为先，以"孝道"作为品牌内涵的味友，注定要收到市场的回馈。初创时，一百多平方米的店铺就经常被人潮挤得水泄不通；如今，集美总店每逢假日也经常大排长龙。

2017年，金砖国家领导人会晤期间，全国媒体的闪光灯聚焦厦门，味友作为当地美食代表，在央视1、4、13频道轮番亮相，央视媒体对味友所代表的闽南美食印象深刻，不吝溢美之词。金砖会晤之后，《舌尖上的中国3》主创团队也快马加鞭赶来，在味友世贸店取景拍摄，把味友面线作为第三章"家宴"的美食代表之一。画面一帧一帧放出，料理的香气一滴不漏地溢出屏幕，全国"吃货"不由自主地对着味友美食垂涎。

鸭肉面线在央视等媒体密集的宣传报道下蜚声全国，味友的品牌形象也达到前所未有的高度。王瑞祥看着这一切，他说："外界的赞誉也是一种监督。在大众的监督中，我们更应该坚持食材的本真，这才是味友得以立足并壮大的根本。"

出海远洋当厨师
四年走遍十八个国家

  1948 年，解放战争还没结束。王瑞祥远在南洋的爷爷因担心国内的高龄老母亲，迫不及待带着四个儿子举家迁回厦门。爷爷长居海外，不谙农活，作为家中长子的父亲，主动扛起家庭劳作的重担。王瑞祥的母亲是老师，平日忙于备课教书，于是他从小就成了父亲干活的得力助手。父亲在村里是出了名的忠厚老实、孝顺父母的人，在父亲的言传身教下，才有了王瑞祥的传承家风，把"孝"字融入后代教育与企业品牌文化建设。

  1983 年，王瑞祥职高毕业，到集美宾馆学厨。1989 年，他因劳务输出被外派到香港环球公司远洋船做厨师。四年内，王瑞祥走了十八个国家。

  这段历程让他大开眼界。无论是英国船长对厨房卫生追求极致的理念，还是印度大副带来的独特异国料理，或是在日本、美国、澳大利亚等先进发达国家的所见所闻，都对他后来的企业经营产生深远影响。

  采访中，王瑞祥多次提及日本当时已经有的现代化形态：居民住宅小区是花园式小桥流水的设计；货运码头已经启用现代化设备代替人力；商城里，工作人员的服务态度带着发自内心的热情与友善。同时期的厦门还在建设特区，湖里区大兴土木，热火朝天地盖工厂；厦禾路一带没扩建，厦门城市规划的雏形还未成型。

  国内外城市化发展水平大相径庭，这些见闻着实震撼到了王瑞祥，更让他记忆深刻的是货轮第一次抵达美国的经历。改革开放初期，中国逐步兴起出国打工热潮，偷渡美国的中国船民大多数都是来自中国福建的非法移民。为此，美国当局对来自中国的货轮，以及中国福建籍船员审查得相当苛刻。在这种背景下，王瑞祥所在的轮船一靠岸，"整船的人都上岸了，就因为我是中国人，不给我发通行证。"

  民族自尊心受挫的感觉顿时蔓延全身，"其他国家的船员都有通行证，就我没有，就我不能上岸，你想想那是什么感觉？"那一刻，王瑞祥有了一种祖国强大人民才有尊严的觉悟。

  二十多年后，中国经济位列全球第二，综合国力日益强盛，王瑞祥再次踏上美利坚的土地，走一走，看一看，他不由得感慨："赶上好时代，国强民富的感觉真好。"

集美北部工业区兴起
一碗面线抓住台商的嘴

1993年，王瑞祥远洋归国，家里的土地在前一年被征用建设集美台商投资区北部新区，他笑称，自己成了"失地失渔"农民。此外，远洋之旅让他实现了资本原始积累，软硬件就绪，创业之路自然水到渠成。

彼时，集美台商投资区北部新区是国内较早的一处由国务院批准的国家级台商投资区，享受厦门经济特区的优惠政策。如此大的政策利好，鼓舞一大批台商闻风而动，跨越海峡携资涌入，投资区建设工作热热闹闹地展开了。

王瑞祥赶上投资区兴起的好时机，在区内开了间一百平方米的店面。店里摆上几张桌子，自己买菜、炒菜、收银，连员工算起来总共五个人，味友的雏形算是诞生了。厦门与台湾一衣带水，风俗民情有着千丝万缕的联系，饮食习惯更是相差无几，王瑞祥拿手的闽南菜刚好迎合了当时投资区内台商的饮食需求。

王瑞祥解释："我在集美宾馆、厦门宾馆学厨的时候，见过很多华侨和台胞，一回到家乡吃到小时候那种味道，他们的眼睛会发光。"这些游子万般渴切的眼神，让王瑞祥准确地找到了创业突破口：家的味道，亲情的味道。

"其实鸭肉面线的煮法并没有什么秘诀，就是把家里的做法搬到餐桌。"正是跟家里一模一样的味道，唤起了台商的记忆。从那时起，味友就成了一家苦心钻研本地菜，开发原汁原味闽南菜的品牌。鸭肉面线、猪蹄膀、海蛎煎……台胞们走进味友，迎面而来熟悉的闽南风，尤其能勾起海峡对岸家的味道。

王瑞祥还将自己在外的见闻感受、所习得的服务理念贯穿于店铺经营中。他对消费三五元和消费数百元的食客一视同仁。村里有一位老人经常到店用餐，每次点一碗五块钱的鸭肉面线就能饱餐一顿。这本来是一件再平常不过的事，没想到有一天，老人的孩子带着一群同龄人涌进店里，他对同伴说："阮父讲这面俗搁大碗！"意思是这里的面便宜，而且料足。王瑞祥这才意识到，自己周到的服务和面线地道的口味受到闽南老食客的肯定，味友的名声渐渐传开了。

2005年,村里盖了一栋综合楼,王瑞祥顺势租了两千平方米的场地,扩大经营规模,员工达到三十多人。

味友番鸭面线

接盘灌口店,让其起死回生
十年之内,味友从一到十一

忠于食材,热爱食材,是他作为厨师的坚持;增资扩产,带着企业走出去,则是他成长为企业家的胆识和魄力。

"2008年到灌口开店,其实我考虑了半年多。"这次扩张对王瑞祥来说具有转折性意义,"考虑的关键不只是灌口这一家分店开不开,而是味友要不要扩张?怎样扩张?团队能承受多大的扩张速度?灌口店是第一仗,我们能做好吗?"

半年内，他设想过所有可能出现的情况，也分析了灌口场地原业主经营东北菜馆失败的原因。最终，出于服务当地居民的责任，也因企业扩张的需求，味友走进了灌口。

盘太大，人流少，味友团队初期经历重重困难，投入成本大大超出预期，开业后餐厅还经历一段亏损时期。毕竟深思熟虑过，王瑞祥的头脑非常清晰，他知道这是企业发展壮大必经的过程，只有熬过阵痛，才能破茧成蝶。经过王瑞祥和味友团队的不懈努力，灌口店的装饰焕然一新，菜品推陈出新。小桥流水的布置，古朴大气的室内环境，品种俱全的海鲜食材……当然，绝对少不了味友鸭肉面线、香酥软壳虾、乡土匙子炸等味友闽食风味菜。

生意总算有了起色，而更大的惊喜还在后头。味友接盘灌口店的新闻在坊间不胫而走，民众都在讨论："有七千多平方米呢，这么大的盘他们都敢接！""前一家经营效益不好，他们现在改得有模有样的……"不知不觉，当地人已经把味友与"实力""品牌""有影响力"这些关键词挂钩。王瑞祥知道，时机到了。继灌口店之后，海沧店、华文店、大嶝店、后溪店、和平店、杏林湾店、世贸店相继开张。十年之内，味友从一家一百平方米的餐饮店发展到十一家餐饮店的连锁企业。

在这里面，不仅有王瑞祥的能力和眼光，还有集美商会对企业的扶持和帮助。集美杏林湾店就是商会帮忙促成的一家分店。2014年底，集美区杏林湾营运中心刚刚起步，周边生活配套设施均未完善，饮食行业更是一片空白。

"当时很多餐饮企业包括夏商都认为那里人气太少，不愿入驻。"然而，经集美商会牵线搭桥，王瑞祥了解到政府推出了诸多优惠政策，吸引餐饮企业入驻。一方面是响应政府号召，另一方面是看好该地区未来的发展前景，王瑞祥决定成为第一个吃螃蟹的人。

事实证明，他的决定是对的。随着周边生活娱乐配套设施完善，营运中心人气上升，杏林湾店从最初的亏本经营到现在的略有盈余，王瑞祥认为这已经是对当初决定的最好回报。

荣任集美区工商联主席
擎起地方一面旗

2016年12月13日，在集美北海湾酒店金碧辉煌的会议厅内，集美区工商联换届工作显得庄严而温馨。王瑞祥当选为区工商联（商会）第六届执委（理事）会主席（会长）。

在外人看来，王瑞祥似乎走上了一条花团锦簇的康庄大道，但他却一度犹豫过。"会长意味着责任更大，我曾经考虑过自己是不是真能担当大任。"最终，商会的厚望，会员的信任，让他决定担起这份沉甸甸的责任。

"会长也一样，副会长也一样，都是商会的会员。"王瑞祥加入集美商会十几年，从会员走到会长，他始终把自己当成商会的组成细胞，把自己定义为会员代表，而不是商会领导。

"商会是一个家，是政府与企业之间的桥梁与纽带。商会建设需要人人参与。我就是一个会员代表，代表会员向政府传递诉求，也替政府向企业传递政策讯息，方便政府管理和引导辖区企业的经营行为。"

会员，会员，还是会员。王瑞祥当选后的感言，不是高谈阔论表明决心，不是扬言建设高大上的商会组织，而是走进辖区、贴近会员。

集美区商会发展二十三年，根植于集美这片热土。商会建设几年上一个台阶，从省级先进个人、先进集体，直至第五届执委（理事）会期间获得全国"五好县级工商联"称号，实现几届工商联（商会）同仁的夙愿。以王瑞祥为首的新领导班子，在上一届耕耘好的沃土上，如何再谱华章？王瑞祥曾对记者表示："我希望通过现有的镇街联席会，更好地服务于辖区内的会员企业。把集美商会做成一个接地气的商会。"人文集美，王瑞祥想打造的是一个有人情味的集美商会。

商会建设走出的每一步都需要有前瞻性的思考，如何迈出这关键的第一步？他说："最关键的是凝聚力。"王瑞祥反复琢磨、咀嚼的是，如何把这两千多位会员紧密联系在一起？商会原就设有理事会、双月座谈会、会长办公会、镇街联席会等高效沟通的平台。企业家感受到会上交流带来实实在在的好处，也乐于参加这些大大小小的会。

例会之外，也需要沟通交流。集美区工商联（商会）现有执委（理事）会成员一百一十六位，均是辖区内各行业精英。他逐渐厘清思路，"平日里，需要一些下层组织，将商会不同行业内志趣相投的人更紧密地联系起来，比如青委会、行业分会。"

青委会是在商会换届之后，紧随着成立的。青委会成员并非都是"富二代"，更多的是辖区里的"创二代"。这些创二代可能是商会里有实力的年轻会员，也可能是辖区众创空间里刚刚起步的创业团队。

王瑞祥说："青委会要让年轻企业家群体更有归属感。"

无论是出于提升商会凝聚力的考量，还是培养商会接班人，保证新老两代顺利传承，都是王瑞祥任内需要考虑并承担的责任。

土生土长的集美人
心存一份建设家乡的自觉

环绕杏林湾，集美新城营运中心十二幢大楼拔地而起，蓝色玻璃幕墙倒映着海湾潮起潮落。厦门味友餐饮管理有限公司总部办公室位于其中6号楼的12层。两次采访，王瑞祥都是背靠落地窗，坐在茶几前，与记者侃侃而谈。他的身后，隔着落地窗是营运中心12号楼，目前集美的最高楼。

作为土生土长的集美人，王瑞祥心中始终存有一份建设家乡的自觉。瞰集美新城营运中心新貌，王瑞祥万分感慨。在他的见证下，这里从一片荒地，到目前入驻办公企业将近六百家，员工一万多人，周边配套设施不断完善，衣食住行之外，还有旅游休闲观光的娱乐公园、艺术中心。

数字还在不断增长，服务还在不断升级，但王瑞祥心目中的集美远不止如此。

魏丽的南薰楼曾经是厦门第一高楼，具有典型的嘉庚建筑风格，传递出陈嘉庚先生强烈的民族精神和深厚的爱国热情。"嘉庚建筑、嘉庚精神是集美旅游特色。以前鳌园是游客赴厦旅游必到的景点，但后来可能旅行团出于利益考虑，鳌园被逐渐挤出必游景点之列，这是集美的一大损失啊。"

说起建设集美，他滔滔不绝。2015年动工修建的集美旅游码头，拟开设从此至鼓浪屿、邮轮中心厦鼓码头两条航线。通航后，集美与厦门最热旅游地点鼓浪屿串联起来，将为集美带来大量的旅游人气。集美嘉庚鳌园景区从2017年3月30日起免费对外开放，不再收取门票。鳌园免票后，将打通整个集美学村的旅游线路。

一则又一则的利好消息仿佛让他看到沉寂太久的集美将再次被瞩目，"集美有太多旅游资源没被开发。"

集美一直以来都是岛外旅游人气最高的地区，但岛内外景点之间、集美辖区内不同景点之间，旅游衔接松散。集美旅游码头的开通，可以实现岛内外景点之间旅游人气快速对流。

而集美区内的景点，王瑞祥认为用集美美食串联起来，最适合不过了。"在园博苑环湾步栈道建立美食一条街，将杏林湾一带的大明广场、保利剧院、科技馆、嘉庚艺术中心串联起来，不管是连接地理位置上还是满足消费需求上，都能为游客提供一站式服务，绝对能实现 1 加 1 大于 2 的旅游效应。"为此，王瑞祥还曾以市人大代表的身份向两会提交关于推动集美旅游的提案。

品牌新跨越
围绕餐饮开拓互补性新模式

集美总店、灌口店、海沧店、华文店、大嶝店、后溪店、和平店、杏林湾店、世贸店、鼓浪屿店、集美国贸商场店，店铺越开越多，店面越扩越大，味友从一家一百平方米的小店铺发展成为十一家餐饮店的联盟集团。王瑞祥笑谈："味友创立至今刚好二十五年，前十五年是农民不敢进城，后十年是加紧农村包围城市。"

在快速布局岛内的过程中，王瑞祥也在致力围绕着餐饮开拓其他互补性的新模式。2014年，他在杏林营运中心创立简餐品牌"壹呷壹"和饮料快销品牌"粿茶"，市场定位瞄准企业白领；味友世贸店开启"Mall 模式"，小吃美食城满足火车站商圈来往的消费群体。2017年，一个五千多平方米、可容纳一百多桌的无柱宴会厅和"味港"茶餐厅开业，场内同时兼营粤菜，弥补岛外大型茶餐厅的市场空白。

"餐饮没有特定形式，没有条条框框，只有客户需求。我们在摸索的过程，也是在试探并迎合消费者口味。"这种跨模式发展的全新思路，部分功劳要归于儿子王鑫。王鑫留学期间，曾在澳门的米其林餐厅实习，他见识到世界一流餐厅的装潢、服务和管理理念，并把这些优秀的理念和经营模式带回国，给味友这家二十五年的传统闽南菜注入全新的品牌活力。

"他的想法和理念都是新的，跟我们味友品牌一碰撞，就有不一样的火花。我非常乐意接受这些变化。甚至意境菜、分子料理、西式摆盘，可以，这些都可以。创新的东西是时代在进步，但传统的东西不能丢掉，食材本真的东西不能丢掉。"王瑞祥挂在嘴边的还是食材。他始终认为原材料是餐饮好坏的关键。每逢新的海鲜上市，王瑞祥常常带上各店厨师长、店长和采购团队到菜市场挑选。直到现在，他还经常到味友的各门店，把关厨房食材加工操作。

身处浮华的环境中，有的人克制不住财富增长带来的心理膨胀，王瑞祥却依旧埋头钻研食材。味友每一道新品上市前，他都要尝一遍。哪道火候差了，哪盘菜食材少一味，他心里的一杆秤比谁都量得清楚。他用亲身经历训诫门店的厨师长，做餐饮不是会炒几道菜就可以，做一行爱一行，敬业刻苦才是最基础的素质。

如何平衡企业盈利与社会责任？他做公益二十年如一日

2016年12月5日，王瑞祥作为厦门个体工商户代表在北京受到国务院总理李克强接见表彰。表彰大会上，总理表达了对个体工商户、私营企业的肯定，肯定他们在改革开放以来对国家经济增长的贡献、对解决社会就业问题的贡献，同时还鼓励私营企业继续做强做大，要求企业家们坚守工匠精神、诚信守法经营，并提升企业的社会责任感。

每每谈起这段经历，王瑞祥都笑得合不拢嘴，"总理当时的话让我非常受鼓舞。企业做到一定规模就不是自己的，是社会的。"所以，他在寻找一种平衡，在企业盈利与社会责任之间的平衡。二十年来，王瑞祥一直在资助凤林美社区老人协会。一到社区传统节日，他就为老人活动中心准备特色菜肴。重阳节的时候，他更是带着员工，提上店里的手工面线、食用油送到老人协会。每逢儿童节，他也会给集美区的一些中小学校送去温暖。面对各种自然灾害的受灾群体及社会弱势群体，王瑞祥慷慨解囊，积极参加市属各慈善机构组织的向困难户赠送"年夜饭"的活动。四川汶川、甘肃玉树等地发生地震灾害，他不仅自己捐款捐物，还发动公司员工献爱心。味友公司从2011年起设立爱心基金，用于资助员工婚喜丧病的开销。

"远远不够。作为会长，我要怎么团结商会会员；作为集美人，我要怎么协助政府推动一方致富；作为老板，我要怎么给员工创造更好的福利制度；作为社会一员，我又要怎么帮助贫困弱势群体——这些都是接下来，我要多花时间思考的。"这是一名企业家具有的更开阔的格局气象。

从最初失渔失地的农民，到集美一家小店的老板，再到现在的味友餐饮的董事长，与品牌一路的发展与壮大相比，王瑞祥身上依然还有着不变的朴实与低调，在他看来无论企业做得多大，无论品牌做得多响，最核心的地方一定是把产品做好，把服务做好。至今，每次和记者谈起闽南美食，他都能绘声绘色地讲述出地地道道的食材与制作工艺，并且一讲起来就停不下来。这是王瑞祥的全部热情所在，也是味友餐饮能在浮躁、快销的餐饮市场沉淀下来的原因。毕竟，细节的差距才是真正的差距。

中绿孙少锋：
执着的"农场主"

文/谢嘉晟、赖丹丹

当中国的八亿农民刚在承包土地中解决了温饱问题时，孙少锋已着手农业产业化的探索；当国人已在日益增长的物质文化生活需要中初步满足时，孙少锋又执着于产业升级试验农产品的深加工。今天，当振兴乡村的国家战略号角吹响时，孙少锋开始布局"农旅产业"，力图通过一二三产的联动，推动中国美丽乡村建设。

孙少锋有一种务实当个"农场主"的坚守精神。

1998年，艰苦创业
率先采用"以销定产"的农业种植模式

1998年，中绿（福建）农业综合开发有限公司在泉州惠安创立，主营新鲜农产品种植，创始人正是孙少锋。

孙少锋是惠安人，放弃省城令人羡慕的工作机会，非得回到乡下卷起裤腿种地，尽管孙少锋返乡做的是"农场主"，惠安的左邻右舍还是没看明白，他返乡当农民到底有什么好。

孙少锋返乡当农民自是在当地引起了不小的轰动。对刚从农村土地承包到户中解决了温饱问题的福建农民来说，中绿的举动看起来相当新鲜。

中绿把土地从农民手中转租过来，再雇佣土地上的农民来帮忙种地。这样，农民可以获得租金和工资的双份收益。

不用自己种地，还有更高的收益，当地农民对孙少锋的返乡自然乐观其成。但从世代相传的农耕经验中，他们都很纳闷，靠天吃饭的农业哪来这么大的利润空间？

当地农民并不知道，孙少锋是有备而来，中绿其实是给日本新鲜流通株式会社"代工"。新鲜流通株式会社是日本一家农副产品供应商，主营为本国内的经销商提供各种高质量的农产品。

彼时的外贸形势很好，改革开放后，人民币持续贬值，特别是1993年，人民币更是一步到位从1992年的5.7619元迅速贬值到8.600元，出口贸易挣美元，既挣利润又挣汇差。

孙少锋也看到，中国加入WTO酝酿已久，随着国门进一步打开，进出口贸易会有更多的机会。日本人多地少，农业技术发达，中国地大物博人口众多，但农业技术长期处于较低水平。那一年，日本新鲜流通株式会社到中国寻找合作伙伴，孙少锋以引进先进种植管理的决心和满腔的热情击败众多竞争大户，敲开了日本农产品市场的大门。

日本新鲜流通株式会社开出来的合作条件看起来相当诱人，日方提供技术、资金和管理辅导，中方合作伙伴负责找地种植，农产品负责回购。

日后孙少锋做长产业链才明白，日方看着"大方"，实际上算盘打得"贼精"。跟泉州制造工厂给国外品牌代工只赚取加工费一样，在农产品产业链中，种植环节的利润同样只有代工费，并且还要靠天吃饭，更多的利润其实都在中下游的流通和销售环节。

不过，以当时的国情计算，孙少锋租地种植还是划算的，市场上一颗花菜卖几毛钱，日本新鲜流通株式会社回购一颗西兰花会给几美元，即便扣除损耗，还是有不小的利润空间。

日方看中了中方廉价的劳动力和租地成本，孙少锋则看中日方精细化的农业耕作经验，他一口气在惠安县走马埭租了六百亩地，种上了成片的农作物。

中绿的租赁种植模式，不仅为今天的土地流转探索出了一条路子，借鉴了日本农业的先进管理经验，融合了本土化形成的中绿模式，也为推动国内传统农业的转型升级提供了一个样板。

中绿率先引种了不少日本创新农作物，比如前述的西兰花、大葱、一号玉米、秋葵等，说来有趣，由于西兰花外形长得像花菜，初见此物的惠安老太太误以为初涉农业的孙少锋不会种地，把花菜都种"变种"了。

昔日以农产品种植为主营的中绿农业，在今天已经长成一棵枝繁叶茂的农业大树，孙少锋又将眼光放在整个绿色产业链上，布局绿色农业食品和绿色农旅两大业务板块。

农业食品板块的显著特征是全程绿色，涵盖农产品种植、保鲜、深加工、研发及销售等产业链各个环节，在生鲜果蔬、粮油制品、快速消费品等产业上，规模化经营和工业化管理相互打通。中绿有近三十万亩的种植基地，总占地面积超过四千亩的深加工工厂，是国家认定的"农业产业化国家重点龙头企业"和"全国食品工业优秀龙头企业"。

从创立起，中绿倡导的就是"绿色的食品选中绿"，概念提出的时候相当新鲜，推进却困难重重。

首先是，中国刚从饥饿走向温饱，物质生活条件还没完全满足，要管理好农村成片的农作物，在管理上极需艺术。面对一支思想觉悟各不相同的种植队伍，必然要经历一个由漏洞百出，到逐步完善，并形成管理体系的过程。

比如说，帮工把农资藏起来拿回家，收获期农作物被偷，都是防不胜防的事情，而日本现成的管理经验多数时候并不能生搬硬套，需结合国情风情进行本土化改造。当然，随着人民日益增长的物质文化生活需要不断得到满足，中绿早期种植业中出现的一些管理难题，在时间的推移中自然而然地消失了。

就是在这种边探索边实践的创业过程中，没几年工夫，孙少锋已然成了专家，他主导编撰了《蔬菜种植质量安全全程控制管理体系》一书，书中对每一种农作物的生长特征、收获时间、收获标准、田间采收注意事项、收货点要求标准、运输各环节职责、产地状况报告等所有生产环节，都进行了细化。

这是国内首次对有机蔬菜的种植进行一次系统性的梳理总结，它是中绿日后规模化和集约化标准的基础。中绿种植基地的选址一定要求地势较高，土地平坦，土壤肥沃落松，保水、保肥能力强，周边没有污染源。

在管理上，中绿要求土地翻种采用进口机械设备深耕铧犁，土地表层一米不能有紧实的土层；土壤根据作物生长具体要求，进行酸碱度、微量元素、矿物质调节和品质改良，注重保持、增加土壤肥力和生物活性；浇灌采用无污染的深层地下水；肥料采用活性酵素菌生物肥，生产沼气发酵液体肥和油酱渣等农家肥料。

农残控制，采用由中国农科院蔬菜研究所防虫专家制定的成套先进防虫技术。

标准化体系下，中绿还在国内栽培业中建立起最早的可溯源体系，让每一批次的农产品都有自己的一张身份证。这种顺应日本食品质量要求的实践，也为推动国内建立食品监管体系贡献了力量。

对孙少锋来说，农业最难抵御的还是天灾。农业向来就有靠天吃饭的说法，管理上的漏洞，可以通过建立管理制度进行完善，天灾来袭时，人们往往束手无策。

1999年，正面袭击厦门的14号台风，就给初创的中绿带来了深重的灾难。14号台风肆虐厦门，也让惠安损失惨重。台风过境，狂风中夹着暴雨，农作物最怕泡水，特别是即将进入收获期的蔬菜，一旦泡水必然伴随着成片的腐烂。

初创的中绿一切全靠人工，狂风暴雨下，为了排水，孙少锋卷起裤腿，披上雨衣，拿着对讲机，亲自冲到现场第一线指挥。

但人还是斗不过天，这一场台风给中绿造成直接经济损失超过六百万元，如果算上后面因为合同的无法履行而造成的违约责任，中绿的损失在千万元以上，还没赚到钱，孙少锋就先栽了个大跟斗。

好在，中绿初创阶段，日本客户还算诚信，接下来几年和风细雨的天气，依托日本客户不断增多的订单和更多出口市场的拓展，中绿慢慢走出了14号台风的阴影。

2016年，当破坏力更强的台风"莫兰蒂"再次正面奔袭福建时，中绿已经长成国内农业产业里的一棵参天大树，因为有了14号台风的防洪经验，损失得到了有效控制。

2004 年，中绿香港主板上市
以资本赋能创新驱动中绿一产二产联动

中绿产业链从一产的种植延伸到二产的制造，是一个自然而然的过程。

孙少锋笑称："正常人用嘴巴吃东西，日本人则是用眼睛吃东西。"日本新鲜流通株式会社对蔬菜尺寸和外观形态的要求非常严格，比如胡萝卜，尺寸有大致统一的规格，还不能有破损。

运送到日本的产品必须经过去土洗净并包装成袋的工序，为此，孙少锋很快在惠安螺阳镇霞光村建起了第一个加工厂，初期主要用于新鲜果蔬产品的初级加工。

农业创业没有一个生产环节是轻松的，种植怕水涝，加工环节则怕不新鲜，采摘只能是在白天，为了保证新鲜度，清洗包装得连夜作业，必须赶在天明之前，把所有蔬菜都打包成袋，好在天亮之后尽快交付物流。

初创阶段的孙少锋，白天盯着地上的农作物，一到晚上不得不跟着工人一起赶进度。由于蔬菜的新鲜度就那么几个小时，隔天作废，工人歇不下来，他亲眼看到个别工人居然站着靠在机器上都能睡着了。

由新鲜果蔬产品的初加工延伸到深加工，则是形势所迫的举动。

日本对新鲜蔬菜外观挑剔得近乎刻薄，留下了大量的非标产品，中绿从土地上收回来的果蔬，有大约40%因为外观不合格或者破损等达不到要求。为此，孙少锋两条腿走路，一边是，探索在超市开设专柜；一边是，尝试深加工。

今天，蔬菜专柜在超市屡见不鲜，中绿开始尝试时，还是一种全新的业态。尝鲜者经常是先驱不成反成"先烈"，中绿便是如此。当时国内的消费者还没有现在这么高的质量安全意识，有机种植的高成本，让中绿专柜上的蔬菜比同类品种贵了一倍，这种价差显然不是普通消费者所能接受的。中绿的专柜探索给日后同行做了示范，过早的介入却导致卖不动，最后只能草草收场。

专柜做不起来，只能加速往深加工方向找出路。同样的蔬菜品种，消费者不一定会选择价格昂贵的，但改革开放带来生活水平的提高，必然要求物质水平的相应改善，十几亿人口的市场，让孙少锋看到了快消品的巨大潜力。

　　2004年，中绿开启内外贸并举策略，引入了多条深加工生产线，产品线涵盖粮油制品、方便食品、谷物饮料等。这是中绿农业可以创造更多经济效益的一大战略，由一产延伸到了二产，由初加工延伸到了深加工。深加工不仅解决了中绿种植环节的农产品过剩问题，也为中绿深耕产业链探索出了一条新路子。

　　在工业管理环节，中绿仍然倡导绿色理念，引入国际标准的管理模式，建立起"从田园到餐桌"的食品安全和质量管理体系，从种植到加工实施全程监控，做到"100%绿色、100%安全、100%放心、100%健康"。

　　中绿扩张快消品战线的这一年，中绿食品在香港主板上市。这是中绿发展史上的一个里程碑。上市不仅让孙少锋第一次出现在福布斯富豪榜单，还创造了港交所的一项新纪录。公开招股时，中绿食品的认购率高达一千六百零三倍，超过了1997年北京控股在香港上市时保持的一千两百七十六倍的纪录，市值最高峰超过一百亿港元，在福布斯中国一百家最具发展潜力企业榜中位列第八。

中绿集团

香港上市之后，中绿的粮制品、罐头、果蔬、鲜果、饮料等八大类上百种产品，销售阵地由过去的日本和东南亚地区，挺进到了欧美国家。借助上市募集来的资金，中绿还在河北、湖北、江西及上海铺开了新种植基地及加工厂房。

中绿食品上市当日，《华尔街日报》在其头版破天荒地发布了消息，并评价称"这是一股绿色投资旋风"。

中绿模式改变了中国传统农业的三观，时任福建省省长的国家领导人曾四次到惠安调研，亲切地称呼孙少锋为"菜头"，不止一次鼓励他"撸起袖子加油干"。

2008—2016 年，切入快消农业领域 以蓬勃发展之势缔造绿色健康生活的领航者

在中绿庞大的产品体系中，"中绿粗粮王"不能不提，它帮助中绿实现了一次飞跃。

商人总是逐利的，日本的供应商也不例外。中绿的 OEM 模式新颖，但整个种植环节的核心竞争力其实在种子，种子才具备底层核心技术，而中间环节的技术含量其实并不高，夏耘秋收挣点加工费，不高的门槛吸引了外部竞争者不断涌入。

对于日本采购商来说，输出种子和技术，谁给出的供应价便宜，谁就能拿到更多的订单。中绿在发展过程中不可避免地陷入低端的价格战，独家供应优势逐渐丧失，出口渠道变窄，而彼时国内经济形势一片大好，此时的孙少锋必须为中绿找到新的增长点。

孙少锋从美国农业部的一份报告中看到，中国仅有 25% 的农产品经过加工处理，而在发达国家，这一比例已经达到 80%。

彼时中国农业部传出的另一条消息更令业界振奋，中国计划在 2005—2008 年间，将加工食品在农业总产出中的比重提高到 55%。

有待挖掘的农产品深加工市场让孙少锋欣喜不已。

2008 年，一种叫"中绿粗粮王"的谷物饮料在国内各大超市横空出世，这是孙少锋的又一杰作，这一杰作让中绿在农业产业化道路上又一次走在前头。

孙少锋希望把"中绿粗粮王"做成中绿集团切入快消领域的一个突破口。

"对于像中绿这种以种植起家的现代农业企业而言，除了要做足上游的规模化和标准化优势之外，未来更有前途的出路应该是往快消农业延伸。"事隔多年，孙少锋认定的方向不变。他始终认为，向下游快消农业延伸，不仅可以整合上游的原材料资源，与新鲜或是初加工农产品相比，快消农业在市场规模和附加值上还具有前者难以比拟的成长优势。

把一个快消品推向市场，于中绿于孙少锋都是大姑娘上花轿——第一回。此前一直到2004年在香港挂牌上市，中绿食品90%以上的产品都供于出口，由出口转向内销，面临不小的挑战。

日后"中绿粗粮王"的成长轨迹表明，孙少锋对国内农业发展趋势的判断堪称敏锐。

为了在布局快消品市场时少走弯路，孙少锋从外部引入一位副总裁，并琢磨出一套"1+3"的传帮带模式。

引入的副总裁牵头，快速组建一支具有快消品市场开拓经验的原始营销团队，通过老手带新手，让这支原始营销团队的每位成员带出三到四位营销骨干，然后再由每位营销骨干带出若干营销主管，经过裂变，没多久，一只超过六百人的专业营销团队诞生了。

在品牌塑造上，"中绿粗粮王"创造了一套全新打法：扫街小食杂店，为他们统一免费换上"中绿粗粮王"的招牌，并买断店铺内最显眼的陈列位置。所谓的"买断"策略，很多时候其实只是几箱产品的置换而已。

战略实施的方法，则是"农村包围城市"。大型零售渠道普遍集中在一、二线城市，这必然造成铺设渠道的成本高昂，而三、四线城市的渠道成本相形之下要低很多，中绿先在三、四线城市站稳脚跟，扩张到一、二线城市就有了基础。

孙少锋的营销策略出奇制胜，仅仅两年，便奠定了谷物饮料中的绝对优势地位，到2015年，"中绿粗粮王"在集团销售额中的比重占到了七成，超过了十四亿元。

然而，让外界大跌眼镜的是，就在"中绿粗粮王"蒸蒸日上的时候，2016年，以四亿美元的交易价，孙少锋把"中绿粗粮王"的品牌卖给了可口可乐公司。

当年朱新礼的汇源果汁与可口可乐没有做成的事情，让孙少锋的中绿集团在时隔多年后做成了。双方除了交易体量的不同，交易内容如出一辙，交易后，可口可乐保留"中绿粗粮王"品牌，中绿集团则成为可口可乐的原材料供应商。

出售粗粮王时，孙少锋已重新规划好农业食品：一是全程绿色食材供应链，以新鲜果蔬、粮食制品、干货、干果、进出口产品、肉系列产品等，供应家庭、农贸市场、商超、餐厅酒店。人们生活水平提高了，对绿色食品有刚性需求。二是餐饮快消品"中绿御膳良品"品牌系列，主营主食、调理菜、风味小吃、汤煲、甜品和前菜六大系列。三是大众流通的"初粮当道"休闲食品和高端伴手礼"颂佳人"品牌。

"出售粗粮王所带来的资金，正好用来整合上下游产业链，拓展新业务。"孙少锋说。

其实，除了不断成长中的农业食品板块外，孙少锋还在酝酿一个紧跟国家战略，贴紧时代风口的宏大计划。

绿色健康生活大平台
将引领美丽乡村建设，铸就中国梦、绿色梦

孙少锋要构筑一个"绿色健康生活大平台"。在振兴乡村的国家战略背景下，中绿无疑迎来了又一个风口。

被孙少锋称为4.0版的"中绿农旅"，是中绿"绿色健康生活大平台"落地的载体。2018年恰逢中绿创立二十周年，因此，"中绿农旅"也是孙少锋着眼于下一个二十年产业布局，打造千亿产业链的核心所在。

"打造中国农旅小镇第一品牌"，这一挂在中绿农旅产业板块下的远景规划是孙少锋的新奋斗目标。

孙少锋希望规划并实施中的"中绿农旅"要能经得起大浪淘沙。依他的判断，在振兴乡村国家战略下，不出十年，各种"特色小镇"必定一拥而上。届时，只有真正以一二三产联动推动小镇可持续发展的"农旅小镇"才能经得起风浪的淘洗。

第六产业是"中绿农旅"的核心竞争力，是将新技术、新模式和新业态引入传统农业，将种植农作物(第一产业)、农产品加工(第二产业)与销售农产品及其加工产品(第三产业)联动起来，实现产业链延伸、价值链提升、供应链贯通，为农业和农村的可持续发展开辟光明前景。农产品的商品化和文创化要能覆盖食、住、行、娱、购、游、商、学、养生产要素，让每个"中绿农旅"都是各具特色的产业创业平台，使田园变公园、田园变花园、田园变乐园、田园变家园、田园变创业园、田园变智慧园，为都市精英再造"第二故乡"。

由此可见，串联起"中绿农旅"核心要素的，将是中绿集团在前一个二十年中沉淀下来的技术和模式优势。每个"中绿农旅"将有一产的农业、二产的制造业和三产的服务业，导

入农匠、工匠、文匠创客群体,让小镇居民有事干。"中绿农旅"又是闭环的,自我供应不足或供应过剩的项目,可以通过整个"绿色健康生活大平台"进行调剂。

前面二十年,中国经济的高速发展主要看房地产;未来的二十年,中国经济实现跨越发展对创新农业寄予了厚望。既符合国家战略,又赶上时代风口,孙少锋的"绿色健康生活大平台"或为中国农业助力中国经济实现跨越发展提供了一种样板。

建安孙吉龙：
玩命将一家负债企业做到福建第三

文/谢嘉晟、陈惠婷

  在福建省建筑施工企业信用综合评价最新一期排名中，厦门建安集团全省排名第三，厦门排名第一。把住"质量"、"安全"和"工期"关，树立"诚信"实力，孙吉龙让一家已被勒令停业整顿的集体企业起死回生。
  孙吉龙刚正不阿。先后担任厦门市人大代表和政协委员的八年时间里，他提交了七十多份议案和提案，有几项今天看来颇具前瞻性。他建议把厦门行政中心和机场搬到岛外，规划今天称为"地下管廊"的"地下空间"，为后溪引入自来水。站在历史的时间节点，孙吉龙的这四大建议有一项列入了规划，其他三项都已付诸实施。
  十年前，依然精力充沛的孙吉龙突然交班了，把建安集团的担子甩给了晚辈，迷上了编书立传。今天，他已出版了五本书。

修谱编书，热心公益
孙吉龙的日子其乐无穷

"真的很忙。"宾主落座，孙吉龙忙不迭地解释现在的状态，他甚至把约访时间记成了当天下午，只好临时对调了上下午的工作安排。

孙吉龙目前主要精力都在建安慈善基金会上。基金会的办公室设在厦门建安集团开发的天润新城写字楼。天润新城并非建安集团的总部，总部设在观音山，有自置的四层办公楼；在环东海域，一幢自建的办公大楼还没交付使用。

天润新城是建安集团开发的第一个项目，也是至今开发的唯一楼盘。该楼盘最初立项的地点并不在此，而在集美文教区，由于遇上规划调整，用地必须置换，这置换一拖十年，建安集团因此错过了厦门地产最黄金的周期。不过，孙吉龙并不怨天尤人，他依然感到十分知足，在中国近四十年改革开放的成果中，他所收获的福利，比上不足，比下有余。

孙吉龙的办公室看起来像间大书房，摆着一大一小两张办公桌，大班桌算是小号的，堆放办公用品，一张会议桌垂直紧贴着大班桌，是他的另一张办公桌，桌面上堆满了各种书籍和材料。看起来，这里并不像一个老板的独立单间，更像一介文人的工作室。

事实上，孙吉龙身份多重，他是厦门建安集团第一任董事长，但现在倾情的事业似乎与此无关，名片上最醒目的头衔是高级经济师，其次是厦门建安慈善基金会的负责人、集美大学校董会董事、世界孙氏宗亲联谊总会永远名誉会长。

身份的转换是个奇妙的变化。2008年，孙吉龙中途介入集美孙厝帮助修编族谱，《乐安堂孙厝孙氏族谱》修好了，他编书的兴趣也提上来了，此后，他又一口气主导编撰了《乐安厦门孙厝孙氏志》，从人文和地理不同维度对孙厝进行了梳理。孙吉龙现在的案头上，他自己采写或主导编撰的各种书堆起来有一摞，主题大多围绕集美孙厝宗亲历史。

编书是一份纯公益事业，不时要往里贴钱，但孙吉龙找到了其中的乐趣。族谱修好后，当地派出所和公证处都找上门了，族谱里记载的家庭成员世系结构甚至比派出所的户籍资料还要完整，而公证处借助族谱，可以证明一些似是而非的事实。

通过研究宗族史，孙吉龙还挖掘出了一些鲜为人知的历史。他发现，宗亲孙炳炎是爱国侨领陈嘉庚最优秀的学生，而通过整理孙炳炎的成长史，他找到了陈嘉庚母亲的名字。这是个重大发现，在此之前，即便是集美陈氏家族中，知道陈嘉庚母亲名字的人都是少之又少，公开报道中，更是从来没有人提及过陈母的名字。孙吉龙查证出陈母的名字叫孙秀妹，补上了这一历史缺憾。

孙吉龙把孙炳炎与陈嘉庚的交集专门整理成一篇文章一并编进了族谱，好让宗族里的子孙后代记住孙炳炎的同时，也能更好地了解孙炳炎与陈嘉庚先生的渊源。

孙吉龙的另一大乐趣是打理"厦门建安慈善基金会"。建安慈善基金会是第一家由厦门民企发起的非公募基金会，也是全省建设系统第一家，经福建省民政厅批准设立，具有独立法人资格的非公募基金会，每年均获得福建省财政厅，福建省国、地税局和福建省民政厅批准的公益捐赠所得税税前扣除资格。

比孙吉龙迷上编书的时间要早，基金会成立于2007年，建安集团是发起人。捐资助学、扶危济贫一直是建安集团的初心，孙吉龙觉得专门成立一家慈善基金会很有必要，他希望在

孙吉龙理事长为集美区贫困学子背上爱心书包

退休后，能继续慈善事业，而凭一己之力，影响力有限，通过基金会模式，可以发动更多的热心人士一起来参与。

事实上，凭借着个人的人格魅力和几十年商海打拼积攒下来的影响力，力所能及地促成一些公益对接，孙吉龙从中找到了比颐养天年更多的乐趣。基金会现有十支专项公益基金，规模虽然不大，总共只有七百多万元，但成果不小，这些年撮合的公益项目金额超过了五千万元。

看得出，对于编书和慈善这两项公益事业，孙吉龙都很上心，也很得意。一边修谱编书，一边热心公益，孙吉龙现在的日子过得其乐无穷。

鼓动后溪农机站领导办摩托车培训班赚了几十万元

孙吉龙出生于1951年。父亲和几个兄弟姐妹本来都在海外，1948年，解不开离乡情结的父亲独自回到了集美孙厝老家，仍在海外的外祖父母和大伯们，会不时捎些钱物回来给这个独守老家的亲人。

在那个物资紧缺的年代，什么东西都非常珍贵，从海外寄来的东西更是稀罕得很，孙吉龙印象最深的是泰国米，"很香，每次饭煮好一出锅，一碗干饭不用配菜三下五除二就扒拉光了。"那感觉很像猪八戒吃人参果，饭吃完了，嘴巴里还回味着泰国米的余香。

父亲生性豪爽，母亲心地善良。每次收到海外亲戚寄来的物品，母亲总会拿出其中的一部分匀给左邻右舍。尽管有海外亲戚帮衬，一家子衣食无忧，父母亲还是非常勤劳节俭。那时候侍弄农作物主要靠粪肥，集美学校的厕所成周边农民主要肥料来源，为了抢到更多肥料，父亲每天都要起个大早，骑着车去，驮着两大桶粪肥回来。

孩子们亦根据年龄大小各有分工。孙吉龙排行老三，和姐姐分到的主要任务是放牛拾粪。

那个时候的孙吉龙就表现出比别人聪明的一面。他发现，吃饱喝足的牛路走得越多，"内存"就会清理得越多。但牛吃饱了才有力气耕地，既便于拣到牛粪，又不让牛太过劳累，孙吉龙把牛拴在了树上，让牛可以绕着树转圈圈，而自己正好可以躲在树底下乘凉。

这样的日子到了"文革"就戛然而止了。父亲回到国内后，家里不时收到从海外寄来的东西成为"通敌"罪证，父亲被戴上了"特务"的帽子，惨遭抄家，海外亲戚寄回来的一万多元现金和一些银元细软什么的，悉数被查没。

孙吉龙的学业也未能幸免，"十年浩劫"伊始，他刚上初一，上面一声令下，他和其他同龄人一并被送入"大自然"接受"再教育"。不过，这段时间的孙吉龙并没落下学业，他从小对学习就表现出浓厚的兴趣，即便是放牛，身边也要带本小人书，他始终认为"三人行必有我师"，遇到不懂的事，什么人都会去问。

动荡的年代一结束，孙吉龙很轻松地通过考试，成了当时厦门郊区后溪公社农机站的一名工作人员。农机站当时的主要工作，一是管理整个公社的拖拉机、抽水机等农业机械，二是负责柴油分配。

实行农村联产承包责任制后，农机站整体"失业"，分田到户，几乎家家都有丰沛的劳动力，用不到拖拉机耕种，拖拉机"下岗"了。

1983年，闲得发慌的孙吉龙看到了一片市场。农村分田到户后，拖拉机耕地是慢慢消失了，但开手扶拖拉机跑运输的人渐渐多了起来。此外，厦门特区已经开放，大街小巷村头村尾，少量摩托车也窜了出来。

孙吉龙鼓动农机站领导举办机动车培训班。当时整个机动车市场处于萌芽状态，驾驶技术培训有大量需求。

培训班能不能批下来，他当时已经心里有数，但领导半信半疑。最后，领导以"如果办不成培训班，买摩托车的费用就从他的工资里扣"作为交换条件，农机站一口气采购了两辆雅马哈摩托车，一辆归孙吉龙支配，另一辆放在农机站里，后来成了公社的公车。

由于介入较早，培训机会供不应求，参加培训经常要排队，排不上号还要"走后门"，几年时间里，一个小小的后溪农机站赚了几十万元。

机动车培训的好日子并没能持续多久，随着改革开放日渐深入，市场逐步放开，竞争越来越激烈，在僵化的机制下，农机站渐渐失去了竞争力，到20世纪80年代末，培训业务基本上停止了，孙吉龙又回到了无所事事的工作状态。

那段时间，孙吉龙又过得很郁闷。"上不上班都可以，刚开始一天露一次面，慢慢变成一周露一次面，后来一个月露一次面都没人管。"但工资分文不少，一个月白白领着政府一百多元的工资，孙吉龙深感"问心有愧"。1991年，"工资领得自己都不好意思"的孙吉龙辞职下海了。

拒拿回扣，反成异类
"中国第一例"离职无人敢交接的高管

  孙吉龙与孙炳炎的交集就是从下海开始的。孙炳炎是中国改革开放后，最早推动海外华商及华人社团与国内开展文化、经济交流和合作的华人领袖之一。他在厦门也有不少投资，与当时开元区政府合资的项目有新加坡酒店和专门生产膨化食品的东方食品公司，以及设在集美孙厝的同成食品厂。

  孙吉龙下海后的第一份工作便是受聘到同成食品厂当副总经理。总经理和董事长都由新加坡董事会直派，他们还要兼顾其他投资，待在同成食品厂的时间不多，日常事务管理基本上落在了孙吉龙的身上。同成食品厂归东方食品公司直管，同成食品厂只负责生产，工资发放要通过东方食品公司回拨。

  企业体系枝繁叶茂，孙炳炎无法亲临一线指挥，厦门的几个投资项目表面上相互关联，实际上各自为战，便酿出了很多管理上的漏洞，也生出了很多事端。当时法制尚不健全，又是卖方市场，无论是采购还是销售环节，都占有非常大的主动权，不可避免地存在一些灰色地带，比如拿"回扣"。

  在农机站的时候，孙吉龙尚能洁身自好，成为职业经理人后，对于"回扣"之类的不义之财当然不屑。不过，对于同事的一些出格之举，他装作不知道，不去捅破也不去告发，睁一只眼闭一只眼。他喜欢"有话当面说"，不喜欢成为"爱打报告的小人"，因此，在列席董事会时，他经常会借题发挥，提出一些虽然尖锐但中肯的改进意见。

  在孙吉龙看来，只能寄望于议题能引起董事会的重视，从而推动公司管理制度的逐步完善。但结果事与愿违，因为董事会成员的出发点各不相同，"一开会，大家就吵得不可开交"，孙吉龙的力排众议成了异端，"众人皆醉、唯我独醒"，他反而成了众矢之的。

  今天回首，孙吉龙终于明白，在市场经济体系还没健全的初级阶段，类似弊病其实很难避免，自己要在这种环境下独善其身，各种麻烦便会纷至沓来。

  最大的麻烦是工资发放。手握拨款大权的主管故意不准时向同成食品厂回拨工资款，经常找这个那个理由推托"没钱"，有时候，一拖好几个月。工资都无法准时发放，队伍自然不好带，孙吉龙心有余而力不足，着急时，他只能自掏腰包垫发，但终非长久之计。

站在管理岗位上看待这个问题，显然只有推动企业管理制度的完善，才能从根本上解决这些麻烦。长期在新加坡的孙炳炎后来也知道了厦门企业体系存在的问题，他很支持孙吉龙。但存在的问题如同癌细胞扩散，当病毒已经侵入五脏六腑，再高明的医生都回天无力。彼时的孙吉龙就像是一个医生，要给病入膏肓的企业体系治病，一举一动都属多余。

两年多后，"觉得根本就干不下去了"的孙吉龙向孙炳炎递交了辞呈。孙炳炎先是极力挽留，后来还是叹叹气同意了他的离职申请。孙吉龙由此创造了"中国第一例"：离职时，没有哪位高管跟他办理交接手续。他列了张移交清单，跟钥匙一并放在抽屉里，然后就走了。

今天，孙炳炎在厦门的投资已经基本上支离破碎，他的厦门企业体系逐渐瓦解的时候，孙吉龙曾经有过感慨："要是董事会当初能听进我的建议，或许结果不会是今天这样。"但大势已去，相信九泉之下的孙炳炎已能领会孙吉龙当年的苦衷。

玩命将负债企业做到福建第三 率先承诺绝不拖欠农民工工资

有了服务侨企的经历，孙吉龙成了后溪镇上知名的职业经理人。1993年，刚从同成食品厂离职，孙吉龙就遇上了一个好时机。

此时的厦门特区实行改革开放已逾十年，四处欣欣向荣，后溪镇瞅准时机成立了一家房地产公司，力邀正好在寻找人生下一站的孙吉龙出任副总经理，此时的孙吉龙已近四十。在同成食品厂时就深知当二把手的难处，于是，孙吉龙要价一下子变高了："当副总经理不干，要当就要当总经理。"

当时后溪镇有意安排企业办主任当总经理，然而，孙吉龙是当地人，熟悉当地人文地理，更难能可贵的是还有外资企业的管理经验，一撂挑子，镇政府先急了。但很不幸，房地产公司运营一年，项目还没来得及启动，亚洲金融危机爆发，经济陷入了萧条，"什么事都做不成"，刚执掌了房地产公司希望有所作为的孙吉龙，又不得不面对一个半死不活的烂摊子。

没多久，新的机会又来了。

后溪镇的集体企业建筑工程公司准备对外承包，在房地产公司摸了一年多的孙吉龙，虽然没有多少实战经验，对房地产行业的一些运转流程还是有一定的了解。他承包了这家建筑工程公司，这就是建安集团的前身，由此开始了自称"没日没夜"的创业生涯。

承包时的后溪建筑工程公司同样是个烂摊子，孙吉龙接手的时候，由于工程问题不断，已处于被责令停业整顿状态，净资产为负数，能够继承的资产除了一面招牌，还有四名员工。

但就是靠这样的底子，孙吉龙硬生生把后溪建筑工程公司从死亡边缘拽了回来，承包当年就接下了集美北部工业区工程，上缴了三十多万元利税，实现扭亏为盈；第二年上缴的利税增加到五十多万元，觉得公司名称"不够大气"，他还顺带着把后溪建筑工程公司更名为厦门市北区建筑工程公司。到1997年，公司上缴利税超过百万元，固定资产超过了五百万元。

让后溪建筑工程公司起死回生的那段日子，是个"玩命"的过程。

当时工程建设以政府基建项目为主，没有实行公开的招投标前，建筑公司"接活"主要靠吃吃喝喝拉关系，也因此滋生了大量的腐败，这些腐败后来随着法制环境的不断完善都得到了清算。

孙吉龙对腐败现象本来就痛心疾首，在那个连土地都在搞"协议转让"的特殊年代，他的建筑工程公司想活下去，必须比别人付出更多的努力。不屑于通过腐败手段拿到工程，他只能靠实力，建筑工程公司怎么体现实力，这是一门技术活。

打造一家建筑公司的实力主要围绕三个方面：一是质量，二是安全，三是工期。承建工程是一个层层转包的过程，拿集美北部工业区来说，由政府发包，孙吉龙的公司承建，公司也不是所有环节都事事亲为，搅水泥的、绑钢筋的，以及水电铺设和门窗安装，都有不同的服务团队。

当企业家很苦，搞建筑起家的更是"苦不堪言"。有段时间，为了赶工，他吃住在工地，没赶上正餐，每天吃泡面，吃到看见泡面就想吐。

如期保质的前提是善待下面的团队，如何善待，最好的方式就是按照合同约定如期支付工程款，包括总承包商这一级，每一级分包商都有一支庞大的农民工队伍，拖欠了分包商的工程款，实际上就是拖欠了农民工工资。

本意上，孙吉龙是绝不愿意拖欠农民工工资的，他是"苦过来的"，对于农民工的各种不容易，他是有着充分的理解的。因此，很多时候，孙吉龙就是宁愿自己被甲方欠着，也会按照合同进度，哪怕是找银行贷款，也要如期支付。体恤农民工，也是施工安全的保证。

"从不拖欠农民工工资。"在这个行业摸爬滚打了二十多年，在孙吉龙看来，今天仍然有底气说出这句话的，放在国内整个建筑行业都屈指可数。

与农民工长期建立起来的这种"诚信"体系，得到的回报是，农民工拼着命也会把工期赶出来；另一方面，百年工程质量为本，孙吉龙"拿命在拼"。

"在承诺的工期内保证质量地完成，并且价格公道。"孙吉龙树起了建安集团的口碑，也由此逐渐形成了建安集团的实力，高峰期在国内各地设有十二家分公司或关联企业，形成了以建筑工程承包、房地产开发、商业地产租赁、酒店经营、园林绿化、实业投资、高校后勤服务、建材生产等多元产业。

建安集团取得的荣誉也接踵而至，通过了 ISO 9001 国际质量管理体系、ISO 14001 环境管理体系和 GB/T 28001 职业健康安全管理体系认证，拿到了建筑工程施工总承包、市政公用工程施工总承包等与建筑工程有关的几乎全部一级资质。

福建省建设厅公布的福建省建筑施工企业信用综合评价最新排名，建安集团全省排名第三，在厦门排名第一。

"闯宫"直谏，修订企业资质评审指标
厦门第一家改制成功的民营企业

孙吉龙让一家濒临倒闭的镇办集体企业起死回生，成为"厦门首批龙头骨干民营企业"，其间的很多实践颇值得学习和借鉴。

今天，具备建筑工程总承包一级资质的福建施工企业，并不只有建安集团一家，建安集团拿到一级资质当年，福建就有六家施工企业同时获得了一级资质证书，很多人不知道，这与孙吉龙有关。

2004年，建安集团着手申报建筑工程总承包升一级资质。按照过去的资质管理评审标准，其中有一项指标是，要承建过单跨跨度 30 米以上的工程。建安集团上报的是钢结构跨度 30 米以上的工程，而建设部评审组认为，承建的工程应该为混凝土，钢结构不能作为业绩。

孙吉龙知道这事后提出了异议，因为资质管理规定并没载明跨度一定要混凝土工程才可以。其实，同行们也都认为这项指标的设定"并不合理"，不过，虽然如此，大多同行不敢去提，他们普遍担心弄巧成拙，提了没起到任何作用，最后反而被人当成了把柄。

"只要认准有道理，就一定要坚持"，这是孙吉龙的个性，他"豁出去了"。他的想法很简单，建安集团当时已经是二级资质，"大不了一级资质评不到，还是在二级资质上原地

踏步嘛"。

孙吉龙的坚持演变成了一回宫廷剧中的"闯宫"行动。顺着业界人士的指点，耐不住性子的孙吉龙从厦门出发，一口气"摸"到了北京通州。在那里，由建设部组织的评审团正在那里集中评审。

在通州现场，专家对于眼前突然出现的不速之客首先感到惊愕，评审团成员都是见过世面的，敢于这么"闯宫"直谏的，之前从没见过。不过，孙吉龙的这一次"闯宫"算是闯对了，在听完他的解释后，评审团成员陆续点了点头，他们觉得，"这个南方人说的不无道理"。

孙吉龙的这一冒昧"闯宫"，不仅替自己的建安集团争取到了建筑工程总承包一级资质，另外六家一同申报的福建施工企业也一并受益。更值得一提的是，建设部根据孙吉龙的建议修改了评审指标，制订了轻型钢结构和重型钢结构标准。

建安集团的成功改制至今仍是一段佳话。

1998年，改革开放进行了近二十年，厦门着手推进一批国企和集体企业的转机建制，集美区办镇办集体企业有几十家之多，其中就包括了孙吉龙第二年改名的厦门北区建筑工程公司。为此，集美区政府专门成立了"转机建制领导小组"。

承包进入第四年，孙吉龙的经营才能已经逐步表现出来：1998年全年营业额超过七千五百万元，上缴利税五百八十万元。可以想见，这样的利税贡献对于当时的地方政府到底有多大的吸引力！

不过，对孙吉龙来说，这家公司除了还保留着曾是镇政府创办的集体企业这种"血缘关系"外，连招牌都不复存在了。因此，配合改制也是孙吉龙的强烈愿望。

耐人寻味的是，顺应历史大潮的改革，在集美区政府组织的第一次转机建制动员大会上就遭遇了阻力，区领导班子坚决支持改制，而镇一级领导班子则表示："达成一致意见不改制。"

区领导班子一听火了，拍案而起："厦门已经将改革开放进行了近二十年，居然还有领导班子如此因循守旧，观念如此落伍，你们先把思想统一了再说。"

改制是大势所趋，集美区领导班子的雷霆震怒，终于推动了孙吉龙公司改制的顺利进行。

改制后，孙吉龙把厦门北区建筑工程公司更名为厦门建安集团。回顾历史，孙吉龙感慨万千，昔日成批的集体建筑企业，能够顺利改制并获得新生的，不超过三家，其他多数已经没入了历史的湮尘。

一届人大代表，一届政协委员 十年提七十多件议案、提案

在生意场里浸泡久了的人，难免会染上世故圆滑的习气，孙吉龙在生意场上摸爬滚打了二十多年，今天却怎么看也不像一个老板，衣着朴素一如创业之初，就像昔日果敢"闯宫"进谏一样，他的骨子里始终保持着刚直不阿的本性，说话还是那么直来直去，绝不似是而非。

备受称道的是，孙吉龙的这种为人处事风格，在1998—2007年成为厦门两会代表和政协委员时，形成了七十多件颇具建设性的议案提案建议。后来的实践证明，昔日他的诸多建议颇具前瞻性。

孙吉龙是厦门改革"两桥"收费最早和最持之以恒的建议者。从1999年起，还是厦门人大代表期间，孙吉龙就提议改革厦门"两桥"收费。他直言，厦门"两桥"收费制度制约了岛内外一体化发展，降低了投资商对岛外的吸引力，阻碍了优秀人才的自由流动。

他还专程跑到上海、长沙作了深入调研，发现这些城市的有些作法非常合理：对本地车辆不收费，对外地车辆收费也不高。

担任厦门人大代表的四年期间，孙吉龙连续五次提议改革"两桥"收费。遗憾的是，厦门相关部门虽然给予了积极推动，但反馈回来的结果并没有多少实质性的进展。

2002年，从厦门岛内外发展的不平衡中，集美区人大常委会主任柯通也意识了改革"两桥"收费的必要性和紧迫性，他被孙吉龙的执着感动了，于是，联合孙吉龙等人，领衔再次提议改革"两桥"收费。这次，厦门"两桥"收费改革终于取得实质性突破，2005年9月1日起，厦门"两桥"收费实行年费制。

2002年，身为厦门市政协委员的孙吉龙还提了《关于铺设集美北部水厂至后溪新村自来水管网的建议》。

孙吉龙本身就是后溪人，他对这一带的生态环境非常熟悉。这一带的单位用水多数直接取自未经净化消毒处理的坂头水库，村民用水则靠自己打井。孙吉龙深入调研后发现，由于井水水质偏差，这一带居民肝脏患者很多，很多青年人当兵体检不合格都与饮用水有关，因为用水的问题，一些想到这一带投资的外商也望而却步。

孙吉龙的议案得到了各级政府的重视。2003年，给水管网"从天马山自来水厂铺到了

后溪镇片区"。

不过，说来有趣，政府的实质性推动动作本以为可以获得提案人孙吉龙本人的认可，没曾想，孙吉龙却在反馈意见的"不满意"栏中打了勾。原来，给水管网只是铺到了"后溪镇片区"，离村民可用还有相当一段距离，也就是说，铺设的给水管网属于"半拉子"工程，以多数村民的财力现状，根本没有能力把已铺到"镇片区"的给水管网给铺到村里来。

2004年，孙吉龙又提出了《后溪自来水管网铺设到后溪镇各村的建议》。这一次，"半拉子"工程终于圆满解决。孙吉龙的提案改变了长期以来形成的"公共给水管网只铺到镇中心"的惯例，让厦门市政府与各区签订了责任状，实行市、区财政共担模式，要求各区必须把给水管网铺到村里。此后，这一模式不仅在厦门全面推广，还被复制到了全国其他地方。

集美新城是厦门最早引入"地下管廊"的区域，"地下管廊"是先进的城市公共基础设施，可以共享水、电、汽以及光缆等管线，设计空间足够大，里面还可以通行机动车，便于维护。

然而，鲜有人知道，这一在国外城市广泛采用的基础设施方案，在厦门却是孙吉龙先提出来的。2005年，任厦门政协委员期间，孙吉龙在英国马路"一蹲半个小时"，认真考察了国外已经抢先一步使用的"地下管廊"后，提出了"地下空间"的构想。

他看到，"时不时有人对马路开膛破肚，实在太劳民伤财了"，建设可以共享的"地下空间"，向使用单位出租，不仅可以拓宽基础设施建设的资金来源，还可以解决马路不时被开"拉链"的老问题。

孙吉龙还提议过把厦门机场和行政中心搬到岛外。

厦门机场位于本岛北部，毗邻环东海域，出于发展的需要，机场不时扩建。他注意到，机场一扩建就要填海，一填海就要占用海滩，海滩大量被占用必然影响到整个环东海域的生态。此外，本岛地域有限，机场放在本岛，既影响了本岛环境，也占用了大量的土地资源。孙吉龙建议把新机场建在马巷，马巷在二十世纪五十年代曾经有过一个小型的军用机场，原来就是机场，"肯定有他的合理性"，因此可以旧物利用。

对于行政中心移到岛外，孙吉龙是这么想的：实现岛内外一体化发展，行政中心就应该带头搬到岛外，这才能从根本上解决岛内外资源的不均衡问题。他建议把新行政中心搬到同安的莲花，可以辐射安溪、长泰、华安、晋江和南安等周边地区，延伸腹地，做大"大厦门"。

十年过去，孙吉龙很是欣慰，厦门新机场建设已于2015年启动，新址就落在岛外的翔安大嶝，与马巷同在一个行政区内；厦门行政中心新址也已经列入了规划，何时启动搬迁，只待时机。

厦商风华·苏国强

鹭江公证处苏国强：

公证社会化试验

文／谢嘉晟

　　参与试点公证社会化改革，苏国强二话不说，带着两个同事就下海了。
　　他一手创立的鹭江公证处，不仅是全国公证信息化标准的参与制定者、中国公证管理平台和知识产权网络服务平台的管理运营者，他还试图通过信息化手段推动司法辅助业务进行流程再造，从而把法官从繁重的日常审判事务中解放出来。
　　他是一个可以在中国司法体系改革进程中留下印记的人物。

自己所学的专业是历史
却要跟中国司法厮守一生

"我的简历非常简单，一是厦门市公证处，二是鹭江公证处。"搞清楚采访意图，苏国强略显为难。改革开放四十年是一个非常伟大的过程，自己的简历三言两语就讲完了，哪来那么多故事。

要把经历讲述成一个具有纪念意义的故事，苏国强更觉为难。他现在的身份是厦门市鹭江公证处主任兼党支书记，中国公证协会常务理事和中国公证协会信息化建设委员会主任会员，头衔都与司法有关。

在进入这个行业之前，苏国强其实没有正儿八经地上过法律专业课，他压根就没想到，自己所学的专业是历史，职业却要跟中国司法厮守一生。

历史与司法，中间隔着一个专业课的距离。

苏国强是地道的厦门人，考的是厦门大学，上的是历史学专业。1981年底大学毕业，参加工作分配那会儿，他先是被分配到厦门教育系统当老师，觉得"自己的字写得太难看了，怕误人子弟"，恰逢厦门政法系统在招人，对法律工作另眼相看的苏国强，就到了厦门市公证处，彼时的厦门市公证处还只是隶属于厦门中级人民法院的一个部门。

苏国强是78级应届毕业生，参加高考后，因父亲1949年前曾是一家英国洋行的记账员，政审时，他的成分被认定为"帮办嫌疑"，在那个特殊年代，这属于"政治不正确"，因此，他成绩虽然上了厦大分数线，还是被卡在大学大门之外。

1978年三中全会真理标准大讨论过后，成分不再重要了，这些因家庭出身问题进不了大学校门的学生，彻底得到"平反"。

次年第二批高考，这些"政治不正确"的准大学生获得身份，但不能念本科，获准念专设的大专班。厦大为接收这批学生增设了历史、海洋、化学三个两年制的大专班，推迟了一年上大学的苏国强这个时候才走进了大学校门。

这样那样的阴差阳错，苏国强有幸成为恢复高考后的第一批高校毕业生。改革开放初始，百业待兴，工作由政府分配，苏国强稀里糊涂就到了公证处。

苏国强入行一方面自学成才，另一方面参加专业函授，拿到了复旦大学的本科学历，并研修完厦大硕士学历课程。

在学以致用中成长，大学所学的历史，成了自我修养的一部分，以至于谈及公证业的发展历史，他能兴奋地从古希腊商业契约的形成，讲到1804年拿破仑颁布的《拿破仑法典》对现代司法体系的伟大贡献；从戴安娜十六岁起就每两年公证一次遗嘱，讲到中国乡绅制度在特定历史阶段，对管理社会所起的作用。

苏国强的法官梦没有实现，20世纪80年代初，司法行政从法院系统分离，公证处和律师所的前身法律顾问处随之划归司法局。公证处规制上属于副处级事业单位，他顺理成章成了一名公证员。

在外人眼中，当个公证员似乎要比当个法官或律师容易得多。事实上，公证员、律师和法官都必须通过国家司法考试，法官资格的最低年龄门槛是二十二岁，公证员则是二十五岁。

法国一个诞生了一部伟大《拿破仑法典》的国家，经过层层筛选，现在只有五千八百个公证人的队伍。中国旧时乡绅制度由德高望重者裁断是非，也是另类的公证体系。透过世界公证发展史的衍变过程，苏国强虽然没有当成法官，对公证员这个职业却是越来越喜欢。

公证生涯，他找到了自己的人生航向

就司空见惯的房产交易而言，卖房的人担心过完户拿不到钱，买房的人则顾虑先付了款万一不给过户怎么办，特别是一日三变的"疯房时代"，卖主反悔现象时有发生。站在公证的角度，所有的担心和顾虑纯属多余，一纸公证书就可以解决了，法律赋予了公证行业具有这种特殊的权力。

生活中需要用到公证的事情太多了，遗产公证、婚前财产公证属于常规性动作，新常态下，还有与时俱进的知识产权和资金借贷公证。

2017年9月，厦门摄影师朱庆福打赢了一场官司，获赔34.5万元，原因是一名台湾知名艺人所修改的一张图侵犯了他的著作权，这起纠纷就属于知识产权范畴。证据保全是摄影师举证索赔必不可少的一个环节，证据保全就要用到司法公证。

公证在资金借贷中的应用是一门鲜为人知的技术活。2017年12月11日，乐视网的原实际控制人被法院列入失信人员名单，鹭江公证处的挺身而出就起到了关键作用。

要把乐视网的原实际控制人列入失信人员名单，本来没那么简单，案件先要经由债权人起诉，法院立案、审理和判决的整个流程，如果乐视网的原实际控制人施一点缓兵之计，还有可能要经过二审乃至高院的上诉、再立案、再审理、再判决，然后判决生效进入执行的马拉松过程，走完全部法律流程前后跨度一两年并不夸张。

鹭江公证处做了一件事，向北京第三中院出具公证债权文书，用这份文书，债权人平安证券马上获得了执行立案。省掉中间的很多流程，平安证券4.8亿元的债权主张能够最先进入执行，玄机在于，借款合同同步在鹭江公证处办理公证。

乐视网的原实际控制人被法院列入失信人员名单，从执行立案起只花了两个半月时间。

由喜欢公证这个行业，到产生强大的梦想，时间就到了1993年，这一年，十四届三中全会提出建立社会主义市场经济体制的新任务，各种行政事务改革渐次展开。

1999年，司法部启动公证体制改革试点，福建有一个指标，原定落在福州，辗转之后，把指标留给了厦门。此时的苏国强已经是厦门市公证处的党支书记、副主任、一级公证员。

参与试点改革，明摆着就是要辞职下海，上级主管召集厦门市公证处全体员工开了一次动员大会。

改革开放至此进行了近二十年，一些敢吃螃蟹者的成功，先是让厦门市公证处的很多员工热血沸腾，以苏国强为首，有近十位公证人员挺身而出，纷纷表态愿意追随，但在正式提交辞职报告时，当日的决断变成了后悔，只剩下孤零零的三个，即苏国强和现在鹭江公证处的两名元老汤庆发和饶健。

苏国强之所以愿意挑头参与试点，是因为1996年的一次欧洲之旅给他留下了深刻印象。那一年，司法部组织一个公证五人团分赴欧洲各地考察，苏国强被派到西班牙的塞维利亚市，这是哥伦布发现美洲大陆的第二次出发地。

在那次考察中，当苏国强惊讶地看到哥伦布当着公证员的面，亲自签署的"光船租船契约"原件时，方才认识到，中国尚处于萌芽状态的公证行业，其实早在五百多年前，就已经渗透到人类生活的方方面面。公证这个古老行业既记录着社会的变迁，也始终焕发着一股勃勃生机。

从国外的发展趋势来看，公证走向市场是早晚的事情，另一方面，改革开放近二十年，随着一部分人先富起来，财产分割、遗嘱确认，社会对公证的需求日益旺盛，那一年，他三十六岁，自认为"还输得起"。

2000年6月，鹭江公证处挂牌成立。

苏国强没想到的是，这一试点一试就试了十七年，直到2017年底，更大范围的试点才在全国铺开，厦门又有一家合作制公证机构获批挂牌。十七年间，鹭江公证处一直是福建整个行业中唯一的改革试点。

是要做一家"赚钱"的公证处还是要做一家"值钱"的百年老店？

放着旱涝保收，既有帽子又有票子的事业单位不干，要在一片看似深蓝的大海里寻找一条新的航道，苏国强当然不会是奔着再立一个山头而去。创立之初，三个搭档凑在一起密谋，苏国强起了个头，"我们是要做一家'赚钱'的公证处，还是要做一家'值钱'的百年老店？"

当时的苏国强给出这道选择题，即使是业界人士，也多数听不懂。参照更早之前独立出来的律师行业模式，就是愿意参与试点的公证员组建一个合作制的"联合公证体"，大家神散而形不散，表面上一个平台，实际上各自为政。所谓的"打造百年老店"，听起来像在讲一个神奇的故事。

苏国强的初衷当然不会是为了另起炉灶一个合作制的公证处，下海参与试点，他急切想验证自己长期以来形成的一些思考。

他告诉两位搭档，做一家"赚钱"的公证处不难，这个行业在中国刚刚起步，未来经济发展，社会进步，对公证的需求会越来越大，可咱出来干不能只是为了"赚钱"。苏国强言下之意，人生还得有点追求。

"赚钱"自然不是苏国强铁心参与试点的理由，下海前，他已是一级公证员，在厦门公证处已近天花板，让很多人羡慕。因此，要干就要干一票大的，潜意识里，他想建一家"公证百年老店"。

十七年的试点，是我国公证行业两种体制的一次对决，在厦门，就是以厦门市公证处为首的六家事业单位体制的公证处和鹭江合作制公证处的竞争。公证行业之所以要面向市场试点改革，是因为从法理逻辑上讲，这个为特殊群体服务的行业，没有理由让全体纳税人来养。

正像中国改革开放"先富起来"的大批民营企业一样，走向社会的公证处最大优势是机制灵活，有激情四射的奋斗动力。和厦门其他体制内公证处天然形成的公证服务网络相比，鹭江公证处的分支机构也在努力探索便民服务的方法。

一如苏国强预期，经济的发展必然伴随着"专为富人服务"的公证需求量呈现井喷式增长。大环境向好，见微知著。

公证经营的就是信誉，鹭江公证处十七年来保持着在全省各项质量检查评比第一的纪录。举个例子，近年来持续暴涨的房价改变了很多人的道德观，为了规避"踩空"的风险，签字卖房时，有卖房者会找个假妻子当替身，一旦房价对己不利，由真妻子来反悔。

如果没有负责任的公证态度，一个公证员的一次纰漏，可能毁了一家公证处的声誉。为保证案件不出错，苏国强不定期组织公证质量抽查。

华为做大在于有一套鼓舞士气的激励机制。鹭江公证处有一套类似华为的合作人晋升机制，创始元老不会老而不退，新加盟者能看到盼头。

苏国强给公证处立下一条规矩：逢有喜事，员工不能互送礼金，由公证处工会统一打红包。此举减轻了员工的经济负担，也树起了不一样的企业文化。今年，红包已由五千变成一万。

每月九月，鹭江公证处还免费为老人立遗嘱，这是一件费时费力的公益事业。

上下一心，其利断金。在体制和企业文化的交融下，到2010年，鹭江公证处在厦门分八处办公，员工数量超过一百八十人，业务量相当于整个厦门其他公证机构总和。不知不觉中，由当初的三人，成长为海西地区最大的公证机构。

公证是社会诚信的最后一道底线

做一家"公证百年老店"，需要不断为之赋能，互联网风起云涌时，苏国强盯上了互联网。

进入互联网时代，苏国强很快就看明白国内信息化建设的发展路途，从无纸化办公到局域网、互联网，再到后来居上的移动互联网和时下蠢蠢欲动的物联网，这就是趋势。

鹭江公证处的信息化建设没有落伍，与互联网的融合，苏国强看到的则是"赋能"，并由此设想：公证的一些服务流程是不是可以借助互联网工具来完成？

2000年后，中国互联网的燎原之势，坚定了苏国强给行业"赋能"的决心，但"走了很多弯路，交了很多学费"。

鹭江公证处先是出资与一所高校合作创立公证法律与信息化研究中心。苏国强的本意是，高校拥有雄厚的科研力量，鹭江公证处有实战经验，二者结合或能开花结果。然而结果却产生了意外，从实验室到产业化，高校与鹭江公证处的出发点各不相同，高校更注重学术研究成果，发表论文，鹭江公证处则希望研究结果能转化为生产力；高校培养的是未来的工程师，鹭江公证处需要的则是马上就能工作的施工人员。

中间隔着接地气不足和对行业的了解不够，研究中心研究出来的"产品并不稳定"。双方的结合"有收获"，但"解决方案缺乏针对性"。苏国强换了个思路，寻求跟有技术力量的企业合作，绕开理论阶段，直奔市场转化，或许双方的结合能搞出一段"风流韵事"。

一家大数据公司成为首选。就技术层面而言，这家公司可以解决苏国强所要的任何难题，市场转化也没有障碍，这家公司本来就是依靠市场转化成功上市。

磨合一段时间，问题又来了，问题还是出在各自的站位上。按照苏国强的设想，要做一个公证业的银联公司，而不是各自为战的银行，公证业务是鹭江公证处的优势，技术研发是合作方的强项，优势互补搞个"公证云"，为整个公证行业提供基础服务。

公证是国家赋予的特殊权力，特点是任何情况下都必须保持中立。这就注定，苏国强所要的"公证云"还不能依附在第三方的企业平台上，要独立成云。

合作方的意思则是借助鹭江公证处的专业优势，在自己的业务平台上建立一个"公证云"，鹭江公证处只是其中的一个数据来源。

"公证是社会诚信的最后一道底线。"依附在一家企业身上的"公证云"，让苏国强对于公证信用感到了担忧，万一出现的情形是，无法独立成云的大数据有可能会被篡改。

又走了一次弯路，又交了一笔学费，苏国强最终意识到，事情还得自己来干。那人才呢？补齐传统公证行业的短板，技术人才不可或缺。

即便做失败了，心痛是一阵子 要是不做，心痛会是一辈子

2010年底，鹭江公证处制订了"十年愿景，五年规划"。苏国强希望"有计划有步骤地推进信息化建设"。与规划配套，苏国强专门聘请美国一家知名公司，制订了一份投资总

额达1780万元的发展计划。

要花这么多钱,处里的人意见开始一分为二,反对者占多数。他们普遍认为,投资数目太大,万一没做起来,这么多年的辛苦付诸东流,"会很心痛"。

苏国强的现身说法打动了反对的一方,"输了我比你们更心痛。我都五十好几的人了,离退休没多少年,这把年纪都不怕输,你们都比我年轻,还有什么好怕的?即便做失败了,心痛是一阵子,要是不做,心痛会是一辈子。"

更让反对者受不了的是,苏国强坚持要推进计划也就算了,有人愿意出钱还不干。那家美国公司帮助鹭江公证处制订好发展计划后,还表态愿意帮助组织投资资金,鹭江公证处不用自己投。苏国强居然一口回绝了。

苏国强有自己的考虑,公证是国家赋予的权力,涉及国家安全,涉及国家安全的东西就不能控制在外资手里,最好还不要有外资插手。

在确定是否投资做"公证云"的决策上,苏国强占了上风。2012年,鹭江公证处体系下的厦门法信公证云科技有限公司成立。

接下来的工作就是寻找能顶梁的千里马了。不可否认,彼时的鹭江公证处有一百多号员工,公证业务都是行家里手,但要领军搭建一个"公证云"平台,谁也挑不起这个担子。

就在鹭江公证处上下一心摩拳擦掌的时候,帅小伙陈艳出现。

陈艳是现在法信公证云科技的领头人,公派留美博士,苏国强在一个朋友的场合认识了他,他当时是脊梁级民族企业华为研究所的一名科学家。

苏国强打他主意的时候,可以想见,陈艳起初肯定是无动于衷的。华为与彼时的鹭证公证处根本不在一个体量,估计想挖华为墙脚的,还没有鹭江公证处这种规格的,苏国强也给不出比华为优厚的薪资待遇,唯一能给的就是愿景和情怀。

或许是苏国强的一句话最终打动了陈艳:你在华为做得再好,就是一个白领,在这里,你可能是行业标准的制订者。

苏国强有底气说这样的话。至此还没有公证机构与互联网融合的成功案例,从发展趋势上,这种融合又是大势所趋。"还没有人来做这件事,但必须有人来做。"以陈艳的技术强项,加上鹭江公证处的专业优势,苏国强坚信未来的"公证云"成为行业标准是可以预期的。

从向华为递交辞呈到正式离职,陈艳花了半年时间,2014年春节过后,他来到了鹭江公证处。

东风也不缺了,万事俱备,鹭江公证处"自己来干"的时机成熟了。

专业＋技术优势，催生"公证云"

苏国强与陈艳的携手，堪称珠联璧合，专业和技术优势成就了公证江湖里所向披靡的天下无双。

目前，法信公证云科技的"公证云"已具备为整个行业提供服务的能力。通俗来讲，原来证据保全需要公证员为之提供人工服务，现在依托"公证云"可以自助服务，以知识产权为例，以前证据保全需要到公证处备份，现在自己拍照，把证据发到"公证云"备份即可。

五年不到，鹭江公证处的"公证云"已经办成了几件大事。正如苏国强当初给陈艳描绘的愿景，法信公证云科技已经是全国公证信息化标准的参与制订者；2017年8月，公司又承接了中国公证管理平台的施工设计；不久前，司法部、工商总局、国家版权局和国家知识产权局四个部门在北京上线的中国知识产权服务平台，也交由法信公证云科技来管理和运营，该平台致力于互联网知识产权的保护。

走向海外的服务也有了开始，法信公证云科技成为香港中国法律服务公司的大陆对接机构，为往来大陆的香港公民提供信息交换平台。二者融合的最大变化，往返两地的法律文书办理由"公证云"代替了原来的人工，做到了省时省力省钱。

"公证云"平台为往来大陆的海外公民提供法律文书交换服务，倒过来，也为中国公民奔赴境外提供服务。

除了政府部门，合作方中，还有一千多家国内的公证机构搭车了"公证云"平台，这个比例大概占到国内公证机构总量的三分之一以上。

在企业用户上，典型代表是阿里和腾讯，"公证云"解决的企业痛点是搜证难。

互联网知识产权取证难，一旦删除查无实证。"公证云"的妙用，当五十家公证处联动锁定同一个目标时，违约证据将插翅难逃。其中的道理在于，侵权者百密终有一疏，总有一家公证处能掌握到证据。

"公证云"的服务领域还在延伸。最近，法信公证云科技与广州文化产业交易中心签订战略合作协议，"公证云"将为交易中心的三千亿年交易额提供公证服务。

在苏国强的自我评价中，"公证云"的一连串创新，在推动中国司法体系改革的进程中都具有里程碑意义。换一个角度看，这也是国内公证行业一次典型的供给侧改革。

"公证云"提供的服务还在不断衍生,比如网络金融公证,乐视网原实际控制人的借款合同公证就属于其中的一种,以及旅游签约公证等。未来,苏国强希望可以向国外输出"中国模式","一起赚全世界的钱"。

诉讼与公证协同创新中心揭牌

打造"公证百年老店"的同时助推中国司法体系改革

美国公司为鹭江公证处制订的发展计划分三年投入一千七百八十万,实际上,法信公证云科技投入的资金至今已经超过五千万。不过,该花的钱还得继续花,出乎苏国强意外的是,鹭江公证处在打造"公证百年老店"的同时,还顺带助推了中国司法体系的改革。

改革开放四十年经济发展的同时,带给司法的一大变化是民事诉讼案件呈爆炸式增长。

法院人手有限，必须面对数量越来越庞大的诉讼案件，同时，如同"校长兼敲钟"，无论是审判还是执行法官，都要兼顾法律文书的跟踪和送达，执行法官的工作强度更大，调解、送达、调查、查封、执行，法官本来只需专注于审判事务，却被大量辅助业务缠住，无法分身。

如何把法院有限的人手和精力，从与审判无关的辅助业务中解脱出来？在"公证云"步入正轨后，苏国强尝试着助推中国司法体系改革。

切入口源自于与厦门市思明区法院院长傅远平的一次业务交流。在苏国强眼中，傅远平"有想法"，很容易产生共鸣。傅远平的最初想法是希望借助苏国强的"公证云"平台，推动思明法院的信息化建设。

苏国强一听，顿时来了精神，"要搞就搞票大的，先不谈钱，没人做过，怎么做就怎么给。"

诉讼案件骤增，法官的痛点在于时间和精力被大量辅助业务缠住了。而鹭江公证处绕过法院审理环节，直接申请立案执行乐视网的原实际控制人，"公证云"提供从纠纷解决机制向预防机制过渡的服务思路，与法院所要解决的痛点异曲同工。

苏国强从帮助思明法院梳理案件入手。原来法院案件管理方式是受理法官一管到底，这就有可能存在同一个片区同一条线路，多名法官在重复着类似工作的问题。由于存在重复劳动情形，原来文书送达，一部车两名法官，每人一天最多只能送两件。

通过梳理后，同一个方向，一部车同样两个人，每人最多一天可以送出二十多件，提速明显。

其次是流程再造，方向是规范化和标准化，中间融进激励机制。以电话通知来说，统一语音内容，根据电话通知的不同效果，形成不同的绩效，视结果的收入差距拉大，新模式调动了辅助工作的积极性，也提高了效率。

苏国强的努力正不断得到肯定。

2016年12月，原政法委书记孟建柱视察法信公证云科技，给了苏国强半个多小时作汇报，汇报的主题是："公证云"是如何推进中国司法体系改革的。这是厦门司法系统的集体荣誉。

继思明法院之后，经验陆续在厦门中院和翔安法院推广。2017年2月27日，厦门中院设立"司法辅助事务中心"，成立以鹭江公证处副主任汤庆发命名的"汤庆发公证员工作室"；同年6月26日，"翔安法院公证云审判辅助中心"及"公证员工作室"启用。

"思明样本"的不断成熟加速了更大范围的推广。2017年5月16日，福建省高院与福建省司法厅联合发文，将厦门成功的探索实践推向全省；6月29日，最高法院、司法部又联合确定北京、上海、广东等12个省、直辖市作为首批试点,复制推广厦门经验。

继第十二、十三届厦门市人大代表之后,2017年,苏国强又当选了第十五届厦门市人大代表、内司委委员,第十三届福建省人大代表。不久前,厦门市委、市政府公布了厦门市第九批拔尖人才名单,苏国强再次上榜。此前,他已经是第四批和第五批名单上的拔尖人才。

弘信李强：
"云创业"模式的拓荒者

文/谢嘉晟

  2017年，弘信创业工场旗下的弘信电子登陆国内资本市场，成为A股中的"柔性电子第一股"；被视为"云创业"线下版的云创智谷，试验两年后，也迈入了快速扩张期。
  过去的16年间，李强主导的弘信创业工场已经为原始股东们创造了数以千倍的投资回报。
  李强的"云创业"模式为何如此神奇？到底有何玄妙之处？

"云创业"3.0版 与中小企业一起成长

2017年12月7日，国家人力资源社会保障部副部长、全国总工会副主席邱小平到厦门云创智谷调研。

这只是近期政府官员走访云创智谷掀起的一个小高潮，往回追溯。

12月2日，全国人大代表、香港工联会理事长兼金融专业委员会主任、香港文职及专业人员总会会长吴秋北，刚带领香港工联会金融专业委员考察团光临云创智谷；11月27日，重庆市委统战部党外知识分子工作处处长赵东平率重庆市委统战系统考察团，宁夏固原市委统战部副部长、工商联党组书记司继平率固原市工商联一行走访云创智谷。

被视为为"云创业"3.0版的云创智谷自2015年创立以来，上门取经的各种商协会组织和企业，接二连三，不胜枚举。

这是李强时下的得意之作。云创智谷是他率先提出的"云创业"模式的落地平台，被视为弘信"云创业"的3.0版。它的1.0版，最早萌芽于2005年，翻开当年出版的《厦门财智人物》，年轻的李强面带微笑，刚尝试向他人推介一个全新的理念，即"把企业当产品经营"。

此后多年，他持续探索，简单的理念逐渐发展成一个在中国现实创业环境下，逻辑自洽、形成闭环，并经受了实践检验的商业模式，在李强自己的博士论文里，他把它称之为"云创业"。

1.0版，弘信创业工场直接投资优质项目。比如今年5月23日在国内A股挂牌上市的弘信电子和创业企业爱基因，便是这个版本下的孵化项目。现在的弘信电子被称为"国内柔性电子第一股"，在行业中处于领先地位，爱基因则是国内基因检测行业中的新贵，正处于高速成长通道。

2.0版，弘信创业工场辅导弘信电子供应链上的中小企业，通过注资和协助融资、战略辅导及市场对接，与一些中小企业一起成长。这一阶段，涌现出来深越光电、联懋科技、中易碳素、恒坤新材料、鸿益进等大小企业，其中，深越光电和联懋科技通过并购进入了资本市场，恒坤新材料则成为新三板的明星企业。

云创智谷是"云创业"的3.0版。

2015年，第一个云创智谷落户厦门湖里高殿，面积10万平方米。园区内有两类企业，一类是众创空间，一类是中小企业。众创空间聚集的是创新型小微企业，中小企业则以新兴产业为主。

众创空间专注于垂直领域，为创业早期的团队或小微企业搭建研发实验室等专业公共基础设施，云创智谷则为众创空间们搭建共性服务的全体系支持平台，比如企业财务、法律事务、后勤服务等，从而让众创空间可以从烦琐的行政后勤服务中解脱出来，专注于寻找优质创业项目，让众创空间的耕耘深度可以从一米拓展到三米、五米甚至更深。

同样道理，入驻园区的中小企业可以共享园区内的公共服务，把跟核心业务无关的一些事务性工作交由园区统一管理。当然，入驻园区的企业被要求具有一定的互补性，比如财务代理机构，可以为园区内的企业提供专业的财税服务；园区企业需要IT服务的，园区里的IT服务机构也可以近水楼台先得月，彼此之间优势互补和资源共享，形成线下闭环。

背靠云创智谷，入驻的企业不仅降低了经营成本，也提高了企业的工作效率。

园区还有一个网络中枢神经，即"云上新生活生态圈"。它对内可以为园区内的企业发布信息、推介业务；对外则培育和引入资源，反哺园区企业，从而形成线上线下融合的云创智谷生态圈。

第一个云创智谷在湖里开园后，目前已入驻企业含众创空间逾450家，3000多人在这里工生与生活。随之，云创智谷开始向全国复制。

值得一提的，湖北荆门的云创智谷在厦门版本上有了新的迭代。它引进了产业龙头，围绕龙头企业打造出产业生态圈，带动中小企业一起成长，帮助老工业城市快速再造新兴产业链。

过去的几年，李强收获颇丰。"云创业"模式下有形的物理空间云创智谷全国布局，无形的创业金融服务，同样硕果累累。通过出让弘信融资租赁的控股权，联袂央企中集集团进行混合所有制试验，合资公司无意中成了福建融资租赁行业的老大。

大战略框架下的小动作还有很多。旨在解决中小企业融资难题的互联网金融平台"弘信宝"，整合白糖采购体系衍生出来的"上糖网"，以及为航运企业提供大宗燃油保理方案的"泰融易"等，均在2015年相继上线。

全国外代系统最年轻高管"下海"了
第一次创业天灾人祸一起来

从熬过创业的生死关头，到打造出国内第一家创业工场，再到如今全国布局构建生态圈，今天，带着云创业"首倡者光环的李强终于能稍稍歇口气，坐在厦门银龙大厦重装一新的办公室，泡泡功夫茶，眺望着远方的海天一色，抚今追昔，畅想更遥远的未来。

"十多年前创业的时候，欠下银行数千万贷款，个人被迫签下无限连带责任担保，当时就是倾家荡产也还不起。"重提往事，李强已换了一种心境。他现在喜欢打打高尔夫球，紧张状态下，运动可以缓解压力；休闲心境时，则可以陶冶性情。

李强1969年出生于泉州南安，1991年从大连海事大学毕业后进入厦门外轮代理公司，1996年，他带领几条枪组建了厦门外代租箱代理公司。1997年，厦门港务局筹建厦门港务集团，他被抽调协助处理政企分设改革，港务集团成立后，28岁那年，他成为企业管理部首任负责人。1999年，李强返回厦门外代，担任副总经理，成为全国外代系统最年轻的高管。

众人眼中，李强在港务系统有不可限量的前途。出乎意料的是，李强在这个时候下海了。

2001年，中国正值入世前夜。"对外开放前要对内开放，市场放开应该有一轮机会。"当时李强料定，入世后国内产业格局必将重塑。烦透国企复杂的人际关系和僵化的运行机制，他想尝试下自主创业，而银行配套的"改制贷款"正好为受让改制资产提供了可能。

2001年7月15日，由厦门外代租箱代理公司改制而来的厦门弘信创业股份有限公司成为厦门国有中小企业改制的第一个试点，这是后来弘信创业工场的原型，李强率先吃了螃蟹。

"当时一心就想创业，想做什么，却没有想好，因此，取了'弘信创业'四个字作为公司名字，但'创业'不属于行业门类，工商登记时遇到了阻碍，后来还是托了层私人关系，才把这个名称注册下来。"公司直接以"创业"为名，弘信在国内企业名称中显得鹤立鸡群。

这宗资产颇有意思，改制前的出资主体是港务集团工会、外代工会和厦门外代，改制后厦门外代退出，工会的425名成员成为改制公司的股东。在职员工可以双向选择，只有十多名员工愿意追随李强一起创业。

有一点让李强颇为欣慰，十五年过去了，当初的十余位创业元老仍有半数坚守，他们不仅在弘信中担起了大任，个人也早已实现财务自由，真正做到了"快乐工作，幸福生活"。

倒回2001年的那个夏天，李强骨子里的创新基因似乎与生俱来，因此，即便在改制前的国有企业里，他都不墨守成规。刚到外代工作，他就敲出了全国租箱业的第一行箱号代码，这改变了长期以来的手工作业模式。此后，创新的热血一直在他体内奔腾，出色的能力让他在有限的空间里游刃有余。而独树一帜的管理风格，也吸引了不少优秀人才加盟外代租箱，五年间，外代租箱成为港务系统成长最快的企业。

但改制后的弘信创业并没有继承到多少优势业务。弘信创业成立不久，厦门外代就组建了新的代理团队继续开展业务，而曾经是公司最主要盈利来源的新箱报关业务，因为失去港务集团这个后盾，优势丧失殆尽，刚刚起步的弘信创业随时面临"断炊"。

没有后盾，只能甩开膀子往前冲，广阔的市场为弘信创业提供了诸多可能。一路跑马圈地，弘信创业的重卡销售和租赁、物流很快起色，并开始在上海、深圳等地陆续布局。

2003年，那场突如其来的"非典"天灾彻底打乱了弘信创业的既定步伐。"非典"几乎冰封了航空货运业，欧洲对来自中国的产品全面禁运。

如果只是天灾，熬过寒冬自有暖意，偏偏是，屋漏偏逢连夜暴雨。

这一年，弘信创业刚尝试航空货代业务，成为一家航空公司空运包板的二级代理商，当时敲定的航线是上海到法兰克福。按照既定计划，在风险可控的前提下先包一个板（航空货代计量单位）练练手。

当天灾来临，一个板眼看着要血本无归时，人祸还在后面。据守上海的一位高管擅自做主包下了四个板，天灾造成的损失翻了四倍，已远远超出了当时弘信创业的风险承受能力。

这位高管知道自己闯下大祸后，选择了"人间蒸发"。

与银行签下无限连带责任
弘信刚活过来就重金投资电子产业

羽翼未丰就面临千万级别的亏损，弘信创业陷入资金血崩。而随着亏损的风声往外扩散，不少原始股东们纷纷退出，有半数以上股东在这场灾难后要求出售所持弘信创业工场股份。

开始有人力劝李强"金蝉脱壳"，关掉弘信另谋机会东山再起。当时这种做法并不新鲜，

"有限公司"承担有限责任，于情于理并无不可，况且他的股份只有不到三成，损失不大。但李强拒绝了善意。

"那太不道义了。"李强昔日的表态铿锵有力，今天已然变成化骨绵掌，小股东大多是原港务系统时的同事好友，他们把自己辛苦攒下的积蓄交给弘信，信任的就是他这个人，若就这样一关了之，"一辈子都抬不起头"。

李强选择了硬扛。他一方面与航空公司及货主沟通，以期减少损失；另一方面协调银行，力求保住贷款。节骨眼上，个人信用发挥了作用，本欲收贷的银行开出了保留贷款的前提条件：李强必须用个人身家做无限连带责任担保。

李强一咬牙，不仅签下了连带责任担保协议，并且还筹钱一并接收了其他股东转让的全部股份。也就是这波重挫之后，弘信创业的股东数量慢慢减少到100多个，老股东退出的同时，也换进来了一批新股东，受让了其中大部分股权后的李强在弘信创业的股份超过了60%。

弘信创业的失血还在继续。小股东可以选择离场，李强却不能选择关门，就在此时，李强的一位老同学突然登门来访。这位老同学掌握有柔性线路板的生产技术，近期创业失败。从交流中，李强大致明白老同学创业之所以失败的原因所在：三个合伙人都只懂技术，缺乏资金和融资能力，高端营销能力也欠缺，系统资源整合能力更是毫无概念。

但计算机专业出身的李强敏锐地意识到，柔性线路板将是一个极具潜力的朝阳产业。当时，国产手机风起云涌，市场占有率与日俱增，柔性线路板在手机领域有着广阔的应用，市场潜力巨大。

他心里有另一本账。眼下弘信创业虽然元气大伤，却积累下了丰富的企业管理和市场开拓经验，也形成了一定的品牌影响力和市场美誉度，这些都是财富，正好可以与老同学的技术优势互补。

李强对老同学的技术表现出浓厚的兴趣，"你出技术和团队，我来投资。"

尽管还没在董事会上提议，他已能猜到股东们的心里会是怎么想的。果不其然，他的提议无一例外地遭到了董事会其他成员的坚决反对。

尚未走出重挫阴霾的弘信创业此时元气尚未恢复，哪里还有闲钱对外投资？一旦投资失败，对那个时候的弘信创业将是雪上加霜！况且，租箱代理与电子制造是风马牛不相及的两个行业，跨界试验，深浅难知。

但李强判断，"国产手机方兴未艾，柔性线路板市场巨大。给技术团队补上管理和市场的短板，一定可以异军突起快速盈利。"

对大势进行研判后，又用真金白银为自己的规划打了"保票"，"如果这次投资失误，我个人承担全部责任。"

李强的大无畏感动了股东，注册资本加上350万借款，共投入500多万，弘信电子成立。

弘信电子的回报验证了李强的判断，2004年年中，弘信电子月销售额便突破100万，并于当年实现盈利，此后逐年增长。今天，弘信电子已经成为国内柔性线路板行业的领军企业，并成功登陆资本市场。

投资弘信电子一战定乾坤，弘信创业打了场漂亮的翻身仗。而此时的弘信物流也逐步走出低谷，从低端的货运转型为智能物流与供应链管理；由物流拆分出的租箱事业部，则通过改组成立独立的公司，并将触角探向了集装箱之外更大的融资租赁市场，它们与弘信电子一道，成为弘信创业的"三驾马车"。

"云创业"成就一系列供应链解决方案 经典案例入选哈佛商学院

借道弘信电子挺进品牌手机领域后，李强发现了可以协同做大做强供应链的先机：复制弘信电子的成长过程，可以去帮助更多的中小企业取得成功。这便是后来被李强称之为"云创业"的中小企业孵化模式。

品牌企业的供应链需要来自多方供应商的支持，但供应商的制造水平难免参差不齐，只有生产出符合品牌企业标准的产品，才能进入品牌企业的采购体系。这是一条对供应商来说再浅显不过的道理。

"制约上游供应商进入品牌企业供应链的，一般是技术、市场或资金因素。"从弘信电子的壮大过程，李强明白其中道理，怎么帮助供应商解决这些难题？按照他的推理，"弘信与品牌企业已建立起良好的互动，知道上游供应商应该怎么改进技术，才能达到品牌企业的采购标准；市场渠道方面，弘信可以把供应商介绍给品牌企业。至于资金，弘信创业本身就是一家投资型企业，具备金融资源的整合能力"。

缺什么，补什么，补足短板，让企业可以淋漓尽致发挥自己的优势，根据这个逻辑，李强设计了"云创业"模式：弘信提供战略咨询和生产流程优化辅导等创业服务，让企业在正确的战略指引下，在严格的管理体系下，可以迅速提升产品质量，做大市场。

企业要提升产品竞争力，必然需要配套资金，弘信创业提供了两种模式：一种是融资租赁，帮助企业更新生产设备，扩大规模；一种是直接融资，对质地不错的企业，直接进行股权投资。

为保障创业团队的积极性，弘信创业奉行不控股原则，参股比例一般不超过30%。

"提供大资源，分享小利益。"融资租赁不稀释股份，长期投资，不需要年年倒贷，深受急需大规模更新设备的企业欢迎；而出让少量股权与弘信创业工场形成股权纽带关系后，则可以获取大量的资源支持，比如市场、人才、资金、政府资源等，从而实现多方共赢。

以创业服务为核心，以创业金融与创业投资为两翼，李强的"云创业"慢慢形成了完整的体系，覆盖企业发展的全过程。深越光电、联懋科技、中易碳素、恒坤新材料、鸿益进等等，便是弘信创业工场"云创业"试验下的首批成熟作品。通过对这些移动互联产业各细分领域企业的孵化与扶持，弘信创业工场也成就了自己国内移动互联产业链整合平台的美名。

弘信的"云创业"解决了企业发展共性的资源问题，让企业能放开手脚，在自己的专业领域致力创新，以创新构筑竞争力。

弘信创业工场投资集团旗下的弘信物流是可口可乐公司白糖原料最主要的物流供应商，可口可乐在中国有几十个分厂，分厂大多各自为战、单独采购，因此，每个分厂都有对应的库存和不同的资金需求。这也产生了对应的弊端：有些分厂库存很多，有些分厂库存告急；资金告急的可能有大量库存，库存告急的可能有大量资金。

更深层次的问题是，这种此厚彼薄的采购模式，会造成采购和物流资源的重合浪费。白糖属于大宗商品，价格一旦出现大幅波动，整个可口可乐公司还会因为库存的多少而导致经营风险的大幅增加。

李强设想，如果能够把可口可乐各个分厂的对外采购统一到一个平台，集体采购的议价能力肯定要高于单独采购，集体配送的物流成本肯定也要低于单独配送，而基于互联网技术研发的智能监控模式，还能有效监测库存。

李强再次验证了"云创业"应用在物流行业的可行性，可口可乐公司启用弘信物流的"一体化智能供应链解决方案"互联网平台后，库存下降了80%，转换成对应的采购和物流成本，又是一笔惊人的数据。

这个案例模式被选入了哈佛商学院教材，继可口可乐之后，王老吉主动找上了弘信物流。

现在的弘信物流已成为中国食品饮料行业的第一物流品牌，全球前十大快速消费品品牌中，有六家已是弘信物流的客户。

在食用油业务上，弘信物流旗下的弘信绿通试验了另一种模式。食用油从供给端配送到需求端，出于方便考虑，传统模式一般采取"蚂蚁搬家"：分装出厂。包装成本不菲不算，过程会有损耗，还可能会被优劣掉包。

弘信绿通在需求端建造了一个智能化的油库，从供给端到需求端配送，采用油罐车，不洒不漏，省下了包装费用和物流成本，保证品质和安全，并且通过后台大数据实现需求和供给的无缝衔接，为供给侧改革提供了技术保障。

帮助他人，成就自我
云创智谷遍地开花

产业园区是李强"云创业"的更高版本，这一次，他试图去整合政企资源，让"云创业"在区域经济的发展中发挥力量。

长期以来，地方招商引资多靠比拼优惠政策，那架势很像打价格战。然而，殊不知，龙头企业的落户生根，更看重的其实是市场环境与产业配套。对于产业基础薄弱的地区，如何招商引资一直是个令人头疼的问题。

云创智谷的浮出，为政府提供了一种解决地方招商与产业培育难题的新思路。云创智谷以"云创业"为依托，大量植入各种服务资源与金融资源，扶持中小企业的发展，为地方营建良好的产业环境。

另一方面，云创智谷可以在政府与创新型企业之间搭建起一座桥梁：帮助政府提供产业扶持政策建议，帮助遴选符合产业导向的企业，监督资金使用情况；还自带金融资源跟投企业，让政府引导基金可以四两拨千斤，给到企业更多实际支持。

李强的升级版理论在湖北荆门得到了印证。荆门云创智谷引进弘汉光电、爱基因等创新型企业，在短短两个月时间里，便让所在地成为荆门的城市创新中心，当地产业环境大为改观。

有一件事颇值一提，国家科技部副部长李萌在参观荆门云创智谷时，评价"荆门以产业链招商，实现了项目'三级联包'服务，开创了新局面"。

今天，云创智谷已在厦门、北京、深圳、上海、大连、青岛、重庆、荆门、南宁、资阳、漳州等地布局。弘信的规划，未来五年，要在国内开满100个云创智谷。

厦门云创智谷

从"云创业"到云创智谷，大量企业云聚而来，嗷嗷待哺，李强又是如何化解资金难题的？

李强解释道："弘信创业工场是一家股份制公司，本身具备一定的融资功能，良好的成长性吸引了不少外部资金；其次，公司投资的项目成功率很高，持续获得资本市场关注，项目本身也具备融资能力。由于弘信很早就构建了规范的财务体系和信披制度，银行也充分信任，这给融资打开了又一扇方便之门。"

2013年，弘信创业工场与央企中集集团合作，重组弘信融资租赁板块，由中集控股，这项混合所有制试验出另一个范本。合资联袂央企，本意是为拓宽资金渠道，支持更多的中小企业产业升级，没想到在融资租赁领域开辟了新天地，不小心成了福建融资租赁行业的领军企业。李强说，这是"帮助他人，成就自我"。

2015年，互联网金融平台"弘信宝"上线，这是李强"云创业"体系下创业金融的又一产品，一端连着社会闲散资金，一端连着品牌企业协同供应链上中小企业的应收账款。"基于真实的闭环交易，让我们能真正把资金输送到实体经济，支持实体经济的发展"。在网络借贷名声不太好的经营环境里，李强对"弘信宝"却显得信心满满。

随着各方资源的不断链接，李强的"云创业"平台不断做大，正在向人们展现着无限可能。

金旸杨清金：
50岁再创业 在万亿市场玩裂变

文 / 李畅

他入戏，20年根植实体，他又入角，当了30多年的企业家，天命之年也不放下，毅然选择了二次创业这条并不寻常的路：打造中国首个实体创业平台。这也是面向中国高分子新材料行业的创业平台。

他的快人快语，他的赤子心肠，他的实业情怀，都让人由衷地感受到他作为闽商代表的特质。

重返"战场"二次创业
创立中国首家实体创业平台

2017年12月，第15届环太平洋高分子大会在这座高颜值花园之城成功举办，来自全球30多个国家近千名高分子领域的学术泰斗、专家学者、技术精英在此交流碰撞。两年一届的这场会议堪称高分子界的最高盛会。

这场大会的背后，有一股强大的推动力，一家以合伙制创业平台为载体，用新模式改变传统产业的发展，将整个行业当公司来运营的新经济公司，专注于高分子新材料行业研究与运营。这家企业即金旸集团旗下全资子公司金旸新材料科技有限公司。

金旸新材料科技，成立一年多，就斩获了"国家专业化众创空间"的荣誉。目前平台聚集了30多个创业团队，产值达到数亿元，在新能源汽车、智能家居、电子电器等业务领域均取得了突破性进展，涌现出销售过亿的创业合伙人，在几个子行业中一举夺得30%以上市场份额，成为行业翘楚。

在全球经济下滑的趋势下，杨清金带领的金旸这匹黑马为何能够异军突起，实现裂变式增长？

提到金旸这匹黑马，就不得不提它的掌舵人——金旸集团董事长杨清金。

第一次在金旸总部见到这位企业家时，他的快人快语，他的赤子心肠，他的实业情怀，都让人由衷地感受到他作为中国闽商代表的特质。正如平台刚发布时一位知名媒体人对他的评价——他入戏，20年根植实体，他又入角，当了30年的企业家，天命之年也不放下。

杨清金本已打造了多家上市公司，其中一家已连续多年占据行业全球头把交椅。在实现财富自由和个人价值之后，他的既定路径是开始与家人共享天伦，但几年过去后，他不但没停下来，反而更忙了。因为他没有完成规定动作，而是毅然选择了一条并不寻常的路——二次创业。

那是2015年初秋的一个深夜，当时还奋斗在中国实体第一线的杨清金有了一个大胆的想法——打造中国首个实体创业平台，这也是面向中国高分子新材料行业的创业平台。

此后，位于厦门马銮湾新城南部的一块工业用地开始灯火通明起来。半年后，数栋崭新的灰白色建筑拔地而起。这里便是"中国首家实体创业平台"的所在地。它是金旸在众创空间的基础上的一次创新,致力于解决行业散小乱弱的痛点以及创业者创业难点。

从第一次大胆探索到落地实践,杨清金和他的团队只用了不到一年的时间。这是金旸的速度,也是金旸的创新探索。

金旸产业园俯瞰图

实体经济要借势而不是追风
把整个行业当作公司来运作

"要改变行业格局,必须要把整个行业当作公司来运作!"杨清金意识到,"瓦解工业化时期企业内部资源和分工模式"是未来主流商业模式之一。自己的企业发展到如今的规模,想要做得灵活,就必须打开边界,提升企业的资源能力和交易层次。

因此,他重新定义了公司。

金旸新材料所在的高分子新材料行业,是国家战略性新兴产业,是一个万亿级的超大市场，而且每年还在以10%的速度高速成长，前景十分广阔。

但行业散小乱弱，全国三千多家企业，90%以上是年销售不足一亿的小企业。小企业往往只做低端产品，价格竞争严重，研发投入少，难以实现技术突破与可持续发展；国际巨头垄断高端市场，高端产品严重依赖进口，导致涉及国计民生、国家安全的材料领域受制于人。

面对国内的行业困局，杨清金希望振兴民族工业，一直思考用创新的商业模式改变行业现状。

"时代在迅速发展，一个个风口陆续出现，但创业不能盲目追风，实体经济要借势而不是追风。"这就是杨清金在二次创业前的思考。

在共享经济的时代背景下，金旸正是借助互联网的发展大势，并将共享思维信手拈来，根植于实体整合高分子新材料行业，打造了中国首家实体创业平台金旸新材料科技。

平台条件得天独厚
孵化出多个行业黑马

经过一年多的探索，金旸在合伙团队招募、研发平台搭建、供应链建设等方面取得了阶段性成果。

金旸规划300亩的新材料产业园，预计支撑产值超百亿元。目前一期已建成并投产，年产能达到20万吨，销售服务网络遍布全球。华东、华北和西南生产制造基地正在建设中，并将陆续在上海、德国、美国设立研发营销中心。

目前园区的创业单元达到三十多个，在新能源汽车、智能家居、电子电器等业务领域均取得了突破性进展，并涌现出销售过亿的创业合伙人，在几个子行业中一举夺得30%以上市场份额，成为行业翘楚。

滚塑业务就是金旸创业平台众多业务中的一个缩影。

2016年，金旸才刚刚起步做滚塑业务，现如今，已经成为国内滚塑行业的一匹"黑马"。和2016年同期相比，2017年金旸滚塑业务增长超过300%，月销量占国内市场份额30%以上，其产品已被广泛应用于休闲运动、游乐设施、清洁设备、交通设施、电器设备、农用机械及国防军工等领域。

金旸滚塑业务不仅实现了几何级数增长，而且在滚塑改性塑料这个细分领域已经拔得头筹。更令人惊讶的是，无论在产品质量、服务品质还是品牌口碑上，金旸都走在了行业前列。在外界看来，这样的成绩几乎让人难以置信。

"滚塑业务能够得到飞速发展，首先离不开金旸创业平台。"滚塑创业单元合伙人Tom认为成功并非偶然，金旸创业平台创造了得天独厚的条件。

作为国内首家实体创业平台，金旸创业平台无疑是真正了解行业痛点并提供系统解决方案的成功案例。它为合伙人提供创业所需资源，包括技术、制造、营销等一系列优质资源。其零风险、高收益的金旸模式，正在帮助越来越多的合伙人走向成功。

金旸的"研究院"不止是"达摩院"
三大制造基地、三大研发中心全球化布局

在去年的云栖大会上，阿里达摩院的横空出世可谓赚足眼球。与阿里达摩院关注前端概念创新不同，金旸却是用真金白银建立系统、先进的研发体系，组建一流的专家技术团队。

"金旸先后成立了研究院、技术中心、工程技术研究中心、院士工作站，以及由12位国内知名院士、教授与专家组成的科学技术委员会。"杨清金表示，同时金旸还与中国科学院、清华大学、复旦大学、四川大学、厦门大学、北京化工大学等国内外材料科学界一流的高校以及科研机构建立了长期合作伙伴关系。

另外，金旸重点实验室建立了模拟加工中心、检测中心、配色中心，获得中国合格评定国家认可委员会CNAS认可资质，并且正在筹建博士后工作站、国家工程技术中心、国家重点工程实验室。

目前，金旸正在全球加紧建立三大制造基地和三大研发中心的全球化布局，以此对接全球的孵化器和研究机构，引进世界最先进的技术与高端人才。

金旸的"研究院"不止是"达摩院"，这些研发机构都是实实在在落地的，不断聚集全球高端技术专家，培养智库，占领技术制高点，推动公司技术创新、产学研用、人才培养等方面工作的开展，促进企业稳定、持续、快速、健康发展，提升企业核心竞争力。

成人达己、成己为人
得人心者才可得天下

"每一家优秀的公司都是在成就客户、成就合作伙伴、成就行业与社会的过程中成就自己，金旸创业平台亦是如此。"这是杨清金始终坚持的理念。

如何成人？引领行业健康发展。

首先，金旸创新商业模式，重新定义公司。

无论是对于创业者、用户还是行业，这个平台都产生了积极的意义。对于创业者，意味着自我成就和财富自由；对于用户，意味着商业保障和价值提升；对于行业，意味着改变行业发展格局和促进转型升级。

金旸3D研发团队作为创业单位之一，就深深感受到了五大平台创新带来的利好。他们充分发挥平台的技术优势，攻克了3D打印PLA线条材料发脆这一困扰行业已久的技术难题，这一创新技术在全球尚属首次。

不仅如此，金旸还成功研发出兼具环保和装饰功能的免喷涂材料、用于汽车轻量化的微发泡材料、提高车内空气安全的低气味材料等多款创新型产品，推动行业技术与产品升级。

平台创新让行业"散小乱弱"逐渐走向有序发展，即在金旸的创新引领下，高分子材料行业由低端化、同质化的现状转向资源节约、产品差异化、高附加值的可持续发展道路，在行业掀起了一场强而有力的"供给侧改革"。

金旸新材料科技有限公司不只是一家科技型企业，杨清金更致力于把它打造为一家先进智造企业。而金旸就是让平台成为技术的入口。

金旸不断投入高昂的成本，为创业单元创造优良条件，表面上看似金旸只是一味付出，只有加入平台的创业者才是获益者，实则不然，金旸是一个合作共赢的创业平台，平台为金旸聚拢了行业内的人才，还整合了行业内的许多资源，为成为科技公司奠定了基础。

诚如杨清金所说，"任何革命，只要得人心就得天下。如何得人心？就是帮他解决问题。"

从 0 到 1 的质变 带来从 1 到 N 的裂变

从一个好主意到创建公司，是从 0 到 1 的质变。而金旸平台的存在，就是成就来到平台的创业者，实现从 1 到 N 的裂变。

从采购、研发到制造、营销再到售后服务，金旸围绕高分子新材料创业场景打造了一条完整的共享资源链，形成"1+1+1>N"的效果。

金旸的商业模式同样引起了学术界的关注，著名金融学者、清华大学金融系主任杨之曙教授认为，实业领域的创新空间远大于投资领域的创新空间。

清华大学经济管理学院金融系副主任、商业模式研究工作室主任朱武祥教授也对这种商业模式表示高度肯定，认为此举将会对国家正在倡导的制造业"供给侧改革"提供非常宝贵的经验，并认为将来有望推广到其他行业，并为中国传统产业的转型升级提供破局样本。

在积极参与第 15 届环太平洋高分子大会后，杨清金再一次带上了他的团队，与来自加利福尼亚大学、芝加哥大学、首尔大学、京都大学、南洋理工大学、香港科技大学等全球知名院校的科学家们坐而论道，引起业界热烈反响。

艺术是一个人的事，而科学是一群人的事，杨清金和金旸将站在新起点，迈入新台阶，开始下一阶段的加速发展。

华祥苑肖文华：

人在草木间

文 / 赖丹丹

"一直坚持走下去，是因为发现没有什么比茶更好的事情了。"祖辈一脉相传的茶魂，让肖文华与茶厮守24年之久。

肖文华说，盛世茶兴是历史规律，如今中国正迎来盛世，外交茶叙是新时代的特色，中国茶在大国邦交中开始扮演越来越重要的角色，开始被世界瞩目，所以他还会继续"傻傻坚持"，让世界爱上中国茶。

"茶"字拆开，就是"人在草木间"。茶之于他，越来越浓烈，却也越来越质朴。

华祥苑国宾茶风靡全球
一年七次助力"外交茶叙"三成国礼

大红袍和铁观音，是福建乌龙茶双骄，从诞生之初就频频出现于国事外交之中，佳话连连。

1972年美国总统尼克松访华，毛主席以四两母树大红袍赠之，见证了中美建交的历史进程，留下"半壁江山"的佳话。

1980年，华国锋访日，带去了铁观音，成为中日友好邦交的见证。

而自2017年金砖厦门会晤上，乌龙茶成为各国元首用茶以来，在每一次重要的外交大事上都有它的身影：

2017年9月3日—5日金砖国家领导人厦门会晤，华祥苑国宾茶成为我国赠送俄罗斯总统普京的国礼；国宾茶被九国元首及夫人同时品鉴，并且继凯瑟琳公主掀起下午茶文化355年后，华祥苑国宾茶作为代表掀起了国际贵族饮茶风尚，开创了中国乌龙茶史上的三大里程碑事件。此外，华祥苑庄园茶被国内外近百家媒体集中报道。

金砖会晤之后，华祥苑国宾茶更是蜚声全球且与全球众多元首领袖们结下深刻的中国茶缘，迄今已三次成为国礼，七次助力"外交茶叙"。

2017年11月8日，中美宝蕴楼茶叙，华祥苑国宾茶成为宝蕴楼茶叙品鉴用茶；2018年2月1日，中英茶叙，华祥苑国宾茶【黄金时代版】作为现场品鉴用茶，并成为我国礼赠英国首相特蕾莎·梅夫妇的国礼茶，助力中英两国开启外交的黄金时代；2018年3月25日—28日，中朝北京茶叙，华祥苑国宾茶成为现场品鉴用茶，国宾茶大红袍独有的岩蜜香备受金正恩委员长喜爱；2018年5月7日—8日，中朝大连茶叙，国宾茶再次成为中朝茶叙品鉴用茶，国宾茶大红袍难得的岩蜜香令两国领导人印象深刻。茶叙结束后，我国将国宾茶礼赠朝鲜最高领导人金正恩委员长；2018年6月9日—10日，上合组织青岛峰会，国宾茶成为12国元首现场品鉴用茶，这也是俄罗斯普京总统第二次品鉴国宾茶；2018年9月3日—4日，中非合作论坛北京峰会，来自非洲的53国领导，其中包括40位元首、37国元首夫人在内的3000多名非洲友人品鉴了华祥苑国宾茶，这又为中国茶开创了全新的记录！

"通过茶叶外交，收获的不仅仅是东方文明的感召，更是世界各国友人对中国文化的认同。外交活动背后的茶故事，如今成为华祥苑品牌文化中的重要一环。"肖文华说。人在草木间，即为茶，作为华祥苑茶业的掌舵者，肖文华就像一个睿智的追风人，循着茶香，一路奔跑，引领闽茶发展，一手筑造起属于自己的茶叶王国。回首来时路，肖文华始终笑容宽展，眼角弯曲，在一对浓眉之下，内心自豪。只有经历过的人才明白，坚持是一种选择，而多少人总在繁华泥沼中一步一步，忘情深陷。24年茶企生涯中，对各种诱惑的拒绝，便是肖文华对茶最大的，也是最温柔的坚持。

一个商人的敏锐天赋：卖广式月饼赚得第一桶金
一个茶人的家国情怀：向世界传播中国茶

当谈及是如何做起华祥苑茶生意的事儿，肖文华总是不加思索地坦率倾吐。起初，那些酸甜苦辣的经历，一提起仿佛就在眼前，浮想联翩。出生在福建省安溪县山区农村里的肖文华，从小有着宏大的抱负。

初中毕业后，肖文华便开始到厦门"闯世界"。他只身来到厦门打工，销过五金，卖过杂食。那时，他虽然干着一项项不太赚钱的小生意，但始终瞪大了双眼，瞅着市场上能赚大钱的商机。

1992年，还没有进入中秋时节，他突然发现广式月饼在厦门十分有市场，于是他便费尽心机找寻到一个月饼盒子，从广州进货在厦门做起了月饼生意。就这样，他赚到人生第一桶金。卖月饼虽然赚钱，但并非是肖文华内心深处的抱负。安溪肖氏，世代以茶为生，肖文华自幼耳濡目染，对茶叶的种植、生产都有了较为深刻的理解和认识。1993年，随着天福茗茶正式进军大陆茶产业，催生了现代茶叶销售蜕变的初潮。年轻的肖文华敏锐地感觉到现代茶产业即将迎来第一个春天。制茶世家的因子让他义无反顾地用第一桶金投身于中国茶产业中。

1994年，华祥苑诞生于鹭岛厦门——这个历史上知名的国际茶叶进出口集散中心。

肖文华说，华祥苑的成长，得益于中国的改革开放。

尽管离开安溪龙涓到厦门已经20多年，不过肖文华还是习惯用浓浓的乡音"来吃茶"来招呼朋友们喝茶，而对于小时候家里做茶的情形，时至今日他也还深深记得。

20世纪80年代,安溪铁观音还在手揉脚踩的时代,高达数百摄氏度的滚烫茶青要用脚踩出茶汁来,常常一个茶季过后,做茶人的手脚都会满布茶汁,变得很是粗糙,不仅如此,还整晚没法睡。有人评价那时候的铁观音,喝起来有初恋的味道,汤色金黄透亮,花香幽然,韵味明显。

茶乡出来的孩子自是对茶别有感情。

1994年,正值厦门茶市大崛起的时代。那时购买茶叶需要到厦门茶叶进出口有限公司层层审批、排队购买。"即便是茶商,也不是想买茶就能买到的。"肖文华每天清晨5点多就到窗口去排队批发茶叶,光开票就要等4个多小时。辛苦批发回茶叶,肖文华秉着薄利多销的理念开始卖茶,他说:"那时'一枝春'才卖2块多,我觉得刚开始卖茶,薄利多销就好,每盒茶让利1毛。"也正是这1毛钱,让肖文华卖茶卖出了好名声,聚拢了不少忠实茶客。

好产品还得靠营销 灵感来自广式月饼

创业初期为了打开销路,肖文华凭借毅力和勤奋,一家一户说服店主试销,甚至仅仅为了两包茶叶都不惜冒雨送货。为了使铁观音得到进入商场的机会,他一连六天守候,只为了获得一个时间充分的宣传机会。毅力之外,肖文华还不乏"计谋"。很多当年一同创业的茶人都曾一度抱有疑问:同样卖茶叶,同样够勤奋,为什么偏偏肖文华卖得就快,就能迅速崛起?

给肖文华带来灵感的是厦门月饼与广东月饼。

偶然间,肖文华注意到一个奇怪现象:同样的月饼,厦门本地产的远不如广东月饼好卖。仔细一比,肖文华发现广东月饼不但采用了精美的铁盒包装,还采用了考究的摆放和礼盒内饰,将月饼衬托得雍容华贵。而厦门月饼的包装则粗犷简陋,难以吸引顾客。包装,成为影响两地月饼销量的关键。

肖文华顿时想到茶叶千篇一律的锡箔纸包装:好茶若显不出档次,又怎能吸引顾客?

肖文华当即赶赴包装业发达的广东澄海,订购了一批精美的塑料茶叶盒,拿回厦门商场里试销。结果不负期望,大受顾客欢迎,销量连翻数倍。肖文华自此开始注意到营销技巧对商业竞争的重要性,正是这一次转变,让肖文华开始初窥商道,走上了营销创新之路。

靠品牌赢市场
力排众议开设"赔钱的"品牌旗舰店

"一个产品再好,在市场上没有一个驰名的品牌,也就很难在消费者心目中占据地位。"

到了1999年,尽管在厦门名叫"华祥"的茶叶店已经开了七八家,但是仍属于默默无闻、知名度不高的小店。有一天,一位安溪老顾客来买茶时,给肖文华提意见:"喝了你一年的茶,但是还记不住你的茶叫什么。"这一句不经意的牢骚话,触动了肖文华。

从那时起,肖文华开始关注品牌。可是在当时,要做品牌谈何容易。没有参照,没有模仿,一切都需要肖文华从头开始,摸索着前进。

如何做品牌?肖文华决定先从视觉识别系统(VI)开始做起。

肖文华最初的出发点很简单,要把自己的茶叶店开到"让别人记住","这就要把茶叶店经营得上一个档次,完全有别于其他人,能够打破传统,开创一个新的经营模式。"

精心策划酝酿了一年,2000年,当时位于厦门最繁华地段——禾祥西,诞生了一家面积最大、装修最奢侈的茶叶店"华祥苑"。18年以后,再忆起当时开业时的情况,肖文华笑着说:"没人叫好。大家都以为我是台湾人,因为这个举动在当时实在令人吃惊!"没人叫好的概念,是从经营的角度出发,所有人都不认为肖文华会赚钱,以为他头脑发热,肯定会"亏死掉"。

当时的肖文华,没有走南闯北考察过,根本不懂得外面的人怎么做,只是认定一个念头:要做厦门从来没有的。事实证明,"华祥苑"品牌的创立确实是厦门茶叶界的一大创新。

以前所未有创意之举,与传统茶叶店划清界限,尝试了诸多从前人们想都不敢想的先例:传统茶叶店以卖茶为主,类似现在的小卖部,面积很小,顾客买完就走,顾客与顾客之间,顾客与店家之间,几乎没有什么交流。而华祥苑则尝试赋予了店铺"第三空间"的概念,以服务为主,在保证茶叶质量、安全的基础之上,辅以在当时独一无二的茶道表演,包厢服务,再在店内挂上古典字画,播放优雅动听的古筝音乐,服务员也一改往日形象,统一着装、统一礼仪。不管顾客是否消费,踏入店内即可免费品茶,这在传统习惯中也是不可思议的。

一系列的大胆创新,加上由外到内的高档次 VI 呈现,肖文华成功地将传统茶以及茶文化的传播,融合在新店里。虽然刚开始人们不理解甚至不接受,华祥苑还是顶住压力,坚持下来,"亏了近一年"之后,终于开始扭转局面,到后面得到爱茶之人的认可和接受。这一年时间对肖文华来说,是漫长的一年,也是至关重要的一年。

"坚持可以说是我成功的最重要的一大因素。"肖文华说。

这一年创新期,华祥苑茶顶着巨大的经营压力和舆论压力,步履蹒跚地挺了过来。状况开始好转之后,肖文华马不停蹄地立即对原有茶叶品牌"华祥"进行包装改造。原来普普通通名不见经传的几家小茶叶店,经过统一的VI形象管理之后焕然一新,品牌效应也是立竿见影,"这一次,走在厦门的大街上,华祥苑即便身处于一众茶叶店里面,也是非常醒目,可以脱颖而出的。我们的顾客忠诚度更高了,因为华祥苑是独一无二的,在当时是品位的象征。"

旗舰店确实没有起到多大的盈利作用,但旗舰店却奠定了华祥苑作为茶品牌、茶文化的倡导者的先锋地位,第一次把销售茶叶提升到了营销茶品牌、推广茶文化的价值高度。也是从这一年开始,华祥苑才真正开始踏上品牌之路。

在肖文华看来,没有文化和品牌的支撑,茶叶营销势必会局限在农产品销售的层面上。旗舰店是一种业态的升级、一种品牌形象的提升。"连锁店和广告数量再多也只是盈利上的量变。旗舰店的创立却是塑造品牌形象的质变,没有这种质变,品牌形象与文化推广就无从谈起,企业永远不会有高度。"

想把生意做得长远
就必须让产品、质量始终如一

经营模式创新所带来的成功,背后必然需要强硬的品质支撑。肖文华认为,好茶保不住品质,在市场上只能轰动一时,要想把生意做得长远,就必须让产品的质量始终如一。

而一切的顿悟缘起于2003年春天,经过摸索经验,肖文华只身一人跑到北京,想把茶叶引入北京钓鱼台国宾馆,这对当时只是小有名气的华祥苑来说又是一件看起来不可能完成的任务。但凭借着产品品质,华祥苑的受到了钓鱼台国宾馆的青睐,双方便建立了长期合作的供货关系。也正是从那时起,肖文华决定从源头掌控产品的品质,于是华祥苑不仅成为钓鱼台常年用茶,还一起联手在安溪打造了钓鱼台茶基地。

好茶不是什么地方都可以长出来的,它受着地理条件、水土基础、生态环境的特定限制。

为此，肖文华从2004年开始，借鉴西方葡萄酒庄园，融合东方各大权威、专家开始了茶庄园的建设之路。与福建省农科院、福建农林大共同合作，邀请专家走进各个产茶有名的深山进行反复筛选，并在茶庄园内融入了茶界泰斗张天福的毕生茶学精华，将七大科技运用于庄园建设中，合作创建了张天福水云波生态茶示范基地。历时15年，华祥苑建造的有机茶基地和生态茶庄园已分布在了安溪、武夷山、宁德、信阳、云南等地，囊括了铁观音、武夷岩茶、红茶、普洱等中国核心茶品类。

十几年前，当华祥苑要开山建茶庄园的时候，质疑声不断，但肖文华坚信，做茶没有捷径可寻，没有近路可抄。直到今天，华祥苑建了八大茶庄园，成绩喜人。

华祥苑安溪铁观音茶庄园

好茶既靠自然条件也要靠科学种植和管理。近年来，华祥苑公司先后与福建农林大学、福建农科院等院校和科研单位建立了长期的合作关系。茶叶从品种、施肥、种植、防病、灭虫、采摘、加工等都有一整套完备的科学操作规程和管理制度，每一处种植茶叶的基地或庄园都汇集了东方种植智慧与西方管理技术，产前、产中、产后都形成了标准化生产。

此外，华祥苑公司还在厦门同安工厂和安溪工厂设有两大加工基地，拥有十多条现代化国际一流的自动化茶叶生产线。同时还投资千万建设完善了研发检测中心。现已形成集茶叶种植、加工、研发、生产和销售于一体的全产业链的农业产业化国家重点龙头企业,并被命名为全国茶叶标准园创建基地、国家农业标准化示范区。2015年7月,华祥苑参加百年世博中国名茶评选,金凤凰2000荣获"茶界奥斯卡"之称的【金骆驼奖】,并于8月赴米兰世博会领奖,国际茶业界大咖纷纷为庄园茶模式点赞。直至如今在各大外交茶叙上的出色表现,华祥苑成为名副其实的当代国茶品牌,取得了行业空前的地位,也足以证明华祥苑对品质的追求与坚守之路是正确的,是经得起国家级的严苛考验的。

保证质量的方式,还体现在率先建立产品质量可追溯体系。华祥苑坚持"质量第一、效益第二"的发展战略,严格执行国家食品质量安全的相关要求,建立从种植、加工、包装、仓储、物流到销售的全产业链质量控制标准及质量控制体系,通过率先建立产品质量可追溯体系,做到"生产有记录、信息可查询、流向可跟踪、责任可追究、产品可召回"的茶叶质量可追溯,确保为消费者提供品质优异、健康安全、无污染的产品。此外,华祥苑在行业内唯一拥有高尖端研发检测中心,质量保障为行业翘。就是因为严守质量关,华祥苑生产链条通过了金砖国家领导人会晤的严苛审核。

质量还靠一套"诚信"理念。肖文华说,在华祥苑,有三个人非常重要。第一是客户,客户至上,全心全意服务好,满足客户个性化及多元化需求;第二是合作伙伴,与合作伙伴互惠互利,共同发展;三是员工,华祥苑始终对员工以诚相待。对团队来说,公司是平台,是学校,是家。这些话说起来浅显,做起来却难。诚信渗透在企业对社会责任的担当中,体现在对消费者、对合作伙伴的承诺中,体现在企业的管理意识中。诚信的约束并非来自外界、来自规则,而是内心深处的自律。"无信则不立,只有诚信的人品,才有诚信的企业,也才会打造出诚信的产品。"这是华祥苑一直以来的基本原则,所以才形成了现在与消费者、合作伙伴、员工之间那种非常稳定、和谐的关系。

在别人看来,近几年茶企正面临着全面洗牌的阵痛期,而作为华祥苑的掌舵人,肖文华则笑看茶市的云卷云舒,保持着温文尔雅的儒士精神,就像一个指南针,别的行业再好也不被诱惑,在茶界稳若泰山地继续前行。

通往成功的路有很多,走品质之路是这个"快时代的慢坚守",但也是众多百年企业永续经营的根本原因,肖文华说,华祥苑绝对不做"赢一时之利而失长久之利"的事。每一次的转变,都建立在智慧与远见的基础上,恰如天道循环,无始无极。

肖文华的这种风格,恰如华祥苑文化所倡导的那样:"明志高远,人茶合一"。

来明吴进忠：
没有永远成功的企业 只有不断创新的企业

文 / 吴翠珊

1989年9月，吴进忠在杏林成立来明工业（厦门）有限公司，成为首批来厦投资的台商之一。"当我看到屹立在鼓浪屿上的郑成功像，得知厦门和台南有着相同的妈祖民俗文化与郑成功国姓爷文化，为了纪念郑成功同样一直保留中秋博饼的习俗，依靠相同的人缘、文缘、地缘，我深信企业落在厦门可以和厦门一起壮大发展。"吴进忠说。

郑成功收复台湾，从厦门漂洋过海，攻进台南鹿耳门，一朝成王。300多年后，一批台商从台南出发，落地厦门，他们反过来走了郑国公的路线，后来也"成功"了。

台湾岛和厦门岛一海之隔，说着一样的闽南语，两地的商人习惯在初二、十六拜土地公、拜关帝爷，祈求"风调雨顺，发大财"。只是在20世纪80年代初，台湾居民基本不知道对岸有和自己习俗相近的城市，对他们来说，"厦门"只是教科书上讲述郑成功收复台湾的其中一个地名而已。

1989年7月，台南光明精密实业有限公司总经理吴进忠再度来到大陆，这是他大陆考察的最后一站——厦门。1个多月以前，厦门的杏林、海沧区经国务院批准已成为台商投资区。在这之前，他于1988年去了北京、上海、青岛、广州等许多城市，还没有找到心中想要的，回台湾前，吴进忠去了厦门中山路，那天正好是农历十六，当他看到中山路上不少商铺也在拜拜，心里一震：这里竟然和台南家乡有一样的习俗！再听厦门人说的闽南语，吴进忠顿感亲切无比。"那一刻，我知道，这就是我要长期投资之地。"吴进忠回忆起近30年前初见厦门，情景依然历历在目。

吴进忠说，小时候他的学生证上祖籍写着福建晋江，祖辈们一代代诉说早期汉人迁移到台湾多自福建渡海而来，特别是台南。当年郑成功从厦门沙坡尾屯兵练兵后登陆台南鹿耳门，在家乡是家喻户晓的故事。"当我看到屹立在鼓浪屿上的郑成功像，得知厦门和台南有着相同的妈祖民俗文化与郑成功国姓爷文化，为了纪念郑成功同样一直保留中秋博饼的习俗。依靠相同的人缘、文缘、地缘，我深信企业落在厦门可以和这座城市一起壮大发展。"吴进忠说。

1989年9月，吴进忠在杏林成立来明工业（厦门）有限公司，成为首批来厦门投资的台商之一。当时前来厦门投资设厂的台商多数选择在湖里，选择杏林的比较少。"我来厦门投资已做好永续经营的准备，当时营业执照经营期限50年，考虑到湖里的厂区很快就会饱和，我不想再折腾一次，于是坚定选择了杏林。"吴进忠说，截至目前，湖里和杏林的发展态势完全符合他当时的预判，只有一点大大超乎他的预料，"我刚到厦门时，这里完全是台南30年前的样子，虽然我知道这个城市有前景，但是我完全没想到仅仅不到20年，厦门的发展就超过台南。这也是我的格局不够，我必须承认。"这批台商在90年代初期选择"出海"的一大原因就是台湾土地狭小、市场饱和、劳工短缺，众多企业开始寻求突围，走出台湾。

20世纪80年代，台湾地区是全球鼎鼎有名的亚洲"四小龙"之首。1950年到1984年间，通过出口型导向经济，只用20多年，台湾人口增加了一倍，国民生产总值增加了14倍。而此时的大陆基本是内需为主的经济形态。1978年大陆外贸总额只有206亿美元，台湾外贸总额为 237 亿美元，大陆近三十个省市的外贸总量还赶不上一个台湾的外贸总量。

"改革开放之后，大陆的变化翻天覆地。"吴进忠说他见证了两个不同时期里，台湾和大陆从一片荒芜到欣欣向荣的更迭，"一个伟大的决策成就了一个奇迹般的时代。"

台湾经济发展饱和 台商纷纷"西进"

1969 年，出生在台南一贫苦农家的吴进忠正经营着光明精密实业有限公司，光明此时的业务是生产光学镜片，主要出口到欧美日等国家。

"我运气好，每次都刚好赶上时机。"吴进忠说。刚懂事时，吴进忠兄弟几个就早早出来打工贴补家用，别人打工混口饭吃，吴进忠却从中看到了机遇，习得本领后，吴进忠决心创业，刚刚 20 岁出头的他就成为一家公司的掌舵者。此时的吴进忠正踩在台湾经济突飞猛进的风口，加上诚信经营，吴进忠带领的公司和企业的名字一样，前途一片光明。

不过这个好光景维持十多年后，已从光学镜片拓展到太阳眼镜制造商的吴进忠明显感觉整个市场发展的后劲不足。很快，这个焦虑席卷了台湾有心做大的企业家们。1987 年 11 月，台湾当局放宽外汇管制，并开放民众赴大陆探亲。面对企业谋求走出台湾，台湾当局大力宣传"南下政策"，极力引导企业往东南亚投资。80 年代末，台湾地区领导人前往新加坡并在菲律宾推动建立互惠关系，与东南亚互访趋于频繁与公开。只是在这段蜜月期里，台企选择"西进"的更多，而吴进忠就是其中之一。

1987 年 12 月 22 日，厦门市工商联理事会发布《竭诚为回祖国大陆探亲的台湾工商界人士服务八项措施》，此文一发在海内外引起反响。市工商联趁热打铁邀请厦门 6 家高级旅行社经理到工商联座谈，商讨接待台商经贸考察团、旅游团。1989 年 4 月，台湾第一个公开组织的中小企业董事长考察团一行 55 人来到厦门，不到一天时间就谈下了 4 项合作项目。1989 年 7 月，祖籍福建晋江的吴进忠兄弟和合作伙伴也到了厦门。

那时台商来大陆没有直航，都得到香港转机，吴进忠辗转大半个中国，考察了 5 个城市，而厦门是当时综合实力最弱的，但最后他因为"冥冥之中的注定"，1989 年携 300 万美元，走进当时到处还是小山丘，连条像样的马路都没有的杏林台商投资区。

见证改革开放的杏林台商投资区

吴进忠在厦门投资近30年,见证厦门改革开放的蓬勃发展,这一路默默走来,荣获厦门市荣誉市民,推动两岸传统文化交流,推动小三通和直航,但他的名声却不大,可想而知,吴进忠不是张扬的人。当时投资办手续的时候,原本可以找厦门领导的吴进忠,却静静地找了当时杏林台商投资区的一位科员跑完了整个流程。"大家对台商都很客气,办事效率也非常高,两个月时间就拿到来明工业(厦门)有限公司的营业执照,基建也很顺利。"吴进忠说这个效率按当时的申请手续效率是非常高的。因为要汇入投资的美元资金,必须要有营业执照才能在银行开立外币账户,厦门工商局为了立即发证,请厦门市工商联的领导联系到一位长者用毛笔字完成营业执照内容。吴进忠说,直到现在回想当时营业执照用毛笔书写的过程,都觉得异常亲切。

吴进忠在杏林选地,当时接待他的那位科员建议他选择现在杏西路福建电厂的对面及西滨小学隔壁的地块。"那块地平整,而且靠近主干道,从商业价值上来看确实比较高,但如果是为了来炒地皮,我一开始就会选择湖里区,而不是来杏林。在学校附近设厂,我担心会影响学生学习环境,且制造工厂需要不断规划,等工业区发展起来了,工厂就得拆迁,我不想折腾。"吴进忠说,"从事了这么多年的制造业,就是到今天,我心里也只有制造业。"吴进忠环顾四周后,最终选择了近一公里外的小山丘,也就是现在杏林光明路的来明工业(厦门)有限公司所在地。

这位"有便宜不占"的台商让当时杏林招商处的工作人员心生敬意,他们明白了,眼前这位台商是来做实业的,不是来投机倒把的。那时招商时机严峻,土地存量大价格也便宜,政府有意给吴进忠企业更多的用地,但是吴进忠并没有要。他不"囤地",坚持认为等公司需要扩大规模再向政府申请用地。吴进忠的这种"保守",一方面使企业稳健发展了12年,另一方面却造成2002年投资的两个新项目"无地可用"。2003年4月,杏林正式划归集美区管辖,吴进忠拿地变得非常困难。为了让项目如期运作,吴进忠只好腾出来明的生产车间给新项目使用,另外再租用其他厂房保证来明的生产。"这期间所耗费的时间、精力都是巨大的,成本也增加不少。"

当时来明工业的厂区"三通一平"期间,吴进忠也去了现场,原本规划仅16米宽的马路,在吴进忠的建议下，拓宽到 24 米。厦门当时的道路绿化少，吴进忠在公司所在的光明路道路两旁设置绿化带，为这个当时荒芜的"工业区"带来了绿意盎然的生气。杏林工业区现在的 24 米宽主干道，以及后来的道路绿化带，都有吴进忠"坐船爱船跑"的真心付出。

带动厦门眼镜产业链的发展

天时地利人和看似都齐了，相比台湾，在 20 世纪 90 年代，2000 元人民币在厦门可以支付五个工人的薪资，在台湾这只是一个人的基本薪资而已。但是吴进忠在工厂运作不到一年时，赫然发现，厦门没有眼镜完整产业链生产的相关产业，原材料和配件不得不从台湾带过来，如此一来生产和管理成本也是一大问题。

"办法是人想出来的。"吴进忠想，他能来厦门，那是否可以把台湾成熟的眼镜产业链带到厦门？于是，他开始游说他的供应商，另一方面，厦门市政府也开始着手解决这个问题。此时厦门的经济开发还处于萌芽阶段，不仅吴进忠，同时期进来的台商大都碰上了原材料、配件无处采购的问题。90 年代初，厦门市政府有意识地针对台湾某个产业，在台商投资区之间做出一定的规划，市政府充分利用"以台引台，以商引商"的优势，再次吸引了一大批台商入驻杏林台商投资区。不出几年，杏林台商投资区就被厦门市政府规划为眼镜、雨伞、服装等传统制造业的生产基地。

再看厦门现在全国的眼镜行业地位，国内公认的四大眼镜制造基地就是浙江温州、江苏丹阳、广东和厦门，厦门以生产高品质的太阳镜而闻名国内外。2009 年厦门更是获得中国轻工联和中国眼镜协会颁发的"中国太阳眼镜生产基地"荣誉称号。

因为吴进忠等台商共同的努力，厦门很快诞生了一个兼有眼镜架、光学镜片、老花镜、生产设备等齐全品类的眼镜制造行业，形成了从材料、零件、电镀、成镜、包装到批发零售等完整的产业链。来明工业的产品沿袭在台湾的品质和近 50 年的眼镜制造经验，遵守美国、欧洲、澳洲、日本和中国的相关行业标准，只要是从来明出厂的眼镜绝对不会有质量问题。

这不得不让人感慨，台商的企业带动了一个个产业链的发展。但是吴进忠说，没有永远成功的企业，只有不断创新的企业。在他看来，企业的存在是顺势而生，企业的发展仰赖于时代的营商环境。

最后一刻奇迹发生
"中国制造"偏光眼镜诞生

早期的生产制造台商一直以OEM出口为主，吴进忠的来明工业和光明眼镜也不例外。虽然来明和光明都为企业带了利润，此时吴进忠带领企业也已是国际眼镜界与厦门眼镜行业的佼佼者，但吴氏兄弟并不满足于现状，喜欢研发创新的他们开始尝试新的挑战。这个时期，厦门虽有一条完整的眼镜生产产业链，但是其中太阳眼镜防止100%紫外线和防眩光功能的偏光镜片却一直为国外垄断，这个镜片国内一直没有人做得出来。

2002年12月，吴进忠四兄弟在一片疑惑声中成立他们在厦门的第三家企业——来奇偏光科技（中国）股份有限公司。不到3年，当初投入的480万美元几乎耗尽，但是研发出来的偏光眼镜片良品率持续偏低。"当时也有几家厂商让我直接生产偏光镜片给他们。在他们看来，良品率低没关系，价格低一点，肯定卖得出去。"吴进忠毫不犹豫拒绝了，"从我工厂出去的产品必须保证100%的合格率，我不能因为一时的利益把牌子做砸了。"

此时，来奇偏光科技公司里的气氛和来明、光明完全不同。来奇公司一片低潮，工程师也蔫蔫的，吴进忠告诉自己做满3年还不成功就认输收摊。或许是吴进忠太会给企业取名字，"来奇"这个名字果然和"来明"、"光明"一样吉利，最后关头"奇迹来了"。2005年12月，来奇偏光科技的实验室传来一片欢呼声，吴进忠的大哥带领的研发团队成功了！

吴进忠看着这个"奇迹"仿佛看到"中国制造"在全球市场上闪闪发光，此时他再次想起了民族英雄郑成功。"能力越大，责任越大。我始终坚持企业必须有家国情怀，而不能只为赚钱。"吴进忠说。其实当时吴进忠想做偏光镜片时并没有完全把握，合作多年的伙伴也劝他"过好眼下舒服的日子，那可能是个无底洞"。但是，他坚持要研发创新突破。

此后，吴进忠又投入400万美元开始扩大生产"中国制造"的偏光眼镜片，打破了偏光镜片的生产壁垒，颠覆了TAC偏光镜片被欧美和日本长期垄断的局面。不仅如此，这一技术还带动了下游深加工产业的发展，每年为厦门眼镜业带来了近5亿元的收入，同时也为今后厦门偏光太阳镜的蓬勃发展奠定了坚实的基础。

来明太阳眼镜

宁可放弃生产线
也不接次品订单

优秀是一种习惯,对吴进忠来说可能也是一种"瘾"。有了第一次的"打破垄断",2009年来奇偏光又打破了国外生产3D眼镜的垄断。

2009年,3D电影《阿凡达》席卷全球,吴进忠意识到3D眼镜背后的巨大市场,第一时间在偏光技术上自主研发了偏光3D眼镜的生产和检测设备。第二年,来奇就突破了国外企业对于3D眼镜与镜片生产技术的研制,并根据客户的需求不断调整生产方向。"我们首先保证产品的舒适度、安全性,同时保证'质量关'。"吴进忠说,来奇偏光的镜片产品均采用行业领先的检测标准进行检测。基于先进的技术和良好的品质，来奇参与制定国家3D眼镜的行业标准。

在研发3D镜片的过程中公司发现高能蓝光对视力的伤害，尤其是长期使用电子屏幕者以及儿童，这个意外的发现让吴进忠决定开始深入研究，寻求防护方法。提起获得国家发明专利的防蓝光膜，吴进忠说："这又是一次不平坦的路，两年间做了无数实验，和相关部门共同课题研究，从动物实验到人员测试，进行数百次的沟通和钻研。"既要防蓝光，又要透视率符合国家标准，还要考虑人眼的舒适度。"这就是我们申请专利的关键核心技术。"吴进忠说，"当今时代，你不可能对消费者说：不要看手机，不要看电脑。因此，做好防护就是我们潜心专注的事业。"

从2011年起，来奇不断向大众宣传用眼卫生以及用眼健康科普知识，并提出预防重于治疗的理念。吴进忠说："我们不仅仅销售眼镜，更重要的是为消费者提供视力保护的综合解决方案。"来奇曾默默地通过工商银行总行融E购平台以及北京儿童医院和北京后生公益基金会和中国青少年发展基金会共同开展2015年爱目行动，旨在唤起大众对儿童视力保护问题的重视。

现在，在万能的淘宝上搜"防蓝光眼镜"，AHT眼镜旗舰店赫然在列。这家专注眼镜49年的企业，产品不断创新的同时，也紧跟消费大趋势。2013年是吴进忠带领团队研发抗蓝光膜的一年，也是来明工业从OEM走向OBM的一年，这一年AHT品牌诞生了，主推保护视力健康的抗蓝光眼镜，公司的电商渠道从AHT开始打通了。

"防蓝光在2013年还是一个新的概念，所以我们选择把推广渠道放到网上，受众面积广。"吴进忠说，防蓝光眼镜走电商既是产品推广，也是一场消费者教育。观察AHT的销售和信誉值，我们知道，吴进忠这场战役又成功了。2015年吴进忠的企业来奇偏光科技（中国）股份有限公司因抗蓝光膜技术也荣获中国轻工业联合会科学技术奖。

因为吴进忠当时选择厦门，带动了一个产业链，2012年，吴进忠毫无悬念地当选厦门眼镜协会会长。在他的影响下，近十年来厦门稳坐"中国太阳镜生产基地"称号宝座，眼镜年总产值约50亿元，太阳镜年生产总量约1亿副，年产值上亿元的企业有12家，拥有一批国内知名品牌。

推动厦金直航
荣誉市民当之无愧

在事业顶峰时期，吴进忠迎来了一个新的身份，厦门市政府于1997年授予吴进忠荣誉市民称号；2003年，吴进忠高票当选为第六届厦门市台商投资企业协会会长。厦门市台商投资企业协会于1992年12月20日成立。吴进忠说，台商协会的成立萌生于1991年，那时，杏林台商投资区初具规模，十几位台商每次回台湾非常折腾，大家都以厂为家。台商之间经常会在下班后到彼此的企业走一走、聊一聊，一来解解乡愁，二来交流经验、谋求合作，一个月还会轮流做东一次，不过那时厦门的餐饮业并不发达，聚餐几乎都是在各自企业的食堂里。一来二去，大家有了成立台商协会、以协会凝聚各区台商的想法，于是吴进忠开始和其他创会人筹办成立台商协会。

当选台商协会会长时，吴进忠也成为厦门市工商联（总商会）副会长，今天在厦门总商会大楼的捐赠芳名碑上仍然看得见吴进忠的名字。

"企业有能力时就应该反哺社会。"吴进忠说。

此次同前去采访的集美区工商联副调研员王进法告诉记者，多年来明工业做好敦亲睦邻的工作并帮扶困难家庭。不过吴进忠一直说"这些都是很小的事，不要写"，也不愿细说。

唯有在启动"小三通"和全面开通"厦金航线"上，吴进忠才表现得津津乐道。"有幸能在有生之年参与其中，感受从无到有这样一个很不容易但意义非凡的过程，我非常有成就感，也被深深感动。"吴进忠说这话时特别郑重。

厦金"小三通"2001年开通，一开始只是节日包船，试办过程中反响不错，吴进忠和其他台协会员积极争取，终于使"小三通"从2003年开始实现正常化通行。因为在推动厦门与金门直接往来方面做出的贡献，吴进忠于2006年荣获金门县政府授予金门荣誉县民称号，因此成为厦门和金门两地的荣誉市县民。

"我是台协第六任和第七任会长，争取更多台商在厦门增资、在厦门投资、在厦门发展是我的职责。"吴进忠说，担任台协会长期间他最大的心愿就是让厦门成为两岸春节包机航点。

每逢佳节倍思亲。每年的春节、中秋人人都想回家团聚。而这两个节日，不仅"小三通"

船票紧张，就连票价高昂、一定得到香港转乘的机票都一票难求，明明是过节却让经常买不到票的台商忧伤不已。于是吴进忠再次和台商协会的伙伴奔波开放假日、春节直航包机的专案申请，厦门台商协会聚合大陆各地台商协会会长之力，向台湾相关部门表达强烈盼望开放的民声。

期间，吴进忠每次回台湾见到当时政坛上的相关人士，都积极为推进厦门到台湾的直航努力。"虽然我无党无派，但只要是对台商和两岸经贸文化交流有益的事我都义不容辞。就像当时参与推动台商会馆的建成，使之成为大陆第一个拥有独立会馆大厦，我也会全力以赴推动两岸直航。"吴进忠说。

2005年1月15日，这个日子，吴进忠至今都还记得。那天厦门体育中心正举办"同一首歌——走进厦门"大型演唱会，按计划当晚将宣布2005年春节包机两岸直航即将实现。然而最终宣布"2005年1月29日至2月20日，两岸直飞地点为北京、上海、广州、台北、高雄"，厦门没有被列入首次直航航点。吴进忠非常失望，但他没有放弃，继续向台有关主管提出申请并经多次沟通，最后终于在2006年把厦门列入直航航点。2006年春节，厦门也实现了两岸春节包机的直航，吴进忠兴奋地搭上首航的厦航班机。

"现在讲起来轻松，当时沟通的过程是非常冗长的。有时书面比较难沟通的，就面对面解释。"吴进忠说起这场"马拉松"沟通依然笑脸盈盈。

采访的最后，吴进忠说：厦门市委、市政府对增进两岸往来向来非常重视，中央和省里也一贯大力支持，因为我有这样一段亲身经历，才更加感佩大陆方面从上至下一心一意不懈努力的精神，两岸关系才有良好的局面。我把自己生命中最美好的30年，奉献给了这片热土，在厦门我说"回台湾"，在台湾我说"回厦门"，两边都是家。

荣滨吴国荣：

我生在一个好时代
但是冲太快了

文 / 吴翠珊

　　1983年，他创办厦门第一家民营性质的公司；1983年，他成为厦门第一个买汽车的人；1985年，厦门第一台民用电话就装在他家里；他还是中央评选的第一届优秀青年企业家之一；1988年，厦门市工商联取消监事会，实行原工商业者与新工商界代表人士的新老交替，他是副会长中唯一的民营企业家；1987年，他拿到厦门第一家民营信用社牌照……他也是厦门第一个兴建城市大桥的民营企业家，只是这最后一个第一，让他折戟长沙。

民企500强折戟湘江南大桥元气大伤

采访《40年·40人》人物之一、福信集团董事长吴迪时，他问了记者一个问题：这40人中是否有吴国荣？得到肯定回答后，吴迪说："虽然他后来企业做小了，但是他在厦门改革开放40年中的成就不可磨灭。"

吴国荣今年64岁。采访中，他说了一句话：我辛苦了一辈子，就希望晚年有点好名声。了解吴国荣的人，听得出他这句话的无奈与心酸。在吴国荣"辛苦的一辈子"中，有12年堪称是翻山越岭的雄狮，这段时间，他创造了太多第一。

前面12年，吴国荣的事业发展算是顺风顺水。1995年是影响吴国荣一生的年份，这年可以说吴国荣站在了事业的最高点。1995年9月8日，他与湖南长沙市签订2亿元的工程协议，兴建长沙湘江南大桥。这是当时湖南省政府的重点项目，厦门、长沙两地市政府都非常重视，吴国荣受到四面八方的关注。也是在这一年，吴国荣遭遇了他人生中的"滑铁卢"。

吴国荣好学，参加了不少企业家培训班，认识了很多商界、高等院校的"大佬"。也是在这个商圈里，吴国荣认识了长沙一位企业家。经他牵线搭桥，吴国荣开始筹划他创业以来最大手笔的投资——到长沙兴建湘江南大桥。为了引进这个计划耗资2亿元的大工程，当时湖南政府相关部门承诺大桥建成后，给以荣滨集团30年的经营权，并批了数百亩土地给他们。

1995年，吴国荣带领着排名民企500强第265位的荣滨集团意气风发前往长沙，至今他的相册里还留存着数十张关于这个项目点点滴滴的瞬间。实地考察、剪彩仪式、开工破土、架起的钢筋水泥……那些定格的瞬间述说着吴国荣真实又华丽的"大桥梦"。他将创业12年的物业全部拿去抵押贷款，并拿出了创业以来80%的积蓄投入了湘江南大桥。

建设1年多，投入9000多万元，一座大桥横跨在湘江的东西两侧，但是边跨和周边的设施却因为各种复杂的原因，剩下40%的收尾工程悬了近一年。第三年吴国荣终于接受一个现实：这座大桥荣滨集团根本拿不下来。再耗下去，荣滨集团极有可能破产，此时撤走损失惨重。"当真是叫天天不应，叫地地不灵。"吴国荣回想起湘江南大桥投资一事，20多年过去了，关于这件事的每个时间节点他都清楚地记得具体日期。

不走就被耗死，此时跟他一起过去投资的几个朋友纷纷撤退。厦门的公司陆续有人上门讨债。"圈子里都知道我这次几乎是倾其所有，一些人怕我后期无力偿还整天到我办公室蹲点，大哥大响到没电。"吴国荣回想起当时的灰暗，叹气连连。"欠债还钱，天经地义。"吴国荣接受了这个残酷的现实，回到厦门开始着手偿还债务。元气大伤的荣滨集团此时已是资不抵债，吴国荣坚持扛住，不时跑湖南省政府希望他们"给一个交代"。

10年后，长沙市政府支付了2600万元工程款，并抵扣了2900多万元的部分土地出让金给荣滨集团。虽然最后吴国荣看似拿到了9000多万的赔偿，但是10年后的9000万已不是当初的那9000万了。这中间的通货膨胀就算忽略不计，对于1995年的一家企业来说，9000万的投资能带来多少回报，这是无法估算的。

一位厦门民营企业家白手起家，一路走到湖南长沙的湘江，吴国荣曾经离他的湘江南大桥那么近。离开长沙时，吴国荣自己走了一遍湘江南大桥，他用脚步丈量着这座大桥的长度，也思量了从厦门铁皮屋到这座完成60%工程的湘江南大桥，他到底哪里错了。

湘江南大桥开工典礼

开食杂店被"围剿" 转头做批发

从厦门的铁皮屋发家，12年后拿出9000万元投资湘江南大桥，他的故事一定是励志的。

1954年，吴国荣出生在厦门一户普通人家中，曾经他的梦想是长大后当一名海员，但是他的少年时期不幸赶上十年动荡时期。初中毕业后，吴国荣并没有找到像样的工作。虽然父亲是码头的会计有固定的收入，但是一个人的工资要养活他们五个兄弟姐妹加上奶奶，显然是入不敷出。一家八口人就挤在14平方米的房子里，吴国荣作为长子则一直睡在床板底下。从16岁起，吴国荣就开始做临时工，先后在十几家单位打零工。

1980年10月7日，国务院正式批复在厦门湖里划出2.5平方公里为经济特区，长期处于备战状态的厦门开始了经济发展的萌动。当外商和游客开始大批出现在厦门时，从小看父亲拨算盘的吴国荣打小对生意一知半解，此时的他一边工作，一边看城市的变化，一边想着别人是怎么赚钱的。

1982年，吴国荣和几个玩伴"话仙"的时候，突然有个人说了一句"我们为什么不自己干，赌一把"。"话仙"就是"话仙"，几个玩伴都没把这话往心里去。吴国荣却心动了，借了一些钱后，吴国荣拿着2000元就创业了。

当时厦门卷烟厂刚成立不久，虽然几栋宿舍都已住满，但附近的配套还未跟上。吴国荣就在卷烟厂边上盖了一个铁皮屋开食杂店。作为附近唯一食杂店，吴国荣的生意异常红火，加之他们夫妇为人和善，只要是吴国荣店里有销售的商品，居民们一定不会在别处买。

一个中国人开了个加油站，很赚钱，第二个一看，在不远处也开了一个加油站，第三个、第四个中国人，还是开加油站……最后大家都死了。这是个段子，但是事实如此。

很快，就有人在吴国荣边上开了一家食杂店，陆陆续续又有人想在边上开食杂店。吴国荣的营业额受到不小的影响，他转念一想盖起一片铁皮屋，租给在附近开店的人。赚了一笔之后，吴国荣把食杂店搬到了海天罐头厂，不过没多久附近又开了六七家食杂店。"既然零售做不成，那我就搞批发。"吴国荣说，此时的他实在是被逼急了。

吴国荣跑到江苏、浙江、广州找货源。绿皮火车上几天几夜的路程，吴国荣不敢真正睡着。

装在蛇皮袋里的钱是他的全部希望，吃饭时手里紧紧拽着，睡觉时蛇皮袋就枕在头下。"两次开店一开始都非常顺利，最后都被同行'围剿'，那时觉得自己的未来胜败在此一举，不敢有任何疏忽。"吴国荣说起当时的心境笑了起来。那会厦门的罐头厂、蜜饯厂、食品厂是市民热爱的"厦门牌"，吴国荣不仅会找"新奇"的东西，也会打感情牌。原本只供应国营单位的他们被吴国荣说服，同意批发商品给新开的食杂店。这一次吴国荣不仅整合了食品批发的一条龙服务，还总结了一套他沿用数十年的经营理念"人无我有，人有我精，人精我转"。

自家车买不到配件
逼出一家中国知名汽车配件经销商

1983年，吴国荣创办了厦门荣滨贸易有限公司，并买了一辆日本丰田车，成为厦门第一个买汽车的人。这辆丰田成为吴国荣到江浙、广州进货的"宝马"。"那时国内的马路基本都是2车道的国道，我们晚上6点出发，中间两个人轮流开车，一般第二天7点就能到达目的地。"吴国荣说这辆丰田为他"赚了很多钱"。这辆全进口的丰田汽车开了一阵子后，碰上几个汽车配件需要更换时，根本找不到配件，只得托人从香港买进来。

此时中国的交通运输业已取得一定的发展，这个时期的汽车几乎全都仰赖进口，而厦门做汽车配件贸易的只有一两家公司，商品还不齐全。原本做百货批发的吴国荣作为深受其苦的"司机"，决心转向主攻进口汽车配件。刚好吴国荣的一个亲戚在香港，当时几乎所有国际品牌都能在香港的商场里找到身影，在香港市场"买遍全球"一点也不夸张。于是通过这条线，吴国荣的汽车配件业务风生水起。因为这个香港业务，吴国荣在1985年不惜花了数千元在家里装了厦门第一台个人使用的电话。电话安装之后，吴国荣只需要拨打香港亲戚家的电话，告诉他这个月需要哪些货，十天半个月后五花十色的汽车配件就送到厦门港口。

而吴国荣的这次转型通过在厦门白鹭宾馆召开"全国进口汽车配件订货与交流会"，等于做了一次"吴国荣开始做汽车配件贸易"的新闻发布会。5000多种进口汽车配件，全国100多家汽车制造厂家、汽车配件生产商、经销商参加了此次交流会，这一别开生面的招商会使得荣滨贸易在汽车配件行业中一炮而响。这场大会后，几家厦门国企的领导说："我们想了几年都没敢做的事情，却让荣滨做在了我们前头。"

敢想敢做
成为厦门第一家民营金融机构

此时的吴国荣做什么成什么。20世纪90年代初期，厦门处于外商潮涌进驻的阶段，到处都在开挖建设，电线电缆十分畅销。厦门虽然有机电设备厂，但供应国营单位尚且不足，吴国荣直接向福建省机电部订货。生意太好了，机电部的订单依然不够卖，吴国荣又开着丰田跑到沈阳电缆厂批发电线电缆，因为拿货量大，吴国荣直接拿下了沈阳电缆的厦门代理权。

家境贫寒却能读到初中毕业，可想而知吴国荣是个好学习的人。吴国荣走进厦大读企业管理，在这段时期，他掌握了系统的企业管理知识，对财会、金融有了进一步的了解。

作为福建省青年委员会常委，吴国荣参加了几次优秀企业培训班。在这个培训班上，他对金融行业有了更深的认识。培训课上，人民银行前行长向大家吐露了金融体制将改革的信息。回到厦门后，吴国荣决心筹办信用社。当他前往人民银行厦门支行了解情况时，人民银行非银行金融管理处处长回了他一句：你头脑发热啊，怎么可能批给你。但是一周后，人民银行批复："厦门特区可作为金融改革试点"。1987年，吴国荣创办的厦门湖滨信用社成为厦门改革开放以来第一家民营金融机构。在这之前民营企业不能作为成立金融机构的主要发起人，"我知道这事会有阻力，但也要我们敢想。"吴国荣说。

1988年9月5日，邓小平提出"科学技术是第一生产力"。这年，吴国荣成立了厦门荣滨科技开发有限公司，为企业和高校搭建了一个科技技术交易中心；与此同时成立了厦门荣滨实业发展有限公司，主攻投资研发当时较为先进的生产技术。

1992年前后，厦门掀起一阵买写字楼的风潮。吴国荣在1987年就买下当时厦门最豪华的海滨大厦写字楼近1000平方米的办公室，这一手笔就能凸显吴国荣的实力，也是在这个时期他又买下湖滨南路2层商场。此时吴国荣手上有钱，大家都看得出来。1994年，吴国荣成立厦门荣滨投资股份有限公司，同年创立厦门荣滨集团。1995年，全国私营企业500强评选，荣滨集团成为厦门上榜的3家之一。

吴国荣一手打造的荣滨集团融缩了厦门民营企业发展10多年的历程。荣滨每个时期的主要业务正是厦门民营经济发展方向的风向标。从吴国荣不同时期创立的每家企业名称就能看出那些年厦门经济发展中的主力行业。

传承市工商联"传帮带"
专注运作吴氏宗亲会

2000元起家的夫妻店，发展至这般规模，吴国荣夫妇成为厦门商界的一大神话。吴国荣归结于"时代赋予的机遇，加之我们勤劳肯干，一边创业一边读书"。从创业伊始，吴国荣就保持到高校进修、学习的习惯。他说，他的很多商业点子都是在这些进修课程中得到启发。他爱学习，也相信书中自有黄金屋，会带他攀登更高的山峰。

就是他现在一门心思热衷的吴氏宗亲会事业，也是源于2005年在长沙岳麓书院攻读历史学博士时，了解吴氏一族的起源后，吴国荣心里种下了弘扬吴氏文化的种子。

2011年，吴国荣57岁，他知天命，又不信天命。他把厦门的房子和荣滨都交接给了两个儿子。"我觉得自己可以再站起来。"吴国荣的朋友圈再次发挥效力，他只身前往北京。多年前他就是中国光彩事业促进会的常委，这个光彩促进会名下有一家光彩四十九控股股份有限公司，是由光彩会员发起成立的，公司采用均股制，每人投资1000万，董事长带头寻找投资项目。吴国荣在前两任总裁"失意退场"后接棒光彩四十九的第三任总裁。"当时踌躇满志，坚持事在人为，于是硬是在北京撑了五年。"吴国荣说，"其实第二年我就看清楚了，这个机制做不了大事。"吴国荣说他属马，一辈子注定只会往前冲。心里的这股不服输，让吴国荣又扛了三年，之后因为身体扛不住，吴国荣终于放弃，死心回到厦门。

2015年回到厦门的吴国荣，把所有精力都放在了吴氏宗亲会的平台搭建和对外交流上。这些年来吴国荣奔走全国各地，也多次去台湾，拜谒吴氏宗祠、宣传吴氏文化、联络当地吴氏宗亲。2015年吴氏委员会成立后，吴国荣说，他更愿意承担这份对外宣传"吴文化"的责任。

1984年吴国荣就加入厦门市工商联，是厦门市工商联目前"最老资格"的工商联人，他历任厦门市工商联副主席、副会长，一直到2018年他还是厦门总商会的副监事长。当时厦门市工商联的常务委员基本都是从民国时期发展而来的商业大族。吴国荣年轻好学，常常跟在他们身边虚心请教。几位老工商业者传授了不少生意经给吴国荣，不仅教他几个行业的专业知识，还教他做生意一定要会"看天、看民生"，意思是经营的产品必须随着季节的变化而有所更迭，消费者需要什么就卖什么，做好服务最关键。也是在那个时候，吴国荣深悟其中哲理：一定要脚踏实地、诚信经营。

这些看似简单易懂的生意经在吴国荣心里最终雕琢出荣滨集团辉煌的发展战略。吴国荣说，直到现在他都非常感佩那个时期老工商业者"传帮带"的思想和行动。"我受过前辈的帮助，现在我也希望能在吴氏宗亲会上帮助这些小年轻。"吴国荣说。他自掏腰包多次组织吴氏宗亲会前往台湾、东南亚交流学习，从中认识不少吴氏商业"大咖"，也促成了不少合作。

最近他就为台湾一位从事养生行业的吴总和厦门一位从事贸易业务吴总搭桥牵线，现在台湾吴总的养生产品已在厦门开始销售。

借高利贷还湘江南大桥外债

2012年3月，厦门市两级法院在《厦门日报》等报纸上刊登公告，首次以媒体曝光的形式，对5个"老赖"发出限制高消费令。吴国荣的名字也在其中。

曾经叱咤风云的"吴大哥"怎么就成了"老赖"？吴国荣说起这个事又摇起了头，"这辈子在长沙掉的坑，费尽千辛万苦也还在岸边挣扎。"通报中说的这200万元，还是因为湘江南大桥。当时广州的合作伙伴陈先生知道吴国荣到长沙兴建湘江南大桥时，跟投了300万元，后来看到情况不妙，陈先生提出撤资。2005年吴国荣还了陈先生300万本金，因当时外债巨大，剩余的200万利息双方协议今后每个月还10万。但因陈先生后来出事，债权转移到肖先生身上。肖先生公司里的律师重新计算了企业的经济效益，坚持让吴国荣偿还500万，吴国荣拒绝接受。后来报纸出来了，吴国荣心中升起一股悲凉，此时他身上没有超过20万元的现金。元气大伤后的荣滨集团经过10多年的修整依然没太大起色，早就全面接手父亲业务的儿子，见父亲难过，找了每个月2分利息的民间借贷，才替父亲把这笔钱还上。

"如果现在有机会，我还是会去创业。"吴国荣最后说。他没有忘记初心，依然保持一颗年轻的心、拼搏的心，只要他有能力，青年才俊需要他，他乐于像20世纪90年代初的老工商业者那样帮助他们。

现在的他经常告诉青年企业家"不要冲太快"。吴国荣亲手建起一座高楼，又眼见高楼塌陷。大起大落的他，心态早已归于平静。"我经历了一个好时代，创业路上碰到了许多支持我的人，我一直铭记于心。"吴国荣说，他会以感恩的情怀去感恩社会、感恩时代、感恩国家，为这个他曾经驰骋的商海添加一点光和热。

福信吴迪：
知识、战略、坚持与创新成就福信

文/吴翠珊、谢嘉晟、傅振权

  在百度上搜索"福信"关键字，新闻仅有181篇，而且相当一部分还和福信集团无关。要知道同时期创建的几家房地产公司，企业的关键字搜索结果少的3000多条，多的高达5位数。福信集团的低调比福信的各类新闻还有名。而在福信集团董事长吴迪看来，这种低调正是福信的生存发展方式，也是福信与社会联系更加多元化的表现。这意味着，福信更加注重内部实力的建设，更加专心于做好企业的天职——提供更好的产品。

福信跨界打拳击
25周年庆以全国赛事礼献厦门

厦门的金融房产大佬，跑去做体育？跨界幅度有点大了吧？

2017年11月13日，"喜迎福信集团25周年暨2017大唐地产中国拳王赛厦门站新闻发布会"在厦门大唐中心举行。随后，福信集团先后在厦门工人体育馆举行两场高规格的拳击比赛。这是厦门首次举办国家级别的拳王比赛，同时也正式宣告大唐地产走上了一条与其他品牌房企不一样的跨越发展之路，选择结盟中国拳王赛。

吴迪对此淡淡一笑，"从精神上讲，不跨界。"他表示，大唐地产的企业精神概括为"诚、和、勤、毅、创"5个字，不断拼搏、基业长青的坚持和追求，正是"毅""创"两点的体现，而拳击展现出来的顽强拼搏精神，与大唐地产企业精神高度一致。

近年来，体育作为一个巨大的营销载体已经成为大多数地产商的选择，部分地产商甚至逐渐剥离房地产主业，成为体育文化公司。恒大淘宝足球俱乐部、华夏幸福北京马拉松、桐庐莱茵国际足球小镇、佳兆业凯兴体育基金……这些体育行业里让人耳熟能详的词条中大多冠有地产商的名字。不少地产商们已经以各种方式切入进体育领域。从上个世纪末开始，房地产行业成为中国经济的主要引擎，经历了一个黄金周期。但世界在变，站在资本的高位上，开发商们很快看到新生机，体育作为一个营销的载体已经成为大多数地产商的选择。福信集团在这波浪潮中，则是选择了有点冷门的拳击。

就像俄罗斯套娃，福信此番带来的"出乎意料"是套餐模式。

为什么是拳击？

答案是：风向。

一花一世界，一叶一如来。大佬之所以是大佬，在于他们对商机的敏感性。《人民日报》多次报道国家领导人的体育爱好，足球、拳击都在其中。不过，不少资本大佬早已进军足球领域，此时福信进去不是最佳选择；而拳击是目前国内为数不多没有民间资本注入的体育项目。

就是它了？拳击运动的格斗精神与福信大唐地产的企业精神高度一致，于是一锤定音。

2014 年，吴迪成功当选国际拳联副主席，福信成为国际拳联（AIBA）唯一全球商业公司 BoxingMarketingArm(BMA) 主要出资人。吴迪说："福信致力于推动中国拳击运动的职业化改革和产业化发展。"目前福信已成功举办了国际拳联 WSB、APB 系列赛事，创立"中国拳王"赛事 IP，发起成立了中国拳击联盟，位居国内拳击行业第一。

更加令人出乎意料的是，福信把 2017 大唐地产中国拳王赛的赛场放在厦门。"美丽厦门"、"小资厦门"已然是厦门的标签。这种硬汉格调放在厦门，似乎有点不按套路出牌。

在"喜迎福信集团 25 周年暨 2017 大唐地产中国拳王赛厦门站"新闻发布会上，厦门市体育局傅一民局长表示："拳击比赛所传递的"力量"、"拼搏"、和"竞争"，与厦门的城市精神一脉相承。我相信，中国拳王赛厦门站的成功举办，将为美丽厦门注入一股强悍硬朗之气。"

吴迪认为，厦门市一直致力于打造城市的体育品牌，使"体育名城"、"体育之都"、"赛事名城"等独具特色的体育文化元素不断积淀和融入，以提高厦门的城市形象、增强厦

2017 大唐地产"中国拳王赛"

门的吸引力和辐射带动力。中国的顶级职业拳击赛事——中国拳王赛落地厦门，对于厦门市的体育产业发展和体育文化建设有着重大的促进作用。

生于斯，长于斯。1993年，福信诞生于厦门。2018年是福信集团的25周年。福信以此项目礼献厦门，回馈业主、回馈社会，为厦门市民奉献精彩高规格的比赛。此外，福信集团旗下的大唐地产以厦门为核心的海西经济区是其战略布局重点区域。今年大唐地产在海西共有10盘开发。

吴迪表示，借力体育营销，不仅推动了拳击运动的普及和发展，也彰显了大唐地产坚持人文地产理念、弘扬中华民族精粹之路，塑造了福信品牌的知名度和美誉度。

福信搭上改革快车
拓荒厦门，筹建银行

不少企业家公开表示，企业文化即是老板的文化。

把福信的企业特质用来佐证这个信条可以说是经典案例。

2017年6月，福建省委统战部副部长、省工商联党组书记李家荣走访福信集团。吴迪介绍福信概况时说了这么一句话："福信的正统源于创业团队的根正苗红。"

在福信的官网首页上，3幅页头的幻灯片长年闪烁。总结起来即是：福信集团始终秉持"福乃德生，信则通达"的人文理念，坚守"诚、和、勤、毅、创"的企业核心价值观，立志于"创一流企业，树百年福信"的抱负追求。

这家企业的高管对传统国学的研究几近专业。每位高管随时随地都能"引据大义，正之经典"。"福信用人，'德'最重要。"吴迪说。在他看来，企业最大的资产是人才，一旦用人不当，人才也会成为企业的负债。吴迪不止一次强调，"我们不求当个多高尚的人，但福信人必须是一身正气。"

福信的这份"正气"，从他们的创业之初就可见端倪。

20世纪90年代中期，中国经济遭遇重大的危机，综合债务率高达146%，比现在的欧盟平均债务还高出很多。屋漏偏逢雨，1993年国家三大赤字同步爆发，外汇严重赤字，只有80多亿的外汇存比，却要支付120多亿的还本付息。财政严重赤字，并且财政赤字透支了银行自有资本金，多吃了80多亿存款，当时中国的银行负资产现象严重。20世纪90年代西方的舆论和政治家们众口一词，抛出中国崩溃论。那一年中国仍然处在经济封锁的阶段。所有中国人都很清楚，中国没有救兵，只能自救。

1992年，中央出台两份重要的文件：《有限责任公司规范意见》和《股份有限公司规范意见》。这标志着股份公司真正合法化，公司治理结构概念开始清晰。再加上邓小平南方谈话的影响，中国出现了一次堪比今日"双创"大潮的"下海"运动。大批有抱负、受过良好教育的年轻人离开国家机关、研究机构、高等院校等体制内单位。这批人也就成了今天商海里带着明显的知识分子情怀的"92派"。

1993年，已下海的厦门水产学院组织部副部长陈章辉先生创建了福信。当时跟随他的几个人几乎都是拿过"铁饭碗"的人，吴迪也是其中之一。当时吴迪刚成为东北一大型国企里极年轻的中层干部，所有人都料想得到这位年轻人将来仕途不可限量。和福信其他元老一样，吴迪放弃了安稳的，未来可期的铁饭碗，南下厦门，投身商海。

"陈章辉先生于我来说，亦师亦友。"吴迪回忆说。无论是他在大学任学生干部期间还是毕业后回东北进入体制内工作的阶段，他与陈章辉先生时常探讨国家的未来发展。"做利国利民的事"成为他们的共识。正是这样的信念，福信20多年来"以上带下，传承着元老的正气"，吴迪欣慰地说："福信作为20多年的中大型企业，我们是没有大恶习的。"

直到现在，福信的这帮元老们依然保持着学生时代的学习习惯。"企业只有保证自身长期发展，才能完成不断递进的各种使命。而企业想长期发展，则需要一代一代人不断成长，也需要在新的时候，让战略更加明确，对经营管理技术、手段不断更新，这就需要我们不断地学习，不停地充实我们的前沿专业知识。"吴迪认为，福信25年来已经是2500多人的团队，这个大家庭至今"没有大恶习"与起步根正苗红的基因和持续尊重知识的传统紧密相关。

"92派"知识分子的家国情怀在福信的发展中贯穿至今。

改革开放前的厦门长期处于战备状态，城市和居民住房建设的投入几乎一片空白，长年累积的亏欠使厦门的居住条件十分紧张，人均居住面积不足4平方米。从20世纪80年代初开始，随着两岸关系的缓和以及经济特区地位的确立，厦门加大了住宅建设力度。

1992年开始，房地产市场快速兴起。厦门的城市建设亟需大量资本，福信也加入了这支开发厦门的大军中。

在那个时期，贸易才是最热门也是来钱最快的行业，但是福信却选择政府刚刚放宽民间资本准入的房地产行业。这就是陈章辉先生、吴迪认定的"做利国利民的事"，引进外资，建设厦门特区。那个时期的文人学者几乎都怀有动人心魄的家国情怀，这帮福信人更是如此。于是，福信开始了"拓荒"的使命。

1993年10月，福信公司首个地产开发项目厦门集美福信商城举行开工奠基典礼。那时的集美也就如今的集美学村一带热闹一些，其他地方仍然是一片荒芜。而当时，厦门涌现出的100多家开发商，基本上扎堆在岛内。

为什么选择到集美拓荒？"当时福信一帮人几乎都是从集美走出来的，对那片土地有一种情怀。"吴迪说道。

20世纪90年代初期，厦门开发商的营销手法尚处于原始阶段，没有运用广告的意识。铅印的文字说明和户型介绍就是全部的销售资料，售楼处非常简陋，格式合同还没有出台，销售合同由各家开发商自己拟定。对购房者来说，小区配套、景观、物业管理还是陌生的概念。因为，当时市民对住房的认识仍然停留在"政府分房"的那套模式，基本没有享受居住环境的意识。

然而，福信当时一出手就提出了"宜居"的概念。福信商城一开始就规划设计了小区中庭。至今那边的住户对福信商城的设计仍给予好评，"福信商城与周边的小区相比，是闹区中比较清静，住在这里的人又不杂的小区"。

近年来，无数老小区因为一开始没有规划停车位，业主们因无处停车而吵吵闹闹。而福信的前瞻性在规划停车位上又向人们露了一手。自1993年福信商城开始，福信开发的小高层电梯房都配套了地下停车场。

香港地产大王李嘉诚说过："房子除了地段还是地段，其他东西可以复制，唯有地段不可复制。"今天我们回头去看位于台湾街的桃源大厦、后埭溪的银龙广场，都是该片区的标志性建筑。然而，当年福信选择这两个地块开发时，区域内都没有一栋超过3层的建筑物。李嘉诚说的地段，其实还是眼光。

无论是住宅小区的规划建设，还是地块位置的选择，福信都展现了他独具慧眼的一面。此后福信开发的楼盘一一成为抢手货。

90年代开发商忙拿地
福信瞄准金融地产

　　福信为同行津津乐道的"极具眼光"在这些地产项目的开发上可见一斑。不过，最让人叹服的，还是福信早在20世纪90年代就提出"以金融为引擎，房地产为主业，高科技产业为导向"的超前战略规划定位。

　　今天的福信已是民生银行、交通银行、永安保险等多家全国性银行、保险等金融机构，以及汉口银行、杭州联合银行等地方商业银行的董事和股东。

　　1995年，福信参与了全国工商联牵头组建的中国首家民营银行——民生银行的创建，这在当时是相当大胆的尝试。当时银行投资由国家垄断，民营企业对银行敬而远之，很多人看不懂银行的盈利模式。

　　那个年代的开发商几乎都把精力投放在拿地、盖楼上。但是福信却把眼光投向了金融。当时福信已赚得盆满钵满了吗？

　　吴迪说，不是。福信创建之初几位元老就到当时"亚洲四小龙"之一的香港考察学习。这帮"92派"穿梭在国际金融中心的大街上，看到的不仅仅是这座港口城市的繁华，还有香港背后的金融体系。福信带着深深的触动回来，也把香港地产的发展模式引进来。

　　当听闻民生银行正在筹建时，福信跃跃欲试。不过，中小企业参与筹建银行显然并不容易，相关部门对民企的资格审查极其严格。

　　参与的企业，除了必须具备相当的实力，还要有良好的信用记录，各个方面都不能有瑕疵。福信的诚信经营、守法经营、规范管理和积极投身公益事业，起到重要的作用。在省里的有关部门、同行的眼里，福信是一家有实力品质好又有社会担当的企业。

　　1995年，福信成为福建唯一受邀参与筹建民生银行的民营企业。

　　这次尝试，为福信打开了金融的大门，也为后来福信发力深耕金融业打下了坚实的基础。

　　10年内，福信陆续投资交通银行、永安保险、昆仑保险等多家全国性银行、保险等金融机构，以及汉口银行、杭州联合银行等地方商业银行，并投资数家注册于北京、上海等地国内领先的PE私募基金。可以说，在金融的投资种类和规模方面，福信已经巩固了在福建省民营企业中的领先地位。

眼见福信的金融运转如此娴熟，几年前某银行行长忍不住问吴迪："你们投资银行是怎么赚钱的？"

吴迪回想当时的画面，微微一笑，"没有秘诀，我们就是高效率运转。"吴迪表示，福信投资民生银行时资金并没有外界想象的那么充裕，但是他们一帮人一刻不敢松懈，每个人每天手头上的事都忙不完，为的就是把当时为数不多的资金最大效率地充分利用起来。

"每到关键时刻，我几乎不睡觉，所有时间都花在办公桌上。"吴迪说，"人的高效率带来资金的高效率。"福信人拼命地挖掘自己的潜能。吴迪出差经常在一天之内完成来回，厦门飞北京、上海几乎都是一次性买好当天的往返票。

正是这种永动机一般的精力，福信在创新发展上不断创新。

2017年7月26日，福信金融控股公司在福建自贸区厦门片区揭牌，这是厦门第一家民营金融控股公司，注册资金10亿元人民币，由福信集团全资设立。

吴迪表示："金融行业是集聚信息流、资金流为一体的行业。大量的创新型金融机构集聚，给福信金控带来较好的投资资源。福信将依托福信金控，继续加大在非银金融、私募股权基金、医疗、环保、新能源等新兴产业的布局，打造成为区域性领先的金融投资管理集团。"

至此，福信的"金融为引擎"显然马力十足，这匹大功率的引擎带领着福信的主业在中华大地上不断驰骋。福信旗下的大唐地产已经形成了全国性布局，开发区域包括厦门、南宁、天津、西安、南京等14省20市。不仅具备国家一级开发资质，更是先后荣获"鲁班奖"和"国家建设部优秀建筑设计奖"等多项殊荣。在建及已完成开发面积数千万平方米，资产超200亿元。

历经两次危机
福信重生后一路"开挂"

福信今天的成就和光环让每一位福信人昂首阔步。而对吴迪来说，这一切其实是一路披荆斩棘而来。

创业九死一生，对每个企业家来说应该是共鸣。

福信的低调和稳健的发展步伐，以及从无负面新闻的开发项目让外界以为福信一路顺风顺水。

"福信经历过两次危机。"吴迪说这句话时，忍不住皱起眉头。

第一次危机是在2000年，福信的创始人陈章辉先生因病不幸英年早逝。福信刚刚要大展宏图，骤然一棒，整个局面近乎坍塌。这一沉重打击，不仅仅动摇了公司内部一群人，外部的压力更是如火山爆发，压得福信人一点信心也没有。

福信同时面临的还有亚洲金融危机的持续发酵，以及远华案件的影响。1999年远华大案震动中央，外部环境一下子恶化，银行不断收贷，一些企业远走他乡，民间资本一片哀号。

外部环境恶化，内因造成的危机更加不堪：楼盘退房、工程催款、银行催贷、合作伙伴抢项目……福信面临的压力排山倒海。那时福信的办公室每天都有数十人来蹲点，财务挡不住了，吴迪站出来，一个个去说明情况。"此时的乞求没用，提出解决方案让对方看到希望，我们才能挺过这一关。"吴迪说，"当时我经常不睡觉，人家不让我睡，我也睡不着。"

吴迪成立了应急小组，分工明确。他透支信用卡请人吃饭，吴迪回想当时的心境说："很感谢人家来吃我这顿饭。"其中有一位合作伙伴，吴迪2个月内跑到他家里10次。诚意加上可行的方案，终于让对方"相信福信"。

资金如此紧张，内部开始讨论"卖银行股份"。此时福信投资民生银行虽然已经5年，但是增值不到一倍。公司不少人不看好这个项目，但是此时急着抛售不一定能卖出好价钱。"民生银行没了，福信以后可能做不了金融。"吴迪说，"选错了就死了。"

庆幸的是，在那个节点上，福信"卖楼，没卖银行股份"。银行增值不到1倍，厦门的房价却不断升值，局面大好。在外界看来疯狂的举动，吴迪说"这又回到视野的问题上。当时银行在中国仍然是供给短缺，并且2001年11月中国加入WTO，中国几大行正紧锣密鼓地筹划上市。"吴迪说他非常看好中国的金融行业。于是，福信选择变现部分地产，寻求更广泛的合作。直到2003年福信终于真正挺过那次危机。

人，一个个去说服，法院还有银行的官司要打，公司内部的分歧要梳理……吴迪称那是痛苦的3年，支撑福信挺过来不仅是福信人的坚持，也因为过去几年福信诚信经营的口碑。雪化之后，春天也就来了。

视野成就福信
2003年后全面"走出去"

2003年终于恢复稳定的福信决定走出去，开始布局全国，并继续投资金融产业。这一年福信进一步买入交通银行的股权，把楼盘盖到了贵阳。"不走出去跟不上国家的大趋势。"吴迪表示这是福信另一个新的起点。福信开始进入"走出去"阶段，北京、上海、江西、南宁、贵州、漳州成为吴迪实现"以金融为引擎，房地产为主业，高科技产业为导向"的阵地。楼盘一栋栋拔地而起，十几家金融机构都有福信的资金，上海、江西、厦门都有福信的高科技项目。

"视野"，是吴迪此次采访中说过最多的词。他一直在强调信息的捕捉和利用。那个时期，很多人依然不懂银行的盈利模式，"走出去"还是个高大上的词。但是福信凭借"视野"脚下生花，走出新天地。

福信集团副总裁张建华是福信的元老之一，也是从厦门水产学院走出来的公务人员，24年来她与福信共生共荣。福信做的每一项重要决策，她都在。

福信在2000年危机后重振雄风再出发。之后公司发展的每个重要决策都来自吴迪。除了"卖楼不卖银行股份"的明智外，吴迪之后几个决策都让张建华叹服：两次危机留住银行股份，收购大唐地产，完善内部管理体系，成立金控公司，壮大金融板块，收购奥网城，进军体育产业……一项项决策都推动福信迈上新台阶。

2008年美国金融危机爆发，美国第四大投资银行雷曼兄弟公司申请破产保护，第三大投资银行美林证券公司被美国银行收购。纽约股市巨幅下挫，这场金融风暴波及国内，福信的金融投资领域也遭重创。尽管国内A股设有涨跌幅限制，但民生银行股价还是从高峰期的18元跌到4元。不少民生银行的股东在减持，当年8月其中一位大佬持股比例由原来的4.82%降至0.43%。

福信持有的民生银行股票卖不卖？民生银行投资了12年，溢价仅4倍，回报率显然不如福信的地产。董事会上围绕着"卖或不卖"讨论了一次又一次，吴迪又开始睡不着了。

因为时差，吴迪不得不在半夜守着等美国和欧洲的股市开市，根据欧美股市变化对国内

A股可能受到的冲击及时作出判断,迅速制定各种预案,并回头对集团的资金进行调拨。

"如果股票跌到2元,我们也得卖。"吴迪说,当时的预案里有一项就是舍弃民生银行股份。那段时间,吴迪顶着巨大的压力,日夜盯着股市,"给你的时间非常少,欧美股市的一有变动,你必须马上反应过来做出各种预案。"吴迪说。

福信董事会里的心情也随着K线图上上下下,到底卖还是不卖,没人心里有谱。"我们就是在和时间赛跑,利用时差抢福信的一切机会。"张建华回想那个时段也感慨万千。

民生银行的暴跌止在了2008年,之后一路回升。最终,福信持有的民生银行股票一股都没卖。福信的第二次危机再次扛过去了。

2014年民生银行股票全年涨幅71.34%。虽然经历了2015年的股灾,近期民生银行的股价还在9元左右。2017年2月,民生银行董事会换届,吴迪再次当选董事会成员。自民生银行成立起,福信成为已连任七次董事的单位。2017年7月,民生银行一次性给予福信集团有限公司授信额度近60亿元人民币。福信的"金融引擎"可见一斑。

收购大唐地产
钱赚少了,品牌留住了

2009年,走出金融危机阴影的福信收购了大唐地产。来自台湾的大唐自1994年进入厦门,给厦门楼市带来耳目一新的"唐风",不仅那个京剧脸谱让人印象深刻,大唐地产的广告也屡屡带来惊喜。但大唐地产在2008年遭受重创,金融危机加上创始人当年不幸离世,大唐地产瞬间风雨飘摇。

吴迪说服大唐地产接受并购时,列举了大唐地产与福信地产的三个"相同":同时代、同行业、同命运。大唐地产1994年进入厦门,而福信地产起步早一年,两家企业都在欲大展宏图时遭遇主要创始人发生变故。"三同"促成了这笔交易。

"大唐地产深陷危机后,创始人并没有选择逃避,而是苦苦支撑四处寻求突围,奋战到生命的最后一刻。大唐地产当家人们这种负责任的态度,让我联想到2000年的福信。"吴迪说。基于这样的缘由,吴迪当时收购大唐的决心非常坚定。

虽然接收大唐地产的十几个项目并没带来太大的经济效益,但是吴迪认为此次收购最大意义在于福信保留了一个品牌,"大唐地产是一个神奇,对厦门房地产业的发展起了很大的引领作用。福信带着一份社会责任感将这个品牌传承并发扬至今。"吴迪说道。

收购大唐地产之后,福信在地产板块经过几年整合后开始了"百亿"战略规划,实施区域聚焦和产品聚焦,三年战略滚动。于是有了新一轮的突破性发展:2017年大唐地产销售过百亿,开发规模位居全国行业排行第105名。

"经历过危机周期的企业才是成熟的企业,战胜过危机的企业才可能成为卓越的企业,有历史、有品牌的企业就如一个个有故事的英雄,不断挑战新高度,进入新境界。要有战略,也要有胸怀,还要有跑马拉松的技术和耐力。"吴迪说。

2008年的福信营收不到1亿,员工仅有数百人,吴迪力排众议,重金聘请知名咨询公司进驻福信半年,建立起了一套完整的房地产运营体系。"吴总的视野是比较超前的,虽然我们不是上市公司,但在那个时候他就考虑到企业想做长做久,就要完善管理体系。"张建华说。

结果吴迪的视野再次让公司上下叹服,这次"诊断"让福信的权责和组织架构更加清晰。人才体系建设和大量优质人才的引进也推动了福信的进一步发展。福信一直有一个完整、可追溯的档案室。这个档案室通过"国家二级"考评验收,是福建省第二家获此资质的民企。2011年,福信又邀请咨询公司进入企业做了第二次优化。

目前福信员工共有2500多人,企业的运作一如外界熟知的高效;2周举行一次班子会;3个月举行一次董事会;每个月进行一次月度计划平衡会……福信的管理体系堪比上市公司。

"我们的管理还是挺先进的。"张建华说道。2013年及2017年,福信先后又进行了两次内部结构的调整优化。这两次,福信自己完成了。由此可见,福信想做的百年企业的决心,不是随便喊喊,他们自上而下、里里外外都在求新求变。

无人敢碰的奥网城
在福信手里变身国际会议服务中心

"不发展才是最大的风险",吴迪说。在他看来,国家的经济发展非常迅速,一旦企业不发展必将被大潮淹没,被边缘化,继而变成泡沫消散不见。

"进军体育产业、收购大唐地产，意见还是比较统一的，但是收购奥网城确实反对声一片。"大唐地产副董事长唐国钟说起老上司的"求新求变"，感叹道，"吴总是真正意义上的企业家，很有战略思维。"

福信的布局发展，不仅让外界时常有看不懂的感觉，就连内部也多次对吴迪的决定惊诧不已。

2017年厦门最大盛事无疑是9月金砖国家领导人第九次会晤在厦门召开。这场盛会的新闻中心和各国来宾的取证点就设在大唐中心。除了国际会议中心，大唐中心成为此次服务金砖会晤的核心场地，大唐中心着实火了一把。

大唐中心其实就是之前的奥网城。因为错综复杂的投资关系，奥网城几经易手都无法盘活，多年来一直空置在厦门岛内东部CBD核心区。2016年大唐地产完成对奥网城项目的整体股权收购，并于2017年初获批更名为"大唐中心"。

至此，福信集团的总体战略布局，让外界终于看明白了，未来的福信将紧密结合集团的金融、文化、体育等各个板块资源，把大唐中心打造成符合现代文化新生活需求的标杆性综合体项目。

"我们将充分整合拥有国际奥委会授权的冠名"奥林匹克"的场馆资源、赛事资源、国际场馆运营商资源和国内外高端文体旅游资源，引领厦门城市新经济产业升级。"唐国钟说。

奥网城的华丽变身让1999年就进入福信的唐国钟再次被吴迪折服。"吴总是少数'有本事，想干事，干成事，不出事'的企业家。"唐国钟说。

吴迪几乎没有娱乐性的爱好，甚至都不喝茶，白开水对他来说是最好的饮品。他喜欢历史和哲学，"从在学校时，他就是个非常爱学习的人，在福信25年他还是一直保持着孜孜不倦的学习态度，所以他的视野和前瞻性都非常卓越。"张建华说。

在吴迪的带领下，福信集团取得了显著的发展成绩。福信连续多年被评为厦门市"纳税特大户"、"厦门市重点民营企业"、"厦门市文明单位"，系国家工商总局评定的"守合同·重信用"企业。吴迪个人也先后获评"厦门市优秀中国特色社会主义事业建设者"、"厦门市优秀政协委员"，2次被福建省政府授予"非公有制经济人士捐赠公益事业突出贡献奖"，以及"2016年度福建省非公有制经济优秀建设者"称号，荣获"闽商建设海西突出贡献奖"等殊荣。

企业持续低调
慈善活动频繁露面

多年来,福信一直保持着低曝光率,但在慈善公益活动上,福信和吴迪则时常露面。

早在1993年10月,福信刚成立时,就向厦门水产学院捐赠100万设立"福信教育基金"。

近几年,福信又投入7000余万元,参与发起集美大学教育发展基金,并先后捐建"章辉楼"、"福信楼"、"大唐楼",捐助兴建漳州市芗城区实验小学元光校区、新华北校区,分别向漳州市芗城区慈善总会和同安区第二实验小学捐资设立助学支教基金和奖学金。

2016年,福信主动参加福建省委统战部、省工商联部署的"百企帮百村"精准扶贫行动,对口帮扶华安县建美村。通过深入调研和反复论证,投资200余万元。吴迪说,目前,福信已经与建美村共同完成了前期选址、资金筹措和运营模式洽商,项目将于近期开工建设。

2017年9月,吴迪随厦门市工商联(总商会)党组书记陈永东一行远赴甘肃省临夏州进行扶贫考察。福信旗下的大唐地产二话不说捐赠30万,支持厦门市工商联(总商会)对口的甘肃扶贫项目。

吴迪说:慈善公益不仅是企业家个人的事,更应是整个企业社会责任的一部分。做慈善不仅是帮助他人,也应以此与企业文化建设相结合,使企业不仅有一种向前的力量,更有一种向善的力量。

"就业是绝大部分人都会有的一种经历,但创业更多是对人生有一种强烈的内在需求。那时候,我们这些年轻人更希望赶上国家的大潮,同时也希望能够实现一些自己的理想和想法。"吴迪说,通过做企业实现梦想是那个时代他们这些创业者的追求,"我们不知道自己是否能成,但希望做成之后能够与治国平天下、与兼济、达人结合上。"

采访的最后,吴迪说:我们企业的口号不是一气做大,而是做长做久。

厦商风华·吴凯庭

万利达吴凯庭：
我有一个"智"造梦

文 / 赖丹丹

吴凯庭，是漳州"民企教父"、万利达原董事长吴惠天的儿子。2012年5月，他临危受命，接掌万利达集团。雷厉风行，布局精准，吴凯庭没有在其父吴惠天一手打下的基业中裹足不前，而是青出于蓝胜于蓝。短短几年，吴凯庭在父亲创建的老牌企业基础上，带领企业进行一系列改革创新，赋予万利达集团新的品牌基因，将集团带入"智能制造引领产业转型升级"的快速上升通道，打造出新兴的"万利达帝国"，大有气吞万里之势。

临危受命
接掌父亲事业

1984年10月，吴凯庭的父亲吴惠天自带8.6万元的资产创办了福建漳州南靖二中校办工厂，取名"金山无线电厂"，并担任厂长。1989年，企业正式更名为万利达电子有限公司，并注册"万利达malata"商标。随着改革开放的历程，万利达凭借智慧和勇气在市场浪潮中一次次地闯关夺隘，引领和推动着海西民族电子信息产业的发展进程，特别是万利达VCD/DVD打开了国内家用影碟机的空白，赢得了一大批发烧友和追随者，成为了一代国民品牌。

2012年，吴惠天因病逝世，吴凯庭接过万利达"权杖"。

在外界，很多人称吴凯庭为创二代，赞其与他父亲很像，思维敏捷，有商业头脑。虽然并非电子产品研发的高端人才，但他拥有管理学的学历背景，且能洞悉市场变化，在营销和市场方面表现突出。

接掌万利达时，吴凯庭下定决心，必须持续加大信息化智能化制造，紧紧抓住产业转型机遇，不能等待，不能观望，不能懈怠。

大力拓展海外市场，打造品牌知名度，打出超强研发和超强创新"组合拳"，搭上"智能制造快车"，产品拓展至智能家居、车联网、物联网等多个领域……

六年多来，吴凯庭用一项项精准的战略布局和一份份详实的业绩数据，实现他承诺的宏图伟业。

雷霆行动
万利达"老树发新枝"

创新是引领万利达发展的第一动力，抓创新就是抓发展，抓创新就是谋未来。在吴凯庭手中，创新的内容不断延展。

"相对于技术创新、产品创新而言,管理创新是最高层次的创新。"接掌万利达后,面对一些历史顽疾,吴凯庭迅速把脉、对症下药、大胆创新,在集团内部大刀阔斧地进行了一系列改革,对已经出现和可能出现的问题,困难一个个克服,问题一个个解决,既敢于出招,又善于应招,做到蹄疾而步稳。

对于企业创新改革,吴凯庭的思路却极其清晰,"该整合的整合,并严格细分产品面向的不同市场"。以此,他对集团旗下子公司实施"一企一线"的产品战略,各做各的产品线,每个产业都在往深度、往"智造"方面拓展。"企业的定位要符合市场需求,市场差异要得到精准定位,企业才能获得良性发展的基础。"吴凯庭说。

"信息化是民营企业的内生动力,很多民营企业在发展过程中,往往忽视了信息化的建设,极大地制约着企业的良性发展"。吴凯庭针对公司内部经营管理上的薄弱环节,推动集团及各子公司先后导入ERP、BPM、MES等信息管理系统,加快业务流程重组,优化组织结构,有效降低成本,不断提高生产、经营、管理的效率和水平。在引进全新的管理体系后,集团各方面内控制度都上了一个新台阶,实现了从以人为主的被动式管理向依靠制度良性运转的体制式管理的转型。

作为智慧型商业领袖,吴凯庭还深知人才团队的重要性。为了打造团队,上任后,吴凯庭在企业内部推行股权激励制度,强有力的激励制度凝聚了一支具很强的向心力和战斗力的狼性团队,促使盈趣在内的子公司迅速成长。

此外,为了强化集团资金管理,打造统一坚强的资金管理平台,吴凯庭逐步健全了内部审计、监督制度,强化事前预防和事中控制,保证了旗下企业各项经营活动都在严格的程序下进行。"集团的主要功能是承上启下、综合管理,我们将某一子公司的优秀经验分享复制到其他企业,弥补其他企业的短板。通过激励机制、监督机制等体系的建设执行,各个子公司的发展都处于直线上升期。"谈起自己的改革成效和管理秘籍,吴凯庭透露出一股自豪。

三十年多的发展已经让万利达具备了现代化的厂房、先进的技术研发中心等雄厚的"硬实力",而吴凯庭接掌万利达后进行的制度改革、管理完善、人才战略则造就了万利达如今的"软实力",成为其参与国内外市场竞争的核心利器。

吴凯庭认为,市场在变化,消费者在变化,这就要求企业提供新的供给,要坚持产品的研发创新,构造满足市场需求的产品方阵。因此,2014年,在收购厦华之后,万利达结合市场实际,迅速重新部署优化产业结构,通过差异化品牌策略重塑厦华。

盈趣
瞄准"智慧城市"靶心

英国布莱克曾经说过："独辟蹊径才能创造出伟大的业绩，在街道上挤来挤去不会有所作为。"吴凯庭深表认同，万利达风风雨雨走过了34年，秉承的是一种持续创新的精神。

盈趣科技的成功就是其战略眼光和创新能力的一次体现。盈趣科技的前身为万利达网控事业部。2011年，盈趣科技正式成立。

盈趣科技

之所以取名盈趣，实则寄予了主创人员的希冀："盈"与"赢"同音，有着公司和客户双赢的意味；而"趣"除了趣味，在古文里还有快速反应、趋步向前的意思。这些，都带出了盈趣的企业文化：为顾客、为股东、为供应商、为社会和为自己创造价值，建设和谐盈趣家园。

不过，在成为独立公司前，盈趣的发展之路也非一帆风顺，困难和两组阿拉伯数字有关。时间追回14年前，那时候的盈趣还是万利达的网控事业部。"事业部刚成立四个月的时候，客户对万利达的所有部门进行考评，百分制盈趣只拿到了 26.9 分，差一点就被除名。这个分数深深地刻在盈趣全体人员心里，考评表也一直贴在公司里从未取下。这个成绩整个盈趣团队无疑是个打击。"怎么办？只能了解客户的需求，没日没夜地干活。"创业初期就险些被除名，所以盈趣必须迅速爬起来。"

这之后，盈趣团队过的是"一个月加班近 200 个小时"的日子，如此过了两年，部门拿到了 70 多分的考评分。不想，更大的打击还在后面。

这场被称为"质量灾难"的危机，发生在 2006 年。彼时，有一批产品因代理商差错及团队检查的疏漏，出现了严重质量问题。大规模的退货使业绩下滑到冰点，盈趣再次面临生死存亡。

但是，百折不挠恰恰是企业家的基本精神。面对困难，盈趣狠抓质量，制定出严格的工作制度和流程，最终度过了这场危机。

到 2010 年，网控事业部资产相较 2004 年初创期成长了 90 多倍。

2011 年，盈趣科技成立，主营业务是以自主创新的 UDM 模式为基础，为客户提供智能控制部件、创新消费电子等产品的研发、生产，并为中小型企业提供智能制造解决方案，产品主要出口欧美发达国家。

听起来似乎有点"玄乎"。其实盈趣科技瞄准的是"智慧城市"靶心。

根据智研咨询发布的《2018-2024 年中国智能家居行业市场深度调研及投资战略分析报告》，2018 年中国的智能家居市场将会超过千亿规模巨大蛋糕也吸引了很多巨头的注意。近几年，包括海尔、美的、苹果、华为等各个行业的巨头都在发展智能家居。

盈趣之志，正在此。

掏出手机，轻点屏幕，窗帘合上了、电灯的明暗有了变化、空调停止了运作，短短几秒，可见证"奇迹"。每天准时语音提醒家里的老人吃药、小朋友做功课；晚上睡觉容易着凉，它会温馨地将室内温度调高；家里储备食物用完了，社区商家会自动送货上门……

这是吴凯庭描述的一幅智能生活场景。

这套产品名叫"Intre+"，取自"盈趣家"谐音。"加号还有无限扩展的意思，代表未来的智能家居生活将是无限扩展的。"吴凯庭说，高度集成的"Intre+"系统，可让用户自主选择空调、洗衣机、窗帘、音响、门锁等设备接受移动终端控制，从而定制智慧生活场景。

研发、布局智能家居控制产品，盈趣想通过移动终端控制实现智能环境、节能环保、智慧社区、智能安防、智能影音、智能灯光等。而盈趣自主研发的 UMS 联合管理系统，不仅成为盈趣智能家居的交互控制基础系统，它还能以条码为纽带，确保企业及时准确地掌握工厂生产计划的执行进度，有效衔接生产及销售各个物流流通环节的数据，该系统曾获得2012年"智慧厦门"信息化创新应用大赛十佳奖。

吴凯庭表示，在这个系统下生产出的每件产品都实现了彻底的数字化，企业可以通过二维码对海量化产品的使用信息进行碎片化搜集，并以此进行大数据分析以改善生产工艺。

自成立以来，盈趣科技始终处在IT行业的创新潮头，和罗技（Logitech）、雀巢（Nestle）、菲利普·莫里斯国际（PMI）等数十家全球知名企业的全方位、深层次的战略合作，积累成就了一流的研发、制造水准。目前，盈趣科技已打造成智能控制、智能家居的市场品牌，并以UMS联合管理平台发展第三方信息软件服务，帮助传统企业转型升级。

不负厚望，盈趣科技于今年1月上市，成为万利达集团首家上市公司。

从盈趣科技的招股说明书中，更可全面地了解吴凯庭的布局。

在招股说明书中，盈趣科技特别强调"UDM是公司目前最主要的业务模式"，UDM模式即为"UMS系统+ODM智能制造体系"。吴凯庭表示，在这个模式下，公司在研发和制造的各个重要流程中与客户形成良好互动，实现产品制造过程的实时质量检测与全生命周期的质量追溯、售后检测及维修服务。

在此过程中，盈趣也积累了丰富的设计制造经验，目前盈趣科技剑指智能家居行业并逐步建立自主的智能家居生态系统。

打包中国智造2025的解决方案

吴凯庭的"智"梦越做越大了。

2017年3月13日，盈趣科技创新产业园在海沧东孚正式破土动工，预计2019年建成投产，未来园区产值有望超过100亿元。

此次开工典礼的主题"筑百亿产业基地，树中国智造典范"，恰是吴凯庭的梦想。

吴凯庭介绍，该产业园将以高新技术为依托，以"工业物联网"、"民用物联网"为核心，围绕"智慧"、"智造"主题，打造高新智能制造和信息消费类的综合性创新单元，并创建"盈趣职业学院"、"盈趣前沿技术研究院"、"众创联盟空间"，形成集生产、研创、总部为一体的高附加值和高科技含量的综合性创新产业园。

该项目投产后，将满足盈趣在智能制造、工业互联解决方案、智能家居、车联网等领域不断扩容的生产需求，并与盈趣在加拿大、马来西亚等数家海外分公司形成联动辉映。

同时，该项目的建设，将吸引一批创新创业类企业及上下游相关产业扎堆发展，形成产业集群效应，助推厦门高端集群产业层次提升、产业深度拓展。

"在工业物联网上，把过去我们和世界知名客户合作的成功案例、成功经验把它提取，结合我们的自动化加上测试系统，打包成一个中国智造2025的解决方案，为中国中小企业提供智能制造解决方案。"吴凯庭说。

多家媒体则报道称，这将成为厦门市智能制造产业的又一生力军。

凭借着不凡的智慧和深谋远略的布局，2012年后，吴凯庭带领公司取得了一个又一个佳绩，而他本人也渐渐崭露头角，荣誉随之而来：陆续登上慈善贡献奖、被授予"中国经济十大杰出人物"称号，今年被评为第三批福建省特殊支持"双百计划"科技创业领军人才……

事业的辉煌、荣誉的笼罩，反倒让他更加清醒而坚定。

对于吴凯庭而言，每一年都意味着新征程新起点，一次次规模更宏大、辐射更宽广、影响更深远的变革正在梯次展开。

奥佳华邹剑寒：
构筑全球健康产业共同体

文/谢嘉晟、吴翠珊

　　他一手创立的奥佳华是国内"按摩器第一股"，出口份额和工业产值连续十三年保持国内行业第一，也是全球最大的按摩器材供应商和中国按摩器具行业国家标准的主要制定者，与生俱来的国际化基因，让他的企业触角伸到了全球六十多个国家和地区。
　　现在，他正以按摩保健器具为入口，致力于打造一个家庭大健康管理服务平台，探索传统中医理疗的数字化，让这门中华国粹服务于人类。

做按摩器具
一切从零开始

1987年，邹剑寒从陕西秦川中学考入了上海华东化工学院（现华东理工大学的前身）。其时的上海华东化工学院是美国斯坦福研究院推荐的中国化学工程研究单位，与天津大学的化工院校并称国内"双雄"。

第一次到上海的邹剑寒人生中第一次见到了大海，不过，1991年大学毕业后，他决定取道四周环海的厦门，并不是因为厦门面朝大海，而是因为厦门是中国最早的四大经济特区之一。当时的厦门为迎接台塑大王王永庆的巨额投资，与华东化工学院联合办学，每年设置了两个定向委培班。

厦门经济特区对化工专业人才的思之若渴，坚定了邹剑寒取道厦门的步伐。

毕业时，恰逢厦门特区物资供应公司到华东化工学院招聘，邹剑寒顺理成章来到了厦门。当时的厦门特区物资供应公司是厦门八大国有外贸企业之一，与厦门特贸和现在的世界五百强厦门国贸属于同一梯队。

邹剑寒现在领导的国内A股上市公司奥佳华智能健康科技集团曾名为蒙发利，长期以来主要市场都在国外，这与他参加工作伊始，便投身于进出口贸易的基因有关，这让奥佳华在构筑全球版图中少走了很多弯路。

今天的奥佳华是国内A股的"按摩器第一股"，出口额和工业产值连续十三年保持国内行业第一，也是全球最大的按摩器材供应商和中国按摩器具行业国家标准的主要制定者，与生俱来的国际化基因，奥佳华的企业触角伸到了全球六十多个国家和地区。

邹剑寒从化工贸易转入按摩器具行业，有很多机缘巧合的因素。

一次，厦门特区物资供应公司的一位美国客户跟邹剑寒描述了一个产品概念：这位美国客户经常开车，驾驶时间一久就会腰酸背疼，因此很希望能有一款汽车驾驶座上的坐垫，可以揉进一些按摩功能，缓解驾驶疲劳。

言者无心，听者有意。刚参加工作三年的邹剑寒捕捉到这一需求信息里所蕴含的商机，但他寻遍了国内的工厂，结果一无所获，最后，他决定和后来成为事业搭档的李五令自立门户研发生产。

1994年的中国，即便在改革开放前沿的厦门，常规制造业的产业链基础尚且经常缺胳膊少腿，更不用说非常人消费得起的按摩器具的生产，因此，对邹剑寒来说，一切都得从零开始。

寻找生产供应商的过程曲折而又充满戏剧性，有一天，一位来自福建南平的同行在与邹剑寒沟通时意外提及，南平浦城有一乡镇企业，正好购置了一套可生产类似产品的机器设备，但当时因为无单可产，长期闲置。邹剑寒当即启程前往浦城察看设备，很快与厂家谈妥以承包经营的方式尝试合作，并就此辞职"下海"。

当时从厦门到浦城需要先坐八九个小时的绿皮火车，然后再转乘汽车坐三四个小时的盘山公路。时隔二十多年，昔日的长途跋涉经历，成为邹剑寒脑海中一段历史性的记忆。

"太偏僻了。"辞职创业的艰辛和压力不言而喻，但邹剑寒始终觉得，"无论做什么事情都要坚持，只要有一线希望就要全力以赴。"

产品一推出就大卖

邹剑寒的创业故事就从研发汽车按摩坐垫开始。

按照美国客户提出的概念要求，邹剑寒基本上能理出产品的大致方向：在具备振动按摩功能的前提下，冬天还可以加热。

今天回头去看，生产汽车按摩坐垫的技术门槛其实并不高。不过，在当时的技术背景下研发这款产品，如同在荒漠里种出一片绿洲，市场空白、技术空白，在高校招聘不到相关的专业人才，即便想挖墙脚都无从着手。

就在邹剑寒为产品设计犯愁的时候，他想起了在特区物资公司工作时认识的，一位在香港出生、美国高校毕业后移民加拿大，专注于搞工业设计的年轻人。当邹剑寒刚找到他时，这位年轻人刚组建了一个小团队自主创业，正焦急于不知如何拓展业务，因此，与邹剑寒一拍即合，年轻人遂成了奥佳华（蒙发利）的第一位设计师。

这位香港年轻人扎根于当地市场的设计极接地气，能让产品直击用户的痛点，从而转化为双方携手共同成长的推动力。邹剑寒与香港年轻人的合作持续了十多年，直到国内工业设计从无到有、由弱转强，邹剑寒在国内能找到优秀的专业设计人才后，双方的合作才告一段落。

通过与香港年轻设计师的深度合作，依托南平浦城乡镇企业简陋的生产条件，半年多后，邹剑寒主导生产的第一款汽车按摩坐垫送到了美国客户手中。

这位美国客户本身就是汽车美容用品经销商，实用的产品搭上现成的渠道，产品一经推出就大卖。

初战告捷后，邹剑寒马上着手产业优化。

厦门与浦城的距离，当时的路程堪称遥远。除了生产环节以外，配套的上下游产业以及技术研发，都不在浦城，不仅管理起来极其不便，单是原材料和成品的运输，往返就是一笔不菲的物流费用。

经过综合评估，1996年，邹剑寒从那家乡镇企业手中买下全套设备，把工厂从浦城搬到了厦门，与李五令共同创立了厦门市蒙发利垫制品有限公司。这就是后来厦门蒙发利科技集团和奥佳华集团的起点。

落脚厦门的蒙发利先是在湖里租用厂房，凭借美国客户的稳定订单，很快生根发芽并不断壮大，产品线由最初的汽车按摩坐垫，逐步延伸到按摩器具、空气净化器、健康监测和美容器械等一系列与大健康产业相关的产品。

在蒙发利推陈出新的产品系列中，按摩椅无疑是极具战斗力的拳头产品，它"可以对人体特定穴位进行施压，让用户更全面放松"的功能，帮助蒙发利不断攻城略地，逐渐覆盖了亚洲和欧洲市场，并在北美从最早的单一美国市场扩张到了整个大陆。

到蒙发利上市为止，"产品"一直是业务的核心，2011年上市之后，蒙发利改变战略，确定了"产品+服务"成为新的发展方向。

这是一项涉及从研发制造到品牌塑造，乃至融合人工智能的系统工程，此次战略升级，赋予了按摩椅人工智能能力，让按摩椅能检测出使用者的人体健康状况，精确识别人体穴位，模拟人手工作。

围棋机器人阿尔法击败人类选手的事实，印证了大数据应用的无限可能。按摩椅的理论基础来源于中医理疗，邹剑寒正着手探索一条把中华国粹传统中医理疗数据化的全新路径：相对于围棋的千变万化，中医理疗按摩手法的标准化更加简单，通过大数据的算法，让按摩椅提供更加人性化的服务。

这是邹剑寒布局中医推拿按摩手法数据化的逻辑所在。

与此同时，蒙发利也试图在销售模式上进行突破创新，从产品销售转向战略伙伴的门店

奥佳华按摩椅

合作，其中道理在于，用户购买按摩椅一次性支出成本较高，合作伙伴门店则倡导资源共享，店中设备可租赁使用，由售转租，服务的群体将不局限于高端人群。

同时引入中医医师坐诊，蒙发利由产品销售转向平台服务，合作伙伴的门店随之成为家庭大健康管理服务平台的数据入口。

这就形成了目前奥佳华打造家庭健康管理服务平台的"产品+服务+互联网"基本运行逻辑——以产品为入口，服务融合线上线下。用户的健康数据通过不同入口上传到云平台，医师根据数据进行分析，从而为用户量身定制按摩方案。

成为国内 A 股中的"按摩器第一股"

初创的蒙发利从 OEM 代工起步。邹剑寒通过展会、介绍等不同的渠道挖掘潜在的客户，倾听理解客户需求后分析产品性能，自己到客户市场走访获取当地第一手市场信息。为保证产品开发，邹剑寒带领团队夜以继日地研究，在数不清的试验中逐步实现自主研发。

从自立门户起，邹剑寒便倡导互惠双赢，他与每一个潜在客户开诚布公地沟通，为客户分析每一个产品方案的利弊，每一个订单，无论大小，亲自跟进，要求团队履行契约精神，保证如期交付约定产品。

对客户提出的售后需求，邹剑寒曾为分析造成售后的原因和解决方法，接到电话后马不停蹄飞赴异地。

这是蒙发利的软实力，在邹剑寒看来，每年不计成本的研发投入才是形成核心竞争力的关键。蒙发利把年销售收入的 5% 用于研发，现在，公司拥有一支八百人的研发团队，其中近半是国内外专家。

软硬兼施的制造条件，注定蒙发利的与众不同。2010 年，蒙发利冲刺国内 A 股上市。蒙发利的上市过程，是一个从小型代工厂转向全球最大按摩器材供应商的涅槃过程，企业制造能力的合理提升是其中的关键。

按照邹剑寒的解读，接单能力与制造能力必须有合理的匹配。"工厂太小，接不到大订单；工厂太大，订单吃不饱，闲置了工厂。"

由于蒙发利当时的终端渠道受制于人，邹剑寒不得不面对代工企业的普遍难题。按摩器材行业的上半年都比较闲，旺季一般出现在下半年，并且大单一接就是几十个货柜。这种冷热不均的季节性，企业如果没有足够强大的交货能力，根本消化不了。倒过来，如果企业具备强大的生产能力却接不来订单，闲置了产能，也势必坐吃山空。

在租用厂房的日子里，蒙发利的订单虽然稳中有升，始终难以和竞争对手拉开距离。客户把订单下放给代工厂之前，一般会实地考察工厂的接单能力，首先会评估厂房是租用还是自建，其次是厂房规模的大小。

蒙发利什么时候适合自建工厂？工厂可以建多大？这考验着邹剑寒把握趋势和资源匹配能力。

2008年，蒙发利在漳州角美投建了占地一百二十亩的工业园，这是蒙发利发展史上的一道里程碑。现代化的工厂，配套的宿舍和食堂，让蒙发利的接单能力得到了跨越式的提升。

凭借角美工业园的竞争优势，蒙发利很快碾压对手，逐渐成为国内按摩器材细分领域的领军企业。不过，很不幸，首次冲刺国内A股上市时，蒙发利上会遭否决。

这是邹剑寒创业生涯中为数不多的一次挫败，但首次上会遭到否决并未改变他上市的决心。

2011年，蒙发利再次闯关，一举过会，挂牌首日，以五十二元的高发行价成为国内A股中的"按摩器第一股"。

但蒙发利上市带来了更大的考验。2011年9月9日开盘首日，蒙发利即跌破发行价，随后更是"跌跌不休"，在上市之后的第五个月，股价便出现"腰斩"。

尽管邹剑寒李五令等蒙发利的一致行动人发起了一轮增持行动，依然没能稳住大幅震荡的股价，至2012年8月，蒙发利的股价只剩不到发行价的五成。

纵观蒙发利的发展史，股价"腰斩"的2011年到2012年，正是发展战略调整的阵痛期。一直到挂牌上市之前，蒙发利走的都是代工路线，实现上市后，邹剑寒对企业的未来发展有了新的思考。

2008年美国金融危机爆发后，我国对外贸易出口增速逐年回落，邹剑寒意识到，完全依托出口代工的获利模式面临较大的风险。2012年，借助上市后手握大量现金的契机，邹剑寒决心推动产业转型升级，着手建设自主品牌和渠道。

在改革开放三十余年后重新塑造一个品牌和渠道，在邹剑寒看来为时已晚，这种扩张速度也太慢，决策的最后，蒙发利把并购作为主要手段。企业上市打通资本市场的好处，手握大量现金，可以通过并购迅速推进战略。

2012年成为蒙发利市值管理的分水岭，此后，蒙发利股价走势总体向上，在2015年5月29日创下历史新高，市值从最低谷的不到三十亿，到今天超过一百二十五亿，翻了不只四倍。今天的蒙发利股价早已走出了"腰斩"的阴影。

品牌转型
蒙发利正式更名奥佳华

在蒙发利推进品牌和渠道战略过程中，并购是个点睛之笔。其中将奥佳华（即OGAWA）品牌纳入麾下更是不能不提。

OGAWA品牌由华侨黄利杰创立，1987年在马来西亚注册为品牌商标。OGAWA开始主要面向当地华侨销售按摩椅系列健康产品，在东南亚积累了广泛的商业声誉后，2004年挺进中国大陆市场，2007年在马来西亚吉隆坡证券交易所上市。

OGAWA的快速崛起，使之很快成为一个国际知名品牌，在马来西亚乃至整个东南亚的健康产品市场中占据了领导地位，2012年，美国《读者文摘》杂志评价其为亚洲最具价值的两大品牌之一。

黄利杰对OGAWA的全球化一直抱有雄心壮志，他意识到中国是其事业版图的重要组成部分，怎奈年事已高，因此四处物色一个能够帮助他实现OGAWA全球化梦想的合伙人。

自2003年以来，蒙发利一直是OGAWA的核心供应商。上市后，依托深耕按摩器具行业二十多年沉淀下来的研发制造实力，邹剑寒正借助资本的力量，探索从ODM到OBM的转型之路。

邹剑寒的转型理念与黄利杰的OGAWA全球化战略期望一拍即合，基于长久的合作和良好的互动，2012年，双方合资成立了厦门蒙发利营销有限公司，共同开拓中国市场。OGAWA成为蒙发利旗下的合资品牌，享有在中国内地的独立品牌运营权。

蒙发利由此开启了国内市场品牌运作的新纪元。

2014年，蒙发利全额收购了OGAWA。这一并购帮助蒙发利加快了从供应商到品牌商的蜕变，大大加速了品牌全球化进程。

这是蒙发利战略收购中的一个缩影。早在2007年收购OGAWA之前，邹剑寒便已在美国创立了针对北美市场的COZZIA品牌；2012年，通过并购日本健康品牌FUJIMEDIC抢滩日本；2015年，蒙发利又收购了已扎根台湾二十多年的荣泰健康，将按摩椅品牌FUJI收归门下；2016年，蒙发利在产业链上再下一城，全资收购了德国上市公司 MEDISANA AG。MEDISANA 在移动健康和家庭医疗上积累的产品线和技术，为重新定位于大健康管理服务的蒙发利，提供了新的管理入口。

至此，蒙发利已形成六大品牌，即海外有自建的 COZZIA 和并购的 FUJIMEDIC、FUJI、MEDISANA，以及国内的新风品牌 BRI。

由于并购标的均是与蒙发利产业相关的上下游企业，并且本身都是长期客户，这样不跨界的并购让邹剑寒在后期整合中减少了很多磨合的成本，容易形成合力。

通过一连串的并购，蒙发利打造出了一条从研发、生产、品牌、渠道，并融合人工智能技术的完整产业链，由 OEM 代工全面转向家庭大健康管理平台的搭建。

新战略还着手于把产业链做宽作深。

2012年，依托研发技术和制造能力，蒙发利与海外知名品牌 HONEYWELL 合作开发空气净化器，把产品线由按摩器具拉到了更大范围的家用领域；2013年，又与广州呼吸疾病研究所共同开发空气净化系列产品，以及呼吸系统疾病辅助治疗仪器和设备。这是蒙发利打造家庭大健康管理平台的关键落子，旨在建立与呼吸系统疾病健康管理的链接。

2018年2月，奥佳华集团旗下厦门蒙发利电子有限公司与日本发美利稻田株式会社、日本电产全资子公司合资成立蒙发利稻田健康科技（厦门）有限公司。

邹剑寒对此次合作踌躇满志。

日本发美利稻田株式会社社长稻田二千武素有"世界按摩椅之父"之誉，他发明了模仿人类手指按摩和3D滚轮按摩等二十多项世界第一的专业技术；日本电产株式会社是世界一流的电机制造企业，旗下有多个覆盖IT机器、汽车和家电等领域的，全球市场份额第一的产品。

此时的奥佳华/蒙发利则是拥有全球最完整产业链和最雄厚研发能力的按摩器材供应商，有最大的销售渠道，在全球按摩椅行业中举足轻重。

奥佳华集团引入健康管理技术、智能酸痛检测技术、百位大师推拿手法模拟等按摩椅前沿技术研究的理念，与日本稻田不谋而合。日本稻田倡导以"预防医学"为设计理念，使按摩椅从休闲定位进化至医疗领域。

按照三方规划，蒙发利稻田公司将推动技术和资源共享，开发行业领先的智能按摩保健和健康管理技术，从而提高产品技术水平和市场竞争力，帮助提升整体运营效率、降低运营成本。

新战略立竿见影。

与黄利杰合作当年，奥佳华在国内设立了二百二十家门店，单店营业额逐月增长。也是在这一年，蒙发利自有品牌营收在公司整体营收中所占的比重，比上年提高了十二个百分点。

2013年，蒙发利主营收入达到了二十二亿元，同比增长26%，净利润同比增长两倍。健康环境产品开始为营收做出贡献，2013年营业额达到二点八亿，同比增长超过两倍。

为了加强品牌转型，2017年，蒙发利正式更名为奥佳华智能健康科技集团。

更名当年，奥佳华实现营收四十三亿元，同比增长24%，净利润同比增长37%。2018年第一季度实现营收超过十亿元，同比增长33%，净利润同比增长五成。

让邹剑寒颇为欣慰的是，奥佳华在国内市场增势迅猛，会很快改变对国外市场的依赖，国内这个全球最大的市场，将逐渐成为奥佳华的主战场。

见福张利：
三十年两次急流勇退
只为死守一条产业链

文/谢嘉晟

  他这辈子其实就围着一条产业链在转，参加工作后进入啤酒瓶生产企业，后作为乙方代表派驻到啤酒生产企业，下海后，他又从制造业转到了批发行业，在批发行业如日中天时，急流勇退进入了零售行业，创立了现在的见福便利店。从1984年到2016年，他的三个"十年规划"完成了不同阶段的沉淀，未来十年，他希望带领见福走进资本市场，去构筑一个新的高地。

见福的发展过程
也是厦门便利店行业变迁史

十年磨一剑,在厦门永同昌大厦蛰伏十年之后,见福便利店的管理总部将迎来一次突破性的升级换代,今年8月,投资2亿多兴建的见福现代化物流中心将投入使用。见福物流中心位于海沧东孚,占地75亩,集物流和办公于一体。

张利把物流中心定位为见福体系的核心,它将承载未来见福3000家以上门店体量的配送。门店是见福体系的基础,目前数量超过600家,福建大部分地市都已覆盖。

不久前,张利刚把见福便利店的势力扩张到了福州,第一批同时开业的有3家。张利的打法很容易让人联想到当年"农村包围城市"的伟大战略,福州是福建的省会城市,见福的布局最先以厦门为中心,然后向龙岩、泉州、漳州、莆田延伸,对福州形成包围之势,最后再一举拿下福州。

陈兵福州,张利认为现在的时机是成熟的。

见福第一家门店始于2006年11月的厦门乌石浦,当时的厦门便利店行业,其实已是硝烟弥漫,有美资的,有台资的,还有厦门本土的,都有几十家门店各自形成割据势力,彼此之间已经交战多年,对刚起步的见福来说,他们都是厦门的大哥大,而自己就是一个根本不被放在眼里的小弟小。

张利见证见福便利店数量增加的过程,是一种很奇妙的经历。到第二年,见福只开出了11家门店,第三年进度依然迟缓,到2011年,见福门店总数不满50家。站在50家门店的高度回头去看20家时的见福,张利发现,"那根本就不叫便利店连锁,管理两三家店谁都会,管理10家、20家就开始有了门槛,到50家的体量又是另一道门槛。"

站在今天600家门店的高度回头去看过往的见福,又是另一种体验,"没有200家店以上的标准化是没有意义的。100家店时都还不能叫连锁,门店每增加一个几何级数,对物流、人才和管理系统的要求也会相应提高几倍,开到600家店时会很惊讶,当年只有两三百家店时,怎么能这么管?"。

有了往后看的经历,往前看也就有了章法。"兵马未动,粮草先行。"这是张利经营便利店的战略指导方针，50家店时必须考虑100家店的物流体系，100家店时必须考虑200家店时可能遇到的情形，现在600家店，必须考虑1000家店时物流、人才和管理系统的相应容量。"

张利管理见福的过程，其实也是厦门便利店行业的一部变迁史。一直到2012年，厦门便利店行业的既定格局才出现分化，就门店数量而言，见福排在第二，虽然数量都不满百家，但差距已经不大。

十二年过去，今天的见福已经是福建便利店行业的第1名，在全国同行排名中第22位。当年的竞争对手，均已成过眼烟云，而新的竞争格局才刚刚开始。

此时攻打福州，已是势在必行。

开满200家店后见福才开始盈利

44岁时创立了见福，54岁的今天，张利才深深体会到，"只有时间才是自己最缺的东西"。

现在的张利每天必做的一件事情，就是要去逛两家见福的门店，风雨无阻。"不是为了检查，而是一定要买件东西，哪怕只是一瓶水。"创立见福后不久，张利就已经慢慢养成了这个习惯，和每天都要吃饭睡觉一样，已经成为他生活中的一个规定动作。

只有站在消费者的角度，自己去完成一次购物体验，才能知道见福的管理到底还有哪些方面需要改进，这就是张利"每天必走两家店"的秘密，只是坐在办公室，听取员工的汇报，汇总到他这个层面的事实一定缺斤少两或者是注过水的。"听不到战火的遥控指挥，怎么可能打赢那场战斗！"不只是他自己"每天必逛两家店"，见福的高管也会被要求，"再忙，每周至少也要安排上半天的时间待在门店里"。

在杀入便利店行业之前，张利在做商品批发，主批雪津啤酒，同时兼批娃哈哈、红牛饮料和统一方便面，"当时量走得还可以，在省内经销商排名中都能排在前面"，尤其是雪津啤酒，更是他的立家之本。厦门最早的雪津啤酒就是他在1997年引进来的，决定转行做便利店的时候，他批发的雪津啤酒数量已经在经销商中名列前茅，一年能稳赚上百万元。

2003年，张利到厦门大学深造EMBA，在"微笑曲线"战略课程中，他被洗脑了。"微

见福便利店内

笑曲线"给学员们灌输了一条道理:"微笑曲线"中"弧底部分"的全球制造已经供过于求,产业的未来只能集中在"往上翘"的研发和营销两端。

"微笑曲线"理论改变了张利的想法,他决定不再做批发了,要转行开便利店,因为按照这套理论,营销端最赚钱,营销端中的零售环节又比批发环节赚钱。张利决定改行便利店有两重考虑,一是没有跨界,便利店属于零售行业,由批发到零售,只是从产业链的中游延伸到了下游,他喜欢专注做好一件事情;二是"感觉批发商快走到头了"。

张利听明白"微笑曲线"理论的那个时候,中国零售行业实际上已经进入战国纷争时代,拿厦门市场来说,沃尔玛、家乐福、麦德龙几大跨国零售巨头已经形成割据势力,永辉和新华都也加紧排兵布阵,厦门零售业基本上进入厂家直销的"仓储时代",有省代、市代等多级分销的传统批发模式已经面临挑战,因此,尽管那个时候走量还很大,但张利估计"批发模式已经很难持久了"。

就是在批发生意如日中天的那一年,他跟雪津啤酒提出"准备洗手不干批发了",时任雪津高层表示很难理解:"你张利为什么会放着一年上百万的利润不赚,去做一个看起来根本就没什么生存空间的便利店行业?"

不只是这位高层,其实很多朋友对张利的选择也表示担忧。当时的厦门,无论是国企还是大型民营超市，都被外国卖场冲得七零八落，小小便利店又能奈他何？况且，当时的厦门便利店行业已经"挺热闹"，一些外资便利店看起来"都有模有样了"，你张利再做，就保证能做过他们吗？

冯仑说过，"伟大是熬出来的"。张利对此深有体会，见福十年来的战斗经验，其实就是一个"苦熬"的过程，这个过程足以让很多人"不想再坚持"。

刚开始，张利也没有把握，考察过国内外的很多大型便利店连锁企业后，"有了榜样的力量"，他才坚信"这条路是可行的，并勇往直前"。张利咬着牙挺下来了，这一挺挺了七年。

在开满200家门店之前，张利对于见福的未来心里并没数。200家店时，见福就面临过一次两难选择，如果要继续推动见福往前走，就必须投入更多的资金去建设一个配套的信息化系统和物流配送中心，这个时候的见福还没有实现赢利，烧更多的钱后就能保证赢利吗？不只张利心里打鼓，其他股东也在打鼓。

而见福门店的每一次扩张总是伴随着管理方式的千变万化，这种不确定性大大增加了复制的难度，这让赢利模式更加难以捉摸。特别是在门店数量达到另一个层级，对后端管理提出完全不同的要求时，张利的这种顾虑就会更甚，他根本就不知道，见福便利店什么时候才能形成真正可供批量复制的标准化模式，他和见福的其他股东们还能不能顶到那个时候？

坚信战胜了犹豫，投建了初级版的物流中心后，见福进入了新时代，基于200家店的沉淀，在500家店体量的时候，张利和其他股东们有了再投2个多亿搞升级版物流中心的勇气。

2013年，在开满200家店后，张利终于看到了"真正意义上的标准化"效应：见福能盈利了。对于这个时候的见福来说，这意味着经过不断试错，此后可以大张旗鼓地规模化扩张了。

也就是张利每天坚持自己体验、总结并跟进从一线门店掌握的信息，让见福在激烈的便利店争斗中杀出了重围。

毕生的精力都花在与便利店事业有关的产业链上

"猫不要去羡慕狗的生活。"这是张利的一贯态度。他喜欢专注于做好一件事情，无论是连成一生事业的不同片断，还是整个人生故事，他实际上都在朝着一个方向使劲。做批发生意赚了钱，他也曾受到过很多诱惑，包括很多世俗眼里风光无限的房地产，但与主线无关的产业，张利向来只是作为辅业投资，"讲好多少回报，从不参与经营和管理"。

他坚信"高回报必然伴随高风险"，因此，宁愿少收益，也不去冒太大的风险。

回首过去的三十年，张利没有遗憾，他把毕生的精力都花在了与今天便利店事业有关的产业链上，用了三个"十年"时间，他在一条产业链上的不同环节完成了角色转换。

第一个"十年"，他把精力花在了制造业上。

张利出生在一个普通知识分子家庭，1984年毕业于西北轻工业学院玻璃专业，大学毕业后，他被分配在啤酒瓶厂，正式接触制造业。1991年，张利所在的啤酒瓶厂与同安银城啤酒搞联营，张利作为乙方代表来到了厦门，出任同安银城啤酒副总经理，职业经历由生产啤酒瓶的，转入了生产啤酒的。

职业生涯总是会出现这样那样的变故，张利的经历亦是如此。在银城啤酒有一定的资本沉淀后，当时主政银城啤酒的总经理主张多元化扩张，比如向证券、房地产、旅游等领域延伸。而张利希望银城能坚持啤酒这条路，把它做大做强！

对未来战略发展规划上的不同主张，导致了张利在1997年离开了银城啤酒。

后来的事实证明，张利当初的决策应该才是对的。张利出走前的1996年，成为银城啤酒发展史上的分水岭，在这一年，银城啤酒达到巅峰，与省内的雪津和惠泉两家啤酒三分天下，但此后每况愈下。

离开银城啤酒后的张利面临两难选择，要么回原来的啤酒瓶厂去继续当处级干部，要么下海。两种选择无疑都是赶鸭子上架，当时他的家小都已在厦门，回去已经不太可能；唯一的选择只能是下海，但下海既没资金，也不知道要做什么。

还没来得及想好要做什么，他就不得不下海了，当时最熟悉的就是啤酒，他只能从啤酒入手。

由于离开时张利与银城啤酒有约在先，不能在厦门销售银城啤酒，他只能寻找还没进入厦门市场的异地品牌。很幸运，当时的雪津啤酒正急于打入厦门市场，张利曾是银城啤酒的高管，对厦门市场熟门熟路，自然是最佳人选。找到雪津啤酒的领导表达要代理厦门市场的意愿时，那位领导很爽快地给了他价值数万元的铺市底货。

在自主创业的前面三年里，张利说他"看透了人间冷暖"，离开银城啤酒后，人不在其位，一切差不多都要从零开始。对此，张利至今仍然感念于心，"是当初雪津给了他最原始的数万元启动资金，才让他得以走到了今天。"

他在厦门莲花二村电影院的对面找了家门店搞起了雪津啤酒批发，但理想很丰满，现实很骨感，雪津啤酒支持的数万元铺底货，并未能帮助张利迅速走上发家之路。当时的厦门啤酒市场竞争本来就很激烈，同安银城啤酒唱主角外，厦门本土的啤酒品牌还有丹凤、亚洲，而外来的惠泉、榕城等啤酒品牌也对厦门市场形成了一定的渗透力，张利想在当时貌似千军万马的厦门啤酒市场冲开一条血路，单靠数万元的铺底货根本就力不从心。

第一年，张利亏了十几万；第二年，亏损面继续扩大；第三年，亏损额达到了50多万，包括岳父在内的很多亲朋好友都被他借了一遍。是留是守？张利面临创业以来的第一次艰难选择，那一年，他已经47岁。

"伟大就是熬出来的。"从批发雪津啤酒的过程中，张利第一次理解了这句话的深刻含义。

考虑到可能是单一的产品结构影响了经营业绩，张利还在亏损阶段就引入了红牛饮料、娃哈哈以及统一方便面几个品牌的产品，希望通过改善产品结构，进而改善经营业绩。

代理的第四年，雪津啤酒在厦门市场终于迎来了转机，其他代理品牌也陆续见到收获。

银城啤酒每况愈下，2000年全面停产，2002年进入了破产清算程序，并以1.42亿的成交价易主，厦门的标志性啤酒品牌由此走向了没落，银城啤酒在厦门市场的强势地位也逐渐被其他品牌所代替。

一个时代的结束意味着另一个时代的开始。

与银城啤酒的没落形成巨大反差，雪津啤酒则开启了高速发展模式。雪津啤酒同样由一家老国企改制而来，2000年的产量还只有20万吨，2001年产量超过了30万吨，2002年又达到了43万吨，重返福建啤酒产销量巅峰。同年11月，雪津啤酒兼并了福建日月星啤酒有限公司，实现从"产地销"向"销地产"的战略转变。2003年，三明英博雪津投产，雪津开始对外兼并扩张。2006年，南昌英博雪津投产，雪津啤酒走出福建。紧接着，雪津啤酒插上外资助飞的翅膀，雪津啤酒进入了国产啤酒第一阵营。

在厦门啤酒市场，随着既定格局发生巨变，张利也"熬过了几年的市场培育期"，2001年后，雪津啤酒在厦门市场上显示了越来越强的竞争力，他的批发产业进入了良性循环阶段。

但让张利"真正赚到大钱的"，则是源于雪津啤酒在资本市场上变了现。由于卖酒得力，张利成为雪津啤酒最得力的经销商之一，在股改阶段，张利和另外几家大经销商每家都有100万股的认购权，从而进入60.52%的非国有股份之列。

当时的股权投资其实并不被看好。今天的张利回头去看昔日的这笔股权投资，更像是雪津啤酒给员工的一种福利，认购了一定数量的股权后，张利并没有太当回事，但回报让他相当惊喜，雪津啤酒整体卖给英博时，张利手中持有的股权投资获得了高额回报。

凭着这笔收益，张利得以出手了不少对外投资，通过"讲好多少回报率，其他一概不管"的投资方式，这笔收益产生了"雪球效应"，这让他日后有足够雄厚的资本投入了便利店行业，并投建了即将投入使用的物流配送中心。

2006年英博接盘后，如日中天的雪津啤酒在厦门市场实现了快速跑马圈地。"刚开始一个月卖不了200箱，那一年后一年能卖几十万箱。"

令人费解的是，在这个时候，张利却被"微笑曲线"迷住，宣布洗手不干了。

当张利把这个决定反馈给雪津啤酒公司时，雪津啤酒的老朋友都显示出一脸的惊讶："你张利是不是鬼迷心窍了？苦心经营了这么多年，好不容易看到了收获，雪津刚变成一家外资公司，后面市场会越来越好做，怎么会在这个时候歇手不干？"尽管外人都看不懂他为何急流勇退，但张利还是异常果断地清盘了批发生意，用了两年时间退掉了尾货并结清了货款。

多年后揭开谜底，张利经常会反问追问者："难道要等到生存环境恶化的时候再退出？"

"拉长成长期，避免过早进入衰退期，这是关键。"从前面两个"十年"的经验中，张利总结出，任何产品都有发展规律，都有一个从导入期到成长期，再到成熟期，乃至衰退期的过程。从过往的经历中，他深信自己对产品周期的规律是看透了的，不只是国内企业，其实国外企业也是如此，都有一个生死轮回的过程。如何让见福的青春期更长，这也是张利一直努力思考的问题。

第三个"十年"，张利把全副身心都放在了见福便利店事业上，但"企业像人一样，也怕老，怕得巨人症，发展到一定阶段后，就容易变得什么都不敢改变，不敢尝试。"他不希望如此，他亲自考察了国际国内的很多同行，边摸索边前进，边前进边完善，在"苦熬"了七年之后，便利店事业终于看到了回报。

在前面的七年时间里，张利昔日的急流勇退一直很难被理解，而今天，那些昔日不看好甚至持批评意见的人，开始转而羡慕。见福便利店已经变成了一个平台，从社会各界的认可中，张利知道，这一次又"熬"出来了。

接下来的"十年"，张利希望带着见福的员工一起试水资本市场。"企业的成长其实就是员工的成长，员工的成长包括快乐、技能、收益这三个部分的稳步增长。"这是张利的理解，"不谈收入，只谈理想的老板不是好老板，也一定无法成就一个好的企业"。他希望用股权激励的方式，让每一位追随他的员工能分享到见福成长的红利。

等到65岁，张利打算把事业交给接班人，到时，他将选择退休。

安妮股份张杰：

让版权实现更大价值
实现人人都是版权人

文/陈惠婷

  2016年，被称为互联网内容创作元年。微信、微博大号一篇稿，动辄就是超过十万的阅读量；资深媒体人罗振宇精心打造自媒体《罗辑思维》公开贩卖"知识"（即内容）。一波新网红及内容被催生的同时，也促成代言、出书、衍生品制作等多元变现形式。

  这一年，从内容创作、传播，再到变现，不同环节共同牵扯出一个全新的经济名字：数字版权。这一年，厦门老牌上市企业安妮股份从传统产业转型，也将核心业务聚焦在数字版权。

版权真是一座金矿
他扛着锄头开始掘金

据统计,发达国家版权产值是内容的两倍。以全球最大的综合娱乐集团之一迪士尼为例,其消费板块九成的收入来自知识产权(IP)商品授权,其中八成来自米老鼠和小熊维尼两大卡通形象。这意味着凡售出一只正版米老鼠毛绒玩具,就有售价一成版权费流入迪士尼的口袋。这也是为什么迪士尼2016年全年收入超过BAT三家公司全年收入总和,迪士尼无时无刻不在赚钱!

"版权真是一座金矿。"甫一落座,安妮股份董事长张杰就忍不住要跟记者聊一聊版权的事,这是他沉浸其中、难以自拔的新事业。

网络时代经常曝出"某某作家作品抄袭""某某图片未经授权擅自盗用"等消息,高级别如琼瑶,为此走上漫漫维权路,官司一打就是数月甚至数年,斥巨资最后可能只换来对方一句"抱歉";普通人更不必说,原创者与盗版者隔着电脑屏幕互掐,就算是维权了,大多数人选择不了了之。为什么?因为从1710年全世界第一部著作权法颁布以来,所有保护著作权的法律条文的适用前提都是在非互联网环境下。

数字版权取证难、时间模糊、难以追踪,再加上传统维权手段时间长、成本高,原创者一次维权成本和收益算下来,基本是亏本买卖。

"创作和传播已经逐渐由专业化转向大众化。原创内容每天都在产生,紧随其后就是版权问题。原创者需求跟市场供应空白之间难道不是一座大金矿?"一向深谙顾客思维的张杰怎会不识其中商机。他已经开始掘金了。

摊开安妮股份近年来在数字版权领域的发展脉络。2015年,收购深圳微梦想公司,开启安妮数字营销新时代;2016年,收购北京畅元国讯科技有限公司,发力打造数字版权;2017年,上线"版权家"平台,并牵头发起国内首个版权区块链联盟,开创互联网时代全新的版权服务模式;2018年,与国家版权保护中心深入合作,共建DCI联合实验室。业务布局缜密,环环相扣,很有董事长张杰一贯的行事风格。

做着自己喜欢的事 顺便把钱挣了

1984年，北京人张杰从北京航空航天大学的飞行器总体设计专业毕业，成为国企一员。这时候，中国沿海地区的市场经济正在发生翻天覆地的变化，民营企业以燎原之势迅速成长；沿海地区也成为国际产业转移的下游地带，跨国公司把管理经营、人才、技术设备夜以继日地装上轮船，送到这里；同时期国有企业还困在如何加强企业管理，提高生产率的问题上。

张杰虽是理工科出身，却对现代企业组织管理很感兴趣，他迫切地想到改革开放的前沿城市去走走，看看这些土地上的企业组织管理如何焕发生机。1985年，张杰主动申请到特区锻炼。他刚到厦门，从国有企业技术岗位做起，将自己在北航学到一身本事贡献到特区建设，同时也在等待观望一个时机。

当时草根创业者追求大干快上。机遇遍地，一夜暴富的奇迹自然也是有的。张杰是个逻辑清晰、审时度势，做事严丝合缝的理科男典型。这可能跟他从事的行业有关，毕竟分毫差错都可以引起性命攸关的事故。更何况，张杰志不在求财，国企的饭碗足够他安居乐业。他感兴趣的是研究现代企业的组织管理。很显然，他认为的时机还没到。

在国企的十几年里，张杰始终按着自己的节奏在跑步，扎扎实实，一直不歇脚。1998年他下海了，"很多人跟我说下海很危险，但是我知道是时候到市场中锻炼了。只有在那里，才能真正学到我想要的。"

人与人之间的区别可能在于：多数人还没来得及享受生活，就倒在了求财的路上；而有些人却做着自己喜欢的事，顺便把钱挣了。张杰明显属于后者。创立安妮之后，张杰不忘初衷，并带领团队在企业组织管理方面推出众多研究成果和模型。

从造飞机到造纸
从产品走向用户

前身为厦门安妮纸业有限公司的安妮股份，企业logo由"O"和"A"两个字母组成，即OA(Office Automation)，由此可窥见公司创立时的行业定位是办公自动化。当时办公自动化不是现在所理解的：建立在互联网技术成熟基础上的OA系统，而是用打字机、复印机、传真机、微机为主的办公设备，实现商务信息传递。

从飞行器技术转型到办公自动化，如此大的行业跨度换成其他人绝对是一场豪赌。稳健如张杰，自然不打无把握的仗。随着市场经济发展，商务活动日渐繁荣，办公室使用的电子设备和耗材不断增加，再加中国商务用纸生产力不足，张杰跟其余三个合伙人迅速达成共识，精准地把产品定位在商务用纸。他表示："进入这个行业之前，我们对市场需求和供给都做过调研。当时的供需结构就是市场需求蓬勃发展，但九成产品供给都是来自于进口。我们预判，这个产业会不断国产化。"

四个创始人筹资买了第一台机器，就热热闹闹地干起来了。张杰本身是学飞机制造，由他来倒腾生产纸张的机器，根本就是用牛刀杀鸡，不费吹灰之力。

产品是生产出来了，怎么卖？他们也骑着自行车一家一家推销。产品一旦走进市场，问题就暴露了。在推销中，四个人都遇到共同的难题：消费者只认品牌，不认产品。当时市面上主流商务用纸都是富士、日立、松下等舶来品。用户消费习惯既成，刚起步的国产纸张要在厚墙之外撕开一道口子，谈何容易。

难道刚冒了芽，就要被踩死？当然不行。几个人凑在一起思来想去，终于让他们悟出了门道，"生产者总是有一个认知上的误区，认为自己的产品质量好就是好产品。其实不是。质量好是面向市场基础和标配，真正的好产品是用户觉得好。"张杰所说的，是以产品质量为导向的产品思维和以用户、客户需求为导向的用户思维。他们由此总结出：安妮的产品要突破市场，就要从产品思维转向用户思维，真正了解用户需要什么。

市场上传真机卷纸不足米 安妮就造出"足米"纸

从用户思维出发，他们确实找到突破口。

当时市面上销售的传真机用纸大多是三十米长的卷纸，消费者不可能购买现场摊开来量。于是就有商家偷工减料，包装上明明写着三十米，实际上只有二十五米。用户当下不能判断纸张是否足米，但往往使用一段时间之后就会发现猫腻。

这就是痛点！张杰在内的创始团队几经研究后，迅速向市场推出"足米"系列的主打产品，并把"足米"二字标在包装最显眼的位置。这俩字既是品牌名称，也意味着品牌对用户的承诺。"足米"系列产品精确地找到与用户需求的衔接点，产品很快就在市场跑开了，销量噌噌往上涨。安妮纸业第一年就实现盈利，紧接着第二台、第三台机器也被陆续引进来。

安妮纸业引进自动化程度最高的科技设备提高效能

2000年，安妮核心产品的售价已经比同行高出50%；2003年到2007年，安妮产品在全国销量第一，安妮纸业在三十多个一二线城市成立分公司。

如今，安妮的产品和企业服务处处体现着用户思维。公司有两本期刊，一本叫《前进安妮》，一本叫《今日安妮》。前者给员工看，后者给顾客看。在用户思维主导下，两个期刊的目录顺序就有区别。《前》按传统刊物排序：前言、董事长致辞、企业历史，然后是其他；《今》则一改传统排序，首先展现给用户的是安妮的新服务或者新产品，有关企业文化的赘述全部往后排。关于这点，张杰解释说："你的企业文化，消费者想了解的都了解了。刊物每期都发，旧闻每期都登，只会降低用户阅读体验。"

为了完成对用户思维的实践，安妮纸业花了十年时间。张杰把1998年—2008年定义为创业十年。"思维这种东西不是定下来就一蹴而就。尤其作为生产者，产品一出来经常陷入自己产品好的思维定式，所以前十年安妮研发出来的每种产品都会在这两种思维之间转换调整。当然，大多数时候是用户思维占上风。"

那么，如何时刻保持用户思维？关键是通过产品保持与用户的沟通，再从用户消费体验得到反馈。比如纸张有众多技术指标，除了国家规定要标明的指标以外，其他是否都要写在产品上吗？怎么写？顺序怎么排？以用户思维出发，就要了解消费者一拿到产品，首先关注什么，不关注什么。

张杰总结道："其实产品的好坏就是你跟用户沟通的好坏。"安妮产品就是在与用户你来我往中完成一次又一次成长。

一位爱搞理论研究的企业家带出集美首家上市民企

在张杰偌大的办公室里，有整一面墙的书柜，里面陈列着他多年来深入研究现代企业经营管理的书籍。一番交谈下来，张杰给人感觉并不像一个企业家，反倒像个学者。不管是提出转变产品研发的思维方式，还是制定企业规模化经营的战略。安妮纸业更像是他理论研究下的产物，反过来也是支撑他理论研究的事实依据。

安妮纸业筹备上市也恰好与张杰当时正在研究的企业现代化管理课题相辅相成。2002年，张杰从厦门回北京中关村上第一次上市培训课，他还记得："那时候国内资本市场并不发达，市面上也没有那么多指导企业上市的教程，所谓上市培训其实就是教你怎么股改。"

安妮纸业此前并无上市计划，只是张杰自己心里清楚：企业发展到一定规模，必须要标准化、规范化管理。这堂课描绘的企业上市后的状态，跟张杰理想中的画面不谋而合。他原本抱着去学习态度参加培训，在上完课后就动了念头，"尤其企业一旦上市后，成为公众公司，就要重视市场的看法，这点恰恰符合安妮一直倡导的顾客思维。"上市之举，一方面推动企业走向规模化发展，另一方面也将企业放在社会的聚光灯下，继续修炼用户思维能力。

2004年，张杰与安妮纸业高层达成上市的共识后，在厦门与新加坡经济发展局代表见面，并初步确定在新加坡上市计划。"整个公司管理层开始整顿，上市该走什么流程，我们企业经营如何整改到跟上市企业匹配。"2008年，安妮股份最终选择在国内中小板上市，是国内同行较早一批上市的企业，也是集美区民营企业上市第一家。

九百多年前，造纸术推动中国版权意识觉醒
九百多年后，造纸起家的安妮要做数字版权

资本市场有着资源和效率的优越性，同时其劣根性也是功利而刻薄的，尤其是国内资本市场短视，时时刻刻要求企业保持高速增长。安妮股份上市之后，泥沙俱下，企业经营管理如张杰所设想的框架在走，但商务用纸市场空间有限的问题也逐渐暴露。

2008年金融危机爆发，纸张对社会流通尤其敏感，持续的经济低迷，导致商务用纸市场萎缩。安妮股份上市当年，就遇上瓶颈了。面对此情此景，是继续深耕，还是跨行升级？高层一致选择后者。

"其实高层之间一直有共识。公司上市让我们拥有一定优势和条件，我们希望在市场中干一番大事业，创造更多价值。"安妮股份从此走上又一个十年的漫漫转型路。期间，他们尝试过电商、物联网、AR，这些最后被认为与安妮股份的体质不符，舍弃了。

2015年，安妮股份并购深圳微梦想公司。这家互联网内容营销公司手里运营着数百个微博大号和微信公众号，每天发布海量视频图文，并通过粉丝流量变现。"后来发现产生内容原创问题纠纷，我们就预感，必须有个基础性的东西支撑内容发展。"这个所谓"基础性

的东西"最终透射到数字版权。

2016年，靴子终于落地。有趣的是，世界上第一部著作权法叫《安妮法》，与安妮企业恰巧重名。在中国，北宋时期发明活字印刷后，开始有了出版物。到了南宋，县府就号令不允许盗版。九百多年前，中国的版权意识起始于造纸；九百多年后，一家由造纸起家的企业要做数字版权了。隔着近千年的巧合，张杰笑称："可能进入版权业就是安妮既定的宿命。"

安妮版权区块链技术保护作品版权权属可作法院可信证据

要说数字版权，就要先了解版权的定义。进入市场后，张杰发现国内对版权的定义模糊，"大家平时聊的版权其实只是聊作品内容。"而内容还只是浩浩版权市场的冰山一角，真正的大市场隐于水面之下。

安妮股份转型第一件事，就是给版权市场做一个模型，后来称之为安妮版权市场冰山模型。模型分为三层：海面第一层是日常所说的图文视听这类内容产品，这层被称为版权产品市场；海面下第二层就是著作权法定义版权的内容：作者或其他人（包括法人）依法对某一著作物享受的权利。创作作品诞生的同时，版权也随之诞生。创作者拥有十七项作品版权。这一层被称为版权经营市场；海面下第三层叫版权管理服务层，随着版权诞生，需要确权及维权，那么就要有一个市场提供相关服务。

至此，安妮版权冰山模型把原本界限模糊不清的版权市场归整清楚。这样的做事风格依旧很张杰，一旦扯住一个线头，就能把一团乱的麻绳编制出一张工工整整的网。

理清了版权市场的概念，就要着手处理现实操作的问题。前面提到，过去版权保护流程复杂、成本高，并且国家对线上作品只有形式登记，并没有提供实质性保护。普通创作者宁可作品被盗，也不愿浪费精力跟钱财维权。

创业十年，用户思维深刻进安妮股份的企业基因。安妮人不做则已，一做就是要直击用户痛点。在互联网环境下，安妮股份运用区块链技术不可伪造特性，可以相对客观的记录作品的创作信息，以低成本和高效率为海量作品提供版权存证，做到创作即确权、使用即授权、发现即维权，一步步都是对创作者版权的保护，让数字版权实现更大价值，实现人人都是版权人。

2018年7月，工信部发布的《2018中国区块链产业白皮书》中提到，安妮股份开发的版权区块链系统采用联盟链形式，可以高效的处理各种数字作品品类（文字、图片、视频等）的版权业务，具备更加高效的业务数据吞吐能力，可达到实时业务处理的水平，使海量的互联网创作及时、低成本确权、快速交易流通成为可能。

同时，安妮版权区块链通过接入CA数字认证服务、国家授时中心可信时间服务、司法鉴定中心等具有公信力的机构，提高了版权权属和授权的法律效力。

简而言之，今后上法院，安妮版权区块链提供的版权权属可以作为可信证据。

拍照上"图图"，写作上"稿稿" "版权家"就是版权360管家

2018年4月10日，习主席在博鳌亚洲论坛发表的主旨演讲提出，要加强知识产权保护，重新组建国家知识产权局，完善加大执法力度。

就在当日，知识产品保护概念横空出世。深耕数字版权保护领域的安妮股份迎来跨界以来的一次大爆发，公司股票在4月10日至12日连续涨停。

深入剖析安妮股份在数字版权的产品生态链，就知道安妮数字版权玩的不仅是概念，而是真正深入产业布局。

安妮股份推出了"版权家"平台，号称数字版权界的360软件。根据张杰介绍："用户只要在电脑端下载版权家软件，安装授权后，平台就会自动生成你的创作记录。比如写一篇文章，平台会自动识别内容特征，记录创作时间和保存时间。更重要的是，不打扰你的创作环境"。

"版权家"自2017年3月上线以来，作品服务数量已经超过100万件，短视频、小文章、图片等微作品层出不穷，其版权区块链技术正好可以解决海量微作品版权保护问题，为大量微作品版权提供有效保护。

此外，产品生态链上还有"图图""稿稿"等众多交易平台，在保护原创者版权的前提下，实现创作内容变现。

一手做着著作权法下的版权市场服务，另一手在互联网生态下全面保护作品版权。安妮版权事业蓝图在张杰的脚下渐次铺陈开来。

他的专注、钻研、睿智亦深深融入这家企业的基因，在后来业者面前建起一堵难以企及的高墙。我们有理由相信，未来属于这样的人，也应该属于这样的人。

巨岸陈文豹：

当年莆田"少年郎" 缔造神奇"巨岸模式"

文 / 陈惠婷

　　他，是一名温文尔雅的莆商，以真诚和专注铸就福建建筑龙头企业，11 年企业产值猛增 33 倍；
　　他，创立了特有的"巨岸模式"，解决了员工凝聚力、企业可持续发展、员工归属感和团队执行力四大问题；
　　他，用经营企业的态度处理商会事务，致力于将莆商"立德、行善、大爱"传统发挥得淋漓尽致，引领莆商商业文明的演进；
　　他，就是厦门市莆田商会会长、福建巨岸集团有限公司董事长陈文豹。

启新程
十年缔造福建建筑龙头企业

1984年，17岁的莆田少年郎陈文豹走出穷山恶水的莆田市埭头镇，来到特区厦门。从杂工晋升工程队班组长，再到自主承接工程项目。凭着一股初生牛犊不怕虎的拼劲，开始他的个人奋斗史。

1997年，陈文豹负责承建的湖明新村B幢大楼，成为厦门有史以来第一个福建省优质工程和全省样板工程；同年，槟榔花园A幢楼，亦是厦门历史上第一座被建设部评上优质工程……鼎盛时期，他的工程遍及厦门岛内外、泉州、漳州等地。

然而，上天给了一路顺风顺水的陈文豹一次"九死一生"的考验：2003年，"非典"肆虐殃及建材市场，建材价格毫无预兆地一路狂飙，他原先所有承建的工程，结算完还净亏几百万元。除了厦禾路1090号那幢元利酒店，他再次双手空空，一切似乎回到原点。

人在困难时候最容易想起故乡，莆田也确实是陈文豹的福地。2006年，响应莆田市委、市政府"民资回归"号召，陈文豹踏上了回乡路，在莆田创办了福建巨岸建设工程有限公司。一回到莆田，陈文豹的事业一下子就"开挂"了，一手缔造了神奇的"巨岸模式"。

公司成立第二年，纳税就超过了千万元，以后更是以每年一千万元的速度递增，2011年纳税5800万元，成为莆田市建筑业的龙头企业，跻身全省建筑企业百强；2016年在全省三千多家建安总承包企业中排名第十八位，成为"福建省建筑业龙头企业"；2017年，公司产值53.78亿元，是创立第一年产值的33倍。自2014年起，每年纳税额均超亿元。公司先后承建了厦门集美园博园（莆田园）、莆田工艺美术城、红星美凯龙、四川彭州白马中学等。2016年集团承建的莆田假日酒店·酒店A、B栋工程获得莆田市有史以来的第一个国优项目。巨岸自行开发和施工的巨岸幸福城，整体小区荣膺福建省"闽江杯"省优质工程奖；2017年巨岸建设晋升建筑工程施工总承包特级资质，并取得建筑工程和人防工程的设计甲级资质。

多年来，巨岸集团积极参与工程创优活动，工程合同履约率和质量合格率均达100%。公司承建的多项工程获得福建省"闽江杯"和四川省"天府杯"优质工程奖、市优质工程奖和省、市级文明示范工地称号。企业的良好信誉,赢得了社会各界的充分肯定。

巨岸成立五年成为莆田市建筑企业第一、成立十年成为福建省建筑企业前十,这是陈文豹创业以来秉承"建一项工程,树一座丰碑、做一次广告、创一方信誉、交一批朋友、拓一片市场"经营理念取得的成果。

莆田假日酒店·酒店A、B栋工程

存"傻气"
风雨无阻地做好每一件事

走在莆田城区的大街小巷,"巨岸集团"的在建项目比比皆是,炫彩夺目的企业标志镌刻陈文豹为人处世的根本:真诚和专注。正是这四个字带他步入人生的开阔地。

陈文豹与现任巨岸集团旗下中环宏岸建设发展有限公司总经理林惠忠结缘于2003年,当时林惠忠所在的福建省第五建筑工程公司将厦门大学游泳馆项目分包给陈文豹所带的工程队。一个总承包的代表，一个分包企业负责人，也就项目视察和验收的时候见过几次面，私下无任何交集。自此以后，陈文豹每年过年都要给林惠忠发祝福短信。这种本来不足挂齿的小细节为何会让林惠忠记忆犹新，林惠忠说："阿豹不是群发，而是逐字逐句写的。我当时工作忙，收到的信息很多。十几年来，我都没回过。但他每年都发。"后来经过多个他们共同的好友证实，大家都收到过他的新年祝福，而且每条不同的短信都来自于陈文豹的精心独创。十几年如一日，据陈文豹的女儿透露，父亲几乎每年从年夜饭之后开始编写祝福短信，发给曾经帮助过他的贵人，一写就是到第二天天亮，如此"傻气"又执着，逼得自己给父亲定下规矩：好好过年，不要连夜写短信！

认识陈文豹的人无不为他的专注表示敬佩。2016年，巨岸集团举办《共建伟业》价值观落地的课程，自此，陈文豹带头每天在公司微信群里发表一篇不少于三百字的价值观分享，分享内容不抄袭、不应付，至今七百多个日夜风雨无阻。

一旦懒惰和欲望在心中滋生，再坚定的信念都可能崩塌，但这种情况在陈文豹这里是不可能发生的，他的自律深入骨髓。作为企业家难免三天两头有应酬，陈文豹有时候深夜到家，在酒精作用下头昏脑胀，他也只是稍微在沙发上打一会盹。酒醒之后，他还要起来花一两个小时，盯着手机摁着键盘把当天的分享写完并分享出去。巨岸集团出品的《价值观落地分享集》记录了他两年多的点点滴滴，小到感恩身边的人、回忆从前的日子，大到议论时政、关心国际形势，自己身体力行，给全集团员工展示榜样的力量。

在外人看来，陈文豹过得太累、太无趣。但他却说："这是我工作和生活的点滴，已经成为习惯。累不累？一点都不，而且活得很自在，很充实。"真正的聪明人，能从喧哗的名利场拔出脚来，把时间花在自己专注的事情上来，就像陈文豹这样。

"每个月再忙我都要花三天时间闭门学习。每个人都想躲在自己的舒适区，学习能让我们走出舒适区，持续成长进步。"陈文豹起点不高，只有初中文凭，但他学习的拼劲不输给任何在校学生。从早些年去大学听课，到现在他可以给同是企业家的群体讲企业文化，次次赢得满堂喝彩。

他不仅参加"教导型组织""教练技术""厦大EDP总裁班"等企业管理知识的学习，也参加党的理论知识、法律法规等内容的学习，不断充实自己的知识结构，提升自身素质。

如今陈文豹已经把能补的文凭都补上，能评的职称都评了。但文凭和职称，对于陈文豹来说并没有太多的实质意义，他认为，学习不是最终目的，而是手段，最大的收获是学习之后的思考与感悟。同样是参加各种学习培训，有的人上完课就把知识留在课堂，唯一收获就是拿同学之情换取资源，而陈文豹却实实在在把学习内容经过思考后提炼应用到企业管理。

陈文豹不仅注重个人学习，还围绕感恩、忠诚、责任、付出等不同主题不惜耗费巨资，多次组织员工外出参加六星级心态、从心开始、铁营战斗力、教导型组织、企业标杆复制、赢利模式、财务模式、大商之魂等团队培训，把提高团队素质作为重中之重来抓，树立员工"为自己打工"的积极心态。巨岸集团还成立了自有的商学院和农民工技能培训学校，启动人才素养提升培训工程，坚持每周一晚上在公司和每周四晚上在各项目部组织培训学习。在实践中总结提炼企业质量安全文明管理标准80条，引导员工在学习中提高，实践中应用，既提升了员工的专业素养，又加强了施工现场的规范化管理，培养出一大批实干型技术人才和管理人才，做到了企业学校化、领导导师化。还先后与福建省内多家知名院校建立产学研用与合作教学实习基地，在人才培养、技术创新等方面进行合作，共同培养技术人才和产业工人。

重管理
根植文化创独特"巨岸模式"

新人进入巨岸后，会感觉不可思议：没有门禁，没有打卡……总之，并不像一家大型的集团企业。这套另类的管理模式正是得益于陈文豹学习思考的结果。

在陈文豹亲自操持下，公司着力进行了一番大刀阔斧的深化改革，形成特有的"巨岸模式"。模式不在于形式，更多在于理解并满足员工需求。陈文豹在集团内部着力打造"家庭、学校、信仰、军队"四大组织，解决员工凝聚力、企业可持续发展、员工归属感和团队执行力四大问题，满足员工"物质、成长、精神、共赢"四大需求。

在保证工程不转包、不挂靠的前提下，巨岸集团实行项目圆心型管理、项目股份制和积分制管理，充分发挥集团各职能部门优势，全力配合及支持项目部做好项目管理工作。采用建筑材料统一采购、合格劳务班组入库和行之有效的团队复制模式，较好地克服了企业经营存在管理不到位、安全质量无保证等弊端。倡导共赢模式，入职半年以上的员工可自愿参与项目管理股份投资，共同分享企业的盈利成果。员工通过项目入股只赚不赔，亏损部分由公司承担，在确保员工利益最大化的同时让员工都成为公司股东，让员工真正当家做主，满足了员工的共赢需求，从而增强员工的责任心，充分调动员工的工作积极性和主动性，最大限度地挖掘员工的潜能。巨岸集团给员工高于同行业 5%~10% 的薪资水平、福利待遇等经济利益，从而不仅满足了员工生存的需要，而且能够带给他们有尊严、体面的生活品质。

所谓企业文化，其实就是老板文化。优秀的企业文化能够营造良好的企业环境，提高员工的文化素养和道德水准，对内能形成凝聚力、向心力和约束力，形成企业发展不可或缺的精神力量和道德规范，能使企业产生积极的作用。在巨岸，陈文豹尤为重视抓企业文化建设。

巨岸员工每日都要围绕"诚信、务实、品质、勤学"的企业核心价值观为主题，分享自己对工作或身边好人好事的感悟；每位员工每周都要填写成长自评，通过建立"每周成长自评"激励机制，使得员工能够和企业共同成长；坚持每周一晚上在公司和每周四晚上在各项目部组织学习，针对施工现场的规范化管理和施工中的通病问题，实地拍照、看图说话，组织培训学习；每月进行 PK 考核激励。通过 PK 考核激励，促进了部门员工的竞争意识，提高工作的主动性和积极性。

巨岸每月举办联谊会，旨在"发现优劣、分享交流、提升自我、增进友谊"，通过联谊活动，达到部门直接互相学习、互相交流、互相促进、共同成长的目的。

巨岸每季度召开"三欣会"、"四新会"等活动，"三欣"指欣赏自己、欣赏同事、欣赏公司，"四新"指新反省、新反馈、新承诺、新方法，鼓励员工自我欣赏、发现不足、进取向上。

巨岸每季度开展价值观落地活动，以软实力助推企业发展；每半年组织员工外出考察、观摩优秀建筑企业荣获鲁班奖工程项目的节点做法，回来以后总结践行工程施工技术和项目管理水平。

巨岸每年举办年会、中秋博饼、旅游、野外拓展训练、员工过生日等活动；每年表彰先进团队和个人，如褒奖年度"优秀项目部"、"十佳员工"、"优秀员工"，获奖员工均获得走红地毯的殊荣。

公司邀请"十佳员工"的父母到颁奖现场，在公司年会上接受子女行单膝下跪敬茶礼，感谢他们将优秀子女送到巨岸助力集团成长，奖励他们一枚特制的、雕刻有巨岸 LOGO 的 24K 纯金戒指，并在次年按月发放总额 1 万元的奖金和《巨岸人》的报刊给父母。

一系列形式多样、丰富多彩的企业文化活动下来，企业文化根植员工心中。一视同仁、从一而终的企业文化建设保证团队思想不乱、工作不断、队伍不散、干劲不减。

一年的企业靠运气，十年的企业靠管理，百年企业靠文化。巨岸集团凭借多年对企业核心价值观的提升及践行，被中国建筑业协会评为全国 56 家"建筑业文化建设示范企业"之一。

爱商会
用经营企业的态度做商会

2018年1月8日，厦门市莆田商会换届，陈文豹当选新任会长。

发祥于"妈祖文化"的莆商精神，以"立德、行善、大爱"的优良品质著称。在陈文豹的带领下，厦门市莆田商会更是将这些传统发挥得淋漓尽致：组织学习《大商之魂》，引领商业文明；重启调查程序，寻找"兴化会馆"；纪念建党97周年，弘扬优良传统；举办"千人讲堂"，开展励志教育；成立莆商突击队，志愿服务社会；开展精准扶贫，关爱弱势群体……一本编撰于2018年9月22日的会议材料，记录了陈文豹当选八个月以来，莆田商会所做的工作。桩桩件件，无一不凝聚着他的心血。

秘书长谢福林接到陈文豹邀请，请他去厦门市莆田商会任秘书长一职时，恰逢谢福林退休之际。谢福林对商会事务知之甚少，但想着："原来上班的单位下面也管理着几家企业，管理决策多，事务杂。几家企业的管理工作都做过来了，管一个商会秘书处能有多难？我只要拿原来上班十分之一的精力对付就够了。"

坐在秘书长的办公桌前，谢福林笑着说："结果把过去上班所有的精力拿过来用都不够。阿豹的工作节奏很快，半夜、周末做事是经常性的。他是把经营企业的态度也用在商会事务上，事无巨细，真的很少有商会会长能做到这份上。"谢福林作为陈文豹的助手，在外人面前提起这位"拼命三郎"会长，脸上不由得泛起骄傲的神色。

同样被陈文豹拼劲感染到的，还有林惠忠，"阿豹的精力好像用不完，有时候我都劝他注意休息，保重身体。"

2018年8月，巨岸集团新总部五石商务大厦竣工在即，所有装修工作进入冲刺收尾阶段。原定公司及商会乔迁时间是9月13日。到了八月下旬，林惠忠突然收到陈文豹下达任务：9月4日，三楼商会办公室必须提前装修完毕，以用作9.8投洽期间接待各级领导的场所。

"按原定乔迁时间已经很紧张，突然要求提前，真的是太赶了。"顶着千斤重担，林惠忠短时间内调整节奏，集中火力突击装修、布置商会办公室，期间陈文豹经常到现场查看进度。紧赶慢赶，终于在9月3日晚上十点多将商会办公室装修整理完毕，林惠忠向身在莆田的陈文豹汇报。让他意想不到的是，陈文豹接到他的汇报工作后迅速安排完在莆田的事务，连夜赶到厦门新总部看装修成果。

据林惠忠事后描述，"他在工地逗留了两个小时后，这边看看，那边瞧瞧，到了凌晨两点才又驱车赶回莆田。回到莆田时已经是凌晨四点多了，第二天又照常起来上班。"就是这样，陈文豹给予外人的印象，都有着他接近极限的拼劲。

9月7日上午，前往参加第二十届9.8投洽会的莆田市李建辉市长，带着考察团第一站就到厦门市莆田商会进行调研，当听说了装修的紧迫过程，在场莆田市政府领导和机关人员一致赞扬，这就是"巨岸速度"的最佳呈现。后来林惠忠想起这次争分夺秒的过程还心有余悸，他说："阿豹算得刚刚好，不然晚一天都来不及。"

2018年9月13日，对于巨岸集团来说，是一个载入史册的日子，公司正式乔迁五石商务大厦。这也是2003年以来，陈文豹以厦禾路1090号那幢元利酒店为新起点，力挽狂澜，一路高歌猛进的见证。自此，巨岸集团开启了一段全新的征程。

懂感恩
富不忘本，频频回馈桑梓

达则兼济天下，陈文豹认为能有今天的成绩，得益于党的好政策和社会各界的鼎力相助支持，他时刻心怀感恩。

对生养陈文豹的老家溪尾村，他投入了赤子之情。他出资修路，让乡亲们出入方便；捐建教学楼、购买办公新用品，让孩子们有了花园式的学习环境；2013年他把旧村部翻建成乡村老人活动中心，让老人家们有了聚会娱乐的场所；逢年过节看望村里老人，为老人购置冬衣、棉被等，情暖老人心……

他富不忘本，积极奉献爱心，多次组织开展扶贫济困、筑桥修路、金秋助学等活动。2013年为荔城区第二实验小学捐助学款、助力西天尾镇"高考奖助学暨关爱女孩成长"助学金；2014年为秀屿区埭头镇教育发展促进会捐资，资助贫困大学生林少红四年学费和生活费；2015年11月携同呼和浩特莆田商会会长林国华和广东中和集团运营总监苏振等人，为莆田车祸女孩冉茂萍筹款；2016年10月，陈文豹切实贯彻精准扶贫战略思想，将埭头镇汀港村列为集团定点帮扶村落，承诺该村贫困户可投资巨岸集团实体经济，再给予贫困户翻倍的分红收益。2018年7月，为响应莆田市委、市政府的号召，捐助1000万元支教基金，并一次性捐赠到位，为莆商带了个好头；同年8月，陈文豹又发起了"爱心助学，学子圆梦"活动，感召二十位《大商之魂》爱心企业家和商会会员向41位家庭经济困难的学生们捐赠助学金，帮助"寒门学子"解决从家门到校门的困难……。

2011年6月24日，厦门发生三个莆田打工仔见义勇为与歹徒搏斗并被刺成重伤的事故。次日上午，陈文豹听说此事，立即驱车前往"三兄弟"所住的厦门海军医院。来到病床前，陈文豹才知道，三兄弟是他的埭头同乡，来自两个极度贫困的家庭。陈文豹当下就问自己："我该为他们做点什么？"当时医院不支持刷卡付款方式，陈文豹就沿着中山路找柜员机，取够现金，为三兄弟缴清欠款。后续，陈文豹还通过商会力量发起"寻找名医为英雄治疗"行动，使得北京名医来到厦门为三兄弟会诊救治。他还携同商会领导号召在厦企业家、在外莆商踊跃捐款，先后筹集捐款数百万元，让受伤较重的张涵赴京治病有了资金保障。

此刻，以"莆田三兄弟"为原型的电影也在陈文豹的牵头下正在如火如荼地拍摄。他所做的也是他初见三兄弟所想：要为他们做点什么。传播莆田三兄弟壮举，弘扬莆商精神该做的事，他始终没断过。

舒友陈有鹏：
点石成金
织造以餐饮为中心的跨界生态圈

文／谢嘉晟

  陈有鹏堪称点石成金，舒友海鲜大酒楼开一家火一家，无论新开还是接盘，从无败笔；出手娱乐行业照样横扫一方，别人手里的烫手山芋，在他手里都能起死回生，每一次转型升级总能手到擒来。
  今天的舒友娱乐产业历经大浪淘沙，在厦门几乎一统天下，而餐饮产业已然成为福建乃至中国餐饮行业的一面旗帜。现在，依托舒友三十年来的深厚积淀，陈有鹏在织造一个以餐饮为核心，融合互联网、横跨娱乐、休闲、汽车、金融、房产、医疗等多元化的舒友生态圈。

日积月累
舒友系已成为白鹭洲文化的一部分

正如舒友系的精致风格一样,陈有鹏在厦门的办公室同样不落俗套,设在厦门白鹭洲商务区临湖一侧,坐在办公桌后,可以眺望波光粼粼的筼筜湖面和隔湖岸边的高楼大厦。白天,清澈的湖面上不时会有白鹭飞过,一到晚上,这里被五彩斑斓的霓虹灯包围,更映衬出白鹭洲在厦门地理版图位置上的不俗。

"这里有时候就当我的办公室。"陈有鹏一边招呼客人坐下一边说话。如果不是位于寸土尺金的白鹭洲内,陈有鹏的办公室甚至称得上简陋,不是独立单间,三个人共用十来平方米,办公硬件也没有任何豪气,一张大班桌和很多公司主管的席位并没什么两样。

陈有鹏喜欢在这个地方接待客人显然不只是冲着这里的风景独好,白鹭洲也是舒友的兵家重镇。白鹭洲商业区的临湖门店,现在基本上都被舒友系的各种业态占据,欢乐园、舒友海鲜姿造、红馆自助KTV、舒友好彩火锅、名仕水疗馆和舒尚音乐餐厅顺湖一溜站成了排;离湖稍远点的,是舒友海鲜大酒楼白鹭洲旗舰店。

这些门店的第一手经营者其实都不是陈有鹏。它们在被接管之前有个共性,都是急于转让的烫手山芋。

舒友介入前的欢乐园堪称烫手山芋的典型,是一处面临法院公开拍卖的不良资产。2001年,陈有鹏走拍卖程序竞得欢乐园,未改大酒楼经营方向,只是重整旗鼓,十七年过去,欢乐园如今是白鹭洲内的一处地理坐标。

舒友海鲜大酒楼白鹭洲旗舰店被陈有鹏接管前,是诺亚方洲的前演艺会所,它曾是厦门娱乐业的一面招牌,在经营日渐不继后,2003年被陈有鹏接管。凭借在餐饮经营中积累的人脉与智慧,陈有鹏首度操控娱乐业便声名鹊起。

2009年,陈有鹏以惊人的魄力再度接管海湾公园内的金樽演艺会所,并将诺亚方洲整体迁往海湾公园,把两个演艺会所合并为诺亚金樽,旧址改成大酒楼持续至今。

白鹭洲内的其他舒友系企业则被陈有鹏动了不小的手术。

现在的名仕水疗馆从环岛路的名仕御园搬迁至此,2005年接管前,这里是维多利大酒楼。

舒友海鲜大酒楼白鹭洲店

如今，在众多水疗同行纷纷关门歇业之后，名仕水疗不但活着，而且成了厦门高端健康水疗的一面旗帜。

舒友海鲜姿造、红馆自助 KTV 和好彩高端海鲜火锅的前身同属一处，即曾在 20 世纪 90 年代领骚一时的厦门迪厅有福城堡。

和 KK 迪厅走向没落的曲线一样，陈有鹏接手时，有福城堡已经在走下坡路。陈有鹏接管后，化整为零，分别于 2010 年、2015 年和 2016 年，在原有主体基础上分割出三种业态，而今，三种业态各具一格，都是厦门"消费升级"的典范。

舒尚音乐餐厅的旧址曾经活跃过赫赫有名的厦门之恋酒吧，在关闭一年多后，今年 5 月由舒友接盘。而今，这家门店更像是舒友系的一次整合试验——集川菜、烧烤、精酿啤酒和音乐酒吧于一体，客人可以点餐吃饭，吃完饭可以吃点烤串，配上德国现酿啤酒，人均消费 100 多元，服务对象从 18 岁到 78 岁，正以全省最大规模的音乐餐厅形象，试验舒友的另一条新路。

俯视着舒友系的这些新旧战舰回顾历史，陈有鹏有一种难以名状的自豪感，日积月累，舒友系已然成为白鹭洲文化的一部分，看似天合之作。

这只是陈有鹏办公室视线内的舒友系部分，在厦门本埠，还有两家舒友海鲜大酒楼和两家小舒友大排档，省内的福州有两家大酒楼、一家自助KTV和一家演艺会所，在上海，大酒楼还有四家。

舒友征战上海的历史有如神话，以一年一家的开店速度，高峰期曾在上海拥有十三家门店，成为闽菜抢占上海滩的领头羊。

2012年底开始，整个餐饮行业都承受重压，早已尝到多元化甜头的陈有鹏对上海舒友餐饮进行了整合收缩，果断关掉了多家门店。这也是陈有鹏下海以来，第一次壮士断腕。在他看来，那些分店已经完成了历史使命，如何平衡整个集团产业在互补中的生存与发展，远比一时的面子重要。

让陈有鹏欣慰的是，为适应新形势调整并探索出的一系列新型业态，反而让舒友系闯出了一条新路，有着三十年品牌积淀的舒友，正依托传统产业优势，织造一个庞大的、以餐饮业为核心的跨界生态圈。

为养家糊口辞职下海，三十年后舒友系的陈有鹏成了陈家产业的旗手

历史轮回有时候就是这么有趣，陈有鹏现在每天放眼可见的白鹭洲舒友系，却不是他的发家之地。

陈有鹏是地道的厦门人，父母是工薪阶层，育有两儿两女，陈有鹏排行老三，一哥一姐一妹，就家境而言，比上不足，比下有余，基本衣食无忧。

陈有鹏至今谈起自己的家庭依然颇感自豪。陈家四兄妹中，有三个是厦门餐饮史上叱咤风云的开创型人物，厦门最早的餐饮娱乐综合体海味大厦，赫赫有名的有福海鲜大酒楼，白鹭洲内曾经的标志性业态有福城堡，以及现收归舒友旗下的欢乐园，都一度是陈家兄妹的名下作品。在厦门改革开放之初，这些业态占据着领军地位，并推动着厦门整个服务行业的进步和发展。

三十多年后，陈家兄妹虽然走了不同的弯路，但日后再次殊途同归。所不同的，舒友系的陈有鹏在今天成了陈家产业的旗手。

陈有鹏出生于1962年，和那个年代的多数青年人一样，他等不及初中毕业就参加了工作，到当时的厦门金属制品厂当了一名工人，四年后不甘现状辞职下海。

昔日的故事，陈有鹏今天讲来似乎有些荒诞不经。做情怀那是后来的事情，当初下海，陈有鹏的想法很单纯，"没有什么雄心壮志，就是为了养家糊口。"二十三岁时，陈有鹏结婚成家，为了解决太太的就业问题，就在家附近的鹭江道，靠近第一码头的位置开了一家食杂店。

按照陈有鹏的自我评价，打小最大的特点就是"反应快"，别人话才说到一半，他就知道对方要说什么了。1980年，厦门成为经济特区，鹭江道是旅客通向鼓浪屿的必经之路，第一码头是本岛赶海渔民的集散地，凭着"反应快"，陈有鹏判断在这个交通要道开个食杂店养家糊口应该没有问题。

1985年陈有鹏开食杂店时，厦门改革开放逐渐进入深水区，一些外来服务业如雨后春笋。有一次，他和朋友在一家咖啡店喝了一杯咖啡，咖啡厅的小资情调让陈有鹏茅塞顿开，"鹭江道的地理位置非常好，如果把食杂店改成咖啡店，生意肯定更好。"

1987年，陈有鹏的食杂店变身舒友咖啡厅，效果立竿见影，生意很好。不过，真正给陈有鹏带来第一桶金的，是进一步把舒友咖啡厅改成舒友餐厅。

来喝咖啡的客人多了，有的客人聊着聊着不知不觉就过了饭点，让店员叫外卖来充饥。陈有鹏意识到，兼做小炒其实并不耽误卖咖啡。后来，看到小炒的生意比咖啡好做，陈有鹏停了咖啡，专门做起了小炒，于是，舒友咖啡厅变成了舒友餐厅。这便是今日舒友海鲜大酒楼的最早雏形。

喜欢吃海鲜的人都知道，海鲜可不可口关键看两条，一是看原材料是否新鲜，二是看味道如何。

此时的陈有鹏已经辞掉了工厂的铁饭碗，夫妻俩"很拼"。为了保证原材料的新鲜和优质，夫妻俩每天都会起个大早，轮流到第一码头采购海鲜。舒友餐厅隔着马路就能看到海鲜采购地，由于两口子的用心挑选，只要是光顾舒友餐厅的客人，基本上都能吃到本港活蹦乱跳的海鲜。

夫妻俩还慕名把本岛"酱油水"做得最好的厨师请到舒友餐厅。当时的厦门并没有什么大的外来菜系，以海鲜为主要原材料的闽菜"酱油水"系列很容易受到青睐，新鲜的原材料辅予迎合大众口味的厨艺，舒友餐厅很快就生意爆棚了。

在鹭江道从食杂店到舒友餐厅的经历，成为陈有鹏的人生转折点。

餐饮企业的发展壮大有条普遍规律：体量由小到大。舒友亦是如此，1994年，陈有鹏名下第一家营业面积超过千平的舒友海鲜酒楼在厦门火车站商圈开出，把鹭江道舒友餐厅的服务模式复制过来，陈有鹏又一次旗开得胜。

超千平的舒友海鲜酒楼场面规模在当时的厦门数一数二，员工上百号，而鹭江道的舒友餐厅只有几百平方米，员工几十个，夫妻俩突然要面对一支庞大的员工队伍和数量暴增的营业规模，开始有了力不从心的感觉。夫妻俩一个人看一个店，还能勉强应付，但如果再开分店，管理能力马上就会捉襟见肘了。当时的舒友模式是国内餐饮行业的第一批探路者，无先例可循。

趁热打铁继续扩张已是势在必行，为了解决如何提升接下来规模再扩大的管理问题，陈有鹏开始到香港、深圳、广州等地考察取经，"学习了很多很多"，到开出第三家分店时，对于如何管理，他成竹在胸。

挥师北上，舒友抢占上海滩 上榜中国十大餐饮企业

现在的舒友系枝繁叶茂，由于不得不经常应酬，陈有鹏咽喉常年不适，说话的时间长了，便会叫手下调杯梨汁来润润嗓子。

进入九十年代的厦门日益展现出特区繁荣的一面，一些来厦门经商和旅游的外地客人，在舒友点菜时，对粤菜的偏好，让陈有鹏看到了厦门餐饮业的另一个商机。1995年，他在湖滨南路开出了名下的第三家门店，即"香港城"，主打粤菜，超过三千平的经营面积居福建行业之冠。

在"香港城"店，陈有鹏一改过去的夫妻店管理模式，从广东引入了包括厨师和店长在内的整个粤菜管理团队，这种模式在厦门的餐饮业中令人耳目一新。专业团队的管理能力，马上体现出与众不同的竞争力，凭借地道的口味和优质的服务，"香港城"再次一炮走红，在当时的商务应酬圈里形成了一种概念，请客人到"香港城"或"舒友"吃饭，是一件挺有

面子的事情，"香港城"和舒友成为高端餐饮的代名词。

此时的厦门餐饮业已呈军备竞赛之势，规模越来越大，档次越来越高。佳丽、亚珠、欢乐园和鹭发等一些餐饮品牌也厚积薄发，表现出越来越强的竞争力，开的门店一家比一家大，档次一家比一家高。

1996年，陈有鹏再下一城，在滨北中行大厦开出营业面积超过八千平方米的舒友海鲜大酒楼，单店面积成全省之最，被视为"厦门餐饮航母"。颇为耐人寻味，这家餐饮航母并没有因为超大体量而冷场，客流再次引爆。

作为陈有鹏在餐饮业取得巨大成功的标志，他曾连续两年赞助厦门足球队，中甲联赛把舒友品牌推向了新的高度。

1997年，厦门餐饮巨头林立，陈有鹏决意跳出厦门另辟疆域，他先是在泉州试水，接着，把目光转向了上海。

在陈有鹏看来，当时的厦门餐饮业虽然竞争激烈，但格局大势已定，舒友的老大地位别人短期之内很难撼动，单店已经是行业之最，局限于厦门本土扩张已经意义不大。而此时的浦东新区正逐渐展现了中国新经济增长极的一面，上海作为中国经济中心的地位越来越凸显。对于商家来说，上海经济的崛起孕育着一轮新的发展机会。

1998年，陈有鹏挥师北上，舒友上海首店落子西郊。初进上海的舒友底气是不足的，上海滩豪强林立，大酒楼的"厦门模式"能否成功移植上海，结果难料。

前两个月接连遭受冷遇让陈有鹏有了出师不利后的一种怯意。不过，这种怯意只是持续了两个月，之后，西郊店形势逆转，日渐红火，陈有鹏的上海之战由此峰回路转。

今天回头梳理当时一举鼎定上海的秘密，令客人满意的服务无疑是舒友打开上海市场的关键。那时候的上海滩，"消费者要先买单，然后凭票到窗口取菜"，从当时的厦门特区初到上海，能够明显体会到旧的市场环境下卖方市场中那种傲慢的服务态度，舒友先落座后点单，并善意提醒消费者"不够再点"的家人般服务模式，让上海消费者真正成为上帝，"感觉很亲切，也很舒服"。

陈有鹏自己也没想到，此前在厦门十年打拼江山积累下来的服务模式，居然会成为征服上海的制胜法宝，更没想到，舒友在上海的出师告捷带动了厦门餐饮业的集体北伐。2000年前后，上海的餐饮市场上陆续出现了几乎所有厦门人都耳熟能详的餐饮面孔，佳丽、鹭发、亚珠、大鼎菜以及音乐厨房等。舒友借此也进入了高速发展期。

值得一提的，舒友在上海所开的分店几乎都是接管别人废弃不要的旧门店发展起来的。

这种收拾"烂摊子"的扩张方式，充分利用旧门店一些可以改造利用的硬件，不仅节约了开店成本，也能嫁接原有门店一定数量的客户资源。

厦门餐饮企业集体征战上海所引发的"厦门餐饮"效应，在短短的几年之内风靡了整个大上海。2007年厦门餐饮同业公会和上海餐饮行业协会方面的资料称，厦门一大批餐饮企业在上海开设了10余家酒楼，总营业面积接近8万平方，其中，舒友年营业额超过2亿，鹭发日均营业额达到20万。

"不少酒楼必须提前三天才能订到包厢。"根据当时的媒体描述，"厦门菜正成为上海滩最流行的美食，而领军的厦门舒友海鲜大酒楼在上海的扩张模式，更是得到了厦门乃至上海业界的广泛认同。"

布局上海之后，舒友上榜中国十大餐饮企业。

2009年，在上海站稳了脚跟，陈有鹏认准"前方打仗不能丢了后方，在上海招牌这么响亮，在本土应该更不成问题"，又杀了回马枪，把舒友海鲜大酒楼开到了福州，此后，红馆自助KTV和金樽演艺会所也先后在福州落地。

虽然，舒友高速扩张的同时，也伴随着关店，但另一个不容否认的事实是，一直到新一轮反腐风暴掀起之前，没有一家舒友门店是因为经营不善而导致关闭的，要么是遇到拆迁，要么是商圈变化门店转移升级所致。

2012年底新一轮反腐风暴掀起后，面对高端消费市场普遍遭遇的重挫，舒友亦难置身事外，而庆幸的是，及时多元化的转型升级发展，反而让陈有鹏和他的舒友迎来了新的春天。

在厦门，陈有鹏开始试验迎合大众消费的大排档，槟榔菜市场和虎园路上的两家小舒友，在高端餐饮遇冷后，不出意外地火爆了起来。舒友海鲜大酒楼排队吃饭的盛景，在小舒友再现。而随后的舒友海鲜姿造和好彩海鲜火锅，以及新近开创的舒尚音乐餐厅也是陈有鹏应对新形势的一次新业态试验。

在福州，把厦门流行已久的港式茶点引入舒友海鲜大酒楼，其受欢迎程度让陈有鹏始料未及。由于之前福州还没有出现过这种物美价廉的港式茶点，福州的舒友海鲜大酒楼经营业绩在新形势后反而创下了舒友餐饮单店之最。

舒友海鲜大酒楼开一家火一家的背后，与陈有鹏从2000年开始推行股权激励机制不无关系。同行的争相扩张必然伴随着人才的频繁流动，其中最难防御的就是竞争对手高薪挖角。

一直到2000年，陈有鹏都有个习惯，每个月亲自开一次面对面的员工代表大会，就地拍板解决员工工作和生活中碰到的各种"不开心"。

和员工相处，陈有鹏从不摆谱，还不时讲个笑话，彼此之间没有距离感，因此，员工有什么事，也乐于当着老板的面坦诚相告。一次开会，有管理人员向他反馈，竞争对手正在开出高薪蓄意挖角。

一语惊醒梦中人，员工的反馈刺激了陈有鹏，也就是从那年起，舒友在厦门和上海餐饮业中率先实行股权激励机制，给店长、厨师长等一干核心高管配送干股。他由衷认识到，如果员工的价值无法在企业得到体现，跳槽将成为必然。

股权激励机制不仅稳住了舒友扩张中的军心，也引发同行仿而效之。

舒友三十周年庆的时候，陈有鹏作过统计，有100多名员工在舒友工作的时间超过了28年，不少是从鹭江道第一家店开始一路追随到现在。

留住员工除了股权干货，陈有鹏还一些与众不同的方式，比如董事长信箱、手机微信，"员工有什么不开心，都可以直接发邮箱或发微信给老板。"

开一家火一家
跨界转型，同样所向披靡

陈有鹏的从商经历，堪称"点石成金"，几无失败一说。舒友海鲜大酒楼开一家火一家，跨界转型，所向披靡。

舒友出手娱乐行业是从接管诺亚方洲开始的。陈有鹏给外界的印象"很会做人"。事实上，交流中，他就不爱使用"收购"或"兼并"一词，而代之以"接管"或"合伙人"的叫法，在他看来，这可以避免伤及上家的自尊。

2003年接管诺亚方洲后，2010年，舒友又接管了金樽，2014年，再度接管同样被视为厦门娱乐业一哥的一代佳人演艺会所。

上家愿意被接管，肯定都有各种各样的理由，陈有鹏敢在新形势下接管别人的产业，其中胆识更是由此可见一斑。别人眼里视同鸡肋，他却如获至宝，如果没有一套起死回生的本事，陈有鹏断然不会为了撑大场子去接管。

陈有鹏接管诺亚方洲，有探路的考虑。期间，他经过了六年的摸索。

接管后，陈有鹏很快找到了诺亚方洲与舒友的可打通之处：双方的客户都属于高端消费群体，资源可以共享，可以互为引流。

他同时也发现了这个行业的症结所在：互挖墙脚是这个行业的常态，为了挖到对手的热门表演团队，一家演艺会所会不惜代价去挖另一家演艺会所的墙角，而另一家演艺会所为了留住团队，不得不付出更高的代价。周而复始，形成恶性循环；水涨船高，最后谁都不赚钱。

从舒友为诺亚方洲引流顺理成章，解决互挖墙脚问题，却需要整个行业的自律。舒友至此有近二十年的品牌沉淀，陈有鹏主动跟同行探讨，力求达成一种默契，这初步解决了行业之间的不正当竞争问题。

两招出击，诺亚方洲起死回生。但行业自律毕竟是一种绅士协定，哪个同行表现不绅士，挖角警报随时会再响起，陈有鹏希望通过对诺亚方洲的探索，能够慢慢砌起一条护城河。

2009年，舒友接管金樽后，天赐良机。

金樽是厦门最大的演艺会所，位于海湾公园内，地理位置绝佳，陈有鹏成立一家管理公司，把诺亚方洲和金樽合二为一。资源的有效整合，让诺亚金樽一下子成为厦门规模最大的演艺会所，规模最大意味着抢占了制高点，而制高点意味着定价权，舒友在厦门娱乐产业中拥有了更多的话语权。

2014年，陈有鹏再次接管一代年华，不过，这一次接管看起来颇有些不合时宜。

新一轮"反腐风暴"到2014年进入深水区，高消费行业尤其备受考验，而娱乐行业更是首当其冲，厦门演艺会所几经大浪淘沙，所剩无几，幸存者也面临转型。这个时候接管烫手山芋，怎么看着都令人费解。

两年多过去，今日解读昔日手笔，陈有鹏已经如释重负，"单是避免两家演艺会所之间的相挖墙脚，就可以省下一大笔费用。"诺亚金樽和一代年华由同一家公司管理，原来是竞争对手，现在变成了兄弟，原来的不正当竞争变成了一家公司内部资源的良性调剂。

但转型还是势在必行，怎么转，陈有鹏前面数十年的摸索发挥了作用。

他调整了演艺中心的服务定位，开发了游客资源，让游客"花一百多元可以随便喝啤酒"，并"把红歌和大合唱搬上了舞台"，一系列举措改变了演艺会所原来奢靡的印象。调整后的舒友演艺会所，虽然利润降低，收入却见长了。

善于收拾餐饮业烂摊子的陈有鹏，又让厦门半死不活的一家家演艺会所起死回生。

稳住阵脚，依托现有的娱乐资源，陈有鹏着手打造新的产业边界。去年年底，被称为"网红商学院"的舒友极品汇开业，这是一个创新业态，定位于建造"海西最大的网红直播矩阵"。

"网红商学院"顾名思义，舒友极品汇旨在打造一个以网红为入口的产业链，把国内已经或具备潜质的网红引到厦门，集中住到由舒友统一提供并装修的网红公寓大楼，公寓既是宿舍，又是直播间，然后让直播间入驻映客、斗鱼、花椒等直播平台，经营流量。做大流量后，植入广告或电商产品，这便形成舒友极品汇的变现模式。

与舒友线下演艺会所打通的思路则是，演艺中心的强项是表演，网红或准网红可以在演艺会所提升或培训才艺，一方面，丰富了线下演艺会所的内容；另一方面，实现网红在线上和线下的资源共享。其中商业逻辑也不难理解，网红从线上走到演艺会所，或将吸引粉丝追随，从而助涨演艺会所人气；而演艺会所倒过来也为极品汇输送网红和流量，完成二次变现。

今年55岁的陈有鹏，正激情万丈进行"互联网+传统产业"的一次次实践，以期在互联网经济大潮中，不落伍于时代，并推动着传统产业的转型升级。

外卖、汽车、房产、金融投资
他正在织造跨界生态圈

"我们要做外卖了！"对外公布这项计划时，陈有鹏有一种久违的激动，餐饮是舒友的传统强项，他一直都在不停地探索进一步挖掘产能的新思路。

舒友要做外卖并非陈有鹏的一时兴起。

参考公开信息，陈有鹏发现，美团、百度外卖、饿了么等叫餐平台在厦门一天的订单总数就不下3万份。由此可以预见，随着网购意识的进一步普及，这个数目在未来只增不减。

陈有鹏算过一笔账，"一份30元，厦门一天外卖的规模至少900万，毛利30%，一天的毛利就是90万。"外卖市场"吓死人"的规模，可能是若干个现有舒友的营业额体量。

陈有鹏一直都有颗公益心。30年来，他先后为教育事业、见义勇为基金、残疾人事业、园林绿化、佛教等各项公益事业捐献爱心款项4000多万元。

5月份发生在厦门前埔南区小学的食物中毒事件，让陈有鹏觉得"对不起厦门"，也加剧了他想做外卖的想法，"如果还任由食物中毒事件在我们身边发生，对我们这些老牌餐饮企业来说，是种耻辱。我们也完全能能够做到，让厦门人民吃得起放得下心。"

外卖与大酒楼有着天然的互补性，外卖订单多集中在午餐，而午餐恰恰是大酒楼一天中的淡季，开发外卖无异于变废为宝。

厦门众乐联投资管理有限公司是陈有鹏想依托的外卖平台，他是众乐联的执行董事。众乐联是一家由包括舒友、佳丽、荣誉、亚珠等在内的十二家厦门一线餐饮企业发起成立的股份制公司，目前，众乐联为发起企业统一采购员工大米、食用油等，利用集体采购的规模优势，既抱团取暖，也把经营成本降下来。

陈有鹏认为众乐联可以在"外卖"业务中发挥更大的作用，利用美团、百度外卖、饿了么等这些现有叫餐平台，设立统一订餐电话，然后根据订单地址，由离订单最近的酒楼供应。"未来，还可以吸纳更多有条件参与配送的餐饮企业加入进来，扩大服务网络。"

大酒楼从事外卖业务，优势显而易见。按照陈有鹏的思路，把加盟的各家酒楼招牌菜凑成大概30~50样的菜单，制订统一的加工模式，从而形成统一的配送标准。酒楼自身就有品牌优势，加上物美价廉，"完全可以解决政府希望解决的午餐工程问题"。

拓宽餐饮和娱乐业边界的同时，陈有鹏也在尝试把舒友的产业扎深。

现在的陈有鹏角色多样，既是舒友集团的CEO，也是一名投资者，用他点石成金的慧眼，四处物色可能为舒友所用的投资项目。今年元旦，陈有鹏入股厦门汽车销售公司凯利之星，这看似与他的传统本业风马牛不相及，学问实则很深。凯利之星主营中高端汽车，客户群体与舒友基本重合，通过在舒友系的经营场所设立展厅和广告，为凯利之星引流。

陈有鹏的此笔投资颇具远见。今年7月1日起，汽车销售新规将发布。新规的最大变化，不再限制一家汽车销售门店只能销售单一品牌。对汽车销售行业来说，这是一轮新的机会。他的出手时机无疑掐准了火候。

凯利之星并不是传统意义上的4S店，而是一家汽车超市，后面连着一家汽车维修中心和九家汽车美容店，未来，作为火车头的汽车超市和所挂的车厢，即维修中心和汽车美容店都会继续扩容。凯利之星有两项"必杀技"：凡是在凯利之星买的车，享受终身免费洗车服务。看似轻描淡写的背后其实大有文章，洗车相当于一个流量入口，免费把车粘在凯利之星的体系内，凯利未来从车身上赚的钱将是维修、美容和保养；在凯利之星所办的会员卡鼓励共享，多数美容店限制卡只能对应车，凯利则鼓励共享，这意味着，凯利之星的收入总量不变，来接受售后服务的车却可能在不断变换。服务新车对凯利来说，就是在培植新客户。

凯利之星的车友俱乐部，还配有一家叫舒友·凯利之悦的餐饮会所，这是舒友的传统强项。

此外，在更遥远的龙岩、南昌、莆田、西安，在房地产、金融投资和美容整形等诸多领域，陈有鹏但凡涉足之处，处处捷报频传。志存高远，这便是陈有鹏现在正在织造的，以餐饮为核心、多元化的舒友跨界生态圈。

厦顺铝箔陈成秀：

专注实体
践行制造业强国梦

文／赖丹丹

　　9月7日，以"侨商与改革开放40周年回顾与展望——圆梦中国'心'力量"为主题的2018海外华商中国投资峰会对话访谈在厦门举行。在现场，香港大庆集团有限公司董事长陈成秀拿出一片薄薄的铝箔，讲起30多年前的创业故事，震撼全场。"国家的改革开放是摸着石头过河，海外华商回国投资也是一步一步慢慢进来的。"对陈成秀来说，改革开放让他可以参与国家建设，也为他带来了第二次创业机会。

第一批进入大陆创业的华商之一

人们对牛奶包装盒内的一层"锡纸"不会陌生，因为有了它，牛奶才能长时间保鲜。这种不起眼的产品，改变了国人的生活习惯，提升国人的体质。其实，这层"锡纸"叫铝箔。许多人或许想不到，30多年前，这层薄薄的铝箔，国内几乎全都依靠进口。直到一位华商引入国外先进的生产设备和技术，才改变了中国高档铝箔依赖进口的局面。

这位华商就是中国侨商投资企业协会副会长、香港大庆集团有限公司董事长——陈成秀。陈成秀祖籍福建省泉州市，生于新加坡。

1988年，带着对家乡的淳朴感情和帮助祖国建设的心情，陈成秀在厦门创办了厦顺铝箔有限公司，一头扎入中国的实体经济。这一做，便是30年。

"你怎么会进这一行？"1992年新加坡前总理李光耀在访问厦顺时，向陈成秀提出了这个问题。

与当年大部分华商、港商在内地从事出口贸易、来料加工、进料加工或投资"短平快"项目不同，陈成秀选择了投入产出周期长、见效慢的实体经济，这引起李光耀的好奇。

"可能因为从小就有一个梦想，想做大型企业，生产实实在在的产品。"多年之后，年近古稀的陈成秀自己都不禁感慨于年轻时的那份勇气。

陈先生清晰地记得，当年合作伙伴拿着一本非常简单的"可行性研究报告"找他，提出希望合资创办一家铝箔工厂时情景。"我看过可行性报告后，觉得这个事情可做，当即决定投资。在没有更多投资回报数据、没有更多市场分析等情况下，如此决断地做出投资决定，换到现在，那简直是非常不可思议。之所以当时如此决断，我期望的是中国市场的广大前景。"

"我的市场就是中国内地，我要占领这个广阔的市场。"陈成秀清晰地记得，当李光耀问他"你的产品销往哪里"，他的这句回答让李光耀立即停下脚步，握住他的手说"恭喜你"。作为国家领导人，李光耀不依访问惯例，主动向陈成秀先生要名片。

"那时候30多岁，年轻人都有一股热情，要创业。中国的改革开放让华侨进来投资兴业，不仅是帮国家建设，也是自己在建功立业。对于华侨二代来说其实是给了二次创业的机会，当时看到这个项目的时候，我是很兴奋的。"就这样，陈成秀成为第一批进入大陆投资兴业的华商之一。

对品质的"偏执"从未改变

"国家搞供给侧结构性改革是完全正确的,这就抓住了牛鼻子。"在2017年全国两会上,陈成秀关于切实提高铝行业去产能效果的一番建议,又一次引起国内媒体的热转。

聊起铝箔行业当下发展面临的困境,陈成秀并不讳言,产能过剩、无序竞争,部分铝箔企业在国外倾销扰乱国际市场的行为是最大的阻力。然而,这位久经商场磨砺的华商并未因此失去信心。

做了这么多年实体经济,在陈成秀看来,做好企业就是"把生产搞好,把质量做好,用品质占领市场。"经商多年,他始终坚持这条准绳。对于品质的"偏执",陈成秀从未改变。无论市场冲击多么猛烈,只要是与品质提高有关的投入,他都毫不犹豫。

正如20世纪80年代末,当合作伙伴最早邀请陈成秀共同创办厦顺铝箔有限公司时,他并不在意能否占大股,只提出了三个条件:买最先进的设备,买配套的软件,工厂设在厦门特区。

其他条件很快谈妥,唯独购买制作流程、制作工艺等配套软件的要求让合作伙伴颇为为难。那个年代,向法国购买一套先进的铝箔生产工艺流程大概需要300万法郎,这在当时是一笔相当不菲的费用。

"他们想了很久。"而一向谦和的陈成秀始终没有让步,直到最后用300万法郎购入当时最为先进的生产工艺。因为他相信,这是保证品质的基础。

2007年,陈成秀发现铝箔行业对板带(铝箔的坯料)要求很高,而板带的核心技术掌握在美、德两国的企业手中,而他们不愿意把技术转让给中国。认准商机,陈成秀组织公司投资近30亿元建设板带厂,自行研发板带产品。

"有眼光,还要有耐心。"陈成秀介绍。厦顺铝箔的板带项目建厂用了4年,投产后光技术攻关就用了两年多。从而,使得厦顺在世界同行业中首开先河,为铝箔生产量身定制了铝板带生产线,专注于高精铝板带的生产和研发,为稳定的提高高档铝箔的产量、质量提供了重要保证,形成了具有鲜明厦顺专业特色的新兴高精铝板、带、箔产业链。

铝箔轧制车间全景

面对困难
因家国情怀而信心满怀

企业做大了，陈成秀走到哪里都有聚光灯跟随。但回想当初，选择一条不同寻常的路，同时也意味着必须承受独自摸索的痛苦。在陈成秀的记忆里，公司创建之后的前几年是不顺的。

最初合资创建厦顺前期的三四年，连续亏损，合作伙伴选择退出，陈成秀一手接过公司，独自坚持。然而，他的脸上没有太多苦涩或无奈。"因为我一直有信心能把产品做出来。更重要的是，我已经看到中国有一个广阔的市场。这是一个看得到的前景，而困难只是暂时的。"如今，他的公司每年高档铝箔产能达到12万吨。"我们不仅填补了国内高档次铝箔自主生产的空白，而且我们的产品在国际铝箔行业都是公认数一数二的。"这带给陈成秀无与伦比的成就感。

进入新世纪，中国铝箔行业取得了迅猛发展，行业竞争越来越激烈，特别是当年世界铝生产制造业的领导者美国铝业进入中国，相继收购和投资渤海铝业、上海镁铝、云南铝业，准备建成东南亚最大的铝箔工厂。

"我们是华商，有爱国情怀，我们了解国情，我们能与员工打成一片，所以不怕。"直面竞争，陈成秀一直充满信心。

当时，正值厦顺铝箔海沧铝箔厂的建设期，美铝进入一定程度上给陈成秀造成压力。于是，陈成秀找了个机会去渤海铝业参观考察。期间，他拿了一个细节问题问渤海铝业负责人："你们工厂早会怎么开的？"渤海铝业负责人回答，每天八点，外方的管理层在一边开会，中方管理层在另一边开会，半个小时后，大家再一起开早会。"我听完后就笑了，我说完了，这样的模式说明美国人进入中国，只是要拿市场，而并不是要拿到人心，他们没有很真诚地相信员工、相信中方伙伴。"从渤海铝业考察回来以后，陈成秀加速了海沧铝箔厂的投资。"这是我们华商应有的底气。"他说。厦顺海沧铝箔厂建成后，成为当时亚洲最大的铝箔生产制造商，而后来美铝果然退出了中国。

深耕行业
把厦顺做成全球铝箔行业的标杆

作为全国政协科技界别为数不多的香港特别行政区委员，陈成秀每年的提案几乎都与科技创新引领实体经济转型升级有关。因为他在内地扎根近30年的铝箔行业正是中国实体经济的重要组成。

通过创新实现企业的转型升级，是当今企业家想得最多的事情。对于市场上流行的"跨界"，陈成秀并不是特别认同，他认为，外行人确实可能改变一个行业，但那只是少数，一个企业要实现稳健发展、永续经营，关键还得从自己最熟悉、最专业的领域入手。

随着厦顺的快速发展，中国铝箔行业也迎来了快速发展时期，甚至很多企业直接仿照厦顺的发展模式。现今，中国已成为全球最大的铝箔生产国和铝箔出口国。但是，由于中国铝箔业中的部分不规范企业在国外倾销行为，引发国际市场的警惕，也造成同行对中国铝箔行业的误解。然则，陈成秀不改初衷，厦顺不论是品质、价格均与国际市场接轨，赢得了国外同行和客户的肯定。陈成秀更是从 2008 年第一届全球铝箔年会开始，连续多届主持年会。

扎根行业多年，陈成秀的心，不仅在自己的企业里，还紧紧系在国内整个铝箔行业中。

2008 年，陈成秀参加并主持首届全球铝箔会，当时中国只有 7 个企业参加。开完会后，陈成秀向大会提出第二届世界全球铝箔会在中国举办的建议。他根本没有想到，无论是欧洲、美国，甚至南美洲的企业都否定了这一建议。"为什么？因为他们对中国不了解，他们觉得中国企业发展是不规范的，所以他们不到中国来。那我们要怎么做呢？"于是，陈成秀把欧洲铝箔协会的会员企业一个个请到中国来。尽管同行之间是不让参观彼此的工厂的，陈成秀仍然把工厂大门打开，让欧洲（同行）企业参观。

陈成秀觉得，这是大家互相学习了解、取得信任的过程。经过多年努力，陈成秀终于得偿所愿：2016 年，第四届全球铝箔会在上海召开，而且，中国有 21 家企业参会。

把绿色制造和科技创新摆在重要位置

2015 年左右，陈成秀给企业提出了低碳目标。他注意到，几年前，欧美国家陆续划出红线，将在 2020 年实现相应的节能减排目标。"绿色食品是其中的重要内容，而绿色食品必定会对包装的铝箔提出相应要求。"陈成秀选择先人一步，进行低碳改造，并将企业实现低碳目标的时间截点设在 2019 年，提前一年达到国外客户的要求。

"一定会增加成本。但这是行业的未来，是必须投资的。"陈成秀坚信。面对低价竞争的冲击，企业甚至整个行业都必须走一条高品质、高档次的发展道路，才能真正与大势相符。

科技创新同样是陈成秀坚守的发展准则。作为全国政协科技界的委员，陈成秀不仅在企业中将科技创新作为企业的经营之道，更是践行于公益事业中。

2016 年 10 月 17 日，一群香港中学生在甘肃酒泉卫星发射中心见证了"神舟十一号"飞船成功发射。几天之后，宇航员景海鹏和陈冬在太空的天宫二号空间实验室中，操作了这些香港中学生设计的三个实验项目："太空养蚕"、"双摆实验"以及"水膜反应"。

这一幕让千里之外的陈成秀激动不已，更令他迄今引以为豪。2014 年，香港民政事务局找到陈成秀，希望他可以赞助一个科技项目香港中学生太空搭载实验方案设计比赛。"这是一件好事。"陈成秀果断资助200万港币，并全程参与其中，鼓励来自香港76个学校的青少年激发科技思维，进行"头脑风暴"。

之后的一次偶遇给了陈成秀更大的惊喜。在此后的全国两会上，他发现力推该项目的全国政协委员、中国载人航天工程总设计师周建平和自己原来在一个小组。周建平告诉他，在比赛中获奖的实验装置有望在2016年搭载"天宫二号"空间站升空，并由航天员在轨进行操作演示。

"这真是一个了不起的建议。每个年轻人都充满对知识的追求、对科学的想象，能把香港青少年设计的实验装置带上太空，这对于增强孩子们对于祖国科技强大的认知以及他们对于国家的认同感是非常重要的。"如今再说起这段故事，陈成秀依然难掩兴奋。他相信，这将对香港青少年产生很大的影响，也将影响到中国的未来。

优秀商人的品质是共通的

"优秀商人的品质往往是共通的。"在参加厦门总商会110周年纪念活动时，陈成秀曾说，优秀的商人总是恪守诚信，又十分勤劳，他们爱国敬业，又乐于奉献。每个时代都有自己的特色，这就是时代精神，但一些品质，是长期传承下来的，正所谓商道永恒。

陈成秀将关注的目光更多地投向了贫困的祖国西部，其中包括为西部贫困地区捐建医院和学校，为中国妇女发展基金会"健康母亲列车"项目捐款1000万元等。不但自己身体力行，陈成秀还希望和带动身边更多的人投身到慈善公益的事业中来。2005年10月30日，陈成秀宣誓就任第七届香港厦门联谊总会理事长，他随即提出了新一届的理监事会的三大工作目标，其中的第二条是"建设祖国，回馈社会，扶助弱势群体"。就职一周后的11月6日，陈成秀就亲率近40人的访京团赴京，向"大地之爱，母亲水窖"工程捐资248万元，义助西部缺水地区的贫困家庭建水窖。

担任厦门总商会会长期间，陈成秀还牵头设立慈善基金，组织发动会员企业积极参与为汶川地震、台湾水灾、玉树地震、南平水灾等慈善赈灾及灾后援建活动。由于在汶川地震后迅速组织近1亿元赈灾款物及对口支援工作中的杰出表现，厦门总商会获评"中华慈善突出贡献单位奖"。2009年厦门总商会发动捐款一千万台币,支持台中市的拯救"莫拉克风灾复原重建工程"的善举,是当年全国工商联工作会议上表彰的一大亮点。

陈成秀在担任厦门总商会会长、香港侨界社团联会永远名誉会长等著名社团公职期间,充分发挥社团领袖之优势,建立了厦门总商会与台中、高雄商会之间的联络机制;赞助并促成在厦门与台中分别举办的"海峡两岸双十中学音乐艺术夏令营"以及"厦门小白鹭民间舞团"赴台湾演出等活动,为促进厦门与台中两个城市之间的文化交流和民间往来,为祖国的统一大业做出应有的贡献。

随着改革开放进程,国内发展日新月异,将侨商们在各自领域感受到的变化组合在一起,便是改革开放这40年中国经济在宏观层面上出现的一次又一次新的飞跃。

他们,和祖国一道前行,圆梦。

"华侨前辈背井离乡到海外谋生,他们一辈子的期盼就是中华民族的伟大复兴。中国是制造业大国,要成为制造强国,则需要几十年的艰苦奋斗,需要几代人的共同努力。对于华商,我想是把自己的事业做好做强,打造出中国民族工业的世界品牌,这就是同圆共享'中国梦'。"陈成秀感慨道。

科华恒盛陈成辉：
智慧电能领导者

文/谢嘉晟、吴翠珊

  过去的三十年间，依靠自主研发和持续创新，科华恒盛不断打破国外厂商对我国高端不间断电源的技术垄断，并与世界500强企业展开了公平竞争，日积月累，终于在全球较高性价比的UPS产品和服务中，争得了一席之地。陈成辉始终执着于民族工业的发展，果断推进企业的转型升级，今天，他希望能让科华恒盛再造一个UPS电源的辉煌，由UPS的领先者，变成智慧电能的领导者。

电源啪的一声突然中断
陈成辉看到 UPS 的价值

  1981 年，陈成辉脱下高校的学生装，穿上工作服，到漳州龙溪无线电厂当了一名技术员。

  龙溪无线电厂是漳州当地国企，主营生产数字万用表、线圈测量仪和医疗仪器，陈成辉进厂时，这家国企已经存在九年，效益和声誉俱佳。由于员工收入甚至比公务员还高，很多人削尖了脑袋往里挤，因此当时龙溪无线电厂有"三多"：高干子弟多、技术人员多、退伍军人多。

  陈成辉成为龙溪无线电厂的技术员不靠关系靠实力，参加工作的第四年，他就当上质量科长，并被委派到上海交大计算机专业进行为期一年的深造。

  1987 年，陈成辉从上海学成归来，发现原来的质量科长位置被补上了缺，有一年多时间里，他享受着科长待遇，实际工作却一直虚挂。

  与到上海求学前的雄心壮志形成巨大反差，陈成辉坐了一年多的冷板凳，他对国企体制开始感到沮丧。对论资排辈讲关系的不适应，以及对开发新技术新产品的执着追求，让陈成辉萌生了退意。

  1988 年，漳州市科龙电子仪器厂向陈成辉伸出了橄榄枝。科龙厂是漳州科委旗下的集体企业，陈成辉在上海交大所学专业，没在龙溪厂派上用场，却成了科龙厂的香饽饽。他经常受邀为科龙厂提供技术指导，一来二去，科龙厂力邀陈成辉调动，副厂长一职虚席以待。

  对于国企与集体企业的区别，陈成辉最直观的感受是，集体企业的决策流程相对简单一些。于是，本就耐不住寂寞的陈成辉由龙溪厂调到科龙厂当了副厂长。

  似是一种巧合。陈成辉的去留成为既定事实之后，龙溪厂日渐衰落，科龙厂的日子却越过越红火，赶上了互联网大潮来临之前的硬件刚需时代，通过代理或拼装计算机硬件，日渐茁壮成长。

  陈成辉的专业强项在科龙厂成为突出的优势，他既有电器制造业的沉淀，又有计算机专业领域的新知，加上特殊的时代背景，日渐走上了成就他 UPS（不间断电源）大业的另一条路。

  20 世纪 90 年代国内用电环境最显著的特点是供应不足，电压不稳，经常断电。对经常使用计算机的人来说，这是一件极其苦恼的事情，文件还来不及保存，电源啪的一声突然中断，使用者只能耐心等待电源恢复，开机重来。

陈成辉看到了不间断电源 UPS 存在的价值，无独有偶，香港振华贸易公司的陈国华对开发 UPS 产品也兴趣盎然。

到科龙厂没多久，陈成辉便鼓动并实质性主导了 UPS 产品的研发，随后，科龙厂与香港振华另起炉灶，合资创立了漳州市科华电子有限公司，主营 UPS 制造。技术出身的陈成辉被任命为总经理助理，负责产品开发和生产制造。1988 年，科华电子就诞生于漳州科华电子老厂房。

科华电子是我国最早的 UPS 制造企业之一，彼时，走在改革开放前沿的长三角和珠三角，偶有零星的 UPS 生产企业出现，但操作模式多数是进口散件组装成品。

晚来一步的科华电子补齐了闽三角在 UPS 产业布局上的短板，不过，科华电子一开始就立志高远，陈成辉把当时领先的美国产品视为对标标的。

第一台拥有自主知识产权的产品入选首批"国家级火炬计划项目"

陈成辉历任科华恒盛的总经理助理、副总经理、总裁，2013 年，原董事长陈建平因病去世后，他兼任董事长。

陈成辉是个典型的"技术范"，老部下评价他"一直初心不改"。他是教授级电气工程师，科华电子首位自主培养的享受国务院特殊津贴专家，全国"五一"劳动奖章获得者，福建省优秀专家，首届中国电源学会专家委员会委员。2011 年，陈成辉曾被评为"推动中国通信工业发展的功勋人物"。

陈成辉的"技术范"带出了一帮"技术范"，科华恒盛有另外两位"技术范"，即陈四雄和苏瑞瑜，同样是享受国务院特殊津贴专家。这种技术密集程度在国内行业中首屈一指。

尽管科华恒盛是国家认定的企业技术中心、国家高新技术企业、"国家火炬计划重点项目"承担单位、全国首批"两化融合"贯标企业和国家技术创新示范企业，初创的科华电子却像盲人摸象，在一个既看不到边际，甚至连样机都不容易找到的市场里，要撇开散件组装搞自主研发，陈成辉无疑给科华电子的UPS产业规划了一条极不平坦的道路。

找资料找原理，找样机找模板，一年多后，科华电子第一台拥有自主知识产权的UPS产品——UPS1000走出了实验室，成品出炉的那一天，公司上下一片沸腾。陈成辉自己也料想不到，这款产品后来居然入选了首批"国家级火炬计划项目"。

陈成辉的心路历程，跟正在排队上市的松霖科技董事长周华松搞自产研发时一模一样。

投放市场试用，质量并不如期望的好。首先是用电环境条件大大超出设计范围，导致产品不稳定，UPS的主要功能是保证电源的不间断，科华电子的第一个UPS工作中容易发生各种死机、炸管（半导体功率器件损坏），产品返修率很高，对设计开发、维修服务提出极大挑战。

经过一年多的试验，陈成辉清醒地意识到，产品从实验室到市场还是有段距离的。不过，陈成辉初心不改，将自主研发进行到底。

1989年，0.5 — 2KVA离线式UPS诞生，科华电子由试验进入了量产。0.5 — 2KVA离线式UPS一举解决了之前研发过程中出现的一些问题，并在技术上实现了"离线式"的突破。

科华电子UPS后来居上，从此走在了国内同行的前列。

成长过程，陈成辉最感慨于民族企业之间的相互支持。科华电子初创的UPS无论是在技术上，还是在质量稳定上，与国外产品都存在着一定的差距，但很多民族企业都能抱着一种宽容的心态，给发展中的科华电子一个尝试的机会。

科华电子的第一个大客户是银行，在科华电子能国产UPS之前，银行长期从国外采购。针对20世纪80年代末我国电网条件相对落后的情况，与国外知名UPS产品相比，科华电子的竞争优势是性价比，自主研发国内生产，成本较低，而在某些指标上，则能优于国外同行，且电网的适应性更强，这让改支持"国产货"的国内采购商，有可以交代的充分理由。

能拿到订单，还必须解决量产问题。小作坊可以满足从实验室到成品的需要，从成品到市场，生产线需要升级。自主研发的产品，自然没有现成的成套生产设备，组装生产线并完成从调试到成品下线，又是一个极其考验耐心的过程。

在坚持自主研发中，科华电子的UPS产品质量不断提升。1992年，通过引进进口IGBT功率模块，科华电子的UPS大幅提升了电源产品的效率和可靠度。科华电子的UPS使用时间由两小时延长到四小时，又由四小时延长到八小时，在国内同类产品中脱颖而出。

2000年，并联技术的突破，科华电子站在了新的起点。这一技术打破了国外垄断，让多台UPS可以通过技术串联，把不间断电源使用时间成倍放大，这也为科华电子成功研发大功率 UPS 奠定了技术基础。

2016年，科华电子自主研发的核级 UPS 问世，成为全球仅有的四家能造出这款高端产品的供应商之一，开始参与了全球市场的争夺。

危机重重，公司改制
员工入股，涅槃重生

2010年3月，在创立二十二年后，科华恒盛在深圳中小板挂牌上市。从创立到上市，科华恒盛的成长过程如同凤凰涅槃。

科华电子的发展在1998年出现拐点。1997年，科华电子营收创下了1.6亿的历史峰值，营收、现金流和利润都创下了公司设立以来的最好水平，但在次年，营收掉到了只剩下六千万。

科华电子的发展赶上了国内发展的最好时机，中国互联网大潮蓄势待发，IT硬件呈现爆炸式增长，而彼时的中国，用电环境亟需完善，电压不稳又供给不足，这给 UPS 腾出了巨大的市场空间。

"那个时候，猪绑上 UPS 都能卖出去。"九十年代 UPS 行业的昔日盛景给陈成辉留下了难以磨灭的印象，由于 UPS 需求量巨大，科华电子成长神速。

当陈成辉沉浸在技术不断推陈出新的喜悦中时，高速成长伴随而来的管理不到位，成为掣肘科华电子进一步发展的致命硬伤。

此时的科华电子控股股东科龙公司正酝酿着一场成立以来最严重的动荡。1995年—1996年间，由于一系列投资失误，加上内部管理、体制等方面的原因，科龙公司财务状况逐渐恶化，到1997年科龙公司经营陷入严重困顿，不得不从科华企业大量提取资金以维持日常运转。

而彼时的科华电子形势则一片大好，决策层希望将资金用于技改，增加固定资产投入，双方矛盾逐步激化。

科华电子内部同样危机重重。科华电子对销售人员的管理今天回头去看，可以定义为松散型，销售人员以公司的名义开拓客户资源，却并没有把客户资料反馈到公司备份，公司层面基本上掌握不到客户的信息。在结算上,销售人员有很大的自主权,利用信息的不对称,一些销售人员开具"大头小尾"发票、搜集各种发票充账如同家常便饭。

由于管理上的失控,一些销售人员滞留货款甚至消极收账。

内忧外患,科华电子内部的矛盾不断加剧。决策层试图推进现代企业管理制度的建立,要求建档完善客户资料,这与销售人员的既得利益造成了巨大的冲突。UPS 市场的大好形势和科华电子体制天然存在的弊端,终于促使一些销售人员另起炉灶。

1998 年,部分销售人员离开科华企业,另起炉灶创立了一家 UPS 贸易公司,凭着手中掌握的现有客户资源,与科华电子展开正面竞争。

当控股股东科龙公司陷于困境之中时,科华电子同样危机四伏。度过盛世的 1997 年,进入 1998 年,科华电子的发展面临一连串重大不确定性,人员流失、市场缩减、业务锐减、资金紧张。与此同时,科龙公司也挣扎在破产的边缘,背负巨额债务,到期银行贷款无法兑付,账户被冻结,三百多名职工面临下岗,整个员工队伍情绪非常的不稳定。科龙、科华双双面临倒闭危险。

科龙公司面临一场生死抉择,危急时刻,漳州市委、市政府发挥了主导作用。

科龙公司和科华电子都是漳州市科委的重点企业,漳州市委、市政府以此为契机,力主两家公司改制。尤其是科华电子,是漳州市第一家国家级重点高新技术企业,经营基础较好,市场形势不错,漳州市委、市政府希望科华电子能尽快走出困境,涅槃重生。

改制方案确定前进行过充分的评估:如果寄望于通过科华电子的发展来拯救科龙公司,可能到头来不仅救不了科龙公司,还会拖垮科华电子,导致科龙、科华双双破产。

权衡之后,改制思路最后选定,国有资产全部退出,科华电子完全私有化。

由于科华四家嫡系企业中有三家是中外合资企业,员工多为社会招聘,均无国有身份,因此,改制无法采取一般国企资产量化的方式。

改制方案确定了职工自愿参股原则,漳州市政府希望有更多的职工参与其中,一方面,可以使科华电子在接受改制的时候,形成稳定、有凝聚力的队伍;另一方面,有利于保证改制过程的平稳过渡。

多方协商的结果,科华四公司职工以现金出资,自愿入股,设立股份制有限公司,再由股份制公司收购科龙公司持有的科华四公司股权。当时科华四公司共有两百多名员工,其中有一百二十八人选择了入股。

科华的改制得到了外方股东香港振华的支持。香港振华的陈国华不仅力挺推进改制,并且在科龙公司退出科华全部股权时，将手中持有的三家科华公司百分之十二的股权，作为奖励无偿赠送给科华电子的主要经营者和业务骨干。

1999年，包括原董事长陈建平和时任总经理陈成辉在内，一百二十八名自然人以现金出资方式共同发起设立了厦门科华恒盛股份有限公司。

贴身式售后服务
问鼎国产 UPS 行业领军地位

完成改制的科华恒盛迎来了新的拐点。正如改制之前的预设，股份制公司的设立，不仅保证了团队的稳定，一百二十八名员工变成公司股东，自然就有了为自己事业拼搏的动力。

此次改制也为科华恒盛日后上市提前扫清了障碍，很多企业上市需要先进行一轮伤筋动骨的股改，科华恒盛因为较早完成，在启动上市时，省却了很多前端工作，使上市流程大大缩减。

股改也是科华恒盛建立和完善现代企业管理制度的开始。

对科华恒盛的决策层来说，改制后面临的首要问题，就是要尽快填补昔日销售人员另起炉灶后留下的大量空缺。有了前车之鉴，尽快建立一支能听总部指挥，能打胜仗作风优良的营销铁军非常重要。

陈成辉从技术人员中抽调，这些员工追随他多年，彼此知根知底，长期在一个战壕里奋战，形成了大同小异的理念和价值观。抽调技术人员派往营销前线，还有其他同行难以比拟的优势，能讲得出专业的道道，更容易打动客户，而客户的专业需求也更容易反馈到公司层面。

事实证明，在推动以客户需求为导向的研发转型中，营销队伍的专业水平发挥了重要作用，很多时候，营销人员根本无需向公司讨教技术问题，就可以凭经验为客户出具一套满足客户需求的解决方案。

不过，此时科华电子想一举扭转乾坤，单靠感情上的黏度还不行。

鉴于过去在销售环节上存在的巨大漏洞，董事长陈建平亲自披挂上阵，编写了一套销售管理软件。这是中国民营企业中较早引入系统软件管理企业的探路者，这套软件堵住了原来销售环节中存在的漏洞，让客户资料可以留存在公司的信息库中，并对货款的跟进状态一目了然。

为让科华公司能在更高的层次参与竞争，完善管理机制，科华公司对组织架构、规章制度大幅调整和完善，以销售中心推动市场开拓，以研发中心推动产品开发，坚持市场导向以销售拉动研发。

科华恒盛与销售人员另起炉灶创立的贸易公司，在完成改制后，日渐走出了两条迥然有别的发展道路。以昔日科华部分销售人员为主体组建的贸易公司，虽然与科华恒盛同处一座城市，却早已不在一个梯队。

科华恒盛在陈成辉的主导下，无意中反其道而行之，不断攻营拔寨，逐渐扭转了本来不利的局势。

陈成辉继续推动技术优先，并强化售后服务。

当时很多国内UPS供应商，包括国外品牌都不自己做售后服务，他们在售出UPS后，把服务外包给了第三方，而第三方的服务网点有限，服务半径太长，难免服务不周。这让科华恒盛在做足售后服务上大有可为。陈成辉组建了科华恒盛的售后团队，往一个地方派驻销售人员的同时，也派出售服人员。

这种人海战术的售服模式，一羞遮百丑，既弥补了质量上不如国外产品稳定的不足，还收获了一些意想不到的惊喜。一些客户搬迁、开业，马上要用到UPS，国外品牌一时解决不了的应急之需，科华恒盛应时而上，日后，自然而然就成了科华恒盛的客户。

从长远来看，科华恒盛贴身式的售后服务，也比售服外包更容易赢得客户的认同。

一系列远交近攻，科华恒盛逐渐走出了1998年危机的阴霾。

2000年，科华恒盛再下一城，这一城一举鼎定了科华恒盛在国产UPS行业中的领军地位。

在参与国税总局"金税工程"的招投标中，科华恒盛拿到了四个标的包中最大的一个，剩下的三个，美国企业中标了两个，另一个为另一家国内民营企业夺得。

四个标的包，每个包的金额都达到数千万元。国内两家中标的民营企业，在承接"金税工程"后走出了两个截然不同的发展走向，因为全力以赴"金税工程"，停掉了所有其他业务，完成"金税工程"后，另一家民营企业业务难以为继，逐渐退出了UPS市场的竞争。

科华恒盛却愈战愈勇。中标"金税工程"项目，自然而然成为公司最佳的营销"软广"，吸引了越来越多政府机关和企事业单位的眼球。技术出身的营销人员发挥出巨大的能量，在继续服务好传统客户的同时，借势将产品迅速向其他省、市税务局推广，一些省市甚至闻讯就主动找到科华恒盛购买设备。

对手还没反应过来，科华恒盛就已经占领了"金税工程"的大部分省市，国税总局的"金税工程"实施时，很多省市的硬件也同步上马了。

这一战后，科华恒盛不再把战略对手瞄准国内同行，转向了世界五百强的跨国公司。赛迪数据显示，科华恒盛的UPS市场占有率在此之后稳居国内行业第一。

阿里云、腾讯云做"天上"的事 科华恒盛做"地上"的

从科华恒盛历年的年报可见，上市以来，公司几乎每年都保持着两位数的高增长，并且不时分红，2017年，公司分红比例创下了上市以来的最高水平：十派十元。殊不知，分红时，科华恒盛的股价还只是在二十四元上下徘徊。

科华恒盛常年保持高速增长并非没有来由。

拿下"金税工程"后，科华恒盛瞄准的竞争对手不再是国内梯队，开始与国外品牌在全球范围内展开了竞争。在保持技术领先的前提下，科华恒盛又一路翻山越岭，攻占了国内的轨道交道和核电，其中核电山头的拿下具有标志性意义，目前，全球范围内仅有四家企业有技术能力供应这款核级UPS。

高端UPS的过关斩将，使科华恒盛牢牢占领了国内UPS行业最高的山头。然而，世易时移，科华恒盛技术在进步，用电环境也在悄然发生变化，中国改革开放进入21世纪，用电环境得到大幅改善，电压不会那么不稳定，对UPS的需求自然不那么旺盛了。

经历过1998年科华恒盛隆冬的陈成辉不可能看不到这一点，他开始居安思危。2011年，科华恒盛启动了由UPS单品供应商向智慧电能解决方案转型的"一体两翼"新战略。

"一体"是指传统的UPS。产品方向由过去的保证电源不间断，转向保证工业电源质量的优质和稳定。产业环境的变化，市场对用电环境的要求发生了微妙的变化，尤其是一些精密制造企业，电压的任一细微波动就有可能造成不同批次产品在质量上的差别。保证用电质量存在着另一方市场空间。

"两翼"即新能源（含充电桩）和数据中心。充电桩的背后是一片以新能源汽车为目标的新蓝海，按照《中国制造2025》，到2025年，中国要让新能源汽车年度销量达到700万辆，

科华恒盛全景

充电桩是新能源汽车不可或缺的标配。

数据中心是近年来风起云涌的新兴产业，能耗是其中最重要的生产资料。由 UPS 延伸开去，阿里云、腾讯云做"天上"的事情，科华恒盛做"地上"的。专业来讲，科华恒盛负责数据中心的建设和运维，让阿里巴巴和腾讯们接上服务器就可以提供云服务；用陈成辉的通俗解释，科华恒盛为云平台建设物业，并提供后期的物业管理服务。

蓝海市场从不缺竞争者，科华恒盛"两翼"的对手甚至包括华为，不过，科华恒盛优势也很明显，它是专业的电力解决方案供应商，既能保证用电质量，还能将能耗降低 15%。

站在今天的时间节点看科华恒盛的此次转型，恰好赶上了互联网从 PC 转向移动互联和物联网时代的"云"风口。多年下来的南征北战，科华恒盛的云基础服务已经涉足北上广深等诸多一线城市，是华为、BAT、中国轨道、中国电信、唯品会等国内一众知名企业的供应商。

转型以来的科华恒盛又延续了 UPS 的一路辉煌。2011 年，三电平技术、IGBT 整流技术成功应用于大功率高频不间断电源；2012 年，推出高效节能型 240V 高压直流电源系统，承担国家 863 课题及财政部、工信部重大科技成果转化项目；2014 年，科华恒盛技术中心成为国内首家"国家认定企业技术中心"，承担国家云计算工程；2016 年，"双馈型地铁制动能量回馈装置"项目通过科技成果与新产品鉴定，核级 UPS 中标华龙一号项目。

而今的科华恒盛是中国储能产业最佳逆变器供应商，中国充电桩市场成长最快企业，中国光伏品牌排行榜集中式逆变器品牌价值五强，全球新能源企业五百强等。

"矢志成为国际一流的设备电力保护及节能一体化方案提供商。"这是科华恒盛的蓝图，也是陈成辉的梦想。

立林陈旭黎：
从负债三百万到营业额破八亿
小木匠到国际标准起草者的蜕变之路

文/陈惠婷

有人说闽南人"爱拼才会赢"这句话说得不准确，闽南人是"磨"出来的成功。这"磨"可以从陈旭黎的创业故事得到印证，他没有轰轰烈烈的壮举，没有耸人听闻的事件，可怕的是，他磨着磨着，已经把一家小经营部做成全球行业领导者，竟还不为多数人所知。

征兵入伍
第一次到厦门

在计划经济的年代，安溪是全国出名的贫困县，每家每户的口粮配额按一个人一顿饭一两米。安溪金谷镇的一户木匠家门口，路人正向主人家讨一碗米汤止渴。

女主人到厨房打了一碗米粥，年轻木匠不明所以，问妻子："他只要米汤止渴，你为什么打了米粥给他，多可惜啊！"

妻子说："你憨人哦！伊系肚幺，歹势讲啦。"（你傻啊，他是肚子饿，不好意思说。）

这就是陈旭黎的原生家庭。长大之后，陈旭黎将自己能过上好日子的很大原因归功于上一辈积的福荫。

从前媒体眼中的陈旭黎是一个心醇气和、不太爱表现自己的采访对象。但商海沉浮多年，陈旭黎并非是一个没有故事的老同学。相反，他的生活就像是平静湖面底下翻动的一次次暗涌，一旦掀开，看到的人都惊讶于有多强大的内心才能始终保持表面的波澜不惊。

故事要从改革开放前说起。

1975年，动乱还在蔓延，当时认为高考制度是资产阶级政治和分数挂帅，是"对工人、贫下中农子女实行专政"。高考被扔进垃圾堆，也顺带把陈旭黎的理想扔回农村，求学之路戛然而止。无奈之下，他跟着父亲拿起刨子，当上了小木匠，陈旭黎此时还不知道这门手艺在他后来的人生中发挥了多大作用，他只想着："总有一天要出人头地。"

1977年，全国恢复高考，他又意外错失机会。眼看着有的同学已经步入他梦想大的大学殿堂，陈旭黎慌了："不行啊，我总不能当一辈子木匠吧。"怎么办？拿起书本重新读呗！之后一整年时间，陈旭黎都在准备高考。

可谁能料到，这一年人生转折太多。一场征兵又打乱了他的计划。

"来年一月高考，刚好前一年十月全国征兵。我想着高考的机会还有，当兵有年龄限制，我就剩一次机会可以当兵了。"梦想走上仕途的他果断选择了后者，但他再也没有机会踏进大学的校门。

入伍那天，军车从金谷镇到安溪县城，再从安溪到厦门，一百多公里的路程，从白天驶进黑夜，整车人摇摇晃晃终于到了厦门。车辆缓缓经过中山路、大生里，满街自行车大摇大摆骑在路中间，欧洲进口的出租车算是奢侈品，对了，还有海，有轮渡。厦门的繁华向年轻小伙展示了山村之外的生活，新鲜感伴着海风扑面而来。

卖茶被骗
一夜之间变"万元负"

陈旭黎从小就很有主见并且有决断力，不管是复读考大学，还是征兵入伍，他都是自己拿主意。年轻时，他更是心思活络，随时都在等待更好的赚钱机会。

1979年，陈旭黎因超龄无法继续考军校，也错失上大学的最后机会。两年后，他从部队退伍。当时流行早婚，按农村的算法，陈旭黎虚岁已经二十五岁，实属大龄男青年。

"考不上大学，上不了军校，年龄还那么大，差点连老婆都娶不上。"感到前途渺茫的陈旭黎暴瘦二十斤，担心在父老面前抬不起头来，只好写信让父亲寄来120元，买了一台海鸥照相机，自学摄影。退伍后陈旭黎在家开了一家照相馆。照着照着，老婆有了，眼看生活也要好起来，陈旭黎又动起了心思。

改革开放后，80%的安溪人在茶叶的产业链条上讨生活，不少人从茶农手里收购茶叶，南下广东，踩着三轮车在大街小巷一声一声叫卖茶叶。路程虽远，但传闻利润可观。

陈旭黎瞅准商机，要干就干一票大的。他找同学赊账，进了一车茶叶到潮州，再从潮州用拖拉机拉到澄海。途中有人以高于成本两成的价格向他买茶，他嫌利润太低，拒绝了。

滚石不生苔，转行不聚财。几经波折，这段经历最后以茶叶被人骗走，他背负万元债务而落幕。钱没赚到，还成了名副其实的"万元负"。因期望带来的失望就像一盆冷水，直接将这颗年轻躁动的心浇灭。巨额的债务让陈旭黎没有一点动弹的力气，也不知道如何去面对。

那段时间陈旭黎窝在家里，想到自己一次次努力化为泡沫，心中不甘不断积蓄成新的力量。直到有一天，他想起那个海风徐徐的夜晚，想到大城市的喧嚣和热闹可能蕴藏着机遇。他当下就决定，要回厦门。

木工转型
门外汉研究对讲机

木匠这个身份,每每成为陈旭黎困境时的转折点。高中毕业之后如此,到厦门之后亦是如此。

陈旭黎兄弟四人回到厦门,重新当起了木匠。打磨产品的时候,脑海里面不断浮现以前的画面,他觉得自己从前过于浮躁,见好就盲目跟风,才会导致后来一系列失败。想要成功必须专注,只要方向对,他坚信事业一定能慢慢做起来。

当时厦门有个顺口溜:"找对象,工资要五十元,身体像运动员,身材像演员,结婚还要五大件。"木工就像现在的房地产承包商,五大件就是现在的房子,都是结婚标配。陈旭黎跟兄弟三人,凭着一技之长,四年之内偿清了万元债务,还经营一个小加工作坊。他们用的刨机算是半自动,加上手艺好,销路不错,作坊屋前的木头不知不觉堆积成山。

但手工活随时都会被机器替代。据他回忆:"有一次,我受亚华家具厂老板的邀请,去参观厦门家具厂,人家光一台自动化机器就要十几万,我全部手工家当加起来都抵不过人家一台机器,拿什么跟人竞争。"

木匠是他的原点,却不是终点。一边做事一边累积的同时,陈旭黎也在等一个机会。

1992年,陈旭黎给电子部第三十所装修防盗窗,有幸结识所里的专家。他们建议陈旭黎改行做电子产品,专家的提点犹如一束光拨开了郁积在陈旭黎心头的云雾。他意识到眼前正是等待许久的机会,他当下就决定承包电子部三十所下面的厦门现代通讯联合公司经营部,转行销售电子设备。

十二届三中全会之后,市场经济体制改革步伐加快,电子信息产业作为试点,率先完成改制,实现市场化运营。彩电业基本就是在这个阶段实现设计、生产、制造、销售一条龙。在彩电业带动下,消费类电子信息产业一时间也成了风口,开始广泛应用于国民经济各个领域。厦门现代通讯联合公司经营部柜台上的电话机、对讲机、雷达、导航等设备都是这个时期电子信息产业经济发展的产物。

赶上风口的陈旭黎铁了心要干出点名堂,折腾这么久不能再换行了。

但是，下决心永远比面对现实来得容易。彼时，陈旭黎刚在东渡买了一套房，做木工赚的钱都投进装修。这也意味着接下来又是一段零资本创业。付不起店租，他给房东做一套三千块钱的家具，抵部分租金；店里装修统统自己做，连柜台上的样品都是他找电子部三十所借来的。

电子产品当时还处在草莽时代，陈旭黎从泉州一带购进的黑金刚电话机，常常因为假冒伪劣问题遭到客户退货。这个行业门外汉开始产生了"卖别人的东西，还不如做自己的东西"的念头。

一次，一位首长白天家里遭入室盗窃，事后这位首长急着求购一套防盗设备。

"电子部三十所刚从珠海进购五套楼宇对讲，暂放在经营部，我就试着给他装上一套。"一套两千多块钱的楼宇对讲设备，陈旭黎拆下去，看到几根电线、门禁电源开关、微型通话机，往盒子里一排列，其实内里结构并没有想象中复杂。

没想到小小盒子里竟然藏着巨大商机。陈旭黎随即带着手底下一个原在三十所维修家电的职业高中毕业生，照着样品就开始搞研发。零配件有哪些，规格怎么样，线要怎么布，到底能不能通话，统统两眼一抹黑，边学边做，边错边改，最后竟让他们倒腾出一个像模像样的东西。

九十年代
他就想做智慧家居

从珠海买来的楼宇对讲是直通式的，功能单一，陈旭黎并不满足于此，他的起步就瞄准了户户对讲，要让同一栋楼内的用户不花电话费就能实现通讯，但由于技术有限，产品故障率居高不下。而且，陈旭黎还发现了产品的痛点，"当时的对讲产品就是4条线再加每户一条线，如果一栋楼有12户，我就要装16条线。"他向当时三十所高级工程师，后来成为立林物联网技术研究院院长的周大林请教："能不能做一套产品，用最少的信号线支持系统工作，实现楼宇对讲功能？"

周大林给了他肯定的答复，并着手研究。1994年，立林的两线无极性产品JB-2000问世，不仅节约了线材数量，而且大大提高了生产、施工的便利性。

厦门成为继广东之后全国楼宇对讲发源地之一，随着"楼宇对讲"系统的推广，入室盗窃率明显降低，厦门成为典型向全国介绍安防经验。1993年，厦门市公安局召开第一次技防办工作会议，召集全市楼宇对讲生产企业开会。

第一次参加这么隆重的会议，陈旭黎非常慎重，他特意写了一份发言稿，请三十所的领导帮忙审阅。

正是这一份错字连篇的稿子为在场人员勾勒出一幅智慧家居的蓝图。现场可能谁也没想到，科技发展之快，二十五年后的今天，这幅蓝图真的快要实现了。

"我演讲的最后一句话就是：'让人们住进五星级的家'。"这句话经调整，被制定为立林公司的使命："让人们生活在五星级的家。"

五年负债三百万

当同行还在守着旧技术厮杀时，陈旭黎反而沉下心来做产品、搞研究，短时期内确实让他失去了赚快钱的机会。"当时如果按珠海拿回来的那一套马上投入生产销售，我可能会提前三年脱困。"

事实上，他不仅没脱困，反而负债越来越多。

就在陈旭黎找到楼宇对讲这个支点，准备大干一场的时候，他再次被资金困住。自1992年起，他陆陆续续借了一分二到五分不等的民间借贷。"公司要研发，要生产，要扩张，前提是要有资金，普通民间借贷已经解决不了我的需求。"陈旭黎想到用东渡的房子抵押贷款，为此他还应陆通信用社要求，特地借了一千九百元的民间贷款，每月三分利息，为房子上保险。

万事俱备，只欠东风。陈旭黎第二次跑通讯社，对方给了他闷头一棍。"材料一递上去，银行就问我，你是这家公司的什么人。那时候我才发现我什么都不是，顶多是个职业经理人。"

1996年，陈旭黎有了一个新的身份：厦门立林保安电子有限公司法人代表。到1997年底，员工人数已经有六七十人，营业额接近三百万，但净负债也达到三百万。

期间，还发生了一个小插曲。1997年工厂落址长岸路一号，陈旭黎又借了九千多块民间借贷装修新厂，刚装修完就被通知要拆迁，一度让他原本艰难的财务状况雪上加霜。

天将降大任于斯人也。越难熬的时候，陈旭黎越知道自己快要熬出头。因为在研发和市

立林科技产品测试

场的这场你追我赶中,他明显看到前方有胜利的曙光。

十年磨一剑,1997年这个分水岭一过,立林展现出生猛态势,经营业绩扭亏为盈,每年营业额翻一倍。终于,陈旭黎深耕产品的拼劲化为立林经营业绩爆炸式的增长。

这些成果既得益于时事,更离不开他坚韧的意志和长远的眼光。

产品研发期间,本地同行业也如雨后春笋般冒出。陈旭黎意识到厦门这块市场蛋糕不够分,他提前布局全国市场。1996年,公司一成立就迅速在北京、上海、天津、广州等城市成立了分公司。1996年—1998年期间,立林甚至放弃福建省内市场,将重心放在东北三省。东北市场一度供不应求,至今立林的产品仍在该地区保持着极高的市场占有率。

1999年,公安部与建设部联合发文,所有军建房都要安装楼宇对讲设备。蛰伏多年,陈旭黎就像一只身手灵敏的猎豹,一下就逮住这个全国性的大商机。到2001年,立林已经达到一千四百万年销售额。

扎根集美，厚报集美

集美商会常务副主席郑伟强找到陈旭黎时，立林在湖里火炬高新技术园已经小有规模。据郑伟强回忆："火炬园办公室在二楼，我们搭客梯，转货梯，在一栋建筑内兜兜转转才找到他的办公室。进去了也是小小的，几个人在局促的办公室坐下，膝盖都快顶到茶几了。"

两人一见如故，一场"促膝长谈"下来，郑伟强感觉到这个企业家低调、诚恳，还有着高瞻远瞩的视野，"当时就觉得，他的胸怀与抱负在这样的小环境真是屈才了，集美可以给他更广阔的发展空间。"

此时，立林迫切需要有自己的厂房，陈旭黎正在物色一块工业用地。几番对比后立林选择了集美，崭新的厂房落成，陈旭黎终于可以大展拳脚。

某种程度上讲，立林能够立足并壮大，确实与集美区提供的发展土壤息息相关。

2002年，立林公司建厂，附近村民因误会三次推倒刚建起来的围墙，三天两头还有地痞骚扰。这期间，集美区领导全力支持立林的建设，时任集美区政法委书记现场办公，安抚村民情绪，调解双方关系，保障施工顺利进行。

"集美区领导对我的关怀，让我充分感受到企业得到政府和社会的重视，更远的说，我多年的心血得到肯定。"陈旭黎更坚定不移要扎根集美，厚报集美。

他确实做到了。搬到集美后，立林快速发展，规模不断扩大，持续增加地方的就业机会，营业额连年攀升，也贡献了大量税收，连年成为集美区纳税大户。

但远远不够。

习近平总书记在金砖厦门会晤时曾盛赞厦门是一座"高颜值的生态花园之城"、"高素质的创新创业之城"。要维持厦门的"高颜值"、"高素质"，需要企业不断创新发展，而企业的发展离不开人才的支撑。陈旭黎很早就意识到厦门高企的房价，对想在厦门安居乐业得年轻人来说，是一道坎。

"年轻人买不起房就难以扎根于这座城市，没有人才的城市，结局可想而知。"他一直呼吁集美区为软件园三期建设配套的廉租房，"完善产业园区的住房配套，是未来吸引人才、提升产业竞争力的一项迫切任务。"2017年，陈旭黎在集美区政协大会上发言，提出为企业建设廉租房的建议，得到了政府的高度重视。

行业唯一一家作为国际标准起草组组长的企业

2018年1月26日，由我国牵头制定、公安部第三研究所技术总负责的系列国际标准IEC62820《Building intercom systems(楼寓对讲系统)》的最后一部分以94.7%的支持率获得通过，至此，该国际标准经历了6年的规划、起草、争辩与讨论、编写、投票、批准、发布，终于圆满收官。

IEC62820于2012年提案立项，由厦门立林科技有限公司作为《楼寓对讲系统技术要求》国际标准起草工作组组长单位，主持该系列国际标准的制定。

标准从立项发展到收官，持续了将近六个年头。几年间，这一标准项目组的专家开展了多次国际国内会议，对标准内容进行了多次修订，历经了种种国际方案的激烈之争，过程艰辛不易，整个编制过程相当复杂、严谨，测试实验要求高，这些年来编制组凝心聚力，克服了重重困难。

尤其是2012年欧洲标准EN50486希望通过走快速通道进行报批，升格为国际标准，但此时IEC62820也已立项，在推进的过程中发现两份标准的内容重复率超过80%。双方在争夺国际标准的主导权，火药味十足。

"当时欧洲不接受我们的标准，日本也不愿意加入。"被动的处境下，立林为首的IEC62820项目组据理力争，用事实说话。最终，秘书处认为欧洲的EN50486仅为了用户便利，不具备安防目的，取消EN50486在IEC/TC79走快速通道审批的资格。国际电工委员会/报警与电子安防系统技术委员会正式批准以IEC62820项目组(PT)为主导，主持系列国际标准的制定。

2013年10月，在意大利米兰召开项目组第三次全体专家面对面会议，讨论如何将EN50486和IEC62820进行融合，会议结果明确了将EN50486的要求整合到IEC62820作为等级一（较低要求），原IEC62820作为等级二（较高要求）。最终，IEC62820标准主导权之争尘埃落定，IEC62820获得了国际标准的唯一起草权。这是全国全行业内唯一一家民营企业作为国际标准起草组组长，是立林的里程碑，也是中国电子科技企业在全球市场上争夺话语权打的一场漂亮的胜仗。

"为什么要争取国际标准起草权？因为有话语权，才有定价权。"如今，立林在全球安防行业名声日盛。从立林出去的产品，客户只谈价格，无须担心质量。

企业高速发展 他的身体却出问题了

在实体经济低迷的背景下，立林保持二十多年营业额持续上涨的喜人态势，连一向对民营企业尖酸刻薄的某些银行都愿意揣着大把的银子借给立林。经济不再是悬于陈旭黎头顶的利刃，但看似春风得意的商业骄子，也有无能为力的时候。

2008年，立林处在高速发展的时刻，陈旭黎每天的工作就像自动化设备上的转轴，节奏紧密而高效。当他以后就要在这种节奏中迎来人生的高光时刻，身体突然出故障。

"一天早上，我发现自己动不了了。"

他中风了。多年后，陈旭黎向记者重提往事，他只寥寥数语，但当时医生的一纸诊断书几乎是把这个命运多舛的人再次推入深渊，"感觉自己要玩完了，可是我不甘心。"

在住院的整整十八天中，身体不听意志使唤，陈旭黎陷入心理斗争。期间，他重新审视了自己的人生和事业，想过去，想未来，想家庭，想自己，想他以前没时间想，没时间看的人和事。

这是陈旭黎的涅槃，也是立林的成人礼。面对突如其来的意外，公司高管临危不惧，在他生病期间严把生产经营，基层工作一如既往，有条不紊。经过悉心的调理，陈旭黎的身体逐渐恢复，但他开始远离每天扎在公司签字盖章连轴转的生活。他说："经过这次变故，我反而看得更清了。人生几十年，前行的路总有迂回，有放缓，只要保持步伐不停歇总能走到目的地。"

企业不断发展，也愈发凸显了管理能力和战略规划的重要性。陈旭黎感叹："是厦门市推行的质量奖救了立林。"2009年2月10日，厦门市政府出台了《厦门市质量奖评定管理办法》，全面启动厦门市质量奖评定工作。

"申报质量奖对企业的高层领导及战略要求非常高。立林连年都申报质量奖，专家反复评审，一直在帮我们提出整改方案。"小企业不需要战略，大企业的战略把关决定生死。一路走来，陈旭黎看到不少因为战略失误，一夕之间倒台的企业。看着立林一天天壮大，他也曾如履薄冰。后因申报质量奖，战略决策经过几次调整，维持了公司的稳健发展，2015年，立林荣获第三届厦门市质量奖，成为厦门首家得此殊荣的民营企业。

如今，立林在中国拥有近3000万的用户群体和超过20%的市场份额，在全国拥有37家分公司、办事处和200余个销售服务网点，预计2018年将突破八亿……一串串可观的数字无不归功于立林团队"隐于水面下"的努力。

智慧家居与智慧社区整体解决方案设备提供商

"忘记你的成功，记住你的失败，明天一定比今天更好。你只要努力，成功是必然。"这是他创业至今始终保持不变的初心。他说，自己能吃饭就行，公司所有盈利都可以投入研发。"但是，有一点，确保公司不能亏损，这是底线。只要不亏损，说不定就盈利了。"陈旭黎强调。

不变的，还有他的愿景：让人们生活在五星级的家。

这是一个什么样的家？举一例子，普通家庭的客厅装了很多灯，但一个开关只能控制一盏灯，家里所有电器都是完全独立，互不相关。立林所提出的智慧家居是按场景模式：想看书，所有自动调节到看书模式；有人来访，转换到会客模式；离家之后，所有联动开关进入离开模式。诸如此类的场景开关，摒弃繁杂的手动开关，实现一键转换所有家用电器模式，还能跟对讲、视频监控、停车场、背景音乐、小区照明等智慧社区的子系统互联互通。

"我们的发展目标非常明确，让社区所有带电的东西都是立林生产。"这就是立林正在加速加码发力的目标：智慧社区、智慧家庭整体解决方案设备提供商。

富士康董事长郭台铭曾说："阿里山的神木之所以大，4000年前种子掉到土里时就已经决定了。"立林专注社区的基因，从陈旭黎打开那个小盒子起，注定要融进血液。

翻阅立林的发展历程可以看出，产业布局一早就开篇。从立林保安、立林科技、立林电控，以及后来一系列延伸出来的产业链，立林从未离开过社区管理和社区服务的范围。2005年，立林还联合其他八家单位联合发起成立"数字社区控制网络产业联盟",包括立林在内的六家企业都是国内著名的智能小区和家居智能化产品供应商和系统集成商。

2012年9月,立林与意大利AVE合资创建厦门奥韦易立林科技有限公司。

为什么要跟海外合资?"一方面,AVE是意大利百年企业,立林只有二十多年。一家二十多年的企业要做二十年不会坏的智能家居,没人会信;另一方面,立林正在走向国际,立林可以共享AVE在欧洲的销售渠道和客户资源,实现优势互补,市场共赢。"

至此,立林的战略布局渐次铺陈开来:品牌差异化,市场国际化,专注社区领域,构建共享平台,实现万物互联。

立林创立二十六载,有低谷也有扩张,过程中陈旭黎将独到的远见与坚韧的品格深深地烙印在企业文化中。这也是公司立于不败之地,独领行业风骚的制胜关键。

如今,站在智慧家居和智慧社区的国际化竞争环境中,立林如何交出满意答卷,又能否创造新的领袖地位,是陈旭黎及立林团队面临的新课题。我们有理由相信,即使挑战重重,陈旭黎与立林团队依然能宠辱不惊。因为他们已经严阵以待。

正新轮胎陈秀雄：
专注轮胎行业近半个世纪

文 / 赖丹丹

　　茨威格在其名作《人类群星闪耀时》里有一句流传甚广的话："一个人生命中最大的幸运，莫过于在他的人生中途，即在他年富力强的时候发现自己的使命。"这句话用来形容陈秀雄极为合适。比这句话更幸运的是，他在年轻时就发现了自己的使命：今年七十多岁的陈秀雄，1970年在日本静冈大学毕业后便一头扎进轮胎行业，至今已将近半个世纪。

台湾彰化佃农用轮胎改变命运

要了解陈秀雄，必须得先认识正新橡胶和其创始人、"轮胎大王"罗结。

正新轮胎创始人罗结，如今已93岁高龄，而他缔造的正新仍是一派生机勃勃的景象，不断地开疆拓土。目前，正新是中国第一、世界第九的轮胎制造商，在全球拥有5大技术研发中心和十几个生产基地，所生产的自行车轮胎、摩托车轮胎、卡车轮胎、轿车轮胎行销到全球近180个国家和地区。

罗结，也成为名副其实的"轮胎大王"。

人们肯定会好奇，这样一家企业如何纵横驰骋半个多世纪。

1925年，罗结出生在彰化县的一户佃农家。当时，佃农的日子非常艰难，处于社会底层。日本据有台湾后主要开发樟脑和蔗糖产业，工业大都围绕着两个行业展开，城市的规模不算大，就业的机会非常少，佃农子弟几乎没有改变命运的机会。更为糟糕的是，1927年日本爆发金融危机，1929年全球陷入经济大萧条，这对严重依赖外销的台湾有如灭顶之灾。面对日益恶化的家计，罗结不得不在读完小学后就当起贩卖蜜饯的卖货郎。每天不停地走街串巷，还得扯着嗓子吆喝，一天下来极为辛苦。这种日子，一过就是七、八年。在这样贫困、压迫、动荡的日子里，罗结度过了本应美好的童年和青少年。

1945年，日本战败投降，台湾迎来了新的命运。当时，大众交通工具是自行车，战争一结束，自行车就变得抢手，与之配套的车胎也就贵了起来。台湾很多商人纷纷瞄准这一商机，大举搜集战时遗留的报废车胎，然后用斩胎、抽取纱布的手法将之翻新成新的自行车轮胎，从中牟利。彰化县是这一生意的聚集地，罗结也加入到制造自行车轮胎的大军中，先后在北门轮胎行和大新轮胎行做学徒。

进入轮胎行业后，罗结从最基础的一点一滴学期，五年后就掌握整个生意的精髓。1951年，26岁的罗结联手连荣车行的老板李陈荣创办"连新轮胎"，其中李陈荣主要出资本和渠道，罗结主要出技术。平时，李陈荣要强一些，罗结则为顾全大局处处忍让。这一局面维持了15年。15年间，罗结不断积蓄力量，他很清楚他与李陈荣早晚分道扬镳。1966年，罗结和李陈荣再也合作不下去了。双方平分了资产，然后在厂房中间画了一道分界线。李陈荣在分家时标下了"连新"品牌，罗结陷入了没有品牌的窘境。为了拓展业务，无奈之下，罗结只得拿掉新厂中的"连"字，把品牌更名为"正新"。不过，这仍没有满足李陈荣的意气，他仗着财力得寸进尺，竟然把正新厂区外的土地全买下来，以对罗结形成"围剿"之势。

李陈荣打到了家门口，怎么办？跟他斗吗？罗结没有这么做，他选择了远离李陈荣。1967年，罗结在厂区迁到彰化县另外一个地方。当时，有178名员工跟着罗结来到位于彰化县大村乡黄厝村美港路215号的正新工厂，大家一起踏上新征程。

乔迁之后，正新进入快速发展阶段。仅用15年时间就成为全台轮胎企业的第一名。1969年，正新完成了股份制改造，同年与日本共和公司就自行车轮胎技术与业务建立起合作关系；1971年，取得美国运输部DOT认证，员工人数增长到600人；1973年，开始生产卡车和轿车用轮胎；1975年，员工人数达到1200人，当年还在美国洛杉矶开设了办事处；1977年，在台北开设办事处，主要处理日益增长的海外业务；1980年，被核定为"品牌甲等工厂"，员工达到了2200人；1983年，年营业额到达27亿元，位居全台同业之冠。

杏林台商投资区获批仅6天 正新轮胎成功注册厦门公司

坐上行业冠军宝座后，罗结与整个正新公司的人，都不满足于此。他们将目光，瞄向了大陆，他们有一个目标，要做"中国轮胎大王"。

带着这样的信念，罗结带上彼时已经成为其大女婿的陈秀雄，踏上大陆考察之旅。

"北京、上海、广东都考察过，最终还是觉得厦门亲切，语言文化都通。"当年来厦门考察时，大家一下飞机就听到人们用闽南话跟他打招呼，如此相近的习俗和语言，给了他们很亲切的感觉。于是，正新选址厦门。

"刚来的时候，这里十分落后，地上种的是地瓜、花生，根本找不到路让车子开进来。"而更让陈秀雄吃惊的是，一到晚上6点钟，马路就变得死气沉沉。因为生活极不便利，所以陈秀雄坦言，当时只是抱着尝试的心态来投资的。

这种试一试的心态很快被厦门市政府的办事效率改变了。陈秀雄回忆，当时，厦门市领导答应他三个月内将一块30万平方米的坡地填平。三个月后，陈秀雄再次踏上那里，感叹在台湾用机械作业需要一年时间的项目，厦门竟然真的在三个月内完成了。他说："让我感慨的是政府高效的办事效率和诚恳的服务态度，从那时起我们就决定扎根厦门。"

正新最后决定落户杏林。此时，正好赶上1989年5月20号，国务院正式批准厦门经济特区以及所辖的海沧、杏林设立台商投资区，在改革开放春风的吹拂下，厦门经济特区发展的步伐越迈越快。1989年5月26日，正新在大陆的第一家企业厦门正新橡胶工业有限公司注册成立，落户厦门杏林台商投资区，而此时，据投资区获批设立仅仅六天。"我们就算不是投资区设立后注册的第一家，也肯定是最早之一。"陈秀雄说。

从厦门正新建厂伊始，陈秀雄就把家安在了厂房内。29年来，杏林台商投资区走过的每一步，陈秀雄深有体会，也充满了感情，"水喝多了就变成这里的人，我就是一个厦门人。"

1991年12月19日，厦门门正新建成开业。"时任国务院副总理的谷牧来了，副部级以上干部来了几十位，场面十分热闹。"回忆起27年前的开业盛况，陈秀雄自豪地表示。

1992年，正新厦门厂正式投产，主要生产自行车、摩托车、汽车的内外胎等橡胶制品。

一切都被安排得恰逢其时。这一年，改革开放总设计师邓小平发表南方谈话，明确将继续推进改革开放，这一消息振奋了海内外企业家。此后港资、台资、外资企业越来越多地进入到中国。

然而，那时候敢于来华投资的台商也没有几个，只有康师傅控股董事长魏应州和旺旺集团董事长蔡衍明。这两位台商比正新创始人罗结小30多岁，正是敢赌敢拼的而立青年。当时，来大陆投资是要冒相当风险的，没有人知道，把这么一大笔钱投在大陆，最终换来的究竟是滚滚财源还是打水漂。

好在，正新除了罗结，还有强大的团队。作为罗结的大女婿，陈秀雄被委以重任，全权负责正新厦门公司的各项业务。

复制台湾厂成功经验
厦门厂取得市场优势

进入大陆后，正新马上面临两大艰巨课题：

其一，当时的中国还是一个自行车王国，汽车保有量非常少，而正新早在1973年就转为主营汽车轮胎业务了，这意味着正新要在未来进行长期而艰巨的市场培育。

其二，台湾是一个几乎没有汽车工业的地区，当时的大陆也是如此。两岸的汽车基本由美、英、德、法、日、韩等国汽车制造商生产。而轮胎工业是汽车工业的一个分支，轮胎制造商对汽车制造商高度依赖，汽车制造商一般都会选择与本国轮胎制造商合作。比如日本汽车制造商会选丰田、本田轮胎，韩国汽车制造商会选倍耐力、韩泰、玛莎拉蒂轮胎，这就意味着正新必须要与那些有本国汽车制造商撑腰的国际轮胎巨头竞争。

在正新进入大陆几年后，韩国锦湖轮胎和韩泰轮胎分别与1994年和1996年进入中国，而伴随改革开放深入，米其林和倍耐力等欧洲轮胎巨头也来华设厂。

要如何在一个待开发市场与这些庞然大物竞争呢？

正新的策略是：第一，定位于中低端市场，依靠性价比取胜，做让用户满意的产品。第二，与美国汽车制造商合作，舍弃日韩汽车制造商，以避开"采购民族主义"；第三，依靠身份搞好政企关系，营造超越对手的商业软实力。

其实，这些竞争策略正新在台湾岛内已经进行了长期实践，被证明是有效的。

全球汽车工业起飞与20世纪70年代，当时还只有自行车和摩托车轮胎制造经验的正新通过购买技术和代工方式进入到汽车轮胎领域。

刚开始，正新先进入到技术相对简单的卡车轮胎领域，待技术成熟后再切入到技术复杂的轿车轮胎领域。在进军轿车轮胎领域时，也是先从简单的个人替换轮胎业务做起，待做出明堂后再争取汽车制造商的原车配套业务。而在地域选择上，主攻美国市场，然后向全球其他地区拓展。通过不懈努力，正新赢得了包括通用汽车在内的大型汽车制造商的订单，并开创了玛吉斯轮胎品牌。

陈秀雄介绍，吸收在台湾发展的成功经验，厦门正新自创建以来稳步发展，每年都有新的发展计划，一步一个脚印，扎扎实实把正新做强做大。

等到通用等美资汽车制造商进入中国，正新拿到了上海通用君越的配套合同，于是在紧邻上海的昆山投资建厂。之后，正新又拿到了上海大众等汽车制造商的配套合同，开始进军高端汽车轮胎领域。

除了飞机轮胎 正新生产所有的轮胎

除了复制台湾厂的经验以应竞争，陈秀雄还想方设法占领大陆市场。"在落户厦门之初，正新的产品90%出口，不过我很早就看到了内地市场的巨大潜力，用自行车胎和摩托车胎这样适合市场需求的小胎切入内地市场，并站稳了脚跟。"陈秀雄说。

为开拓内地市场，陈秀雄没少动心思。

"国内的销售量一直呈上升趋势，这并不是说供应国内的市场就没有挑战。为了攻占各地市场，我们花了许多研发力量致力于研究各地地形地况的不同，从而研发出适合当地的轮胎，也由此拉开我们和竞争对手的距离。"陈秀雄说，"每年我们花在研发上面的钱，大概占到总营业额的4%左右。"比如，山西大同的运煤车负重特别大，需要耐磨耐压的轮胎，这种特殊要求的轮胎，除了我们能研制出来，其他轮胎厂商还真没办法呢。厦门市场需要的是全钢轮胎，适合大巴和大卡车。在小轮胎方面，自行车轮胎的制造也是因地制宜，2000多种不同的产品，在每个地区销售的都不一样。

"我们不停地开发设计不同的轮胎，来适应各地不同的路况和客户需求，像山区就送耐磨的轮胎，路况好的地方送轻便的轮胎等。光自行车轮胎，就有2000多种。除了飞机轮胎没有制造外，正新生产所有的轮胎。"凭着这份用心，在内地轮胎同行中，正新虽不是营业额最高的，但一直是赚钱最多、缴税最多的企业之一。

2009年，正新在杏林建厂20周年。正新的庆祝方式之一就是推出一款新型轮胎产品。他们特别研发的"神盾王"轮胎，集中了所有轮胎的优点，耐磨、耐刺、耐重、让电动车省电等。陈秀雄说，按照以往的情况，轮胎的这些优点是不可兼得的，要耐磨就不太可能省电，但他们将不可能的事变成了现实。

2009年3月，陈秀雄受到省委、省政府表彰，成为福建省36名有突出贡献的企业家之一。

专心干好一件事
品质成为闯荡全球的通行证

美国著名作家爱默生曾经说过，"一个机构是一个人延伸了的影子"；同样，企业"一把手"的性格、行为处事方式必然会影响企业的方方面面。一直至今，具有丰富的企业管理经验及较高的轮胎专业技术水平的陈秀雄，将务实、坚毅、执着追求的精神及信念带进了这家台企。他一直以台商拼搏的精神深耕中国轮胎市场，以"专心干好一件事"的专注精神，成就了正新的今天，自己也被誉为"台商小巨人"。

"一开始我们就坚持对轮胎品质的严格要求，无论市场淡旺、原材料价格高低，正新企业对轮胎品质的坚持从未有过动摇和松懈。"陈秀雄说，他当时负责研发和工厂管理，每天都要徒步巡视工厂两次。因为品质的优异，正新轮胎声誉鹊起。

"国际一流"一直是萦绕在众多中国企业与企业家心头的光荣与梦想。多年来，人们对它的追逐与讨论从未停息。然而，面对现实的技术鸿沟，一些人望而却步。

正新则不同。自行车轮胎，世界第一；摩托车轮胎，世界第一；沙滩车轮胎，世界第一；汽车备胎，世界第一；各种丁基胶内胎，世界第一……到目前为止，正新创造的这些辉煌业绩，足以让其跻身"国际一流"之列，成为中国轮胎行业的成功典范。

品质，永远是正新闯荡全球的通行证。"世界一流品质，世界一流产能"，陈秀雄表示，在纷繁复杂的国际竞争环境中，正新以质量全球化视野为导向，瞄准世界轮胎业最高端，以高起点布局规划生产流程和产品路线。

在陈秀雄的带领下，正新一直实行"三严"准则：即原料入厂严格把关，不合格绝不使用；工序半成品交接严格把关，不合格绝不交接；产品出厂严格把关，不合格品绝不出厂。

正新还十分注重与国际标准接轨，积极采用 JIS、ETRTO、TRA 等国外先进标准，生产出国际通行的轮胎产品。正是通过公司全体员工的不懈努力，使得公司的产品质量以及质量管理水平达到并保持着先进水平。

正新的发展速度。可以用"飞"来形容。

29年时间，陈秀雄交出了一份靓丽的成绩单，成了台商在厦门投资的一个标杆。说到此，

正新轮胎

陈秀雄还讲了这么一个小故事:"20世纪90年代初台湾三阳由市工商联陪同到杏林考察时,特意到正新参观。回去后就拍板定案,因为看中了厦门的投资环境及有正新轮胎的配套,就决定在杏林设立厦杏摩托企业了。"

2001年,正新投巨资创办"厦门正新海燕轮胎有限公司",主要生产全钢载重子午胎,成为全钢载重子午胎领域的一支劲旅,前景广阔。2004年1月又独资成立"厦门正新实业有限公司",主要生产各种丁基胶内胎等橡胶制品,成为中国轮胎产业的一颗璀璨明珠。2004年,"正新牌"轮胎荣获"中国驰名商标"称号。

2007年,正新在海沧购买了近70万平方米的土地,把内胎生产线迁移到海沧,而杏林台商投资区厂区生产外胎,80%为内销。"当初创业时我还心里没底,30万平方米厂区,这么大的面积,什么时候能填满?没想到18年时间,正新能在杏林做得这么大!"。

2010年,为了响应厦门市委、市政府"百亿产业"构想,以及对厦门市投资环境的充分信任,厦门正新乘势而上,持续加大投资扩产,建设的集美后溪工厂培育了一个百亿产值生产基地。

回顾正新在厦门的发展之路,一个不断追求、挑战自我的企业形象跃然纸上。"现在对我来说,资产表上多一个零或者少一个零已不是最重要的。最快乐的事情是可以看到正新健康向上成长,创造出更多更大的价值来回馈员工、回馈行业和回馈社会。"陈秀雄说。

日月谷陈信仲：
"鸭毛兄"的大陆情结

文/谢嘉晟、赖丹丹

　　出生于台北的陈信仲，今天却喜欢把厦门海沧的日月谷温泉度假村当家。他是改革开放后第一个把中国的羽绒生意做到全世界的台商，他在厦门筹建了福建建设最早、规模最大的温泉度假村。他历任厦门市台商投资企业协会的副会长、常务副会长和会长，在会长任期的三年里，走访了近五百家企业，为四十多家在厦台企解决了很多事关企业经营困难的切身问题。

家族事业包揽
"最软""最硬""最轻"和"最重"四大板块

在陈信仲眼中,厦门海沧的日月谷温泉度假村就是自己的家。

现在,陈信仲已经很习惯于把客人招呼到日月谷,这是全国首家同时拥有"国家4A级旅游景区"、"五星级饭店"、"中国驰名商标"和"中国五星级温泉"的度假村,把这当家,陈信仲有充分的理由。

陈信仲把家族事业分为"最软""最硬""最轻"和"最重"四大板块,"最硬"的是新加坡的工业钻石厂,切割钻石首饰也离不开他家的切割工具,所以"最硬";轻若鸿毛,羽绒自然属于"最轻",这是陈信仲家族事业中的传统支柱产业;"最重"的焊锡厂同样在新加坡,锡的密度比铁略小,但加上银之后,就比铁重,故称"最重"。

日月谷的卖点是温泉,水可以流到任何可以去的地方,自然属于"最软"的部分。"最软"的事业也是他在大陆最得意的投资手笔,是家族事业的核心。

即便放在改革开放进入第四十年的今天,日月谷在厦门的地理位置虽然属于偏安一隅,但从日月谷自己驱车到厦门本岛,也就半个小时的车程。

陈信仲投资日月谷的时候还没有海沧大桥,要走厦门大桥取道杏林,七拐八弯至少要耗一个半小时。在如此偏远的地段选投一个当时根本没人看得懂的五星级温泉酒店项目,除了慧眼独具,外界透过陈信仲儒雅的外表,还能看出他骨子里那份"要做就要做到最好"的执着。

日月谷温泉从立项到建成投入运营,充满机缘巧合。1998年,陈信仲初次接触这个项目时,想法很简单,要个一百亩土地,投个几百万美元,搞个私人温泉别墅自己住。没曾想,一投刹不住车,项目规划设计由一期变成了三期,投资额由一期的预计五百万美元追加到五千万美元,二期又投资了超过七亿元人民币;接受专访的工夫,抬头可见的二期主体工程已经竣工。二十年弹指一挥间,昔日规划的私人温泉别墅,变成了闻名遐迩的日月谷温泉度假村,成了厦门的一张新名片。

在自己最得意的事业板块里接待来客,陈信仲不只是要让客人感受旗下产业的欣欣向荣,从日月谷投入运营开始,这里事实上也已经变成了他的家,一家老小吃住都在这里,在自己的家里接待客人，总是让人倍感温馨。

在自己的家里接待客人，也是陈信仲的一种习惯，在新加坡，他还有一个家。决定到厦门来投资这个"最软"的项目，就是在新加坡的家里，接待了当时的杏林区政府领导一行后确定的事情。

陈信仲有个妹夫，比他更早之前来厦门投资，当时的杏林区政府要到新加坡招商引资，先找他的妹夫探路，妹夫推荐了陈信仲，好客的陈信仲由此第一次接触了当时的杏林区领导。

那个时候的日月谷所在地看起来一片荒芜，温泉流于地表，到处热气腾腾，但周边几百亩范围内的土地寸草不生，一些当地村民随便搭盖些简易建筑充当澡堂，干些揽客泡澡营生，偶尔也客串做些其他服务。

乱象屡禁不止，这让当时的杏林区政府很头痛，他们希望能引进外来投资，把这里的温泉开发起来，改善环境的同时，也带动这一方的经济。

招商项目是温泉，陈信仲顿时来了兴致。打小父亲就经常带他泡温泉，台北温泉文化浓厚，因此，他很早就喜欢上这种休闲方式。

陈信仲决定到厦门看看。

生意太好做
大陆市场处处都是商机

在投资日月谷之前，陈信仲的家族事业其实从未涉足过温泉。

陈信仲出生于台湾的一个生意家庭，祖父早年在台湾从走街串巷回收废品起家，后来开了个废品收购店，到他父亲这一代，产业升级换代，废品回收变成了工厂，并专注于鸭毛鹅毛的回收与加工处理，供应给下游的服装企业做成羽绒服、羽绒被，一年销售额有几千万。

所谓轻若鸿毛，羽绒产品就是陈信仲事业版图里"最轻"的部分，起名为合隆毛厂。

这个行业的准入门槛不高，台湾市场不大，由于竞争激烈，1964年，陈信仲的父亲到新加坡投资了一家新厂。1969年，二十六岁的陈信仲在短暂的历练之后，被父亲派到新加坡独当一面，由此开始了羽绒生意的半生征战。

"当时的新加坡就像是改革开放初期的厦门。"在陈信仲的印象中，当时岛国新加坡并不发达，属于起步阶段，没什么像样的企业，跟早期的厦门一样，到处招商引资，对外来投资会给出很多优惠政策。

合隆是新加坡最早的羽绒生产厂家，自然受到政府的欢迎。

新加坡合隆分厂的设立，赶上了一波市场空档期。东南亚在生活习惯上跟台湾有些不一样，至少在台湾人眼中，东南亚人比较安于现状，四季瓜果飘香，肚子饿了伸手可得，天气不冷，随便住都不会冻着。经常是干完一周拿到工资后，花完再来上班，吃住都不讲究，因此，对于收购鸭毛鹅毛等这类劳心劳力的生计自是十分不屑。

这给了合隆毛厂快速发展的机会，也给工厂管理带来了难题，工人队伍不稳定，周薪一领到手，工人就不见了。

研究过当地的行为习惯，陈信仲把周薪改为月薪，久而久之，工人的习惯就调过来了，员工队伍也稳定了。陈信仲替父亲打理新加坡工厂没几年时间，回收羽毛生意的地盘，很快从新加坡扩到了整个东南亚。

合隆毛厂的快速扩张一度引起了香港同行的眼馋，也把竞争范围拉到了东南亚，但在市场争夺战中，被陈信仲轰了回去。

1982年，陈信仲获邀出席在北京举行的中华人民共和国成立三十三周年国庆大典，他是新加坡唯一获邀的国宾，在此之后，他收购羽毛的生意战线，从东南亚拉到了国内。

在驻新加坡大使的牵线搭桥下，陈信仲与中国土产畜产进出口总公司做起了国际贸易，土畜产总公司拥有进出口权，彼时的中国还处于计划经济转向市场经济的初级阶段，进出口权由国企专控，制造业基础相当薄弱，类似的鸭毛鹅毛属于废品之列，一些基础原材料严重过剩，正愁找不到出处。

黑龙江有个县城供销社，鸭毛鹅毛屯了三年，仓库都装不下了，突然看到有人上门收购，清理存货一口气赚了四万多美元，"开心得不得了"。

陈信仲的介入，盘活了大陆这个本来貌不起眼的产业，没几年时间，他的收购足迹遍及国内十八个省份，这些从中国大陆收购上来的羽毛，经土畜产总公司，源源不断地输送到了新加坡。

新加坡自由贸易港的区位优势，进一步催熟了合隆毛厂。陈信仲一边是，掌握了亚洲区广大的原材料收购渠道；另一边是，不断扩大产能，延伸产业链，除了向世界各地供应合隆毛厂生产的羽绒初级产品外，产品线逐渐向羽绒服、羽绒被等成品扩张，为美国、意大利等知名服装品牌代工。

粗加工产品的出口和为知名品牌代工，都能让合隆毛厂的利润维持在高位。产销两旺，新加坡合隆毛厂在陈信仲的手上被发扬光大，在他投资大陆之前，合隆毛厂已是亚洲最大的羽绒制品供应商。

那段时间，敢拼敢闯的中国民营企业家正开始着前无古人的创富探索，陈信仲无疑也沐浴了中国改革开放的春风。国际贸易结算以互开信用证为主，有一百二十天的兑付期，信用证开到国内，付款期还没到，从大陆出口的羽毛已经变成产品卖到了全世界，并收回了货款。

"生意太好做，大陆市场处处都是商机。"陈信仲从不否认，是大陆渐次开放并且越开越大的市场，才有了家族产业在新加坡之后的二次腾飞。

看到热气腾腾的露天温泉他已经抑制不住内心的兴奋

厦门日月谷温泉度假村并非陈信仲在国内最早的投资项目，获邀到北京出席三十三周年国庆大典之后，1989年，陈信仲便着手张罗在大陆的投资办厂，首站选择深圳。

深圳是中国改革开放的前沿阵地，陈信仲出手投资大陆的时间节点比较特殊，由于政治经济局势比较复杂，某些外资正考虑撤资或对增资保持观望。

正是见证了中国改革开放的决心，和在不断加大的中国改革开放力度中看到了信心，才有了陈信仲由最初的国际贸易走向实体投资，并把家族产业重心逐渐转到了大陆。

到深圳设厂时，陈信仲与大陆的跨国贸易已不局限于羽绒，交易品种更丰富了，比如刷子和地毯。他在贵州收购羽毛时，偶然接触了一家生产刷子和一家生产地毯的厂家，这两家工厂依托当时的技术条件，生产出来的产品其实质量都还不错，但当时内需疲软，产品卖不出去，大量库存，单刷子就有四十多万把。

遇到前来收购羽毛的陈信仲，刷子和地毯厂家都希望他能帮助解决下厂里的产品销路问题，于是就有了热心的陈信仲，在收购羽毛的同时，一并收购了其他工厂库存的刷子和地毯。

不过，当时的中国对外贸易环境并不乐观，以美国为首的西方势力不顾公认的国际关系准则，对中国进行制裁，在世界上掀起了反华浪潮。在这种情况下，中国商品要出口到欧美国家，非常困难。

为了帮助中国商品出口，陈信仲想出了一个万全之策，他把刷子和地毡先出口到新加坡，改贴上新加坡厂地标签，然后再出口到欧美，从而有效避开了西方的贸易制裁。

陈信仲的国际贸易不仅收获了不菲的利润，也一并解决了生产厂家的库存问题，并在中国改革开放之初，为国家出口创汇探索了新路。

凭着多年在大陆走南闯北收购羽毛的经验，几年后，陈信仲避开中国改革前沿阵地，在安徽六安投资了一家更大的羽绒制品厂。他已经大致摸清了羽绒产业的脉络，深圳本身并不出产羽毛，合隆毛厂的原材料多数要靠外地供应，而中国盛产羽毛的地方集中在安徽和河南的一些地方，比如安徽的六安就是有名的"中国羽毛羽绒之乡"。

陈信仲的这一投资决策，奠定了家族产业"最轻"事业在大陆的基础，六安自建的合隆毛厂很快就消化不了源源不断的国际订单，陈信仲不得不把订单放给了国内的四家代工工厂。

羽绒事业的独步天下，熟悉的朋友早已习惯于亲切地叫陈信仲为"鸭毛兄"，他对于这个雅号似乎也非常享受，很乐意地给自己的微信起了个同样的名字。

1998年的第一次厦门考察之旅无疑让陈信仲欣喜异常，来到海沧现场，当看到四处是热气腾腾的露天温泉，他已经抑制不住内心的兴奋，"天赐良机，这么好的东西居然没人要。"

他亲眼看到，周边有个村民把一只杀好的牲口，直接丢在温泉水里去毛，由此可见这里的温泉水温度够高。他泡过世界各地有名的温泉，很清楚这水的含金量。

陈信仲一见钟情，几乎没什么犹豫就与杏林区政府敲定了这个投资项目。

现在的日月谷温泉度假村占地面积超过三百亩，刚开始陈信仲并不想要这么大，经不住杏林区政府鼓动，"干脆就把整片都给要了"。彼时的中国改革开放虽然已近二十年，但在厦门的地图中，日月谷昔日所在地依然属于荒郊野外，因为温泉的存在，周边寸草不生，这里看着甚至比其他地方更加荒凉。

当时的地价不贵，就这样，日月谷由最初只想规划一个自己住的私人温泉别墅，变成了一家五星级酒店的温泉度假村。

日月谷温泉的建设并非一帆风顺，立项时就遇到了问题。

按照改革开放之初拟定的招商政策，酒店项目不能由外商独资，必须与国内合资。这与陈信仲的投资意愿存在着较大偏差，他的本意是要投就要独资，他不希望后来发展出现什么意见分歧，并且还要求配套拿到"水权"，也就是温泉的开采权。

争取独资和开采权在当时本来就是一个比现在要复杂得多的审批流程，手续审批过程中，又赶上了厦门区划调整，原来的杏林区一分为二，一部分划入集美，一部分并到海沧，日月谷被划在新的海沧行政区划内。

在一个行政区内立项，在另一个行政区内申请开采权，这让审批流程变得异常复杂。费了一些周折后，由于坚持自己的经营理念，在厦门相关政府部门的协调和力挺之下，陈信仲拿到了他想要的红头文件。

1999年，日月谷温泉度假村正式立项。

日月谷开启了一个温泉时代

到日月谷温泉度假村开建时，陈信仲与大陆各级政府已经打了十多年的交道，并在大陆有多个项目投资。

尽管如此，陈信仲在投建日月谷温泉项目上，还是出现了许多不可控因素。仅征地一项，被他戏称为"天下第一难"，期间一度征不动地，施工频频受阻。陈信仲不急不躁，先回新加坡观望，后来，在厦门各级政府部门的协调下，才又恢复施工。

费了九牛二虎之力把周边村民安抚妥当，酒店竣工投入运营已是2003年的事情。

历史证明了陈信仲此次投资的慧眼独具。日月谷施工过程中挖到了一块石碑，石碑距今已有470多年的历史，上面刻着一首《温泉铭》。根据历史记载，由明朝户部大臣丁一中所作，据说当年丁一中在汤岸温泉洗澡，洗完后觉得神清气爽，于是即兴作了《温泉铭》。

因为是在日月谷的地界上挖到的，后经文化部门批准，石碑被留在度假村内，成为度假村的一个文化象征，也从另一个侧面证明了这里温泉的历史。

日月谷一期建成后，陈信仲一家都陆续来到了厦门，这宗"最软"的生意渐渐成了他在大陆的家。

一家以温泉为主题的度假酒店，全新的业态加上远离厦门市区的地理位置，刚投入运营的日月谷，经营状况并不那么尽如人意。

陈信仲说："前面三年都是亏的，到第四年后，才开始盈利。"酒店扭亏为盈后的那种喜悦，让陈信仲重提往事时变得相当轻松。

"刚开业时，有时候一天才接待一两个客人，酒店一百多个房间，一个月单水电费就要几十万元。有些台商朋友甚至断言酒店早晚要倒。女儿担心得不得了，问我，老是这么亏下去怎么办？我说别担心，其他生意不是还有赚钱嘛，就算这个项目不赚钱，也还是亏得起的。"

转机出现在2005年的"9.8"投洽会。这一届投洽会首次配套了海峡旅游博览会。日月谷策划了一次参展，以一反常规的布展方式，将缩小的温泉泡池搬到了展会上，并推出模特现场表演。

日月谷一"泡"打响，此后，每年参加投洽会成为陈信仲营销中不可或缺的一项重要内容，日月谷的名气也随着投洽会飞向海内海外，亏损逐渐缩小。

陈信仲在做好日月谷温泉上，堪称用心良苦。

日月谷立项之后，他花了几个月时间，重新体验了土耳其、芬兰等二十多个国家的知名温泉，拍了几千张照片回来，然后跟设计师逐一推敲，结合厦门当地的气候特点和风情习惯，最后确定厦门日月谷温泉度假村的风格为热带雨林式风情温泉酒店。

为了充分体现热带风情，陈信仲花数千万从东南亚进口了不少苗木和装饰，让客人进到日月谷有一种到了东南亚的体验感。

在酒店裙楼，陈信仲指着一处雕工细腻的壁饰颇为自豪，"这是当时从泰国买回来的，现在可能已经做不出来了。"

风雨过后终见彩虹，亏过三年之后，陈信仲的用心经营终于看到了成果。随着到海沧投资的外商越来越多，住在日月谷比住在岛内方便，酒店的入住率越来越高；国内外到这里泡温泉的客人也越来越多，一些异地客人，偶尔还会利用周末时间包架飞机来个"日月谷温泉两天一夜游"。

日月谷的业态模式给国内温泉酒店树起了一个榜样，成为国内很多同行模仿的对象，说来有趣，有跟风者甚至不假思索地照搬日月谷，成为日月谷的翻版。

但一些细节上的设计，或许只有陈信仲才懂其中的奥秘。由于日月谷的占地面积够大，不同的泡池之间用树木等绿化带隔开，若干年后，绿树成荫，如果在建时没有预估到池间距，树上的落叶反而会成为泡池的污染。

与陈信仲对话的抬眼间，已见日月谷二期完成主体建设，一期日月谷以露天泡池为主，二期将突出室内泡池，可以接待三四千个客人同时泡澡。

从十几年前举家搬到日月谷来住的那天起，陈信仲已然做好了在厦门打持久战的心理准备。对于这个"最软"的事业板块，他不无骄傲："发展温泉酒店，可能是我一生中最美好的选择。"

日月谷在国内开创了一种商业模式，开启了一个温泉时代。

日月谷温泉

71岁当选厦门台协会长
三年走访五百多家企业

"我被边缘化了。"专访即将结束时,陈信仲开了个玩笑。

陈信仲今年七十五岁,一头鸭绒似的白发写满了他的经历,也成了"鸭毛兄"的标志。如今,他已基本上不再插手公司业务的具体管理,把家族事业发扬光大的责任交给了下一代。因此,此次陈信仲的专访,也像他对自己为事业征战半生的一次总结。

实际上,陈信仲并非马放南山,2016年,从厦门市台商投资企业协会卸任后,他又被推到全国台湾同胞投资企业联谊会常务副会长的位置上,分管协会中福建和江西片区的相关事务,在厦门的台资企业就有七千多家,闽赣两省的服务范围够有得他忙。

来到大陆后,之前从不问政事的陈信仲反而对一些社会事务工作充满了热情。厦门是最早成立台商协会的城市，2004年，日月谷开业后，陈信仲就加入了协会，此后，历任副会长、常务副会长，2014年，七十一岁时，按照规定已属超龄，本来不能再任会长，因为民意选票远远超过三分之二，众望所归，所以又当了一届会长。

陈信仲多数时间会在日月谷接待前来拜访的客人，只在担任厦门市台商投资企业协会会长期间有过例外，他把接待地点改在江头台湾街上的台商会馆。从没在别人单位里上过班的陈信仲，第一次上班很快进入了工作状态。那段时间，若没特殊情况，每天早上八点半之前，他必定会准时出现在协会。

正如他经营企业的风格，陈信仲很务实，走上厦门台商协会的领导岗位后，在三年任期内，他走访了近五百家会员企业，几乎每两天一家，切实帮助四十多家会员企业解决了一些由来已久的问题。

其中有一家企业迟迟拿不到退税，陈信仲带着企业去找相关单位协调，"周二去协调，周五税就退下来了。"还有一家公司因为环保问题，项目一直卡着，陈信仲带着企业负责人去走了一趟，发现这个环保问题并不是无法解决。

在任期间，站在厦门台商协会的立场，陈信仲还推动了一些公共事务改革和创新。

他观察发现，每年从"小三通"进出厦门的台商人次达一百五十万左右，很多台商都通过厦门这个据点到陕西、黑龙江、辽宁等地发展，他提议有关部门在厦门"小三通"口岸增设一个服务点，让从这里进出的台商如有疑问或困难，可以直接得到回复。此举的用意，厦门可以给前来大陆的台商留下第一印象。

2016年，陈信仲力促由厦门市台商协会重要会员单位参与，在厦门自贸片区海沧园区投资成立"台湾创业馆"，为"二代"台商参与自贸区建设创造平台，让台湾年轻人能够拎包创业。对台湾年轻人来说，这是了解大陆、参与大陆建设、共享中国改革红利的创举。

陈信仲超龄服役，能够得到台商协会会员的力挺，显然不只是他的身体力行。

陈信仲走访企业，一般都不是单枪匹马，他会带上个把副会长、办公室的行政人员，协调辖区政府官员同往，当走访人员一行突然出现时，经常让台企"高兴得不得了"，因为协会有八百多家会员企业，有些企业太小或行业太偏，经常会被忽略，陈信仲马不停蹄地走访，有些企业在入驻厦门多年之后，第一次有协会领导登门拜访，其激动心情自是溢于言表。

陈信仲帮助台商解决实际问题，有时候还掏出真金白银，企业运营总少不了有上顿没下顿的窘境，陈信仲会尽力雪中送炭。几年下来，台商的问题解决了不少，他的腰包却瘪了不少。

在家族企业中"被边缘化"，从厦门台商协会会长位置上离任，陈信仲满怀激情地履行了新的社会职务。对这位老政协委员、老厦门荣誉市民来说，为台湾同胞联谊会贡献心智发挥余热，和过去打理家族企业一样，是另一份事业的开始。

大洲陈铁铭：

大浪淘沙勇者胜
厚德载物智者赢

文 / 赖丹丹

"大浪淘沙勇者胜，厚德载物智者赢"。在大洲集团董事长陈铁铭眼里，公司20年的发展经验，可以归纳为一句话：舍得有度，方能永立潮头。

正是因为舍得有度，陈铁铭带领的大洲集团方能一路乘风破浪、永立潮头，成长为一家业务涵盖影视文化、金融证券投资、地产经营与开发等三大产业集群，总资产超百亿元人民币的综合性、国际化大型企业集团。

舍得有度，方能永立潮头

陈铁铭是一个温文尔雅、文质彬彬又精明骁勇、能文能武，且果敢决策、屡战屡胜，颇具传奇的企业家，面对一次次机遇与挑战，他始终信奉巴菲特的至理名言：在别人恐惧时你贪婪，在别人贪婪时你恐惧。

他改革创新、勇立潮头，他不畏艰险、敢为人先，曾创造过数个全国第一：第一批在上海开启商品房按揭贷款模式的开发商；第一个通过二级市场举牌收购A股上市公司成为"买股上市第一人"；第一个成功收购美国商业银行的民营企业家……

公司成立至今，他不但能踩准改革开放进程中和市场变化时所带来的每次发展机会并及时出击把握机遇，还懂及时处理好"舍"与"得"的关系，始终如一地坚持诚信经营、依法纳税，热心做慈善回报社会，与客户、朋友、合伙人、员工等广结善缘。

正是因为舍得有度，陈铁铭带领的大洲集团方能一路乘风破浪、永立潮头，成长为一家业务涵盖影视文化、金融证券投资、地产经营与开发等三大事业板块，总资产近百亿元人民币的综合性、国际化大型企业集团，成为中国改革开放40年民营企业的代表之一。

总结公司20多年的发展历程，可以归纳为一句话：舍得有度，方能永立潮头。

学生创业"领军人物，赚到青春快乐"第一桶金"

陈铁铭的创新精神与商业眼光，早在大学时代就崭露头角。与通常大学生做家教、帮助学校做勤杂工之类的方式不同，他独创蹊径：八十年代初在京城寒冷的校园生炉造饭摆馄饨摊解决大学生"思乡果腹"之需，帮同学宿舍配钥匙解决新生"入室"难的问题，当业余摄影师为校园新生留下一幅幅难忘的记忆……成了八十年代初引领高校学生勤工俭学、创新、创业的"领军人物"，赚到了青春快乐的"第一桶金"。

大学毕业后，陈铁铭分配在北京的机关工作了四年后，九十年代初趁改革开放浪潮下了海，辞职回到中国改革开放最早的四个经济特区之一的厦门，开始从拥有铁饭碗的公务员向自谋出路的民营企业家身份转换。

进军上海滩，打造最受欢迎的微利商品房"金奖"

20世纪90年代初期，中国的商品房市场刚刚起步，陈铁铭就开始涉足上海的房地产市场。当时社会上可汲取的经验不多，陈铁铭用心研究当地居民的居住特点和需求，发现不足、寻找需求，经过深入调查和研究，陈铁铭发现，彼时上海居民收入、消费能力不高，但对改善生活水平、提升居住条件有诸多期待，陈铁铭敏锐地发现开发微利商品房将成为上海居民最大需求，成就未来巨大的市场。所谓微利，就是扣除成本，每平方利润可能就几十元，稍加不慎，就会亏本，尽管微利商品房对当时的开发商有很大的风险，但为广大百姓所欢迎，陈铁铭认为，只要管控好成本，注重产品创新，适应市场需求，风险可控，就值得投资！

首个大盘"泰和新城"因运而生，户型结构，功能设置，销售模式等在陈铁铭颇具创新思维超前意识的推动下，迅速在上海滩"一炮而红"并成为沪上首批获7-15年的按揭贷款的商品房项目，一经推出，供不应求，备受市场欢迎。为此，泰和新城荣获中国首块"1995年上海最受欢迎微利房金奖"奖牌。

转战厦门，以小博大 打造多个观念领先的商品房开发项目

在上海大获全胜后，1997年回师厦门，陈铁铭带着团队与经验，在厦门创办了大洲集团的前身——大洲房地产开发有限公司。

1997年，正逢亚洲金融危机，厦门房地产市场一片沉寂，多数人都不敢涉足房地产投资，出现了项目找钱，政府也积极推动招商四处找投资商的局面，资金尚少的陈铁铭却敏锐地捕捉到以小博大的契机，毅然连续出手，快速投资或收购了一个又一个性价比较高的半拉子工程或烂尾楼项目，通过创新产品，优化设计，加快前期项目筹建时间，节约了时间和成本，提升产品价值，成功打造了鹭岛首栋叠加式别墅"龙门世家"、独创下沉式广场"大洲新世纪广场"等市场领先项目。同时通过买断电视台广告时段实施广告全覆盖的营销策略，成为厦门第一个在电视台投放房地产宣传广告的开发商，再次在厦门掀起一阵大洲地产热潮。

开局之役的成功大大鼓舞了陈铁铭的热情，也让他在探索创新理念、构筑和谐人居方面

走得更稳、更远。大洲房产因此成为推动厦门住宅建设更新换代的生力军。之后，在城市花园、龙门天下、南湖中祥大厦、香山海景苑、大洲·国际龙郡、大洲·龙墅尚品等项目上，大洲房产均有不同程度的创新之举，推出的产品均深获市场好评，也因此成就了企业的快速发展。

抓住机遇、勇于创新不仅需要眼光与智慧，还需要有"吃螃蟹"的精神和勇气。外表温文尔雅的陈铁铭，创业经营中却眼光犀利、骁勇善战、不畏艰险、敢为人先。

危机中寻找商机，创新中获得发展

说起"厦门第一广场"，很多厦门人都对它的历史记忆犹新。1998年，由于受到亚洲金融风波影响，当时的开发商资金链断裂，债务重重、官司缠身，工程一停就是五年。在这五年里，这座烂尾楼残缺不全的身躯就矗立在美丽的鹭江岸边，成为厦门极不协调的景观。

2003年，又逢一场"非典"更是让开发商雪上加霜，且市场对整个行业再次失去信心，当时厦门办公楼市场不被看好，年销售量不足5万平方米，厦门第一广场就有6万多平方米的写字楼更不被看好。然而，陈铁铭却选择在这时候果断出击，在无人敢于问津的背景下，一天内就与已经无路可走的开发商确定了收购第一广场的协议，并通过法院变卖取得"厦门第一广场"土地使用权。经过重新市场定位，项目建设方案修改，建筑结构优化提升等，继而投入巨资，迅速推动这项烂尾工程走上了复工的轨道，从而使一度烂尾的建筑枯木逢春，在市场上引起极大震动，成为当时广受热议的话题。

收购烂尾楼需要足够的勇气和胆识。一般来说，处理烂尾楼有3大难题：烂尾楼的名声不好，这是其一；债权、债务关系复杂，处理起来非常困难，这是其二；设计过时，不符合现在的市场需要，这是其三。但是，在陈铁铭看来，许多所谓的烂尾楼并非"资质不好"，而是原开发商的资金、经验和经营能力等方面出了问题。陈铁铭认为，收购烂尾楼不仅可以解决城市的"伤痛"问题，促进地方经济发展，还可实现企业的顺势发展，只要找准市场方向，"烫手山芋"也能变成"金饽饽"。事实再次证明，陈铁铭当时的选择是非常正确的。如今，通过产品创新，厦门第一广场已成为鹭江道上一颗璀璨明珠，巍然挺立在鼓浪屿对面的鹭江道上，成为厦门一座标志性建筑。同时，拥有厦门第一广场极大的提升了大洲集团的社会形象，是一个企业集团巨大的财富和实力的象征。厦门第一广场"变废为宝"，也为大洲长期立足厦门、迈向多元化综合发展奠定了坚实的基础。

厦门第一广场

涉足资本市场，成A股"买股上市"第一人
开启跨界经营模式

  2008年底，美国次贷危机引爆全球金融危机，中国资本市场也陷入低潮，陈铁铭却在这场经济危机中看到了入市的绝好商机，他首先将目光瞄准了当时一片哀鸿的A股市场，经过认真研究和选择，最终把目标锁定在公司治理不完善、市值较低、股权较分散，却具有"老八股"之称的上海兴业房产股份，一场"上市大戏"就此拉开，并最终成功入主上市公司，轰动资本市场，首开中国资本市场通过二级市场举牌收购A股上市公司的先河。这一创举既成为中国资本市场的经典案例，又为上市公司必须完善公司治理敲响警钟，从更深层次上诠释了"物竞天择，适者生存"的道理，该案例也被载入上市公司"董监高"及部分大学MBA、EMBA的培训教材。

  此后，陈铁铭在金融投资等领域全面开花：发起设立了厦门首家且注册资金最大的民营小额贷款公司、成立了创业投资基金、投资美国首都银行、继而收购总部位于美国旧金山的美国建东银行、参股即将上市的厦门银行成为其十大股东之一，以及参股部分农商银行等金融机构，成功布局大金融产业。

整合资源，优化产业结构，进军影视业

2015年以来，中国房地产市场一路飙升，资本市场风云变幻，许多企业和投资客沉迷淘金资本市场，炒作房地产，陈铁铭却从中感到了风险的临近，他逆势而退做减法，果断将传统的房地产经营向文化地产、旅游地产、农业地产转型，积极进行战略性的资产重组及资源整合、实现优势互补并成功化解了市场风险，在现金为王的市场角逐中赢得了主动权。

这又是一次舍与得的艰难抉择，但，陈铁铭再次做对了选择。在大多数资本抄家一味追逐高利润，高回报之时，陈铁铭开始担忧了，他决定退出这场"厮杀"。就在2007年，当市场一片热浪之时，他果断选择放弃已到手的一块土地，即使亏损了近3000万的保证金，他决定另辟一片天地。短短三年，大洲娱乐强势进入影视文化领域，通过自设、并购、参股等模式，迅速建立了大洲影视、大洲华映、大洲京海、砚石科技、大洲文娱信息等文化传播公司，至今已自制、参投多部精品影视剧。迅速奠定了大洲文娱在该领域的"霸主"地位。

2017年，大洲影视打造的首部主旋律、正能量都市大剧《我们的爱》在江苏卫视、腾讯视频、爱奇艺、央视综合频道及央视一套、八套等热播，深受广大观众喜爱和好评，创造了福建省多项第一，并荣获"2017美国亚洲影视节金橡树奖"。同时，大洲影视积极与美国影视公司及好莱坞一流影视创作团队合作，借助美国先进的影视制作技术与经验，将陆续推出多部含中国首位诺贝尔文学奖得主莫言先生文学作品《藏宝图》改编的影视巨作及IP大剧。大洲娱乐旗下的砚石科技公司正依托极具国际视野的创作团队和一流的先进技术，开拓AR、VR及动漫市场，其创作的《鼓浪屿的三世情书》在2018青岛国际VR影像周"砂之盒"沉浸式影像展中，获得了"最佳中国VR奖"和"评委会大奖"两项提名。自创的"墨空间"的营销模式也深受社会关注及期待。目前，大洲已在中国厦门、北京、福州及美国旧金山、休斯敦等地设立了全资或控股子公司，组建了一支由资深人士构成的涵盖策划、制作和发行各环节的专业影视运营团队。与此同时，大洲文娱还积极向影视上下游产业链延伸，在厦门集美打造集文创类企业孵化、动漫制作、IP授权、影视拍摄、设备租赁、后期制作、宣传发行等于一体的大型影视文化、动漫产业等产业服务及产业配套的聚集区，搭建全国最完备、最具品质的影视文创全产业链综合服务平台，积极推动厦门文化影视产业的发展。大洲影视更于2017年12月荣膺"福建省首届十佳影视创作机构"，并获评为"福建

省重点影视创作企业"、"厦门市重点扶持文创龙头骨干企业"等。

未来，大洲将不断地在影视文化领域进行创新发展，在未来的发展中，创作出含有中国文化自信、主旋律、正能量的创作作品，成为对得起时代，对得起社会和国家的企业。

得益于改革开放，绘就三大版图发展目标

从房地产发家起步，到挥师金融逐鹿资本，再到进军影视文化娱乐产业，陈铁铭带领的大洲集团，改革创新、稳健前行，每一步看似"舍"，最后都变成"得"了。"舍"与"得"是需要智慧的，是企业在风云变幻商海扬帆远航的指南针，有舍才有得，舍与得之间度的把握，则综合考验着企业家的眼界、智慧、勇气和胸怀。

陈铁铭坦言，大洲集团的每一次发展和成功与中国的改革开放政策以及厦门良好的营商环境密不可分，与大洲人在每一次机遇面前，抓住机遇并不懈的努力拼搏精神分不开！大洲人紧紧抓住改革开放的机遇，充分发挥所处厦门优越的地理位置和得天独厚的营商环境，珍惜"近水楼台先得月"的独有优势，积极融入海峡西岸经济区及厦门两岸金融中心发展及一路一带的建设大潮中，天时、地利、人和为包括大洲在内的民营企业提供了难得的发展机遇，为大洲集团扩大事业版图提供了广阔的空间。

回报社会，致力把慈善事业作为企业家的责任

"舍"与"得"，不仅体现在商海的运筹帷幄，还体现在陈铁铭对待慈善事业的努力中。20年来，陈铁铭深知，大洲集团从几个人的创业团队发展成长为一家国际化的大型企业集团，得益于改革开放的大好时机，得益于广大社会各界人士的关怀和帮助，而企业发展了，慈善事业也是企业家的一项社会责任与义务。

身为民营企业家，陈铁铭并不盲目追求物质利润，而是以特有的社会责任感和使命感积极参与公益事业,为推动整个社会的全面发展贡献自己的力量。大洲集团诚信经营、积极纳税，创办至今累计纳税已超十亿元，连续19年荣膺厦门市、思明区"纳税大户"、"纳税特大户"，全国重合同守信用企业、厦门市诚信纳税先进单位……同时，大洲集团还是福建省慈善捐赠突出贡献单位。公司成立至今投入超亿元支持救灾、扶贫、助学、敬老、环保等社会捐助活

动，以实际行动主动为社会分忧。非典、汶川地震、台湾"八八水灾"、西南干旱、玉树震灾、闽北洪灾……每一次灾难面前，大洲人用毫不迟疑的行动诠释同胞大爱；援疆行动、金秋助学、关爱老人，每一个动情瞬间，都有大洲人的真诚付出。

由大洲全力斥资、倾力承办，已成功运作十几届的厦门国际风筝节，不仅是纯公益的全民盛会，更为厦门打造了一张向世界展示城市形象的烫金名片。大洲风筝队曾受邀组队到金门参加金厦风筝文化交流活动，让厦门风筝打破金门天空的沉寂，当地媒体和台湾岛内媒体更以"台湾的天空解放了"形容该次活动的意义，成为两岸民间文化交流的一大佳话。谈起举办风筝节的初衷，陈铁铭说：厦门是个国际性风景旅游城市，放风筝这项运动很适合厦门这座有山、有水、有沙滩的美丽城市，风筝节是很好的载体，大洲希望通过风筝节来展示厦门的风采，塑造厦门的城市形象，让世界关注厦门，关注厦门这座中国改革开放的缩影城市！

凭借着坚韧实干的创业精神、非凡卓越的工作成绩，以及富有高度社会责任感的优秀品质，陈铁铭先后获得厦门市优秀社会主义事业建设者、厦门市思明区精神文明建设先进工作者、"感动厦门十大人物"、厦门市"十大财经风云人物"等荣誉称号。陈铁铭现还担任许多社会职务：全国台湾同胞联谊会常务理事、台盟中央两岸经济合作交流委员会副主任、福建省工商联（总商会）常委、福建省台湾同胞联谊会副会长、厦门市政协常委等多项社会职务。"企业是社会的一分子，社会上的公益事业，企业力所能及的，要给予支持，这是企业的一种责任。"面对社会的赞誉，陈铁铭显得平和而谦逊，而正是这样平实质朴却饱含温情的话语，让人看到一个优秀企业家博大的胸襟。

"舍得有度，方能永立潮头"——陈铁铭的箴言，或许正是改革开放40年，多数成功企业家共同的感悟与信念。

三驾马车并驾齐驱，创新驱动引领未来发展

经过20年的不懈努力，大洲集团已经构建了以影视文化、金融证券、地产投资三大产业板块并驾齐驱的良好发展格局，汇聚了众多志同道合的优秀人才，创建了3+5（三大事业部+五大管控中心）的经营管理模式，建立了较为人性化并有利企业发展的先进的企业管理制度，在20周年庆大会上，做为大洲集团的大家长的陈铁铭坚定的说：在过去的20年，大洲人坚持"脚踏实地、稳中求进、不畏艰险、敢为人先"的16字方针奠定坚实发展的基础，对于未来20年，尽管我们仍然是充满希望和信心，但要牢记"创业难，守业更难"的真理，要以"脚踏实地、稳中求胜、居安思危、勇于创新"的16字方针引领企业未来发展。做好企业的同时，我们仍将继续尽企业的义务，做好慈善事业，关心社会发展，积极为推动社会和谐、进步、发展尽一个企业及企业家的责任和义务！

永同昌陈爱钦：
从未觉得自己优秀 只是我讲诚信

文 / 吴翠珊

　　记者在厦门总商会这个圈子和陈爱钦见过几次，无论是企业座谈会还是政协会议上发言，陈爱钦就像她自己形容的"我喜欢讲真话，随时有可能炸个雷"。记者以为这个"魅力"说的是她一直以来优雅的着装以及娇小的身躯下，迸发出的竟然是一位雷厉风行的"铁娘子"。但是这次采访后，我明白了，这个魅力其实是她特有的感染力。

娇小的身躯里
隐藏的是雷厉风行的"铁娘子"

陈爱钦不是一位好约采访的企业家。

虽然网上关于厦门永同昌集团有限公司的信息不少,但是厦门永同昌集团有限公司董事长陈爱钦的专访并不多。因为"我们拒绝花钱让记者写软文""抄来抄去的文章没意思,我们不让发"……压在永同昌秘书处的文稿不少,陈爱钦也不大接受采访。陈爱钦在采访结束后对《商汇》记者说:"我喜欢真诚,就像我们做企业一定要讲诚信,记者也一样,你想写我们的东西,你一定要来了解,我真诚地和你们说,你们尽心去写,皆大欢喜。"

几篇陈爱钦的专访中都提到"陈爱钦身上有一种魅力"。记者在厦门总商会这个圈子和陈爱钦见过几次,无论是企业座谈会还是政协会议上发言,陈爱钦就像她自己形容的"我喜欢讲真话,随时有可能炸个雷"。记者以为这个"魅力"说的是她一直以来优雅的着装以及娇小的身躯下,迸发出的竟然是一位雷厉风行的"铁娘子"。但是这次采访后,我明白了,这个魅力其实是她特有的感染力。

她工作时干脆利落,生活上精细入微,思维巧捷万端,以至于围绕在她身边的人看着她生出了"高山仰止,景行行止,虽不能至,心向往之"的心境。

陈爱钦"不好约",不仅在于她"喜欢真诚",还在于她对官方的"信仰"。不是"正统出身"的媒体或机构邀约的采访或评选她一律拒绝。所以我们可以看到陈爱钦的头上的光环各个来路不小。

创业30年来,陈爱钦既是中央统战部表彰的"中国优秀社会主义事业建设者",同时也是全国工商联女企业家商会副会长、历任福建省政协委员、福建省海外妇女联谊会会长、福建省工商联总商会副主席、副会长、福建省女企业家商会会长、厦门市政协常委、厦门市工商联副主席、厦门总商会副会长、厦门市女企业家协会会长等。

今年是永同昌成立30周年,陈爱钦麾下跟随她20年以上的员工有几十位。陈爱钦夸赞自己的每一位员工"都是万金油",而她的员工说她"是位奇女子"。

1988年,厦门永同昌有限公司成立,1993年永同昌集团成立,成为厦门第一家民企集团公司。1.6万多名"万金油"永同昌人组成了如今这个集房地产、建筑、酒店、汽车制造、矿业、经营性商业物业等多产业一体的跨行、跨业、跨区、跨国的特大型民营企业集团，这是一个真正多元化的企业，下属企业实体超过100多家。

奉行曹德旺的信条
却走了和师父完全不同的路

陈爱钦现在大部分时间都在罗约酒店。记者和她交谈的6小时里，陈爱钦先后起身招待了5次熟人。"不好意思！让你们等我了。大家知道我在这里，一到酒店就会来打招呼。"陈爱钦每次稍稍离开后回来都会和我们表示歉意。和在企业座谈会、参政议政的场合上不同，陈爱钦在这次会面里和颜悦色，时而像多年闺蜜推心置腹，什么都说，甚至还教记者怎么"绑住老公的心"；时而像一个孩童，天大的事，她哈哈一笑，像说别人的故事一般。这就是陈爱钦，她身上有太多让人出乎意料的"意外"。

商场上的巾帼英雄，想必也是"酒国英雄"吧。但其实陈爱钦酒量并不好，"我不喜欢应酬，但我喜欢和老朋友聊聊天，说说话。"即使大家经常只是站着说几分钟，但对她来说，"大家百忙之中抽空说上两句，知道彼此安好，心就安了，有人挂怀是幸福的事。"陈爱钦说，这些来来往往的宾客不少是陪着永同昌一路走来的合作伙伴和几十年的老朋友。

这家永同昌投资建造的罗约酒店总投资6亿人民币，开业3年依然是厦门五星酒店榜单中的佼佼者。超5星豪华海滨温泉酒店，屹立在厦门环东海岸线，外观金碧辉煌，近看像极澳门的银河酒店，不用走到里头就猜想得到那是殿堂般的所在。置身于满目高档大理石的酒店大堂，谁都想不到，脚下的这块地皮曾经无人问津，当时政府拍地的时候还流拍了。而拍得这块地也是机缘巧合，原本是外商属意的一块地，但是对方后来爽约了。在一次偶然的场合里，一位朋友随口提起了这件事，"我就想那去看看吧。"陈爱钦说她也没想到最后是她拍得这块地。

就像拿下罗约酒店这块地一样，陈爱钦说自己创业至今一直是"顺其自然"。而当我们从中抽丝剥茧之后，就会发现，这个"顺其自然"其实是永同昌30年紧跟时代发展潮流，顺势而为乘势而上。

可能很多人不知道罗约酒店是永同昌自己盖自己经营，但嘉禾路上的永同昌大厦，这栋厦门为数不多的以企业命名的写字楼，则是市区内家喻户晓的地标性建筑。这家跨行、跨业、跨区、跨国的特大型民营企业集团在房地产上的建树，为改革开放40年中的特区故事留下了重重的一笔。

不过一开始永同昌并不做房地产，而是汽车玻璃。"我是曹德旺教出来的徒弟。"陈爱钦说起福耀玻璃的掌门人，充满敬重，"他对我的教诲影响至今，他当时要求我们对自己要'狠'，时至今日我也是这样要求自己、要求员工工作时必须全力以赴。"陈爱钦认为，工作是为自己负责，不是为领导或为公司负责，"工作只是为了拿工资，人的发展很快就会有瓶颈。把工作当平台，充分发挥自己的潜能，平台就是你的舞台。"

这位从福耀玻璃出来的女子，奉行曹德旺的信条，却又走了一条和师父完全不一样的路。一位一辈子只做玻璃，一位"全面发展，重点培养"。

20岁小姑娘单枪匹马赴刚设立的湖里区

陈爱钦决定从福耀玻璃出来创业时，她更属意深圳。1987年6月，陈爱钦打先锋一个人来到厦门，"那时湖里刚建区，四处一片荒凉，一入夜到处黑漆漆"。此时陈爱钦才20岁出头，她和当时的未婚夫张宗真都觉得深圳的配套更成熟，但是最后团队商量后还是选择了"离家近一点"的厦门，永同昌创立之初的骨干都是福建人。"我也没想到我会一直待在厦门，在这里结婚生子，打拼事业到天命之年。"陈爱钦说，她把她的青春都给了厦门。

1988年，国务院颁布《中华人民共和国私营企业暂行条例》，同年，国务院批准厦门为计划单列市，赋予厦门相当于省一级的经济管理权限。这一年，厦门私营企业注册登记达到85家，陈爱钦和先生张宗真创立的厦门源发公司就是其中之一，这艘永同昌"小舢板"载着汽车玻璃出海了。

永同昌创立之初就有18名大学生，4名硕士一起冲锋陷阵，但是陈爱钦依然笑称永同昌一开始只是一艘小舢板，"公司创立之初没有明确的定位，觉得什么赚钱就做什么"。汽车玻璃贸易做一阵子，陈爱钦发现汽车配件利润不错，于是拿着前面积攒的钱又办了一家汽车配件厂。这两项业务涉及进出口，业务员们又在全国各中大城市跑，于是永同昌又衍生了罐头、海鲜、机械、仪器、建材等贸易及运输仓储等业务，并瞄准三大油田的生活后勤业务，倒是挣了许多钱。

90年代初，源发公司做贸易时，发现国外一款发动机质量非常好，国内的销售价格十分昂贵，一台就得26000元，但从广东湛江进来，一台仅12600元，价格整整差了1万多元。于是陈爱钦就雇佣挑夫到海上去挑上岸，挑一台付20元，到了港口开好税单放行后，陈爱钦马上把货发到东北。"东北开发早，对这些机械需求量较大。"陈爱钦说当时这些发动机主要是供往东北，而维持这么一条长线贸易，靠的仅仅是一台传真机。

物品单价高，源发不囤货，客户需要多少，传真过来，直接从广东发货。听起来就像现在的奶粉代购。"我们的原始积累大多数是从广东进货卖给北方挣差价。"陈爱钦说。

这帮前途不可限量的天之骄子在当时东渡的太川家具厂边上租了个办公室，每天忙进忙出的他们成为不一样的风景。"每天精神抖擞，加班加点"成为那时片区内民警对他们的印象，"你们一定会有一番作为的。"

听到民警的这句"吉言"，陈爱钦夫妇笑了。几乎是同一时间，他们听到边上的货车司机说："我们这些拉货的，这个点还能喝喝酒，你们当老板的每天半夜三更都还在发货，比我们还苦啊。"

一桶过期涂料把永同昌送到房地产风口

不过，当时陈爱钦并不觉得苦。真正让陈爱钦第一次觉得苦的是1989年"栽在一柜的进口涂料"上。做汽车配件贸易时，陈爱钦碰上了一个合作过的日本商人，对方承诺免货款，售出后利润五五分，但所有运费源发公司承担，简直是天上掉馅饼，陈爱钦马上支付了国际运费，进了一柜的汽车涂料进来，以为这批货是黄金，结果打开一看，全是凝固成砖块的涂料。

"完全懵了，那批货的运费花了3万元，而那时候厦门一套房子大概4万。"陈爱钦创业以来第一次哭了，伤的不仅是钱，还有心。"难受的是被人欺骗了，后来打听后原来是日本环保严格要求过期化工废弃需交高额费用。这个日本鬼子是让我们花钱帮他清垃圾！"这个事件在陈爱钦的创业路上算是沉重的一击。但这一桶桶油漆给陈爱钦上了价值不菲的一课，她突然顿悟：第一商场如战场，前面的路可能荆棘丛生甚至布满陷阱；第二多思考，没有免费的午餐，天上不可能掉馅饼，失败都源于贪婪，做任何事都必须从风险考虑，务必谨小慎微；第三想出路，问题来了勇敢面对，办法一定比困难多，企业越来越大问题就越来越多，你就应该是解决问题的机器人。

"那时大家刚从计划经济走出来，人都非常本分，从来没想过骗别人，也就没想过有人会骗我们。"陈爱钦说，那时做生意只要有做一次生意，有过一份合同，后面基本都是口头约定，不用合同也从不设防。有一天济南空军汽修厂来的客人听陈爱钦说手上砸了一批汽车涂料时，主动提出帮忙把它运回济南厂里用冲压机粉碎后再进行加工搅拌。"这日本鬼子的东西质量真的就是很好，稀释后一桶变四桶，虽然不能做汽车油漆，但还可以用于建筑。"陈爱钦笑了起来。因祸得福，虽然被坑陈爱钦反而挣了不少钱，最后还跟日本客商五五分。

陈爱钦说永同昌进入房地产是偶然，但这个偶然其实是必然，正是因为永同昌一开始的"什么赚钱做什么"，才让他们刚好赶上房地产的风口。

20世纪80年代中期，厦门开始进行住房制度改革，商品房进入实质性的市场运作。1990年前后，美仁新村、凤凰山庄、西堤别墅、莲坂小区等商品房项目相继开发。

原本砸在手上的这批涂料就是在这个时期，粉刷出西堤别墅外墙上至今依然没有褪色的铁锈红。西堤别墅粉刷好后，开发商没钱结算，就用一套房子抵了工程款。当时那个房子市场售价4万元，结果没多久这套房子就涨到7万多。陈爱钦不平静了，他们做汽车玻璃和配件，全年无休每天发货发到大半夜，一年才赚9000元。

"我们去做房地产吧。"陈爱钦夫妇一拍即合，开始进军房地产。

住宅、商业双管齐下
新加坡招商大获成功

1991年，厦门市政府成立厦门市土地开发总公司，经总公司开发过的熟地按批准的项目要求转售给其他企业。政府与市场，相辅相成，此时，房地产业已成为厦门的重要产业之一。陈爱钦夫妇紧抓机遇，1991年成立厦门永同昌房地产开发有限公司，1992年开发了永同昌集团第一个地产项目——永同昌仙岳山住宅花园，项目建筑面积 1.5 万平方米，创造销售率达 100% 的售罄纪录。

这个时期厦门刚放开民企经营商品房，合作开发是这时房地产业的发展特色之一。包括一开始进入厦门的房地产业的港商都得和国企合作，此时的永同昌也找了几棵大树，先后和多家国企、央企合作，永同昌仙岳山住宅花园也是合作开发的项目。而在开发的物业形式上，写字楼成了这个时期开发商追逐的目标。当时厦门诞生了无数贸易、投资公司，作为经济特区的厦门，更是成为众多企业的衍生地。加之受香港公司的影响，此时的厦门企业普遍很注重公司的办公环境和形象，豪华的办公室成了这些新兴企业的标志，写字楼的需求因此骤然增大。而在这波房地产高潮之前，湖滨北路的振兴大厦、特贸大厦、鹭江道的海滨大厦等写字楼均获利颇丰，售价比住宅项目高出一倍以上。

"什么赚钱做什么"。陈爱钦夫妇再次找了一家国企合作，1993 年动工，陈爱钦夫妇投资近 2 亿元人民币，建设高 129 米 33 层高的永同昌大厦，项目建筑面积近 6 万平方米。

"当年建永同昌大厦时我们都不到 30 岁，真的是初生牛犊不怕虎，傻傻的，都不知道盖个写字楼需要这么长时间，也不知道要投这么多钱。"陈爱钦说起这个项目又说了一次"有意思吧"。当她回忆起自己的创业史，全程云淡风轻。即便是让她非常震动的那次"人才地震"，她也是以这句"有意思吧"做结尾，"做企业其实真的很好玩，会有很多让你意想不到的事情发生。"

诚然，做企业经常会发生一些让人意想不到的事情，当永同昌大厦建到一半时，陈爱钦没钱了，"这回是真的没钱了。"陈爱钦还在笑。1995 年金融危机，写字楼在国内卖不动，当然要想尽一切办法，但当时的厦门同行怎么也没想到，永同昌在销售这个写字楼时会"搞这么一出"。永同昌大厦建成后，陈爱钦夫妇仅留了 4 层自家使用，29 层的招商是个大工程。就在大家等着看他如何消化的时候，陈爱钦夫妇跑到新加坡，到当地向侨商招商。

1992 年邓小平南方谈话后，国际上的一些著名跨国公司、大财团、大公司和高新技术企业相继到厦门投资落户。此时的侨商对厦门自然也是青眼有加，陈爱钦夫妇这番出海大获成功，不少侨商一出手就是两三层直接买下来。

永同昌的商业住宅顺风顺水，试水写字楼也旗开得胜。这段时期的永同昌基本奠定了在厦门的行业地位。而永同昌大厦的封顶可以说是这个企业跻身民企 500 强的门票。1995 年全国私营企业 500 强评选中，厦门共有 3 家企业入选，永同昌就是其中之一。这家注册资本 3800 万的企业，1996 年的销售额就达到 1.2 亿元，永同昌红了。

1997年，永同昌集团无偿投资数百万改造费用，在永同昌大厦成功举办了首届"中国投资贸易洽谈会商品展示会"，永同昌的社会知名度与公众美誉度由此得到了极大提高。

这个"中国投资贸易洽谈会"就是现在享誉全球的9.8投洽会。投洽会最早是由1987年9月8日厦漳泉龙四城联合主办的"闽南三角区外商投资贸易会"发展而来，这第一炮反响热烈，第二年贸易会就升级为福建投资贸易洽谈会，10年后再次升格为"中国投资贸易洽谈会"。这次的升级，永同昌参与了其中一个环节，可想而知，永同昌此时早已不是"小舢板"，而是能在海洋里乘风破浪的大轮船了。

在举办完那次盛会没多久，永同昌不仅又在福州开发了永同昌住宅花园、湖滨新城、象园公寓、泰馨公寓、永同昌文华小区、锦绣文华小区等项目，此时身后拥有多个"福州市优良工程"称号的永同昌迈向了北京。2000年，永同昌在北京开发了第一个项目——嘉莲苑，2002年，又在北京一口气拿下丽景国际公寓、良城美景、北方汽配城和维斯卡亚国际村四个项目，总建筑面积达100万平方米。

此后10年间，永同昌地产不再局限于厦门、福州、北京市场，而是把触角进一步延伸到哈尔滨、武汉、丹东、潍坊、伊春、临沂、抚州、商丘、漳州等二三线城市。2007年，永同昌更是把楼盘盖到了蒙古国，总建筑面积30万平方米的爱丁堡项目复制了国内的成功经验。

地产业务推动
永同昌的人才管理制度

"做地产后，永同昌才真正开始做企业。"陈爱钦说。

一家综合性集团企业，如何建立一支十八罗汉般各有所长的骨干队伍，这是个谜。

进军房地产后，陈爱钦夫妇按照公司法和公司章程的要求，建立了股东会、董事会、监事会以及公司制管理制度体系，建立健全法人治理结构，不断完善现代企业制度，持续提升公司治理水平，规范运作。并参照华为的人才管理方法，设立人力资源部，在选才、育才、激才、留才这四个方面花了大量的精力。股权分配上，建立了高管跟投和免出资认股分红的机制。

进入房地产开发的同时，永同昌前面的业务一项也没落下。此时永同昌的汽车玻璃业务在国内各主要城市已设立办事处，早已站稳脚跟。1992年，当陈爱钦前往杭州一家做夹层玻璃的企业谈成费用为40%的代理费，在这当口，一个陈爱钦向来非常信任的员工找上这家企业，承诺只需费用为28%的代理费，拿下了这个项目，并带走公司的十几名销售骨干。

"完全没想到，又傻了。都是一起吃大锅饭的，没想到有一天会有人'造反'。"陈爱钦第一反应是惊讶，而后这对夫妇开始反思，"那个年代的人基本都很单纯，连电视机都没有，哪里会想到外面的花花世界。"

虽然后来杭州这家厂商因为这个员工实力不足，又转回找陈爱钦并提出更低的代理费要求，但陈爱钦拒绝合作，"这种厂家毫无诚信，这个钱我宁可不赚。"陈爱钦说，这次"叛变"对永同昌的影响更多是为公司的人才系统化管理打了一剂催化剂。此后，永同昌在人才管理、国际化管理、员工考核上不断优化，同时完善了员工的绩效考核体系。

不过，这是企业管理的真实故事，不是写童话。永同昌做了努力，但不是每位员工都愿意"从此一起过上了幸福快乐的生活"。2005年又一次"人才地震"让陈爱钦"很受伤"。因为厦门升汇工资比永同昌高三倍，包括2名副总、1位财务总监、1位办公室主任共7名高管同时"出走"到升汇（即丹东股份）。这家公司没风光两三年，就变成ST丹化了。

此时，永同昌创立之初的"什么项目都做"而导致的"员工什么都会"，反而成为这次事件的定海神针。永同昌的"万金油们"再次发挥了自己的十八般武艺，每个空缺都有人顶上。

从小受父亲影响，陈爱钦有洁癖，任何时候她都是一副拍写真的状态。"很难见到她衣服上有褶皱。"陈爱钦的秘书告诉《商汇》记者。而她的这个洁癖也延伸到人才的管理上。"没有忠诚度，再人才也不是人才。"陈爱钦说。在她看来，心性不定就是衣服上的窟窿，这样的人她不用。

现在的永同昌犹如一艘大邮轮，这艘船上的项目很丰富，以致陈爱钦说"子公司太多了想不起来"。但是对陈爱钦夫妇来说，永同昌集团董事局主席张宗真、副主席陈爱钦这两位船长只要把控好方向，其他就靠职业经理人各显神通。陈爱钦不怎么过问子公司的管理模式，"我们只制定经营目标，完成了就行，而超额完成相应的激励也随之变化。交不了差的，又说不出个所以然，换人。"

永同昌多个子公司的管理者是从秘书、助理、项目经理选拔上去任职。"几乎每个企业在人才管理上都踩过坑，2005年那次高管出走对我们来说是一次比较大的打击。此后我们选才第一要点就是忠诚度，公司多名高管都是在我们确认他能独当一面后，让他掌管一个公司或项目。"陈爱钦说,永同昌的人才具有较高的上升空间。也正因为永同昌有明确的激励机制,这帮永同昌人兢兢业业,特别能拼。不仅仅是在太川家具厂创业时,大家铆足一股劲儿,就是说起现在罗约酒店里的员工们,陈爱钦都觉得非常欣慰。

2016年9月,莫兰蒂台风重创厦门。这颗强台风登陆的当晚,罗约酒店的大门在快顶不住狂风肆虐时,所有员工二话不说全部冲上去当人肉挡板,死死顶住大门。

"没有人要求他们那么做,但是在公司财产可能遭受损失时,大家毫不犹豫就冲上去了。我心里特别感动,那真的是一家人的感觉。"陈爱钦回忆起那一幕,眼眶泛红。

"我从未觉得自己优秀,而我做任何事都是脚踏实地,努力干好它。"陈爱钦说,她只是一直要求自己工作时要讲求效率,打起十二分的精神,生活上要整洁体面。而让她想不到的是,耳濡目染,她的员工也渐渐这么要求起自己。

"当时没想那么多,就觉得门被冲开了肯定不是好事,本能地就冲上去顶住了。其实你观察一下,我们这里的工作氛围就是这样。"莫兰蒂台风中冲上去挡门的其中一位员工说道。

借壳上市失败
用自己的钱做想做的事

失之东隅收之桑榆。一路走来,陈爱钦始终坚持着"办法比困难多"的心态,正因如此,永同昌发展30年来从未遇到什么大坎。就像9年前的那次"上市失败",现在回想起来,陈爱钦反而觉得"是好事"。

"这些年因为上市后,公司不能科学地发展,而是拼命冲冲冲,导致控制人私下到处借高利贷的比比皆是,甚至面临倒闭的不在少数。"2009年12月永同昌集团通过公开拍卖,成为丹东股份第一大股东,永同昌上下都以为这一手笔为公司上市迈出了坚实的一步。但重组过程中,永同昌并购了一个公司,没想到这家企业千疮百孔。到了资产重组环节时,这家企业面临无数的诉讼……2012年7月,历经两年半的借壳上市准备,以"山东省国资委同意高速集团所属的山东高速投资控股有限公司以现金方式受让厦门永同昌集团持有的*ST丹化8652.99万股"的通知,宣告黄了。

"错失那个机会,后来我们也不再想上市的事了。"陈爱钦说,"用自己的钱,做自己想做的事，才能更随心。"

永同昌在壮大地产主业的同时，别的行业投资也风生水起。现在的永同昌集团不仅介入矿业领域，在国内多个地区拥有金、石墨及膨润土等稀缺矿产资源，而且还进入高科技领域，投资了新能源汽车、高速激光成像等项目。现在永同昌已形成地产、矿业、酒店、物业四驾马车并驾齐驱的综合性企业集团。

"我们从一开始就是一家多元化的企业，我们的思维模式是鸡蛋不能放一个篮子里，万一砸了就全碎了。分散投资，东边不亮西边亮。但得有计划性地拿出总资本的20%去尝试新的行业。我们把正在进行的叫A线，当A线还在上扬时，就会思考尝试B线。当B线核心力很强时，就成了主业。一个团队走A线，另一个团队走B线，一直这样循环渐进。"

投入20%资本 探路项目终成主业

永同昌经常把资本的20%拿去投资"B线"，其中有一个20%投向了矿业。

2007年，永同昌设立了永同昌矿业集团，公司有一个金矿位于赞比亚境内。"一开始大家想当然地以为那些欠发达国家就是几十年前的我们，民风淳朴，人人渴望发展。但是真到海外投资，才发现国际投资还有很长的一段路要走。"陈爱钦说，投资了几个海外项目后，她深切地为祖国改革开放的伟大决策、中国人吃苦耐劳的品格骄傲。

日本不允许外商持有当地的物业，永同昌在北海道的酒店物业卡壳过；蒙古国的工程因为工人工作几个小时就要休息，导致原本在国内一个月能做完的事，在蒙古国用了近一年。

"我们去考察赞比亚那个金矿时，才知道那里一到晚上到处金灿灿，这些光不是金子发出来的，是枪火啊！"陈爱钦说，"笑死了。"

这么严肃的事情，陈爱钦却像讲一个笑话，笑哈哈地说了出来。但是很快她又露出她特有的"一码归一码"的神情，很慎重地说："所以，企业走出去，第一要点就是要先了解当地的政治风险，第二认真考虑他国的法律风险，第三才是项目。"

目前，这个当初的20%已成为永同昌的四驾马车之一。现在，永同昌的海外业务发展，"没有太大的惊喜，也不会很差。"对待这些投入已上亿的项目，陈爱钦就像评价她衣柜里的一件衣服一样，三言两语就过了。

而有时候非常谨慎地投入10%，却回报了100%的惊喜，但也有的变成另一个教训。

2010年，陈爱钦与10位企业家、6位上海同济大学汽车专业的博士，前往山东潍坊参加一个招商会。在当地一把手的鼓舞下，陈爱钦与这10位企业家共同投资了潍坊瑞驰汽车系统有限公司，其中当地政府持股50%，10位企业家共持股40%，陈爱钦投了10%。汽车制造业门槛较高，是个前期投资大、回报周期较长的行业，几位企业家之前并未接触过汽车制造领域，在接连碰上销路不畅、技术瓶颈之后，股东们先后把股份都卖给了陈爱钦，到后来政府持有的那一半股份也让陈爱钦接盘。

大约过了5年，瑞驰汽车才真正起色。现在，山东潍坊瑞驰汽车共有1200名员工，年产15万辆车，2017年年收入12亿元。北方平原地带，特别是三四线城市随处可见瑞驰旗下的"瑞易"汽车，可以说：有路就有"瑞易"汽车。

2018年，山东潍坊瑞驰汽车厂生产车间

"我经常啃别人吃不下丢给我的硬馒头。瑞驰汽车是这样，厦门万鑫禾也是这样。"陈爱钦说起了永同昌 2004 年承接的湖里安置房三个项目。原本 3 个项目有 27 个股东。项目进行过程中，所有股东因为政府收购价太低，包括地价、建筑造价以及征地拆迁仅 1950 元至 2350 元……一系列关键"数字"和市场标准相去甚远，所有股东一致要求要么调价，要么直接停工。此时，作为湖里房地产行业公会会长、法人代表，陈爱钦承受巨大的压力，一边是股东们的意见，一边是领导的动之以情晓之以理，"永同昌一路走来得到很多人的帮助和支持，后面我的想法是当公益项目做，赚不赚钱先不管，一定要按期交付。"陈爱钦说起这段往事，眼眶红了。协商之后，双方达成一致，先拆迁，项目完工后按利润 10% 结算。"此时我又犯了一开始的错误。"陈爱钦苦笑道，"我把会议纪要当合同了，完全没想到政策延续性的问题，项目的负责人换了后很多事情就说不清了。后来所有股东闹着退股，为了能如期交付，最终又变成我独资了。"

夫妻分开经营才有大发展

"永同昌的每个产业都是顺其自然地走。"陈爱钦夫妇一个坐镇厦门，一个坐镇北京。这些散布在全国各地以及海外的项目好比一颗颗珍珠，他们夫妇则是那条串起来的主线。

当然，这个比喻是记者自己说的，陈爱钦不是这么说话的人。她说的是："永同昌融合这么多板块，就像同时养了几十个电饭煲，只是型号不一样而已，但都能煮饭。"

国内外，商界中极少见到夫妻档，在这些为数不多的夫妻档里，更多的"女强人"选择在丈夫功成名就之后"做他背后的女人"。而，陈爱钦却不是这样！

作为本次"40 人·40 人"采访名录中的唯一女企业家，陈爱钦的"夫妻档"经验值得探究。

"我们一起经营了 10 年，这 10 年里因为工作的事情吵个没完。"陈爱钦竟然又笑着说出这件看似悲伤的事情。在陈爱钦看来，丈夫张宗真的身份更贴近"工学博士"。"学识渊博，智商很高，情商很低。他有十一项激光方面的发明专利，经商几十年来都不像个商人，一直保持着学者的清高。虽然他的同学朋友许多在官场说得上话，但有时我遇上不公，让他找人说理，他都不会向人家开口寻求帮助，总说求人不如求己。"

有一个项目因为新官不认旧账，而一把手正是张宗真的同学。有一次他刚好去当地一高校讲课，碰上了这位"能帮忙说上话"的同学，陈爱钦得知后马上叫司机把报告送过去，"结果他和人家谈了一下午的中美贸易战。"陈爱钦说到这里又大笑起来。

"既然是朋友，就得避嫌不能找人家。"张宗真的这一哲学从年轻时坚持到现在，"你做得了就做，做不了我养你，但是让我求人帮忙，丢不丢脸！"

说到张宗真，陈爱钦的眼神不太一样，言语听似有埋怨，但是她重复多次"他是读过很多书的博士"。陈爱钦经常说不过张宗真，后来，她索性"不找他了，虽然是夫妻，但是我们没那么熟"。经营碰上问题，陈爱钦尽量自己解决，"靠山山倒，每个人都应该竭尽全力自己解决问题，而不是依赖他人，自己的丈夫也不行。分开经营后，我们总结了一下。其实两个人在一起各有各的思路，或许都是正确的，但是为了迁就对方，一方就会妥协，这无形中就没有了自我，分开后才是各自发展，否则互相抵消了。"陈爱钦说。

对于女企业家这个身份，她非常自信，在她看来，女性创业有很多男性没有的优势。"女人的细腻、耐力和包容度优于男性。但同时女性有更多来自家庭的牵挂，承受力也差一点，方向感可能也没男性那么强。"这些年，陈爱钦带领无数位女企业家在商界驰骋，与姐妹们结下了深厚情谊。

"政府的诚信是社会诚信的基石，企业的诚信是社会诚信的重要组成部分。"陈爱钦总结了自己 30 年的创业经验，"诚信让人感觉靠谱，人的终极目标就是受人尊敬，有成就多做善事就会受人尊敬，勇于担当，不管是个人还是企业，一定不能作恶。"

人，生下来本都是一尊佛

2009 年 11 月，中共中央统战部、全国工商联等五部委在北京召开第三届全国非公有制经济人士中国特色社会主义事业建设者表彰大会。这天，陈爱钦和师父曹德旺站在了一起，共同接下了"中国特色社会主义事业建设者"这份殊荣。

在"受人尊敬"的路上，陈爱钦不仅对得起自己，对得起员工，更是心怀社会公益事业。"闽商公益十大人物""光彩事业贡献奖""闽商建设海西突出贡献奖""福建省非公有制经济人士捐赠公益事业突出贡献奖""福建省妇女儿童慈善事业突出贡献奖"……30 年来，陈爱钦夫妇在公益事业上获得的表彰足以看出永同昌扛起来的社会担当的分量。

2008 年，永同昌集团正式设立"永同昌慈善基金会"，首期资本金为 1000 万元，至今累计对教育、社会慈善事业、弱势群体救助的捐款超过1000万元人民币。集团计划用5年的时间将基金会资本扩大到1亿元资本金，今后还将持续扩大资本金。

自2006以来，永同昌已对外捐赠超过1亿元。2013年至2018年五年来，陈爱钦向福建省光彩事业促进会捐慈善款累计3750万。2006年，向福清高山镇陈厝美村委会捐款280万捐建福清高山陈厝美老年活动中心；2007年捐建福清高山大王孤老院178万；2008年向厦门市福利中心-金山疗养院捐款5790万；2008年5.12汶川地震捐款178万；2009年向厦门市民政局捐资5990万建设"温馨家园颐养院"；2011年丹东水灾捐款100万；2012年向厦门市福利院捐款300万；2012年向厦门金山养老院捐款270万；2013年向福建省光彩事业促进会捐款1000万成立永同昌光彩基金；2016年向福建光彩会、中国光彩事业促进会捐款2090万资助云南省昆明市东川区人民政府医疗教育扶贫项目；2016年—2017年向福建光彩会分别捐款500万设立1亿元的扶贫基金承群慈善基金；2018年横琴新区指定帮扶扶贫项目捐款200万；2018年"广东扶贫济困日"慈善公益活动捐款200万……

公益活动上，常常见到永同昌的名字，政协会议上陈爱钦则一直是那位"敢直言、谏真言"的"人民代表"。记者参加过三次厦门"两会"中政协工商联界别的会议，陈爱钦的"铁娘子"风格从中可见一斑。说到激动处，她眉头紧锁，手指不时扣着桌子，嗓音瞬间就提高数倍……慷慨激昂后，她又回复到她温文尔雅的样子，这般收放自如倒像她自带一个情绪弹簧。

自2011年至2017年任历任福建省政协委员、厦门市政协常委以来，陈爱钦直言敢谏，"一坐到那个会议桌旁，我就是福建省工商联副主席、厦门市工商联副主席，我代表的是民营企业家，我就必须履行好政协委员的职责。"陈爱钦说。

"关于在湖里区东部开辟金融产业园区的建议"、"腾巢换凤"使湖里台湾工业园成为文化创意前沿、"精益求精，打造海峡经济核心区"（关于平潭综合实验区发展的几点建议）、"加大政策落实力度切实服务企业发展"、"众人拾柴火焰高，打造新福建经济体系"、"积聚力量，打造新福建经济体系"、"加大政策落实力度切实服务企业发展"、"简政放权，深化招标及建筑企业备案体制改进"……几十个提案无一不是为民营企业家鼓与呼。

"人，生下来本都是一尊佛，但随着环境变迁，贪婪越来越多，这尊佛的尘埃也就越来越多，就变成了俗人，而我们要做的就是时时拂尘埃，不忘初心。记得苏东坡与佛印的对话，见心见性。"陈爱钦莞尔一笑。

银鹭陈清渊：
青年农民自筹三万元 缔造年销百亿元的商业传奇

文/谢嘉晟、吴翠珊

　　银鹭就是一部教科书级的传奇故事。
　　三十多年前，在陈清水陈清渊兄弟热血沸腾的鼓动下，几个青年农民自筹三万起家，历经濒临破产倒闭、东山再起又一路"开挂"的艰难征战后，银鹭创造了一个时代的辉煌，年销售额一度超过百亿元。
　　几个青年农民用他们的实践，缔造了代表一个时代的"马塘精神"。

为了基业长青
巅峰之际，鹭雀联姻

新银鹭集团总部坐落在厦门湖里创新园。这是一个充满朝气的新兴产业聚集区，银鹭大厦把住园区大门一侧，它已然融为片区的一个地理标志，彰显着一家民营企业在一个时代的特殊地位。

这一次没有例外，和之前接受媒体采访时定下的规矩一样，陈清渊强调，银鹭集团是由几个志同道合青年农民一起打拼出来的事业，他只是其中的一员。

2011年，银鹭集团的总部从岛外的马塘搬到湖里，在此后的多数时间中，陈清渊都待在这里。他形象儒雅，作为创始团队中较有文化的管理者，他一直都是银鹭这艘航母的重要掌舵人之一。

总部从岛外的马塘搬到湖里创新园的那一年，银鹭集团刚迎来一桩里程碑事件。全球最大的食品企业瑞士雀巢公司控股银鹭食品，银鹭集团由此一分为二，食品业务并入与雀巢合资的公司，非食品业务保留在银鹭集团。

"鹭雀联姻"后，陈清渊多了一重身份，不变的是，他仍是高级经济师、中国乡镇企业协会副会长和国务院小康村研究会的研究员。小康村研究会有二十四个成员单位，银鹭发源地马塘村是其中之一。

在陈清渊眼中，这些头衔是一家民营企业的荣誉，一位企业家成为民营经济的研究者，由管理者到学者，这是素质的提升和社会的认可。

"鹭雀联姻"是一个分水岭。决策层的初衷，银鹭引入雀巢，是要助推银鹭走向国际化。双方的合资公司启动后，决策层的初衷已了，银鹭食品在此后的发展中能否得偿所愿，与雀巢融为一家真正的国际化公司，现在下结论为时尚早，合资公司才运行五年多的时间，与雀巢一百五十年的历史相比，小荷才露尖尖角。

不过，"鹭雀联姻"至少是银鹭战略规划的又一次提升。银鹭的发展大致可分为三个阶段，1985—1990年的初创阶段，1990—2000年的发展阶段，2000—2011年的腾飞阶段，2011年后至今的国际化阶段。

走向国际化是银鹭的最新战略规划。前瞻性本来就是战略规划的应有之义，在陈清渊的理念中，"企业好的时候就要居安思危，要有危机感和紧迫感。"决策层推动银鹭国际化的初衷便在于此。

在今天，我们回头去看，与雀巢联姻的时间节点，基本上处于银鹭发展"最好"的历史时期。与雀巢合资后，接下来的前两年，银鹭食品继续保持着稳定增长，2013年，年销售额突破百亿。最近几年，由于受经济大势影响，实体经济整体疲软，2013年的业绩成为银鹭迄今为止的历史峰值。

推动银鹭走向国际化的另一个深层次原因是"接班"问题被决策层提上了议事日程。"上一代人熬过来了，第二代谁来接？"银鹭从一开始就是一家股份制企业，不仅是由哪个"二代"接班难以抉择，"二代"能不能接好班，更是个极具挑战的命题。

决策层这一代人的创业经历，现在讲给"二代"们听，就像在讲述一段神奇的传说。"二代"们所处的时代背景已经天翻地覆，接班说是家业传承，其实意味着更大的责任。下一代人能否继承上一代人的精神，把银鹭发扬光大，带有很大的不确定性，而"规模越大，责任越大，所产生的风险也越大"。

"鹭雀联姻"尘埃落定的五年前，以银鹭当时的体量，可以有两种选择，直接IPO上市，或与跨国公司合作。那是一个盛景，"找上门的各路资本有几十家，有香港投行直接杀到厦门，要帮助银鹭上市。想收购银鹭的跨国公司，也不只雀巢一家。"

综合考量后，国际化成为决策层的首选方向。当时的银鹭并不缺钱，从创业伊始，银鹭就走"一手交钱一手交货"的营销模式，在"鹭雀联姻"的那一年，年销售收入已近百亿，企业处于飞速发展状态，手握大笔现金。

决策层最后把坐标落在：引入可以优势互补的战略伙伴，帮助银鹭打造百年基业。

在一众追逐者中，雀巢成为最合适的选项，因其"实力雄厚，包容性很强。"在银鹭决策层看来，雀巢年销售额过千亿美元，旗下有一千多个子品牌，"家大业大"，有强大的国际化管理体系和研发能力，能够一百五十年保持基业长青，可以给银鹭立个榜样。

2011年11月18日，"鹭雀联姻"尘埃落定。现在湖里创新园内的银鹭大厦，不只有陈清渊在内的部分原银鹭集团决策层，还有雀巢派驻银鹭的一众高管。

奔马、同茂、银鹭 饱含创业者的家国情怀

"鹭雀联姻"无疑是一道里程碑，它把银鹭导向了另一个战略发展阶段。对于有着三十多年历史的银鹭来说，这样的战略手笔并不陌生，即便在草根初创阶段，都为日后发展预留了足够大的空间。

初创，那是一段在一片荒漠之地培育森林的奇迹。陈清渊的出生地现在已经升级为翔安区新圩镇马塘行政村，他青年时代的马塘，只是当时同安县新圩公社下面的一个自然村，银鹭长成一棵参天大树后，厦门地方政府考虑到地域太小可能限制了银鹭施展拳脚，在原厦门市长洪永世的任上，给银鹭腾出了一个更大的空间，马塘由自然村升格成行政村。

陈清渊青年时代的马塘是同安县的穷乡僻壤，"灯不明、路难行、水奇缺"，有"有钱不借马塘人，有女不嫁马塘郎"之说，离厦门本岛很远远，与莲花并称为同安最穷的"贫困村"。贫穷至斯，1976年高中毕业的陈清渊，成了村里学历最高的文化人。

在温饱线上挣扎是那个年代农村家庭的普遍特征，陈清渊家境尤甚。那时候农村还没实行家庭联产承包责任制，土地使用权归集体，粮食按人口分配，每个家庭的劳力出勤情况和贡献程度折成生产队的工分充抵粮食收入。父母生下陈清水陈清渊兄弟姐妹九个，上面还有祖母，母亲要照看小孩，基本上无暇顾及生产队的农活，祖母年迈，陈清渊家出得了工的劳力，父亲加上祖母，勉强算"一个半"，一个半的劳力支出要摊平分配回来的粮食收入，根本就入不敷出。不足部分，只能先挂在账上慢慢用工分偿还。

陈清渊记得，1972年，家里在生产队的超支欠款达到了一千七百多元。那个年代那样的债务规模，父母每每算来都会伤心绝望。由于欠债太多，父亲进过"学习班"，好不容易盼到可以卖头猪给孩子们换回点学费，还得分一半给生产队抵扣债务。

陈清渊排行老二，长兄陈清水上到小学四年级后辍学回家，多了一个劳力，债务曲线才止跌反弹。

直至今日，陈清渊依然喜欢自称"农民"，其实，他很早就"脱产"。他先是在马塘自然村当会计，后又到行政村当了助理会计，参加财会培训后，进了新圩公社工作队。"脱产"

的那段时间，陈清渊得以跟当时的政府、银行和信用社等部门打交道，由此丰富了阅历和经验。

解决一家温饱问题的重担首先责无旁贷地落在老大老二身上。陈清渊喝了比较多的"墨水"，接触的层面较广，思路自然要开阔些，但由于贫困太久，也见多了左邻右舍的穷样，哥俩有个共同的心愿：假如有一天能够发家致富，一定让整个村都过上好日子。为此，哥俩给自己设定了一个小目标：尽快让家里脱贫致富。

机会出现在改革开放后。陈清渊二十岁那年，一些国有流通渠道陆续改制走向市场，同安五显供销社在改制之列。

陈清水当时在开手扶拖拉机跑运输，陈清渊在新圩公社工作，信息灵通，哥俩都觉得是个机会，一拍即合，按着胸脯承揽了供销社的"南菜北调"收购业务。

在那个物资紧缺的年代，只要商品能够流通起来，基本上都能盈利。陈清渊家不缺人手，哥哥跑运输，兄弟姐妹分工明确，配合默契，承揽了供销社的蔬菜收购业务后，家里的经济窘境日渐改善，这为后来自己创业办厂积累了一定经验和原始资金。

"南菜北调"中，兄弟俩见识日长。他们注意到，外地已经有人把菠萝、龙眼、荔枝加工成罐头，同安就盛产这些东西，是不是也可以办个罐头厂？他们还注意到，北方并不产菠萝、龙眼、荔枝，由于当时并不具备冷链运输条件，南方的水果很难运到北方去，这些水果在北方都是奢侈品。如果把水果加工成罐头，南方运到北方就不存在障碍了。

在那个多数家庭尚未完全解决温饱问题的年代，即便是自家种的水果，也只能是一种偶尔打打牙祭的金贵东西，多数都卖给了前来收购的罐头厂贴补家用。但陈清渊看明白了其中的道道：村民辛辛苦苦种了一年，实际上只赚了点工钱，利润的大头都在深加工环节。

而让陈清渊更加兴奋的是，一旦解决了南果北运的流通问题，村里漫山遍野本来卖不了多少钱的水果就会变成宝，届时，于自家而言，是一门大生意；于村里来说，就是一部可以指引脱贫的"致富经"。

哥俩把自己的思路跟村里村外的几个年轻人一说，马上得到了积极响应，其中包括一个邻村的青年农民。

1985年，几个年轻人筹集了三万元资金，在马塘村内办起了当时同安境内的第一家村级罐头厂。从确定企业属性上，创始团队的智慧和远见就可见一斑。

私营经济在那个时候并没有明确的身份。1986年，整个社会还在为"辽宁本溪关广梅承包蔬菜公司发家致富"的性质，到底是姓"社"还是姓"资"争论不休。一直到1988年，《宪法》修正案才给予了私营经济的合法地位，明确"私营经济是社会主义公有制经济的补充"。

在那样的大环境下，创业办厂者都属于"敢吃螃蟹者"。但为了解决企业身份问题，必须"挂靠"在集体单位，几个年轻人把创办的企业"挂靠"在村里。

估计民营经济的放开只是早晚的事情，办理"挂靠"时，他们留了个心眼：每年向村里交一千五百元的"挂靠"费，不借用村里的任何一分公款，与村里的账务往来做到一清二楚。

这批在"挂靠"基础上发展壮大的中国民营企业，日后枝繁叶茂时，很多因为产权归属问题走上了漫长的法律诉讼，企业因此元气大伤，马塘几个年轻人创办的企业创业伊始便防患于未然，避免了一场可能引起的权属纷争。

带着情怀创业，给企业取名都是一个激情澎湃的过程。创业者们起初准备好的名称为奔马，取马塘奔腾不息之意，因为已被注册，后确定为同安新圩兴华罐头厂，取振兴中华之意；日后，随着企业变迁，企业名称从兴华改为同茂，同安地名隐含其中，茂寓意枝繁叶茂。品牌名称定为银鹭，各取银城（同安）和鹭岛（厦门）的第一个字。看似平淡无奇的企业名称，饱含创业者们的家国情怀。

创业五年之后
他们徘徊在十字路口

在穷乡僻壤创办一家工厂，站在今天的时间节点，场景很难想象。现在地方政府招商引资的前提条件是"三通一平"，即通水、通电、通路和平整土地，当时的马塘村所有条件都不具备，村民用水要靠挖井，照明靠柴油发电机，并且每天晚上只供应两个小时，与外界连通只有一条勉强可让拖拉机通过的乡间小道，三万启动资金连厂房都建不起来。

年轻人不缺的是斗志和力气，为了解决办厂所需的基础设施问题，几个年轻人撸起袖子自己干。自己挖井，购置更大功率的发电机，除了自用，部分供应村里，厂房借用村里的磨菇房。修补后的厂房看起来还是相当简陋，墙半砖半竹，屋顶盖的是毛毡，那是一种比瓦片要便宜得多的遮盖物。

把水果加工成罐头的技术难度并不高，多数依靠手工操作即可完成。买来玻璃罐和封装机，把水果削皮去核装瓶，然后贴上标签高温杀菌，加工流程差不多就算完成了。

办厂伊始，创始团队就树立了很强的质量第一和品牌意识：要真材实料，不能缺斤少两。

兴华"有质量"的罐头逐渐得到了市场的认可，但三万启动资金经不起多少折腾。水果属于季节性商品，尽管兴华产品线从菠萝延长到了龙眼和荔枝，还是难保工厂的常年运转，一年里有很长时间，工厂不得不处于停产状态，只有在水果季节到来后，才听得到机器马达的轰鸣声，但管理费用和部分人工的刚性支出成本并没有减少多少。即便后来又找银行贷款三十万，还是难保企业不出现资金断流。

这种生产模式一直坚持到1989年，当三十三万元资金全部花完，资源耗尽，兴华仍然没有走上良性的发展轨道。

创业五年后，几个年轻人第一次徘徊在艰难的十字路口：清盘还是坚守？

此时的兴华面临一场生死抉择，如果就此清盘，每位股东都资不抵债，分摊到每个股东头上的六万元贷款，足以让每个家庭倾家荡产，并背上沉重的债务；如果选择继续坚守，兴华的路又在哪里？

兴华罐头厂陷入两难时，昔日的几个年轻人都到了而立之年。起早摸黑，拼了五年，到头来不仅一无所获，反而欠下一屁股债，不可否认，个别股东的信心受到了严重打击。不过，陈清渊的思路仍然清晰：选择清盘，意味着永远失去东山再起的机会，过去五年的努力也将付诸东流。

进退维谷中，陈清渊已经看到了过去五年沉淀下来的品牌价值所在，周边一些地区的罐头加工企业，主动找到兴华罐头厂，希望能贴上兴华的品牌，好卖个更高的价钱。

因此，在抉择中，陈清渊的态度非常坚决，"继续筹措资金，无论如何要把兴华事业撑下去。"

但资金从哪来，几个股东谁的心里都没数。银行的三十万贷款还欠着，当时的现实状况是，能拿得出钱帮到他们的，整个马塘村都找不到一个。最后，陈清渊把眼光落在了远方的侨资上，厦门实行改革开放后，已经吸引到不少外资侨资，新圩有不少海外华侨，说服侨资回乡参股兴华，或许是一条可行之道。

陈清渊首先游说自己的新加坡亲戚，但新加坡亲戚参观完兴华罐头厂的厂房后，摇摇头深表无奈地走了。亲戚在新加坡有两家上市公司，在他们眼中，兴华粗砖加毛毡的简陋厂房，二者的落差实在太过悬殊。

与新加坡亲戚的接触，陈清渊意识到，正所谓"筑巢引凤"，要想引到外资，还得先改变兴华现状。怎么改变，关键又是资金问题，陈清渊想到了政府，各地政府都有强烈的招商引资需求，"希望能有一些企业先冒出来"。

陈清渊找到了新圩镇党委书记李溪任，在李溪任的推动下，一场有县人大、县财政局、分管副县长和银行参加的协调会如愿召开。那是一场银鹭发展史上的"遵义会议"，协调的结果，银行缓收了兴华的三十万贷款，县财政局再为兴华提供十万元无息贷款。

有了十万元补充资金，兴华在马塘村外重建了一座面积一千五百平方，看起来"像模像样"的工业厂房。

筑好了巢，引凤顺理成章。1990年，陈清渊太太的堂哥——新加坡热心华侨黄福华被打动了，他在新圩老家已经多次捐助公益事业，陈清渊一说，合同都没签，黄福华就把二十万美元的投资款打到了兴华的账上。

黄福华的善举引发了鲶鱼效应，随后，厦门市粮油进出口有限公司主动要求入股，几个发起股东原始投入折成百分之四十的股份，黄福华一方占比百分之四十，厦门粮油占比百分之二十，兴华公司更名为厦门同茂罐头食品有限公司。同即同安，茂是黄福华新加坡企业名称的缩写。

有几百万现金在手的兴华罐头厂此时已经无所畏惧，也就是在这一年，兴华花4.2万元开通了自己的第一部程控电话。

红毛丹、八宝粥、花生牛奶
银鹭不断构筑御敌于国门之外的市场堡垒

自筹三万起家，到成就一家年销售额超百亿的庞大商业帝国，第一桶金是怎么来的？在功成名就后，经常会有朋友在与陈清渊神侃时，对这个问题充满好奇。每逢此问，陈清渊总会有所感慨。投资投人，在"一穷二白"的情况下，能把侨资招呼到马塘，除了侨资的家乡情结，创始团队显然有其与众不同之处。而事实上，借助这笔投资，银鹭打了几场经典战役，不仅因此翻身，也奠定了银鹭日后腾飞的基础。

首先是改变产品结构，充实生产线。厦门粮油掏出真金白银参股的同时，也带来了新产品，磨菇罐头和水果饮料。新产品保证了生产车间一年到头都不打烊，各种经营成本随之下降。

严重的产品同质化，则催生了强烈的创新意识。改革开放进行到这个时候，大小工厂如雨后春笋，福建、广东就冒出了三四百家的罐头厂，仅晋江一个地方，就有一百三十家。这些工厂生存状态极其相似，主要原料依赖当地水果，连玻璃罐的封装技术都如出一辙。福建、广东两地均处于亚热带，水果种类也相差无几。八十年代商品紧缺，只要能生产得出来，大多能找得到买家，进入九十年代，产能开始出现过剩，同茂食品的生产能力虽然饱和了，却要面对几乎没什么壁垒的激烈竞争。所幸的，银鹭食品因为一直坚持品质为先，并锁住二三线城市作为市场目标，在惨烈的厮杀中，最终生存了下来。

但要冲出群狼环伺的丛林，还得靠产品创新。

1993年，银鹭"红毛丹水果饮料"率先突破重围。这是国内第一款带有水果颗粒的果汁饮料，畅饮中带点嚼头的口感，让这款产品一呼百应。在它之后，市场上很快出现了果粒橙和仙草蜜等同一类型的颗粒饮料。

紧接着，"银鹭八宝粥"横空出世。"银鹭八宝粥"后来成为一款神话级的产品，大哥陈清水带领的技术团队攻坚克难，开发出"投生料滚动杀菌"的先进技术，抢占了八宝粥行业的技术制高点。按照陈清渊的评价，大哥对机械设备的研究就像天赋异禀，还在生产队开拖拉机的时候，他就可以自己修理，把拖拉机大卸八块，然后再组装完好如初。

"八宝粥"并非银鹭首创，传统制作工艺也不复杂，先把粥煮好后装罐再高温杀菌，流程很像热剩稀饭，必然影响了八宝粥的味道和口感。银鹭首创的"投生料滚动杀菌"技术，是把配好的原料装到铁罐里，再经水蒸气高温杀菌，煮熟的同时也杀了菌。初试阶段并不完美，水蒸气温度再高，铁罐里的汤水都是风平浪静不会滚沸的，因此，里面的食物虽然煮熟了，稀的和稠的还是截然分开，消费者打开食用，得先把里面的食物搅匀。为了彻底解决存在的问题，陈清水用"钻牛角尖"的精神，自己购置各种配件硬是拼出了一台设备，这台设备可以保证"八宝粥"在高温杀菌的同时，能自动翻滚，煮熟和搅拌一箭双雕。

这一"投生料滚动杀菌"技术，让"银鹭八宝粥"的年销量在全国同类产品中遥遥领先，市占率高达百分之四五十，位居行业第一。而今，这套制作工艺依然是银鹭的一门绝活。

也就是这一年，银鹭开发引进ERP管理体系，逐步制订和实施现代企业管理制度，建立了四套管理系统，即财务预算管理系统、生产和质量安全管理系统，供应链管理系统以及销售管理和全面绩效考核管理系统。这是一项复杂的系统工程，放在二十多年前，前瞻意义不可言喻，整个管理体系努力的核心，就是最大程度上解决市场需求与生产能力之间的信息共享，以及生产资料、市场、人力资源三要素之间的最佳匹配，从而让爆款产品能够在生产线上开足马力生产，在畅销区域可以得到厂方最优质的资源支持。

"银鹭属于做得比较早的民营企业，引进开发ERP管理体系不仅需要庞大的费用，还需要高管具备相应的管理素质。"今日谈来,银鹭的管理体系已然成为陈清渊的骄傲,由于超前的管理模式,日后与雀巢联姻融合时,基本上达到了"无缝对接"状态。

产品有竞争力,管理跟了上来,银鹭发展进入了良性。

相隔数年,"花生牛奶"再为银鹭奔跑助力。这是银鹭原创的产品,以较高的壁垒曾砌起一段时间的护城河。"花生牛奶"是一种复合蛋白饮料,是植物蛋白和动物蛋白的二合一产品,两种原料如果只是简单的混到一块,彼此并不相融。为了解决其中的相融难题,银鹭与北京大学、福州大学合作,专门技术攻关。上市后的"花生牛奶"给了银鹭一个莫大的惊喜,很快成为一款巨星级产品,高峰期单品年销售额超过五十亿,占据了银鹭产品的半壁江山。此后,市场刮起了一股"花生牛奶风",连专注牛奶的伊利,也加入了"花生牛奶"的大军。

连打几大胜仗,银鹭渐入佳境。

当亮价到1300万无人跟进时
陈清渊才睁开眼睛,现场响起一片掌声

2000年,陈清渊提出企业发展的"三大战略",堪称银鹭的神来之笔。这一战略的落地,让银鹭杀出丛林,走向了腾飞。"三大战略"即名牌战略、人才战略和科技战略,实施的基点,把企业名称和品牌整合起来,同茂食品更名为银鹭集团。

抢占央视黄金广告资源是实施名牌战略的当头炮。对很多企业来说,央视是个神奇的舞台,插上黄金广告资源的翅膀,企业的销售额普遍都会飞起来。陈清渊从每天的新闻联播中,早就注意到这一点,酒香不怕巷子深说的是在没有强势媒介的时代,银鹭虽有品质保证,也得深入人心,才能将品牌转化为口碑。

2000年第一次参加央视黄金广告资源投标,那是段肉疼的经历。初进北京梅地亚中心,一次举牌加价五十万,几回合下来,陈清渊完全被现场此起彼伏的报价声刺激得热血沸腾。由于志在必得,杀价到最后,他干脆闭上眼睛,只求拍卖师的槌子能尽快一槌定音。当竞到一千三百万终于无人跟进时,陈清渊才松了口气睁开眼睛,现场响起了一片掌声。

事实证明,在质量保证的前提下抢占央视黄金广告资源简直如虎添翼,连续两次参与招投标后,银鹭的销售额突飞猛进。

"掌握了央视黄金广告资源后，产品品质和工厂的生产、销售都必须跟上节奏，配合得恰到好处，才能让资源发挥出最大的效用。"这是陈清渊从历届央视"标王"中悟出来的逻辑。

人才战略和科技战略是名牌战略的基础。

十五年的精耕细作，此时的银鹭年销售额虽然达到十几亿元，但瓶颈已慢慢凸显，最突出的，银鹭一推出新品，市场跟风马上一拥而上，产品周期非常短。此时的银鹭罐头多数采用铁罐，在封装技术上并无太高门槛，模仿者甚至只需修改广告标签即可，假冒非常容易，银鹭多年树立起来的品牌形象，成为被山寨的主要对象。

市场乱象达到了癫狂的地步，有一年，山寨厂家订制的铁罐被误送到了银鹭。决策层意识到，只有依靠高科技手段，才有可能改变这种一边塑造品牌，一边被假冒伪劣摧毁的尴尬。

马塘毕竟还是农村，为此，银鹭专门建造了专家楼，让住进专家楼的引进人才像住在宾馆一样方便；买大巴开通岛内外接送班车，让住在同安城区和厦门本岛的员工，晚上下班后可以正常回到家里。

人才战略的推进，银鹭成为国内食品行业的人才洼地，一些国企和民企的优秀人才纷纷跳槽到了银鹭。而因为银鹭在食品行业中的领军地位，人才洼地后来变成了人才高地，银鹭成为国内食品行业的黄埔军校，一些人才又流动到国内其他食品企业。

科技战略更是取得了质的突破。决策层从铁罐包装技术中悟到：食品行业产品体系大同小异，要在这个行业中树起壁垒，只能在包装技术上下功夫。考察过全球各地先进的包装技术后，决策层把目光落在了"引进和完善"包装技术上。其中道理很像日后的中国高铁，嫁接别人的技术，在此基础上实现超越。

罐头包装技术的难点在于杀菌工艺，传统铁罐的工艺流程是先封装后高温杀菌，弊端在于，遇上不耐高温的食物，铁罐里的食物就会变成糊。以瑞典利乐包为核心的"无菌冷罐装"技术进入了银鹭的视野，不过，这项技术当时在全球范围内都不是很成熟。

摆在决策层面前的另一道难题是，购置一条"无菌冷罐装"生产线所需的资金动则按亿计，当时的银鹭虽然年销售额有数亿，但利润收入尚不足以支撑高昂的费用支出。

以银鹭多年的品牌沉淀，突破资金瓶颈的难度不大，企业引进了生产铁罐的台资；在"引进和完善"设备上，陈清水再次发挥了强项。"无菌冷罐装"生产线是一项系统工程，不同的环节需要不同的设备，拼齐所有设备后，再根据银鹭的实际需要进行改造。

这条生产线被陈清渊戏称为"八国联军"。从不同国家购买所需的先进设备，陈清水自己披挂上阵，经过一年多的反复调试，"无菌冷罐装"生产线终于产出了银鹭的升级换代产品——采用食品级塑料的"PET无菌冷罐装"产品。先进生产线的优势立竿见影，原来的铁罐变成了PET罐，铁罐的成本是七八毛，PET罐的成本只需三毛多。

陈清渊今天说起当年所引进的生产线依然透着自信，"这条生产线用了十几年还跟新的一样，它在全球罐装食品行业至今仍属先进水平，每分钟产量可以达到八百到一千罐。"

当年第一条"PET无菌冷罐装"生产线的投资总额超过了三亿，此后有十年时间，市场上很少发现银鹭的冒牌产品。作为对银鹭"PET无菌冷罐装"生产线成功应用的反馈，这项成熟技术率先在银鹭全国五个生产基地应用，现在已经超过二十条生产线，而随着数量的增加，单条生产线的投资成本已经降低了近百分之四十。

"PET无菌冷罐装"生产线的成功运行，为银鹭拿下央视"标王"提供了施展的空间。2004年，银鹭以逾一亿的竞价成为央视"新标王"，这个时候的银鹭正需要有强大的生产能力来支持市场激增的销量，银鹭对进攻央视"标王"火候的把握堪称恰到好处。

"三大战略"实施后，银鹭销量突飞猛进，连续跻身"中国成长企业百强"。

敢为人先，永不言败，成就了今日银鹭
普惠大众，回馈村民，这便是"马塘精神"

在陈清渊历数的往事中，银鹭的成功只是一个侧面，把青年时代的理想付诸实践，银鹭"以工带农"带动马塘及一方脱贫致富，那才是战略中最浓墨重彩的一笔。

在颇具现代风范的马塘村部，陈列着马塘的发展历史，记载显示，1980年的马塘人均收入只有170元，但在2016年，马塘人均收入超过了5万元。

马塘的繁荣与银鹭的发展堪称密不可分。从银鹭创业自购柴油发电机发电起，就一部分自用，一部分解决村里的用电问题。陈清渊1985年当选为马塘村小组长，1993年，马塘升格为行政村后，他当选为马塘首任村支部书记持续至今。陈清渊入主马塘村委会的精妙之处在于，当年几个年轻人所立下的"带动一方脱贫致富"宏图大愿，得以推进实施。

习近平总书记曾为厦门总结过五种精神："海堤精神""嘉庚精神""鼓浪屿好八连精神""英雄三岛精神"以及"马塘精神"。对于"马塘精神"，习近平曾感慨道："马塘我是去过几次的，它的新农村建设，很早期的新农村建设，这些形成了一种厦门精神，艰苦奋

斗，拼搏创新。"马塘的新农村建设模式也是"先富带后富"改革思路的具体体现。

推动银鹭"以工带农"，是马塘新农村建设的核心。银鹭发展壮大，村民可以就近就业，以银鹭的工资水平，"一个家庭有一个人到银鹭上班，基本上就能解决温饱问题，有两个人到银鹭上班，就能达到小康"。而一些敢闯敢拼的，通过加盟银鹭经销商体系，或参与银鹭物流配送，就成为"先富起来"的那一批人。

新农村建设的难点在于如何统一规划、统一建设。1993年，马塘村委会就着手研究制订马塘的发展规划，同年，陈清渊提出了"统一规划、分步实施、因地制宜、量力而行"的"十六字原则"。1996年，随着银鹭的快速发展，马塘新村建设全面实施。

规划全面实施时，陈清渊就明确指出："向市场要效益，不跟农民争利益。"最具代表性的，马塘的征地款被用来投资建设一些店面、食堂、职工宿舍等收益项目，然后返租给银鹭，把收入用于年底分红，这便是后来岛外"金包银"工程的最早雏形。

今天回头去看，陈清渊昔日为马塘村制订的"十六字原则"不仅超前，而且颇接地气。

统一规划落到实处，在今天的新农村建设中堪称举步维艰。改革开放近四十年，一些村民"先富起来"，表现在村宅建设上，洋楼平房参差不齐，要统一拆除纳入规划，不仅需要雄厚的财力支持，也需要村民意愿配合。马塘较早规划的好处在日后显而易见，村宅建设落差较小，拆除重建的阻力自然就小；在财力上，银鹭从规划起就给予支持，银鹭有自己的施工队伍，借助工程队的便利，银鹭出资聘请重庆规划设计院"因地制宜"为马塘规划设计，为了保证规划方案在未来不变形，按照"分步实施、量力而行"原则，马塘在规划之初就把路形设计出来，为未来的基础设施预留空间。

战略的实施离不开强大的执行力和数目不菲的资金，以马塘的村财收入并不足以支撑这一计划，日渐发展壮大的银鹭成为强大的后盾。身为马塘村支书的陈清渊带领村干部带头拆了自家祖宅，率先纳入规划，银鹭则从人力、物力和财力三方面主导和帮助基础设施建设，这一举措一直延续到了今天。

三十年过去，陈清渊由衷感慨：改革开放政策让银鹭获得了发展，马塘才有了统筹建设的资金；创业者有机会参与马塘村务管理，才有了战略实施的推动力。由于规划超前了几十年，在近年来掀起的新农村建设中，马塘毫不逊色于任何一个后来建成的美丽乡村，仍然是当之无愧的"厦门乃至福建第一村"。银鹭之于马塘的贡献，显然不只是银鹭发展壮大带动了"一方脱贫致富"而已，马塘的城镇规划在今天也难以复制。曾有在外地发家的邻村企业家也想效仿马塘，出资对整个村庄重新改造，但发现"很快就拆不下去了"，几十年来形成

2015年,陈清渊与马塘村养老院的老人一起欢度春节

的见缝插针式农村建设布局盘根错节,让改革者想打破现有利益平衡举步维艰。

马塘还有几大手笔颇引人关注。由陈清渊兄弟捐资兴建的养老院——马塘幸福院,向村里每户老人免费提供七十平方米的住宅,入住的老人不仅能到附近的银鹭食堂免费用餐,每年还会拿到陈清渊兄弟三千六百元的补贴;重建一批闽南风格的乡村别墅,没有住房的马塘成年男子,按照"一户一宅"原则享受优惠分配的福利;离马塘不远处,由陈清渊个人出资三千多万捐建的,从幼儿园大班到初中阶段的"新圩十年一贯制学校",今年九月开始招生。

一个崭新而有序的马塘美丽乡村正展现在世人的面前。进入村口,绿化带修剪齐整,到了马塘村中央,欧式别墅和中式别墅错落有致,柏油路连起了不同村落,工业区与居住区基本分开,不易察觉的田园乐趣如影随形;全村免费开放无线上网,垃圾分类和"共同管沟",则很容易让人联想到一座文明城市的一些美丽元素。外表光鲜的背后,内容更加令人震撼。村民共同富裕,九成以上的家庭拥有私人小轿车,住房按需分配,老有所养、老有所依,在农民眼里有中国特色社会主义制度的优越性或许莫过于此。

敢为人先、艰苦奋斗、拼搏创新造就了今日的银鹭,不忘初心,把收获的改革成果普惠大众、回馈村民,当年的创业者用他们的实践缔造了一种难以复制的"马塘精神"。

禹洲林龙安：
千亿房企的谋局者

文 / 赖丹丹

　　从历史悠久的闽商文化，到改革开放的经济大潮；从下海创业的艰难，始终自信和坚持不懈的意志，到赚到第一桶金后的喜悦；从禹洲地产赴港上市的佳绩，到经济新常态下的转型，林龙安无不胸有成竹。他的自信、坚毅和睿智都让人深受感染。

　　林龙安公布的销售目标是，2018年完成600亿元，2019年800亿元，2020年1200亿元，期望跨入"千亿阵营"。

从大家熟悉的禹洲新村开始

合身的西装,典雅的举止,作为一名太平绅士,林龙安懂得如何保持一个良好形象。

香港太平绅士每年委任一次,林龙安是一位新晋人士,去年7月刚参加完授衔仪式。

这个来源于英国的勋衔制度,在香港这片土地已运行了174年。19世纪中叶,首任港督特选了40多位社会人士成为治安委员,组成"英属香港治安委员会",随后组织扩权改名为"太平绅士"。早期太平绅士全由外籍人士把持,至1883年才首次接纳华人成员。

太平绅士向来受到商人们的欢迎,这是对他们在其专长领域所做出的贡献及成就受到肯定。林龙安是一名非官守太平绅士,他因常年热心公益,并对香港社会有重大贡献而受到嘉奖。林龙安的一位朋友曾评价道:"他作为港区的人大代表,投票选举的时候,他的得票率是新代表中的前三名,这可不是用钱可以买得到的。"

1964年,林龙安出生于福建泉州的小城惠安,生长在特殊的年代。1977年恢复高考时,他才13岁。11年后,林龙安于集美财经学院毕业并到中国科学技术大学深造。这一年,国内房地产业发生了翻天覆地的变化,房改全面开展试点,土地禁锢终于完全放开。

往后的一段时间,中国诞生了以万科为代表的第一批房地产开发企业。

对民营企业家而言,那时正值改革开放的大好时代,体制闸门放开后,一大批有志之士有了可以充分发挥手脚的舞台。当然,机遇与风险并存。

此时,在财政系统工作的林龙安,也敏锐地觉察到中国经济将继续高速发展,下海可能能闯出一片天地。下海后,林龙安经营了一家石料厂,主做石料开采和加工。然而,在开采完之后,望着一片狼藉的采石场,林龙安思绪之中萌生出了一个念头:"在这里,打造一片新天地。"做了几个月石料开采生意后,林龙安成立了禹洲集团。在当时,做出这个决定确实需要很大的勇气,厦门的房地产行业也还处于看不清前路的发展期,许多房企应势而生,禹洲并不是最早的,但林龙安认为,"起步虽晚,但起点要高"。

命运从此发生改变。1995年,禹洲集团的首个项目禹洲新村,应运而生。

禹洲新村地处厦门市岛内仙岳山麓城乡接合部,虽然并非城市的核心地段,但禹洲在产品上花了不少心思,以"推窗一片绿,我家在禹洲"的人居理念,注重建筑与自然,人与自然的和谐关系,因地制宜打造垂直绿化体系,在当时的厦门市场上赢得了一片美誉。

林龙安回忆，当时禹洲新村的企划和销售都是自己一手操办。"当时非常辛苦，一天24小时，基本就待在那个地方。公司创办时才十几个人，开发销售第一个项目禹洲新村时，条件比较艰苦，事事都要亲力亲为。"历数往事，林龙安感慨良多。凭借超前的社区开发理念，禹洲新村的房价至今已经增长了10倍以上，比周边同类型小区整体高出20%。

从此，禹洲集团正式开启新时代征程，秉承着"大禹治水、荒漠成洲"的先贤精神，将"以诚建城、以爱筑家"作为支撑企业突破发展的精神支柱，林龙安市场告诫团队："把每一个项目都当成自己的家来设计和建造，才是禹洲的长远发展之道。"

难，一字贯穿了企业发展时间轴

一切似乎都很顺利。然而，民营企业家崛起，背后的困难心酸常常超乎常人想象。

难。这个字，贯穿了整条发展时间轴。

少年难。生于改革开放前的泉州惠安农村，家乡一片贫瘠。身为兄长，即使一路顺利读完书成为公务员，每月拿着三四百块工资，属于当时的中产阶级了，但也还是接济不上家中老人、弟弟妹妹，所以他辞职下海。

创业难。最落魄的时候，林龙安夫妇要变卖黄金来换粮食，对于志气为重的闽南人，他实在别无办法。后来，为了注册第一个公司，他们又四处借钱，才凑够了50万注册资金。

征途难。时值房地产行业低潮期，作为厦门第一批地产开发者，他们开发的地是采石场被开采完后的最后一块地皮，即便如此，身上也压了200万的银行贷款。开发期间是高强度滚动摸爬滚打，在只有七八人的团队中，林龙安既是经理又是销售，还要在开发现场把关工程。

企业大了之后，又要谋求更多更远，准备上市。2009年，禹洲于香港联交所主板成功上市，股息回报率平均在8—10%区间，是内地房企中为数不多的高派息优质个股。之后，公司探索内部架构的转型，从以家族为主的产业集团到率先引入职业经理人进行专业管控。这听来百来字轻描淡写的"进化"过程，实际花了禹洲集团近十五年的时间。

行业发展风起云涌，谋局"未来"则更难。在房地产行业整体回归常规制造业利润的今时今日，林龙安一直将现在的房地产行业形势称为"铜时代"，能有个位数的开发利润值已算很不错。而二十年前，这个利润值是现在的十倍。行业整体利润值的缩减、可开发的土地又越来越少，行业人工成本还急速飙升，微不足道的利润之后还有上市集团要承担的企业责任和社会经济责任，所以"未来"二字，也是少数能让现在的林龙安焦灼的字眼之一。

然而，撇开这一切，所有难捱的过往，像岩缝间渗漏的水滴一样，也许耗尽了普通人几个轮回的时间和考验，但最终却将层层岩石磨褪，盘出一轮美玉。

做，就像移山的愚公，也很难，但如果不做，不坚持做，可能今天就没人知道这件事，这个人。林龙安也一样，"难"过之后，是做，坚持做，并且往对里做。建设第一个项目禹洲新村时，林龙安就态度坚决地选择了"百年大计，质量第一"，也正是它，立住了禹洲地产未来24年的基线。回想当年，林龙安笑起来，"禹洲新村第一栋落成交房后，你绝对想不到业主反映的一个大问题是什么。当时流行往墙上挂装饰画，很多业主告诉我们钢钉钉不进去——墙体太结实了，我当时心里那股高兴劲儿啊。"

进入一座城，便深耕一座城

元朝末年，群雄逐鹿中原。当很多起义军首领都攻城略地，四面出击，流动作战的时候，朱元璋稳扎稳打，并采取了"高筑墙、广积粮、缓称王"的战略，最终建立了大明帝国。对于喜欢研究经典战役的林龙安来讲，这一段历史当然并不陌生。无独有偶，禹洲地产在发展过程中，也采取了这种稳扎稳打的策略。"立足海西，建树中国"，这便是林龙安在全面启动全国拓展战略时，为禹洲地产定下的战略规划。"立足海西"意味着深耕、植根海西区域市场。所有城市的进入都必须基于"去化率、利润率和执行力"的谨慎考虑，并通过城市群之间的可辐射性形成协同效应；"建树中国"则是实现中长期战略布局的需要。

"禹洲和其他地产商最大的不同之处，在于我们注重厚积薄发。"在林龙安看来，或许和自身性格有关，禹洲一直强调脚踏实地、稳健经营。在厦门深耕12年后，禹洲地产发展成为当地最大的住宅地产开发商之一。

哲学家赫拉克利特说过，世界上唯一不变的就是变化。显然，面对着日新月异的市场，禹洲地产要做的就是在坚守之余，同时作出相应的改变。

2004年起，禹洲开始进行版图扩张，在上海、合肥相继落子，从一家区域型房企向全国型房企转变。此后，禹洲一直保持着适度的规模扩张，巩固目前的全国区域布局，形成以海西经济区为中心,以发展潜力大的长三角区域、环渤海区域一二线核心城市为区域中心协同发展的格局,适当探索境外或海外城市的发展,实现'由核心城市带动区域,由区域覆盖全国'的稳健战略扩张。"对于这一盘大棋,林龙安显然胸有成竹,步步为营。

"进入一个城市,便深耕一个城市,"林龙安说,"不是掠夺式开发,而是与城市共成长。我们将因地制宜地针对不同城市的环境、文化、人群特点来开发土地,强调产品的创新与品质,追求与城市同步发展。"

禹洲大厦

总部迁至上海
禹洲志在长三角

2013年,禹洲地产跻身百亿房企俱乐部。也是从这一年开始,林龙安调整了禹洲扩张版图,开始有意识地将分散的市场布局集中到一二线城市,并坚决不再接手三线城市项目。

根据林龙安的判断,自2012年、2013年开始,三四线城市的人口面临大量流出的局面,一线城市将净增改善型住宅，所以这就是商机。根据2015年禹洲地产的市场份额，福建省内与福建省外项目营收值首次持平，而在这之前，福建省外的所有项目都在省内项目的盈利值之下，并且这种营收情况还会持续。继从厦门迈向全国，2016年禹洲集团进一步完善了全国化布局，福建省外的市场份额已占到60%。

"公司一定要跨入上海滩，如果一个公司不落脚在上海这样的一线城市，这个公司就谈不上是全国性的公司。如果一个职业经理人不跨入上海的话，也无法成为行业内知名的职业经理人。"在禹洲集团2016年第一季度报告会上，董事局主席林龙安如此说道。

从一家区域性房企发展成为全国性的房企，需要人才、资本、业务等多方面的支撑，而上海可以满足它的需求。更为重要的是，禹洲地产在设立全国拓展策略时，第一步就选择了长三角地区。"目前禹洲集团已于全国6大都市圈布局26城，总土地储备超过1800万平方米，货值超人民币3000亿，长三角的合约销售额贡献位居首位。"林龙安表示。

无论是人口导入还是产业经济，长三角地区的吸附能力都非常强，这一点正是林龙安选择首先在此发力的原因。"一、二线城市的发展速度使得人口流入非常快，因此对于居住存在需求，这个就是我们选择城市的基本逻辑。"林龙安的思路和很多企业不谋而合，过去几年，包括旭辉、正荣、融信等闽系企业都因为布局长三角而取得了不错的业绩回报。

收购项目至今没有失败案例

谋定而动，便不必步步惊心。

"企业并购跟整合是行业的发展趋势。"2017博鳌房地产论坛开幕前，林龙安对媒体透露并购和收购是禹洲的强项，过去20多年来，禹洲地产也一直坚持把收购和并购当成土地储备的主要来源。从1994年成立到1995年、1996年就开始收购了菲律宾华侨在厦门的世贸中心。创立24年后，禹洲的据点布满北京、上海、杭州、合肥、武汉以及香港等国内26个城市，并公布了千亿计划。在规模追逐成为潮流的房地产行业，向来因"稳健"而在闽系房企中独树一帜的禹洲地产，开始谋求规模加速增长。

在林龙安的领导下，禹洲集团正成为收并购策略的践行者。这是被很多地产商称为"良方"的发展方针，好处是可以省下大量购地和前期开发成本。

"禹洲建立了一整套收、并购的财务体系和法律体系，结合完善的合作共赢的信用体系。近年来在武汉、惠州等城市的推进，全部都采用并购和收购的方式。我们目前的拿地，一半靠收并购。"

林龙安说，这更说明了这是行业未来的发展趋势。禹洲在香港的项目也是收购而来。2014年8月，禹洲斥资3.7亿港元，向具有基金背景的丰泰地产买入西半山坚道重建项目，面积约3.3万平方米。

并购和收购，极需沉淀，比如完善的财务体系、法律体系。特别是房地产项目沉淀到一定阶段，都会存在一些不确定的矛盾和纠纷，埋下法律的后患，企业如果没有成熟的团队作出精准的法律判断，得来的项目会后患无穷。除了这些最基本的积累和沉淀外，林龙安和他创办的禹洲地产在收并购方面还有自己的"独门秘籍"。在林龙安的"朋友圈"里，一些新加坡、马来西亚等华人华侨，抑或是港商、台商朋友的项目信息，都被林龙安和禹洲地产加以重视。光有朋友圈这些关键信息还不够，还"需要有信用体系的建成。"

林龙安举例，禹洲地产在珠海、东莞的项目，一定程度上都是因为熟悉的圈内朋友认可他的信用度。"知道与禹洲合作1+1大于2，能达到合作共赢的目的。""不是每一家企业都可以做到，很多反馈合作挣不到钱。"林龙安说，那是因为对客户的判断、信用体系的建立、信息的整合之间都有一定的关联。这是个系统工程，各因素缺一不可。

禹洲地产并购收购就是从公司成立开始延续下来的传统。林龙安说，会继续用好这个传统增加土地储备。林龙安这么做还有一条非常重要的原因，那就是收并购的优质土地可以确保利润空间。"禹洲连续十几年一直在价值低洼时拿地，不在高峰时拿地王。并购、收购保证最大的盈利空间。"禹洲地产之所以能保证最近十几年毛利率空间保持在30%左右，跟一向坚持的土地拓展原则息息相关。

"不拿地王会有更多的盈利空间。加上完善的成本管控体系。进入一个城市深耕一个城市，通过品牌溢价，实现多盘联动，进而成本空间得到下降，保证盈利。"禹洲地产有着长达24年并购收购的经验，在厦门排行第一。"收购的项目到现在都是成功的。还没有过失败案例。"林龙安因此也格外珍惜和重视他"朋友圈"里的信息，尤其是华侨项目信息。

因为禹洲地产良好的信用，也基于林龙安对朋友的信任与了解，所以能实现合作双方共赢发展。无疑，林龙安的朋友圈加码的信用哲学，为他换来了丰厚的回报。

"单枪匹马的时代已经一去不复返了，现在更多的讲究是互利、共赢、合作"林龙安的大意是，企业只有抱团前行，才能走得更远。

开辟华南区域
进军粤港澳大湾区

近几年来，禹洲集团也在不断优化并提升公司战略布局，未来将围绕长三角城市圈、粤港澳大湾区、京津冀城市圈进行区域深耕。地产业有地产业的滚滚红尘，随着行业集中度的提高，千亿房企涌现如过江之鲫，中型房企的攀爬殊为不易。林龙安表示，"2018年公司的销售目标是600亿，我不想盲目追求规模。"精而美，是林龙安给禹洲地产总结的生存哲学。

相逢的人会再相逢。禹洲地产和沿海家园在彼此的轨迹上相交了三次。

十几年前，禹洲收购了沿海家园的一个项目，也因此成为合作伙伴。2017年3月，禹洲再次收购了沿海家园在武汉汉阳区的一个项目。这次，则是他们的第三次合作。"

2018年1月15日，禹洲地产宣布收购沿海家园七个项目，总代价是38亿人民币。这七个项目分别位于沈阳市苏家屯区、佛山禅城区、北京朝阳区、沈阳浑南区、武汉东西湖区、武汉江汉区以及天津北辰区，其中4个为在售项目，3个是地块。

林龙安算过一笔账，这个资产包在2018年就能为禹洲带来近40亿的销售业绩。尽管后续还需为配套、建材等方面投入，但收购价格确实很划算，"如果不是并购的话，买这批项目的价格至少翻倍。"因为已经有过两次的合作，彼此的交流很顺畅。林龙安说，这次收购谈下来，真正花的时间只有两三个星期。就连尽调，都是签约后才进行。

寸土寸金，招拍挂门槛太高已全然成为资本游戏。林龙安更倾向通过收购获取新项目。此次收购为禹洲带来超过300万平方米的权益可售建面，权益货值超过400亿元。禹洲还借此进入了北京、佛山及沈阳三城。

今年，大湾区位列国家发展战略，吸引了各家房企争先布局。目前在粤港澳大湾区，禹洲已进入惠州、佛山、香港三个城市。"大湾区布局的重要性仅次于长三角，会成为集团销售和收入贡献的主要来源地。目前长三角对集团的贡献达到55%，未来粤港澳将排在第二位。"

目前，禹洲在深圳设立了华南区域总部，禹洲地产以此为据点，意图完成从海西区域到长三角城市群，再到粤港澳大湾区布局的调整和瞭望。

"我现在大部分时间在香港。我们禹洲已经融入香港文化中了。我现在的重心，香港要占到60%。平常，我在香港的时间最多，第二是深圳，第三是上海。当然深圳和香港非常方便，我有时候早上去深圳上班，晚上就回来香港了，一个小时就到了，在北京有的地方一个小时是到不了的。去东莞，从我香港家里开车过去也才两个小时，从香港家里开车到深圳办公室也就一个小时。"据悉，大湾区里面有5所世界级前100强的大学，聚集了很多的科技人才，所以是创新基地、人才基地，具备了一个国际金融中心，香港本身就是国际金融中心、国际贸易中心、国际航运中心，再加上两地的整合，包括粤港澳大湾区的整个系列的整合，还有交通资源的整合。这个范围内有5个国际机场，这是非常方便的；另外是全面打通城铁和高铁，以后在大湾区内生活基本上是一个小时通勤，不管住在哪里基本上一个小时就能到。林龙安表示，现在大湾区同城化了，所以现在国家的大湾区带来了很大的交通改变，还有城市打通的一个理念上的改变。

"小中海"要将科技融入地产开发

申万宏源报告显示，从2007年到2017年，禹洲地产的复合增长率约40%。倘若维持40%的增长率，到2020年，禹洲地产的销售规模恰能突破千亿。禹洲地产2007年的销售业绩是14亿，2009年在香港联交所上市那年，销售金额是39亿。到2014年，禹洲地产卖出120亿元，进入百亿俱乐部。2016年，禹洲地产全年销售金额为232亿元，2017年为403亿元。

林龙安公布的销售目标是，2018年完成600亿元，2019年到800亿元，2020到1200亿元——这个中期目标比当初公布的1000亿稍有提高。然而，2017年，全国已出现17家千亿房企，甚至有地产界人士预言，最晚2019年国内将出现万亿规模房企。千亿或将是保住50强地位的最后底线。对于"会觉得这个目标保守吗？"这个问题，林龙安的回答是如果业绩完成得好，不排除会适当调整。"不想为了规模而规模，禹洲对利润和财务质量有要求。片面追求量不难，难就难在两全其美。"

"香港投资者喜欢叫我们'小中海'，我们确实在向中海学习，学习他们对成本、财务和产品的把控。"在房地产业，中海有"黄埔军校"之称，没有房企不喜欢中海人，林龙安也是。"我们很多中层、高管都来自中海，成本控制总经理、杭州总经理、南京、上海等团队的负责人都是来自中海。"

但即便是中海,都开始激进了,2017年中海光是拿地就耗资超1000亿元。

回到禹洲地产身上,公司正在尝试一些极具潜力的多元化业务。林龙安表示,希望可以跟着中央政策走,租赁住房、医养结合项目、教育这些方向禹洲都在尝试。

据了解,这些新项目已开始搭建框架。"禹洲地产所有的战略布局跟国家政策是相向而行的,特别是我作为全国人大代表,更应该跟国家的政策相向而行,所以我们在战略布局方面,除了加大战略布局以外,我们今年成立了两个新的部门,一个是租赁事业部,一个是医养产融事业部。加大产业和地产的结合度,真正把科技产业融入地产的开发。"为此,禹洲开始进军科技航天智慧城的开发,作为未来的战略发展方向之一。

今年5月,禹洲与中国航天建设集团携手在承德推出首个"军民融合航天智慧小镇"。承德航天智慧小镇项目开发用地占地面积约为4000亩,建成后将成为中国首个军民共建的航天技术发展与成果的重要集成与展示中心。此次合作是禹洲在产业城上的初次试水,与中国航天建设集团的"军民共建"模式,既能共同助力承德的战略发展和新型城镇化建设,也能践行国家发展战略,推进"航天强国梦"的振兴与发展。

毫无疑问,践行社会责任,实现"中华强国梦",是林龙安一生的追求。

林龙安介绍,科技航天智慧城最大的亮点就是在航天科技、航天医疗、航天教育、航天空间站体验区,把科学、产业、航天新材料的应用结合起来,比如说牙齿,用航天材料做出来的牙齿,经过航天科技的3D打印,这个牙齿根据每个人的实际情况,可以比你原来的牙齿更加有韧性,更加不容易磕磕碰碰,使用的时间会更长,另外更加适应自己的牙齿的模型,当天安装完以后当天就可以吃饭。此外,还有航天的卫星遥控应用,未来的无人汽车、智能化的产业,可以通过卫星遥控的应用掌握在自己的手机上,掌握在自己的一个专有终端上。比如家里的防盗体系、监测空气质量的体系、监测人的各项指标体系,这些全都可以化为智能化的掌控。

林龙安表示,在这些方面,希望产业落地以后,能加大产业跟地产的结合,做出来的产品不是纯地产的开发,更多的是科技应用的开发,达到疏解首都功能的作用,另外提升生活的质量和品质,也提升人的健康预测程度。

起源厦门,冲出海西,立足上海,禹洲集团发展至今,形成了一条颇具"禹洲特色"的发展轨迹。从白手起家到如今的"准千亿"规模,24年一路走来,禹洲集团探索出的是一条独一无二的"特色闽系之路"。每个企业都会根据自己的特点进行布局和调整,对于正在冲刺千亿规模的禹洲来说,林龙安正是那个谋局者。

大博医疗林志雄：
骨科医生带出一个上市企业

文 / 赖丹丹

走进大博医疗展厅，一个个骨科植入类耗材产品在灯光照映下发亮，讲述着这个企业腾飞的故事。

这个故事最精彩的部分，是林志雄带着大博医疗用了不到十五年时间，完成从创立到上市的过程。这于改革开放40周年的时间跨度，似乎略显简短，却不乏耐人寻味的发展智慧。

出生于从医世家，注定与"医"结缘

时隔两年，《商汇》杂志再次采访林志雄。之前一次，是2016年，为了推选林志雄参加厦门总商会主办的新锐企业家评选。这一次，则是为了这本《厦商风华》。两次采访时间间隔其实不长，但大博医疗的变化很大。上一次，采访地点安排在一个厂区，而这一次，换在大博医疗新投入使用的总部中心。总部中心一层，配套有大博医疗产品展厅。走进去，一个个骨科植入类耗材产品在灯光照映下发亮，讲述着这个企业腾飞的故事。这个故事最精彩的部分，是这家企业用了不到十五年时间，完成从创立到上市的过程。这于改革开放40周年的时间跨度，似乎略显简短，却不乏耐人寻味的发展智慧．

1973年，林志雄出生于南靖金山镇一个从医世家。从出生起，他的人生就与"医"结缘。"我的爷爷就是当医生的，父亲也延续了祖业，在镇上开了家诊所，所以我从小耳濡目染，对看病、抓药很熟悉。"在父亲外出看诊时，林志雄可以帮忙照看诊所，虽然那时还不会诊治病症，但有人来买药，中药、西药或是滋补药材，他都可以应对自如，"小学三年级就会抓药了。"这技能，着实令人惊叹。

1991年，高中毕业的林志雄考入福建医科大学。1996年大学毕业后，选择进入厦门中山医院任骨科医生。跟改革开放初期下海那一批企业家所要经历的摸爬滚打不同，林志雄的成长轨迹近乎一条直线。没有经历因家庭贫困而辍学打工，不用全家吃了上顿没下顿，也无需早早为了生计东奔西跑，走南闯北。如果沿着从医这条路走下去，林志雄的人生大抵也是可以预见的：在医院熬个十几年，从小医生晋升为主治医师，再往上，副主任、主任……

在大多数人看来，这绝对是令人艳羡的人生坦途。

排除挣扎和阻力，创立大博医疗

"我是喜欢折腾的。"拥有一条人生坦途，好像是圆满的，但又好像有所缺失。

听到林志雄说起这种感觉，会想起《便西拉智训》里的名句："有的人湮没无闻，无人知晓，仿佛他们从未来过这个世界一样。"普通人大多如此，过完一生，草草了事。

不安分的"小细胞",在林志雄心里萌芽,裂变。

在医学领域,想要突破,除了临床实践,最重要的是知识储备和专业技能积累。2002年,在职的林志雄开始攻读博士,并于当年获得"日中笹川医学奖学金"。这是国家卫生部唯一一个通过考试申请的公派出国留学项目,当年在福建省仅有2人获此奖学金。2003年4月,林志雄前往日本国立千叶大学骨科研究室学习并于同年考取日本国立千叶大学医学部博士。

有了一线工作实践经验,日本进修提升了专业能力,开阔了眼界,林志雄想自己创造一条路。因为在骨科领域专研,他对创伤类植入耗材行业比较熟悉。80年代中期,国内创伤类植入耗材行业逐渐起步,专业性生产企业开始发展,但增速相对较慢,无论在研发、工艺或者市场营销和管理方面均处于稚嫩的初级阶段,离国际先进水平差距甚大。国内骨科植入类耗材生产企业大多规模较小,市场支配力有限,拳头产品很少,因此国外厂商产品在国内占据较大优势,国外知名企业凭借技术性能和质量水准拥有明显的竞争优势,几乎处于垄断地位。

"做骨科医生的时候,经常接触这些产品,我知道有市场。创业前,也考察了市场和国内企业实力,当时大家的技术实力不强,做的产品比较粗糙。"因为是技术出身,林志雄觉得自己完全可以做得更好。当然,他还有另外一个触发点,"当时这块产品主要依赖进口,价格相对昂贵,对于国内的病人来说,是一个特别大的负担。我想,如果我们能自己研发出符合市场需求,有竞争力的产品,价格方面也会有优势,那这可以算是一件民生工程。"

但是,在面对个人选择时,林志雄也历经各方压力以及内心挣扎。按照既定的发展路线,从日本读博回国,卓越的技术能力和远见,成为一名成功的医学专家,前途可期。"弃医从商不是一个容易的抉择。"林志雄说,毕竟当时也没有把握,而且一开始就遇上家里的阻力以及原工作单位的劝说,"出来创业前路迷茫,我自己也没有十足的信心,心里也很挣扎,大家都反对。"然而,来自各方面的阻力和内心的挣扎都没能都得过林志雄那颗蠢蠢欲动的心,最终他还是下定决心要"给自己和事业一个机会"。

2004年6月,林志雄开始创业行动,进军创伤类植入耗材领域。8月,注册公司,获得医疗器械生产许可证,创立厦门大博颖精医疗器械有限公司。

为大博注入了宏远目标和使命

什么是创伤类植入耗材?就是当人受伤时,如车祸遭受的骨折等情况,需要进行修复护理，这时候包括髓内钉、金属接骨板、骨针及螺钉等内固定系统就应运而生。

这个行业在日常生活中很难引起人们注意，但就是这样一个行业，门槛很高，需要非常专业的多学科复合技术来支持。所以，甫一创立，林志雄就为大博注入了宏远目标和使命。以"弘扬民族品牌，打造健康人生"使命，以"勤奋、精益、创新、大爱"为精神，以"成为国际一流的综合性医用高值耗材供应商"为愿景，以"质量第一、科学管理、以人为本、追求卓越"为方针，以"品质决定品牌，服务创造价值"为质量方针。

围绕着这一系列企业文化，林志雄和大博团队开始了艰难的创业历程。

能够放进身体里的东西，需要跨过技术门槛和审核门槛两道难关。首先，这些耗材不仅要贴合人体的组织结构，还要长期停留在人体内，关节置换类的产品一般使用时间长达15~20年。产品稍有差池，就是关乎康复的头等大事，因此国家对研发、生产、流通等全环节进行严格监控，行业壁垒高。此外，由于每个病人的情况都是特殊的，而产品的性能和使用效果又直接影响到手术的成功率。因此，生产设备都是根据自身工艺定制的，并且不断微调、改良工艺和经验，无法一蹴而就。

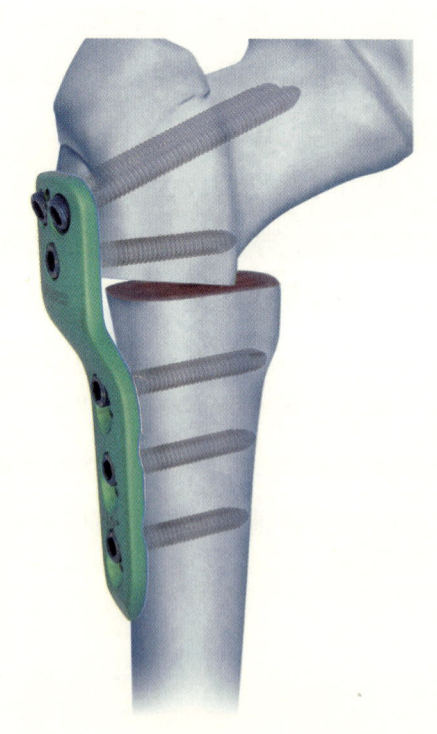

小儿接骨板

这是一套"和时间做朋友"的商业模式。这么漫长的时间，通常能够把资金薄弱的创业公司给耗死。此时，林志雄的专业背景起到了关键作用。创伤类植入耗材是个多学科交叉行业，如果没有他长年在一线的诊治经验，很难清楚知道什么样的产品才是最适合病患，最容易满足市场需求的。一个成熟的产品，从设计到检测再到临床通过，并获得验证，往往需要5年以上的时间，也是林志雄的专业经验，让这一过程得以大大压缩，将临床经验转化为产品设计经验，一路快马加鞭。

但一个人的力量有限，团队，才是这个过程中最难的障碍。"当时，国内骨科植入类耗材行业还处于摸着石头过河的阶段，几乎没有成熟的企业，更何谈研发团队？"

由于行业的特殊性，人才注定不好找，林志雄说，"这需要各种专业、交叉学科都精通的人才。"特别是在高校资源缺少、研发人才缺乏的厦门，人才更不可求。当时这方面的人才资源主要集中在长三角地区，林志雄不得不一遍遍地去那边"挖人"。

也因为人才问题，林志雄一开始就在公司里设立人才培训部，"这个培训部可不是普通公司里那种礼仪培训、管理培训。"听起来，更像是一个小型的"职业技术学校"。

三年多的时间，林志雄带着团队将临床经验转化为产品设计，研发出多种符合临床应用需求的产品，并实现产业化，终于"熬"出来。2007年底，大博医疗就获得医疗机械注册证。2008年，通过了中国CFDA认证，欧盟CE认证和ISO13485体系认证，产品正式销售。

产品生产出来了，下一步难题就是销售。骨科耗材最大的特点就是，每一次手术都需要使用到非常多且细碎的零件，并且每个病人的手术都需要使用同一厂商的产品，包括配套的手术工具。万一手术做到一半，忽然发现产品与工具不匹配，将带来极大的临床治疗风险。

对大博产品之所以能占领市场，两个因素起了关键作用。第一是专业。大博较国内其他企业更为专业，在推出专业性、创新性产品方面使企业获得快速成长的机会。第二是重视人才团队建设，其中有两个人功不可没。早期的渠道功臣是林志雄的胞弟林志军，他之前就职于厦门伊耐特医疗器械公司，有着一定的渠道经验，兄弟齐心，其利断金。2011年之后，大博请来了辛迪思的中国区总经理罗炯，这一步很重要。

辛迪思是全球创伤类医学的领导者，后来被强生收购，它的缔造者制定了骨科创伤领域的AO标准，市场份额也是最大的。由这个领域的跨国公司龙头的职业经理人来操盘渠道，无疑对于大博建立在一二线城市的影响力有着重要作用。

沉下心来做产品
积累核心竞争力

对于企业发展，林志雄心里有非常清晰的战略方针。

"首先在行业选择上，选择了自己熟悉、有专业优势的行业，其次在发展定位上抓住了创新。"林志雄说。看似轻描淡写，细细列出来才知其是"注定是可以成功"的。

比如，大博医疗始终坚持以客户的利益和需求作为自身利益与市场的出发点。国内当前的医生培训制度是进修培训，而小医院医生却没有这种培训机会，骨科手术技能得不到提高。因此，大博医疗联合国内知名专家制定髓内钉教育课程，在全国范围内进行以人体模拟操作结合手术技能培训为主题的教育推广学习班。2013年大博医疗在全国范围内举办了30多场髓内钉培训会议，帮助超过1200位临床医生规范了髓内钉技术，降低了断钉断板的风险，提高了患者的治疗满意度，从而也增强了大博医疗的美誉度。

联合专家研发创新产品，协同打造深度品牌形象。目前，国内传统医疗产品已供过于求。医疗产品缺乏技术创新或者仅仅靠价格取胜是没有前途的。医疗产品创新的原动力来自于广大临床专家，所以大博医疗积极与临床医生深入交流，广纳临床专家创意，共同致力于研发创新性产品。林志雄将"创新性产品"定义为可为医生的临床工作提供更大的便利和取得更好的临床疗效的产品。例如，在髓内钉技术推广过程中，与骨科专家进行了脊柱微创产品的联合研发，坚持不断推出创新性产品，夯实了品牌根基，打造了有深度的品牌形象。

联合专家开展创新产品教育传播，增强品牌知名度。大博医疗联合专家制定脊柱微创内固定系统产品教育课程，在全国进行以人体模拟操作结合手术技能培训为主题的教育推广学习班，进行市场品牌培育。2014年大博医疗在全国范围内举办了28场脊柱微创内固定系统产品培训会议，对1000多位医生进行了专业指导，极大的提升了临床医生规范脊柱微创内固定系统操作技术，拓展了临床专家与大博医疗合作的机会，增强了大博医疗品牌的知名度。

实施"推广研发循环"模式，打造学术型企业形象。大博医疗通过"教育推广→联合研发→教育推广→联合研发→教育推广→联合研发……"的反复循环模式，逐步在广大临床骨科专家中树立了重学术、重技术的学术型企业形象。凭借创新性、学术型企业的品牌形象，大博医疗撬动国际市场，产品销售至包括瑞士、西班牙、俄罗斯、乌克兰等40多个国家。

沉下心来做，相信"我可以做出比他好的产品"，总会从细节上找到优化点，要深耕行业的细分市场，提升差异化竞争力，逐渐积累出自己的核心竞争力。

敲钟上市
站在另一个起点上继续腾飞

经过10余年努力，"大博医疗"品牌建设取得了较大的进展，是国内最具成长性的医用高值耗材企业，在多个细分领域都已经做到了全国前三，创伤以及神经外科销售是全国第一，脊柱和微创外科是全国前三。其产品涵盖了骨科创伤类、脊柱类、神经外科类、关节类及微创外科类等多个领域的各类耗材产品，是行业内为数不多的在骨科植入类耗材领域全产品线覆盖的企业，并且在运动医学、神经外科、普外科、微创外科及齿科领域进行了积极布局。

国家重点高新技术企业、国家技术创新示范企业、国家知识产权优势企业、国家工业品牌培育示范企业、中国质量标杆、福建省创新型试点企业、福建省行业龙头企业、最具成长潜力的留学人员创业企业、福建省战略性新兴产业骨干企业，十几年下来，大博医疗荣誉不断。而创始人林志雄也备受赞誉，被选为中国医疗器械行业协会外科植入物专业委员会理事长，国家万人计划领军人才，国家科技部中青年创新创业人才，享受国务院特殊津贴。林志雄和大博团队，终于用一系列耀眼成绩，证明了当初的选择之正确。

林志雄说，大博医疗立志成为"中国的强生，世界的大博"。

根据行业数据报告，我国的人口基数庞大，同时老龄化的进程加速，到2050年将成倍增加达到2.12亿，占人口总数的13.2%。社会老龄化进程加速促使医疗需求不断上涨，而老龄患者以骨科类疾病为主。据悉，我国各种关节炎重症患者超过8000万人，现有肢残患者75万人，同时，每年新增骨损伤患者300万人。

骨科疾病的患病人数的加速增长，带动了骨科植入类耗材市场的加速扩容。大博医疗的主营业务创伤类产品、脊柱类产品，上升趋势明显，增长空间较大，同时关节类产品、微创类产品也开始投入市场，都有较好的发展空间。2017年9月22日，大博医疗在在深交所敲钟上市，成为第一家在A股上市的骨科医疗器械企业。

对于未来，林志雄也有了清晰的布局。"未来定位是希望做一家具有国际影响力以及国际一流的综合性医用高值耗材的制造集团。"林志雄描述，大博的未来定位是实现"四化"。第一个是专业化，只做医疗领域，并且只进入到有机会做到前三的领域，大博有信心能做到这个领域的前三；第二是实现多元化，原来是做骨科领域的，现在已经普及到神经外科、普外科还有齿科等等，大博将在实现专业化的基础上实现医疗领域的多元化；第三是国际化，大博的定位是一家国际化的企业，从研发、制造以及销售都会考虑到国际化的问题，尤其是产品设计，一开始就会考虑到未来国际销售的问题；第四是创新化，这个是大博的战略定位，只做有创新性的产品。

如此看来，林志雄和大博，已站在另一个起点上，将继续腾飞。

一次又一次
为社会送出脉脉温情

也许是从小跟着父亲行医济世，也或许是医生和专业的天性使然，林志雄拥有"仁心"。创业初期，环境十分艰苦，但即便是每天吃着泡面，工作十几个小时，他也不忘做善事。2008年，汶川地震，大博医疗迅速向汶川灾区捐献价值20万元骨科植入产品及器械。这笔款项对于刚拿到器械注册证，产品还处于试销售阶段的大博医疗来说，是一笔不小的数目。但是林志雄二话不说，提笔便签批。他说，只要能为灾区提供帮助，再贵都值得。

2013年，公司一名员工身患顽疾，但是沉重的家庭负担，使得他已经无法承担过多的医疗费用。林志雄知道后，不仅主动帮忙联系医院、医生，还额外送上医疗费，妥善安排处理。事后，面对员工写来的感谢信，林志雄谦虚的笑说，员工是公司的一份子，企业有了他们才有今天的发展，关心他们是应该的。

2013年，大博医疗出资200万元成立厦门大博医疗慈善基金会，致力于助医助学助困助贫等公益活动。有了厦门大博医疗慈善基金会这个平台，林志雄做的善事越来越多，范围越来越广。2017年，林志雄积极响应厦门市工商联发出的甘肃临夏州"精准扶贫"行动倡议书，向厦门市光彩事业促进会捐赠50万元，专项用于甘肃临夏州精准扶贫行动。

这便是伟大的企业家，在如战场般的商场中，在成王败寇的残酷法则下，超越把利润作为唯一目标的理念，一次又一次，为社会添上脉脉温情。

厦商风华·林国发

洋江食品林国发：
"蚝汁鼻祖"的传奇追求

文/谢嘉晟

　　林国发称得上大陆蚝汁生产的开山鼻祖，此生充满传奇。20世纪70年代末期，他师从家父土炼蚝汁装瓶当商品卖，但因为专注于提炼蚝汁达到了痴迷的地步，被母亲五花大绑送进了精神病院，又因一些"罪行"被判了死刑，而后沉冤得雪。
　　三十多年来，他似乎就为蚝油而生，现在，他的洋江蚝汁是全球细分市场里的领军品牌。

无论是代工，还是自有品牌 质量都只有一个标准

"我的故事几天几夜都说不完。"坐在偌大的茶几后面，林国发心情复杂。茶几是他办公室里的标配，有两米见长，泡茶专用，这种陈设在闽南功夫茶场馆里屡见不鲜。

林国发今年58岁，虽已年近花甲，却一点不显肚子，看起来甚至略显单薄，但精神焕发，眼镜背后的眼神透着一股闽商特有的精明和能干。如果不是有人这么认真地问起，他已经有多年不提那些陈谷子烂芝麻的事了。上一次接受媒体的专访已经是2010年的事情，央视军事农业频道的《致富经》栏目花了整整20天时间，记录了他的故事，播出时，剪接成半小时的人物访谈节目。

往事太过复杂，现在洋江食品的这摊子事情就够他张罗的。

洋江食品是林国发一手创立的公司，早期主营蚝汁的生产和销售，后来延伸到水产养殖业，产品线也慢慢拉长，现在除了蚝汁，还有鲍汁、花蛤汁，以及成品蚝油，是全球唯一专注于开发海洋贝汁系列的高新技术企业。洋江食品的定位是调味品的生产和销售，调味品种类函盖油盐酱醋，五花八门，但三十多年来，洋江食品的主业基本上只围绕"蚝汁"扩张，蚝汁是起家之本，经年累月，工厂搬了四次，制造工艺不断升级换代，洋江蚝油的原始配方至今一成不变。这让世界三十多个国家的老客户，对洋江蚝油始终忠心耿耿。

林国发的洋江食品开在厦门市翔安区马巷镇琼头村里，他是当地人，翔安本是同安县的东半县，覆盖五个公社，马巷是其中"最富裕"的公社，也是历史上有名的古镇。琼头挨着海边，村民多数以打鱼为生。

林国发的发家之地就在琼头，洋江食品的第一个版本是家庭作坊，后来租用了同安县水产公司的场地，变成了小型加工厂，再后来又两次置地建厂，洋江食品现在的工厂是2014年才建成启用的工业园，占地26亩，占地2.5亩的旧厂现在另作他用。

洋江食品的行政办公室就设在工业园内新落成的厂房大楼顶层，林国发的办公室有一个阳台，不远处是建设中的琼头新村，成排的别墅显示了这个村不俗的经济实力。林国发每次站在阳台上往下看，一股自豪感就会油然而生。

现在国内有不下 500 家调味品厂，在林国发已知的范围内，专注深耕蚝油产业链的仅洋江食品一家。洋江蚝油的质量是公认的行业第一，因此价格也卖得最贵，这并不影响洋江蚝油在世界各地备受欢迎。

洋江食品的多数产品出口到全球三十多个国家和地区，日本是洋江蚝油最早的输出地。日本对食品安全的要求是出了名的严苛，从蚝汁到蚝油，洋江产品出口三十多年来从未受阻，能够立于不败之地，就在于洋江蚝油原始配方的一成不变和品质上的绝对过硬。

对于国内的出口企业来说，2008 年的美国金融危机是场灾难，由于国际市场的受累疲软，多少出口企业一夜之间风雨飘摇。然而，洋江蚝油的出口量在这一年却不降反升，厦门商检当年底向林国发表示祝贺：洋江食品全年出口额逆势增长了 31%。

金融危机之前几年的国内食品市场本就处于多事之秋，"苏丹红"、"毒水饺"等危及食品安全的负面事件此起彼伏，中国食品的形象受到很大影响，为了改变中国食品的形象，政府壮士断腕，从严管控食品出口，一些质量不过关企业的产品被挡在了国门内，蚝油出口量锐减，而洋江蚝油因为质量过硬一枝独秀，国外客户找不到可替代的货源，循着商检数据找到了洋江食品，不得不耐下性子排队等待洋江下单。

美国金融危机的爆发，让蚝油出口企业原本胶着的竞争状态，失去了往日的平衡。洋江食品品质上的保证带动了很多良性循环，现在的洋江食品还为海外很多蚝油品牌代工，但林国发有一条原则至今未变：无论是代工，还是自有品牌，质量都只有一个标准。

41 岁才开始跟着厦大学生学拼音

打开话匣子，林国发的话也多了起来，手中的红梅牌香烟一根接着一根。林国发生来充满传奇，抽红梅的背后也有个故事。2008 年汶川大地震发生后，林国发发动员工捐款，他个人带头捐十万，为了区别个人、家庭和企业公益，从捐款之日起，他给自己立下规矩，把自己每天抽的中华香烟改为红梅，直到省下十万元为止。

林国发执着蚝油的时间很早。他是父母唯一的儿子，下有两个妹妹。贫困的家庭是相似的，林国发家的不同之处就在于他们家比别人更穷。林国发接受的教育名义上是读到小学三年级，"实际上只上了半年的学，并且没学过拼音"。

为了帮到家里，还在上小学时，林国发每天跟着邻居出海钓鱼，然后在那个禁止私人经商的年代偷偷卖钱贴补家用。他每天的作息规律基本上是：吃完晚饭上床睡觉，半夜十二点左右出发，第二天中午回来，吃完午饭赶下午的课，回家做作业，吃晚饭，接着睡觉。周而复始。由于睡眠不足，下午课堂上打瞌睡和挨老师的板子成为家常便饭。

小学语文课大多安排在上午，教拼音时自然赶不上，所以，虽然读到小学三年级，但他不识拼音，大字也不识几个。

林国发识字还有一段动人的故事。日后赚到钱了，他才发现"没有文化到底有多可怕"。为了补上这一课，还在八十年代身陷囹圄时，他就让狱友每天教他认识一个字。四十一岁那年，企业做到一定程度，他专门到厦门大学找家教，决心从拼音开始学习文化。但循着校园内大学生毛遂自荐的告示，在厦门大学内找了一个月，他一无所获，学生尤其是女生见面后，看他穿着得体，戴着眼镜，怎么也不像个文盲，而更像个教授，本以后是要为儿子或孙子找家教，然后这个教授说是自己要跟他（她）学拼音，吓得学生们把林国发当成一个寻机勾搭女生的骗子，撂下一句"臭流氓"，然后头也不回就走了。

林国发换了个法子，不再说是为自己找家教，就说是为了孩子，为了获取学生的信任，他约学生到当时厦大边上的绿晶酒店咖啡厅"谈谈条件"。有了允许沟通的机会，学生们终于眼含热泪相信，面前这位年逾四十的企业家，真的是要跟他们学拼音。

林国发请厦大学生当家教的时间大概持续了八个多月，有两个学生当过他的老师，学生给他制订了进度表，从初一课程学起。几次接触，学生对他完全解除了戒心，那段时间，白天他在公司处理公务，下班后，学生也大致放学了，他赶到厦大，听学生讲课。为了体验一把求学经历，趁着暑假，他还找到鲁迅当年教过课的教室自习。出于方便授课，有几个月，他住到女生们租在校外的宿舍，利用空闲时间，他自掏腰包买菜做饭给同宿舍的学生们吃。当时家教的行情是 25 元／小时，他付给学生 50 元／小时。

亲人们都怀疑林国发疯了

林国发这种善于学习的做派，让他在少年时代就迷上了提炼蚝汁。

他的父亲患有胃病，需要长期服药，家庭主要劳力身体不好，必然影响家境，吃便宜的苏打粉是父亲用来缓解胃痛的唯一方式。

还只有十岁的时候，林国发就留意到，每年清明节前后，海蛎捕捞季节，父亲服用的苏打粉量就会少一些。随着时间拉长，自己长大，他发现了其中的奥秘。

"海蛎干"是多数琼头渔民家庭的主要收入，海蛎做成"海蛎干"需要先用开水抄一下，然后晒干再偷偷拿去卖钱，为了省下几个买盐巴买味精的钱，每年这个时候，父亲会把煮完海蛎的汤水慢慢熬，熬到最后，锅里就会剩下一些胶状的东西，这就是蚝汁。

按照父亲的做法，一百斤蚝水大概可以煮出八斤蚝汁。父亲找个小缸装起来，炒菜时，用勺子挖一点拌到菜里，菜不仅有了咸味，也有了甜味和鲜味，油盐味精全省了。父亲用这种方式提炼出来的蚝汁还很耐储藏，可以放上大半年保证不变质。

清明节前后，家里囤积的蚝汁比较多，父亲吃到的自然更多。从父亲的经历中，林国发明白了一条道理：蚝汁一定是个好东西，不仅可以当油盐用，还有治胃病功效。

没过几年，父亲便去世了，家里的顶梁柱一下垮了。有心帮助母亲缓解养家压力的林国发首先想到能换钱的，就是当年父亲提炼的蚝汁。"既然是好东西，做出来一定可以卖钱"，他这么想。跟谁都没说，他只是效仿父亲，把蚝水熬成蚝汁，跟父亲不一样，他洗净了一些空瓶子，把蚝汁装到瓶子里，准备拿到市场上去卖。

林国发此举在当时无异于另类。他一个年轻小伙子，把自家要倒进臭水沟的蚝水回收不算，还装成瓶要卖，难不成疯了？

亲人们也怀疑林国发疯了，"怎么劝都劝不住，天天起早摸黑，啥正事都不干，就是捣鼓这些脏兮兮的汤汤水水瓶瓶罐罐"。

1979年，林国发19岁，有一天清晨，他从睡梦中惊醒后，发现自己被铝线五花大绑，动弹不得。原来他的行为"太不正常了"，母亲和叔叔要把他送到厦门的精神病医院治疗，对一个坚称自己没病的精神病人来说，只能采取这种强制措施。

声嘶力竭分辩丝毫不起作用，被带到厦门仙岳医院门口时，林国发心里慌了。从之前左邻右舍的一些闲扯中，他隐约能猜到一旦被送进仙岳医院的后果，医生肯定听信家长的，认定他确实疯了，不管三七二十一，先打上一针镇静剂再说，然后再按精神病下方抓药，"没疯也治疯了"。

想到这些，林国发在仙岳医院门口豁出去了。他不顾一切地用牙齿咬断铝线，由于用力过猛，门牙甚至崩掉了一块，用吃奶的力气挣脱，手被铝线勒出了口子，鲜血直流。当时玩命的痕迹，都留在了身上。林国发露出牙齿，伸出胳膊，像当年接受央视《致富经》栏目采访时一样，向客人展示当年的"英雄壮举"，创口在今天依然清晰可见。

趁着母亲和叔叔不注意，挣脱后的林国发飞一般地逃离了仙岳医院。回到家，他偷了十几块钱，收拾好行装，带上装满蚝汁的瓶瓶罐罐，离家出走了。他想取道广州，逃往香港，他判断那个地方应该有人会买这个东西。

扣除车费，到达广州时，林国发的口袋里只剩下2.7元。

在广州的那段时间，林国发"做了半年乞丐"。他一门心思要把手中的蚝汁推销出去，摆摊，走街串巷，挨家挨户上门推销，当时还没对外开放，国内市场对于蚝油毫无概念，几乎没有人认得这个黑乎乎的东西，他的蚝汁一瓶都没有卖出去。

口袋里没钱，林国发吃不起饭，更住不起旅社，不得不经常和乞丐抢吃餐厅的剩菜剩饭。好几次，实在饿得不行，看到马路边有人在卖包子，他趁老板一不留神，抢了一个就跑，老板从后面追了上来，用脚一踹，他身子飞了出去，牙齿和嘴唇磕到了一块儿，鲜血直流。时值隆冬，特别是春节前后的那一段时间，夜里太冷，他找个睡在马路边的流浪汉，靠在一起相互取暖。

半年多后，推销一无所获，林国发不得不回家，但身无分文，怎么回家？他形容是"滚"回厦门的。

当时从广州到厦门的车程大概只需十多个小时，他前后坐了十天，其间唯一能想到的办法就是"蹭车"，长途汽车都是先上车后买票，他先上车，等到售票员招呼买票时，要么缩下身子，尽量不让看到，要么装作"钱包突然被偷了"，但不管怎么装，没钱最后都是被赶下车。售票员遇上个"蹭车"的，心里也窝火，下车时，顺势抬脚用力一踹，他的身子会打好几个滚。

就这么一路"蹭"回了马巷琼头。让林国发略感欣慰的，看到失踪半年的儿子突然头脑清醒地出现在眼前，母亲不再怀疑他有神经病了，亲人们也相信他的头脑与正常人无异，林国发总算可以堂而皇之地继续提炼他的蚝汁了。

母亲不再干涉林国发炼蚝汁，亲人们也不再视他的行为为异端，但林国发并非就此可以放心地撸起袖子加油干了，特定时代背景注定他的事业不可能一帆风顺，甚至有段时间，他都快要把命给搭上了。

林国发不仅没神经病，还发了大财
整个社会都轰动了

尽管吃尽了苦头，林国发依然坚信："蚝汁事业一定有前途。"从广州回家后，1980年，他找亲戚借了几十元，买容器买瓶子买天平，把家里的厨房当成工厂，在自己的卧室摆上大缸当成仓库，开始土炼蚝汁。

炼油没有阻力了，卖给谁成了难题。没有任何市场开拓经验的林国发两眼一抹黑，只能抓瞎，从岛外奔袭岛内，挨家挨户上门推销。在一个毫无消费意识的空白市场试图推广一款当时很难让人看懂的调味品，其中难度可想而知。

转机出现在1981年，辛勤付出终于收获了成果。林国发拿到了福建省水产进出口公司20吨蚝汁的出口订单，仅这一笔订单，他净赚10万。那个时候，盐的计价单位是"分"，八十年代改革开放后，民间才有了"万元户"的概念，10万是一笔常人无法想象的巨额财富。那一年，林国发21岁。

有了第一桶金的甜头，林国发甩开膀子扩大再生产。蚝水最初是无偿回收，村民本来也要倒掉，有了本钱，规模扩大后，他改出钱收购。收购价起初0.01元/斤，到2000年时，收购价涨到1.85元/斤。对于村民们来说，这是一笔额外的收入，有些家庭一年的收入也就一两千块钱，多了这笔废水收入后，一年的收入翻了一倍。因为林国发的大炼蚝汁，很多卖蚝水的村民都跟着沾了光，家庭经济状况大为改观。

那个时候，扩大再生产就是一个拼体力的活。本地满足不了需求，林国发往外地去收，把战线拉到了福建沿海，最远曾收到漳州的漳浦和福州的连江。那时候有长途汽车，为了省下车票钱，林国发骑自行车去，一大早从琼头出发，第二天早上到达连江。在连江收完蚝水，接着往回骑，一般一次装载四桶，每桶五十斤。

只要驮回琼头就有钱赚，林国发完全忘了归途遥远，但回到琼头时，经常只剩下一百斤。他当时年轻力壮，体力也不是无限可能，路上实在骑不动了，虽然心疼蚝水都是真金白银换回来的，还是不得不边驮边倒以减轻重量。

后来，林国发换了一种回收方式，他给补贴，委托一个当地村民做代理，教他怎么先把蚝水加工成半成品，浓缩液的重量自然就轻了。慢慢地，他又鼓励村民自己提炼，他按照蚝水的浓稠程度给出不同的收购价，卖蚝水的村民排成了长队。

产销两旺，林国发从广州回到琼头的三年不到时间里，出口额三百多万，净赚上百万。"林国发不仅没神经病，还发了大财"，整个社会都轰动了。

正所谓乐极生悲。正当林国发沉浸在大炼蚝汁发大财的狂喜中时，1983年10月到1984年4月，林国发被关了半年多。5月8日，《厦门日报》以《为正当的商品而开放绿灯——同安纠正一些不符合政策的做法》为题，在头版头条位置报道了他的消息。

对林国发来说，这是一个历史性的里程碑事件，以至于每个细节都刻骨铭心。他用自己的亲身经历，证明了一个划时代的意义：勤劳致富无罪。

不过，经此一劫，林国发攒下的第一桶金基本上消耗殆尽，第一桶金只剩下1万。

改行卖橘子
成为福建商业史上有奖销售第一人

变废为宝被当作神经病，勤劳致富被判刑，林国发生来一直充满传奇。

人身自由恢复了，炼油设备也还了回来，但正所谓一朝被蛇咬三年怕井绳，经历了生死考验，林国发对蚝油事业心有余悸。他改了行，从南平贩橘子回厦门卖，整车皮整车皮地往回运，在厦门本岛的霞溪市场摆摊销售。

林国发卖橘子堪称福建商业史上"搞有奖销售第一人"。他给每位前来买橘子的顾客配了一张奖券，每张奖券对应一个编号，"卖了像小山一样多的橘子"后，他公开抽奖。

在原厦门文化宫附近的电影院公开抽奖当日，"全厦门都轰动了"，工商、税务人员坐镇，公证部门准备了10个标有数字的乒乓球公开摇奖。林国发卖橘子搞有奖销售属于第一次，并且所设奖品在当时都属于高档商品，一等奖是一台十二寸黑白电视机，二等奖是三用机，三等奖是电饭煲。这些监管部门要现场监督，林国发的有奖销售到底是不是在玩真的。当中奖的顾客捧着黑白电视机，激动得眼泪都快掉下来时，他们终于相信，商品居然还可以这么卖。

那一笔橘子买卖，他在南平的进价是几毛钱一斤，贩到厦门，一斤卖2.5元，林国发又有了原始资本。

重操旧业
洋江食品成功注册

不过，就在林国发没有心思再折腾蚝油事业的时候，当时同安区政府鼓励他"要继续干，东山再起，不要垂头丧气"。

这给林国发吃了一颗定心丸。说来有趣，在正式办理注册登记手续时，有一个小插曲。

林国发自己到税务办证窗口提交了材料，经办人员漫不经心地看了他一下，发了句话："让你父亲自己来。"

那一年，林国发25岁，虽然屡经沧桑，看起来仍比实际年龄要小一些，经办人员误以为眼前这位要提交材料的小伙子是林国发的儿子。

这时候，边上的一位负责人赶紧凑了过来，把那位经办人员拉到一旁，悄悄告诉他："他就是林国发！"尽管负责人压低了嗓门，他的声音还是传到了林国发的耳朵里。

之前的传奇经历在办理注册登记时发挥了作用，别人要用一个月才能办得下来的注册手续，林国发只用了三天。此次注册后，他原来一直使用的"洋江"字号终于在工商部门备了案。

1985年，他重操旧业，把当初一起帮忙的三个搭档找了回来，在自家摆开阵势继续生产，后家里施展不开，又租用了同安水产公司的场地。他的蚝油事业逐渐告别了家庭手工作坊时代，进入了流水线式的工厂作业模式。

林国发"想干大事"的格局在这个时候越发明显。二次创业的资金由股东集资而来，他相信"人多力量大"，让三个搭档不仅成为创始股东，而且四个人股份均分。事实证明，"打虎亲兄弟，上阵父子兵"的作战模式，在企业初创阶段非常有效。

重操旧业的林国发继续主张深耕蚝汁出口。在出口配额时代，类似蚝油这种"奢侈消费品"的市场主要在国外，当时的美元兑人民币汇率大概是1：3，出口挣美元来钱的速度要比国内贸易快得多。他把公司取名"洋江"，就是取"漂洋过海"之意。

没有了思想上的羁绊，林国发在蚝油事业上可以信马由缰，先是出口蚝汁，后又制成蚝油贴上洋江品牌出口。1985年，林国发征地2.5亩，自建了洋江名下的第一家工厂，并引入机械设备，开始半自动化生产。1997年，洋江扩大再生产，征地26亩，着手第一个工业园的建设，1998年建成入驻。2010年，再次启动现在用来办公的厂房大楼建设，不过，2014年才搬迁入住，其中故事，就像一部章回小说，荡气回肠。

2008年，洋江食品第一次上榜翔安纳税大户。这一年，中国有4000多家出口企业破产倒闭，而洋江食品逆流而上。

好不容易顺畅几年就会摊上一件让人不省心的事

现在的琼头村老人有一项福利，每年春节可以从林国发的洋江公司领到100元的过节费，这个传统从1990年开始，从不间断，起初是50元，后调整为100元。

鲜有人知道，洋江公司给村里老人所发的"过节费"，有时候其实是林国发举两分高利贷借来的。这位看起来风光无比的琼头村"能人"，也有举步艰难的时候。

洋江食品产品主要出口，早期通过争取出口国企的采购订单生存，市场意识的觉醒，一些后知后觉者也参与了进来，竞争变炽。1987年，原来对口的采购员突然工作调动，洋江食品顿时像失去了主心骨，出口量锐减，到1989年，企业不仅没赚到钱，反而账面上净亏1万多元。

洋江食品在创办的头几年并非没有赚钱，但林国发每年都按股权比例给股东分红，困难年头来了，难免坐吃山空。企业生死存亡之秋，林国发表现出了侠肝义胆的一面，他跟其他三位股东拍了胸脯，"一年给你们1.5万，你们都走吧，债务由我来背，如果企业能够走出困境，到时你们再回来。"

林国发有为人肝胆的一面，也仗义疏财。企业虽然自己在管，他从不假公济私，除非是股东集体决定的事情，所有"模棱两可"的费用，他都自掏腰包。在他看来，既是合伙制企业，股东们把企业交给他，他就要让股东们能够放心并信服他的管理。

他还在十多个社团组织里担任要职，每个地方都要一笔经费，东一榔头西一棒子，足以把他的年底分红瓜分殆尽。有一年分红过后，搭档们自己都看不下去，觉得林国发该分的比例太少了，主动让出了一部分股权，林国发在洋江食品的股份占比才提高到了40%。

在蚝油事业上的成功，给林国发带来了荣誉，也让他感觉到了责任。九十年代那会儿，三十出头的林国发就被当选为琼头村委副主任，他让公司捐资30万修建了同安境内的第一条村级水泥道路。他还为同村的创业者提供担保，银行认准只要林国发签了字，所有贷款都不成问题。最多的时候，他为村民及企业提供担保的金额超过2000万，少则5000元，多至1500万，虽然多数村民和企业都还清了贷款，还是有600万坏账殃及了池鱼。

大部分分红都在不知不觉中花掉了，当洋江食品遇到困难时，林国发只能举债。

在洋江食品生死关头，林国发又一次表现出与生俱来的经商天分。洋江食品由外销转向内销，他自己背着样品天南海北四处推销，北到黑龙江、南到海南，只要有潜在的需求，他都不辞劳苦。

一年多后，洋江食品扭亏为盈。单是北京，一个月就能出一个货柜，他把货发给北京的批发商，批发商再自己分销，洋江蚝油属于特色产品，有特定的市场，大家一手交钱一手交货。

洋江食品峰回路转，林国发履行诺言，再次向三位创始搭档发出邀请，有两位重返洋江。

在林国发创办企业的过程中，类似的困境都像一次次练兵，洋江食品的壮大过程就像有周期性，好不容易顺畅几年，就会摊上那么一件让人不省心的事。拿洋江食品三次大的基建来说，林国发每次搞厂房扩建都是在形势好转准备撸起袖子加油干的时候，但一破土动工，立马赶上物价暴涨。

1997年的基建为最。一方面，时值亚洲金融风暴谷底，整个全球市场形势变糟，洋江食品收入锐减；另一方面，建筑材料大幅上涨，仅钢材价格就从2900元/吨暴涨到近6000元/吨，建安成本远远超出了预算，资金链一下子绷紧。

股东们的经营理念也在这段时间产生了重大分歧。林国发"想做大事"，力求把洋江食品做大做强；其他股东则求稳，"有赚就好"。1997年，同安县政府组织包括银鹭在内的民营企业到外地考察，鼓励扩大生产，回来后，林国发决定第二次征地建厂。为了给未来发展留出空间，他建议一口气征50亩，不过，其他股东却"只要5亩"，并提出"多征的要自己掏钱"。两个不同意见的阵营僵持不下，最后折中，实际征用了20亩。

相隔三年，洋江食品再征六亩地，征地成本已从当初3万/亩，涨到了30多万/亩。在企业发展战略上的重大分歧，2001年，其他股东拿现金退出，又一次把一个债务累累的洋江食品留给了林国发。

林国发说，最困难的时候，债主都找上门来了，最后，仗着自己的这张"老脸"才挺了过来。

由于为人处事的口碑不错，亲朋好友倾囊相助，工业园的建设节奏也被放缓，随着全球经济转向复苏，洋江食品慢慢熬过了低谷。

洋江食品的这一轮盛世同样没能持续多久。2003年，林国发"再干大事"，找了个合作伙伴，征地三百亩，总投资1亿，准备建国内首个贝类净化场，像净菜上市一样，他要让贝类海鲜在上市前先洗个澡。这个项目后经政府立项，万事俱备只等红线图。

很不幸，还来不及拿到红线图，同安大桥和东界路相继开工建设了。同安大桥先是让整片用地从东西向一分为二，正好横穿大桥的东界路让这块用地从南北向再一分为四，一分为二桥在上面，还能勉强使用，一分为四，项目彻底毁了。

没有红线图，征地补偿标准天差地别，这个项目，林国发又狠赔了一笔。

2005年，林国发改投养殖场，向上游延伸，完善蚝油产业链，洋江食品再次慢慢走出了征地的阴影。2007年，林国发热血沸腾，引入辅导团队，着手推动把养殖场和洋江食品打包成洋江实业整体上市。次年，美国金融危机爆发，洋江的销售虽然逆势增长，投资者已然没有了寻找项目的心情，洋江实业上市搁浅。

可以放手一搏了
洋江食品的第二春来了

在安排第二次专访之前，林国发刚去了一趟日本和新加坡，拜访那里的老客户，回国后心情甚好。

海外是洋江食品的主战场，国内市场眼下虽然份额不大，却潜力无边，林国发其实很早就意识到这一点。1989年，外国势力对中国施压，洋江食品出口受阻，林国发转向国内，还打了场"翻身仗"，但此后很长时间，做国内市场一直"亏多赚少"。

展会是九十年代最行之有效的销售渠道，糖酒会更是食品行业的嘉年华，洋江食品早期参展，确实拿到了不少货真价实的订单。林子密了，一些浑水摸鱼的投机者也混了进来，于是，就有了洋江食品"五六百万收不回来的坏账"，一些所谓的采购商，付了订金，下了订单，收到洋江食品的货后却石沉大海，性质上与诈骗无异。

趟过国内很多实体企业走过的弯路，林国发不再上当受骗，做国内贸易变得小心翼翼。但打不开的国内市场僵局成为林国发的一块心病，"洋江蚝油不畅销，死不瞑目"。在他眼中，洋江蚝油品质天下第一，没有理由在国内市场吃不开。

自己黔驴技穷，2008年，林国发痛下决心，在厦门岛内设立办事处，高薪引进香港一家知名调味品企业的驻福建区域经理，尝试拓展国内市场。他此举的另一层深意，希望为洋江食品物色一名比自己强的职业经理人。为此，林国发"下了血本"，给办事处充分放权，"想要什么给什么"，只有一个要求：三年内做到盈亏平衡。

办事处热热闹闹，最多的时候有三十多名个人手，但收效并不明显，到第三年，营收只做到50多万，而一年的投入就要不下百万。约定的三年期限过去，看不到有做大国内市场的可能，林国发撤了办事处。

此次决策的挫败，林国发看到了洋江食品的另一面。尽管洋江蚝油品质首屈一指，产品太过单一，批发商在采购商品时，更愿意从一个地方采够所有的商品，这样跟供应商才有更大的议价空间。专门采购洋江蚝油，物流成本高，议价能力也有限。

意识到洋江食品产品线的单一，林国发深耕产业链，继续研发新品。

至今，林国发仍然不时扼腕叹息曾错失一次丰富产品线的大好机会，这次机会还有可能为洋江食品树起一道强大的壁垒。

日本水产株式会社是洋江蚝油的忠实客户，曾从洋江提供的蚝汁原料中进一步提炼出优质牛磺酸，用于奶粉或药物配方。这本是日本水产的一个垄断性项目，2000年，日本市场放开，因为敌不过各种人工合成的牛磺酸，日本水产的牛磺酸一下子失去了竞争优势，就停产了，生产设备变成了一堆废铜烂铁。

日本水产株式会社要把这些设备送给林国发，鼓励他运回中国继续生产牛磺酸。林国发提出了一个附加条件："生产出来的产品日方要包销。"

日方的生产设备最终被拆成了一堆废铁。林国发很快就后悔莫及，这是一次做深蚝油产业链的大好机会，这种深加工产品，不仅可以提高经济价值，因为具备较高的技术含量，还可以形成较高的行业壁垒。

早在1997年，借鉴日本水产株式会社制作牛磺酸的技术，林国发就在行内率先开发出了"清蚝汁"，把传统膏状蚝汁加工成看起来清澈透明的有色液体，这一创新获得了国家科技进步奖。这一专利技术，不仅推动了洋江产品的升级换代，丰富了产品线，也把蚝汁的经济价值提高了一倍以上。而今，"清蚝汁"是洋江食品的一个招牌级原材料。

即便历经磨难，林国发对蚝油事业的专注不变。围绕丰富洋江食品的产品线，一款老少皆宜的即食"海蛎干"即将上市，这是继蚝汁之后，洋江食品的又一首创产品。传统"海蛎

科研人员专注研发

干"一般要借助阳光暴晒,受天气影响较大,连续阴天,本来一天可以晒干就需要多日才能完成,这必然影响到"海蛎干"的品质和口感。

洋江食品研发的即食"海蛎干",将采用流水线作业,牡蛎从养殖场捞出后,在生产车间完成封闭式的晒干到包装的整个流程,封闭性流程可以尽可能地保持牡蛎的原汁原味和新鲜度。"软硬合适,老少皆宜。"林国发对即食"海蛎干"创新的技术含量坚信不疑,它克服了传统工艺下,海蛎晒得过头会变成太硬,而晒得不干又容易变质的缺点。

没有了决策层面的羁绊,企业该吃的亏差不多吃了一遍,林国发能隐约感觉到,今天可以放手一搏了,洋江食品的第二春来了。

七匹狼周永伟：
闽派服装的"头狼"

文/谢嘉晟、赖丹丹

他被誉为"头狼"，不仅是七匹狼七个原始创业伙伴的"头狼"，也是闽派服装品牌的开拓者。在中国服装业中，他还最早为七匹狼导入CIS，最早推出加盟连锁模式，也在中国服装企业中，最早实现在国内A股挂牌上市。

他还是中国投资界的先驱，很早就关注投资机会，并在投资兴业银行的股权中一战成名。今天，他正发挥他的特长，通过并购，助力七匹狼实业走向国际化。

一匹来自晋江的"狼"

周永伟的晋江口音，在迈入中年后，变得更加朴实醇厚。

采访地点安排在厦门观音山的汇金国际中心，这里其实是七匹狼集团的总部大厦。总部大厦不以企业品牌命名，这在周边同样来自泉州的观音山总部楼群中，显得很是鹤立鸡群。

七匹狼集团总部大厦取名"汇金"另有深意。大厦所在地理位置与金门隔海相望，七匹狼从晋江金井发家，两个特殊的地点都带有"金"字，做生意当然希望总部能成为聚金之所，并具有国际风范，于是，在取名时，七匹狼集团剑走偏锋，确定为"汇金国际中心"。

汇金国际中心看起来别出心裁，是福建首个通过"美国LEED金级预认证"的高级写字楼，并获得"中国建设工程鲁班奖"，两项殊荣都是建筑设计领域的奥斯卡。

在厦门，七匹狼集团还有两个同样别具匠心的地产项目，一处是恒禾七尚，一处是璞尚·都会桃源奢华度假酒店，与"汇金国际中心"都处在相隔不远的同一海岸线上。

三个项目都是厦门的新地标。恒禾七尚2010年曾获得美国建筑师学会（AIA）亚太区优秀设计展唯一的"中国区住宅设计奖"，2011年上榜《世界经理人杂志》评选的中国东南区首个"亚洲十大超级豪宅"；璞尚·都会桃源是按国际顶级酒店定制的厦门最奢华度假酒店。

不过，服装才是七匹狼的主业。七匹狼集团覆盖金融、房地产、股权投资和资产管理，分为七匹狼实业、七匹狼控股和恒禾置地三大平台。三者定位各异，七匹狼实业是集团核心主业和品牌运作平台，七匹狼控股负责集团对外投资和资产管理，恒禾置地则专注房地产。

七匹狼集团由周永伟和两个弟弟联手创立，服装产业是其发家之本。七匹狼股份创立于1990年，是最早登陆国内A股的服装企业，也是七匹狼实业平台上的核心资产。过去的二十八年里，尽管七匹狼的事业版图早已穿透了主业的围墙，但在周永伟的心目中，服装实业始终是根基。

周氏三兄弟在七匹狼集团中的分工，各扬所长。周永伟现任七匹狼集团董事局主席，主管投资。周永伟有丰富的金融从业经验，内招成了中国银行晋江支行的一名普通员工，此后十余年一直服务于晋江中行，1993年辞职下海时，已经是中行晋江金井分理处主任。二弟周少雄和三弟周少明喜欢实业，也因此分管实业。尤其是周少雄，天生对产品有一种近似苛刻的追求，把主要精力放在服装实业上正好投其所好。

周永伟已习惯于被人称作"头狼"。"头狼"有多重含义，"狼"在闽南话中与"人"谐音，"头狼"即"头人"，有领头人的意思，七匹狼登陆国内A股后，周永伟兄弟成了晋江服装行业在资本市场的领头人。

在七匹狼的创始伙伴中，周永伟也是"头狼"。

七匹狼的创始团队并不只有周氏三兄弟，创立之初，还另有四位包括周永伟高中同学在内的志同道合者，七匹狼品牌名称的由来，有寓七个合伙人之意，"七上八下九发家"，"七"在闽南习俗中也比"八"、"九"吉利。创始伙伴是七匹"狼"，"狼"有勇猛睿智的一面，也喜欢群居，群居意味着抱团打天下。只不过，伴随着七匹狼集团的做大和股权更迭，周氏三兄弟逐渐控股，其他创始伙伴或退出，或成了幕后英雄。

七匹狼品牌由此而来。1988年，七匹狼向国家申请注册商标，1990年被核准，一群来自晋江的"狼"，带着闽商爱拼才会赢的血性，亲历了中国改革开放的大潮涨起。

供不应求 生产一件卖一件

七匹狼品牌核准的时间是1990年，周氏三兄弟创业的时间其实还要更早。

周永伟出生于泉州晋江，青年时代赶上了中国改革开放。晋江属于较早开放的沿海地区，允许试行"三来一补"的中外合资经营。

周永伟在晋江中行供职的时候，老二周少雄在晋江新华书店上班。晋江是根基很深的侨乡，开展"三来一补"有得天独厚的优势，改革号角一吹响，整个晋江四处蠢蠢欲动，鞋服加工企业如雨后春笋，周氏兄弟最终没能扛住下海淘金的诱惑，于是，周永伟鼓动弟弟周少雄："先下海吧。"

周永伟鼓动两个弟弟先行先试有一定深意。当时的银行职员是令人羡慕的铁饭碗，私营企业视银行如财神，周永伟在搭建人脉关系上有优势，而周少雄在新华书店的工作，对营销有很大兴趣。周永伟的意思是，让老二带着老三先下海练练，万一失败了，家里还有条退路，当时停薪留职是受到鼓励的，他的工作之便也有利于做一些牵线搭桥工作。

弟弟辞职下海后，周永伟的牵线搭桥作用发挥了重要作用。个体户不能创办企业，必须挂靠集体，他穿针引线引荐了金井镇政府，双方就此合办了福建省晋江县金井劳务侨乡服装工艺厂，1990年，侨乡服装工艺厂更名为福建省晋江县金井侨乡服装工艺厂，这是现在七匹狼集团的前身。

初创的侨乡服装工艺厂主营贸易，为"三来一补"企业提供原材料，从各地调集布料，转手倒给服装加工企业，赚个差价。在还带有很浓计划经济色彩的20世纪80年代，很多商品都是紧俏物资，物流很不发达，只要能生产得出来，流通得起来，基本上不愁销路，产销两旺，原料供应商自然也有活路。时间轴拉长，与各种来料加工企业打交道多了，周氏兄弟看出了其中的奥妙，服装企业的加工工艺其实很简单，但多数工厂做工粗糙，品质不高。周氏兄弟自信满满：如果自己办一家工厂，一定做得比他们都好。

"三来一补"阶段，中外合资企业有相应的优惠政策。1989年，发挥侨乡优势，周氏兄弟的侨乡服装工艺厂引入外资股东，与香港益安公司合资创办了晋江恒隆制衣有限公司，这是上市公司七匹狼股份的前身。

由于周氏兄弟从创业起就有很强的品牌意识，早在1988年，便以侨乡服装工艺厂的名义申请了"七匹狼"商标，因此，商标获得核准的1990年被确定为七匹狼集团的创始元年。也就是从这一年起，周永伟办理停薪留职，实际参与了七匹狼集团的运营，1993年，正式辞职下海。

恒隆制衣公司用实际到账的资金，在晋江金井自建了一幢上下三层、建筑面积三千平方的工业厂房，到香港购买了三十多台二手缝纫机和电脑绣花机。

对七匹狼集团来说，恒隆制衣公司是个新的起点。当时晋江多数"三来一补"企业的厂房，或是租来的，或只是简易搭盖，恒隆制衣公司自建的厂房在形象上立马拉开了一个档次；二手制衣设备在香港虽然算不上先进，引入晋江却科技感爆棚。

周氏兄弟在创立恒隆制衣公司之前形成的品质理念，在创立之后得到了很好的贯彻。他们在创立恒隆制衣公司时态度就很明确：宁愿不赚钱，也要用最好的质量，最时尚的款式打响品牌。

品质是品牌的基础，创新和科技都是生产力。1993年，七匹狼创新了可拆洗分体夹克棉衣，外套和内胆分开，让一件夹克可以跨越多个季节；1995年，七匹狼又发明了"双面夹克"，主张"男人不只一面"，让一件夹克可以有多种穿法；2000年，因为风靡一时的格纹夹克，七匹狼成为"夹克之王"，此后连续17年中国夹克市场占有率第一。

品质加上创新，恒隆制衣公司生产的"七匹狼"牌服装，与当时市面上的同类产品迅速拉开了距离。

周永伟辞职下海时，中行分理处主任的工资水平还只有三十八元五角，公务员的工资是四十五元，而"七匹狼"的一件夹克，在商场里可以卖到一百多块。

早期的晋江鞋服企业都走批发模式，在一个商品紧缺的卖方市场，本就物以稀为贵，"七匹狼"服装对品质的极致追求，更是吊足了消费者的胃口，在金井工厂，"产品供不应求，提货的人经常要排队，生产一件卖一件"。

服装产业上取得的巨大成功奠定了七匹狼集团的事业基础。

导入 CIS 识别系统
重金打造企业 VI

品质奠定了七匹狼的基础，让七匹狼成为闽派服饰的"领头狼"，则源于一系列重大战略机遇的把握与实施，其中一些营销技巧耐人寻味。

首先是打假造势。在一个监管机制尚未及时完善的市场经济初级阶段，一开始就有强烈品牌意识的七匹狼树大招风，很快吸引了一些跟风造假者。

当时整个国内市场造假仿冒者不少，但真正成为被告的不多。聘请律师调查取证费时费力，多数受害企业只是选择向监管部门举报，并不太愿意和造假者对簿公堂。

七匹狼却瞅准，这是一个可遇而不可求的品牌造势良机，如果借题发挥，罕见的案例就有可能成为媒体关注的焦点，届时，"七匹狼"品牌的知名度必定会有大幅度的提升。

1991 年，七匹狼状告假冒者官司在上海开庭。果如事前所料，七匹狼的这一举动引起了众多媒体的关注，"真假狼"之争上了很多媒体的头条，七匹狼一下子名声大噪。

CIS 企业识别系统的导入，是七匹狼发展历史上的一道里程碑。

1992 年，老三周少明去了一趟香港，带回来一本品牌 VI 画册。VI 是企业形象识别系统 CIS 的一个部分，整个 CIS 包括理念识别 (Mind Identity) 简称 MI，行为识别 (Behavior Identity) 简称 BI，以及视觉识别 (Visual Identity) 简称 VI 三部分。

画册整齐划一的 VI 形象设计让周氏兄弟大为震撼，它带来的直观感受，放在一众产品中，品牌个性显得非常突出。这是周氏兄弟第一次接触 CIS，画册带回晋江的日子里，周永伟"不知道看了多少遍",并马上交待员工四处寻找有能力设计CIS的机构。

当时国内企业懂CIS的很少,找有设计能力的机构更是不易。有一天,通过报纸,周永伟看到了美菱冰箱的一则形象广告,顺藤摸瓜找到香港的设计机构时,却发现设计一套CIS的费用不是一般的贵。香港设计机构对设计整套七匹狼CIS方案要价一百多万,恒隆制衣公司的第一笔注册资金也才一百五十万,相形之下,设计费无异于天价。最后,经过讨价还价,双方折中了一下,只做VI部分,但也要花二三十万,那是当时一部进口皇冠豪车的价格。用了近两年时间,1993年,香港设计机构的设计成果终于变成了书一般厚的一本画册。

今天回头去看,周永伟认为物有所值,二十八年过去,这本书里关于七匹狼的VI识别形象使用至今。VI的导入,大大提升了七匹狼的品牌形象。如果原来七匹狼是"身穿西装,脚着运动鞋"的形象,导入VI后,"上身穿的还是西装,脚上却匹配了品位相当的皮鞋",格调的明显不同,在一众国产服装品牌中,令人耳目一新。

相隔两年,加盟模式的启动,是七匹狼跨越的另一个台阶。

七匹狼实业门店

拉开国内服装界品牌代言时代的序幕

到1995年前后,国内市场格局已然悄然发生了变化。八十年代的商品紧缺,随着各种摸着石头过河的民企一拥而上,进入九十年代,紧缺变成了过剩,七匹狼感受到来自市场的竞争压力。正在寻思改变不利局面的对策时,一个下午,周永伟翻看报纸,突然看到了一则广告,广告中有一个"加盟"字眼引起了他的注意。

与两年前不识CIS一样,"加盟"于他,于当时整个中国业界,都是一个崭新的名词。但从广告文案中,周永伟能大致看明白什么意思,一家国外品牌要在国内招"加盟商",具体怎么个加盟法,却还是一头雾水。

为了搞清楚"加盟"到底是什么,周永伟找了个员工当"卧底"。让员工以要加盟的名义去接近这个国外品牌,从而摸清楚国外品牌的"加盟"逻辑和运营模式。

1995年,借鉴国外品牌的"加盟"模式,七匹狼推出了自己的服装加盟招商计划。这是七匹狼品牌连锁的开始,它对外授权使用品牌,并统一形象,改变了原来搞批发时单一输出产品的经营模式,既输出产品,又输出品牌形象。

"加盟"连锁模式又一次提升了"七匹狼"的品牌形象。由批发市场走到品牌专卖店,七匹狼开创了闽派服装加盟连锁的先河,成为国内服装品牌的风向标。

2002年,以一曲《狼》唱红了大江南北的台湾歌手齐秦,获邀为七匹狼代言。齐秦的代言"由此拉开了国内服装界品牌代言时代的序幕",品牌造势与时尚热点的良性互动,进一步助长了七匹狼的市场行情。此后,国内一众型男明星陆续被引为七匹狼的形象代言人,一连串的招星行动,一步步滋养了"七匹狼"品牌。

中国商业联合会与中华全国商业信息中心的一份调查统计显示,2001-2003年,"七匹狼"夹克的市场综合占有率在同类产品中连续三年名列第一,"七匹狼"牌T恤的市场综合占有率在同类产品中连续三年名列前十。

2012年,根据国际第三方权威机构发布的品牌调研报告,七匹狼获TOP50强,并以百分之四十四的品牌价值增幅,继腾讯之后名列增幅品牌榜第二名。

投资兴业银行股权一战成名

周永伟的资本运作财技，在七匹狼的壮大中发挥了功不可没的作用，并且涉足较早。

三年前，当政策积极引导投资资金"脱虚向实"，中国的很多投资界高喊"股权投资的黄金时代来了"时，周永伟早就功成名就了。

因为较早导入VI识别系统，七匹狼引起了龙岩卷烟厂的注意，这便有了后来周永伟联合晋江烟草专卖局，与龙岩卷烟厂合作开发"七匹狼"牌香烟的故事，这是国内民企最早介入烟草行业的开始。"七匹狼"在烟草领域的突破引发鲶鱼效应，继七匹狼之后，石狮烟草专卖局推出了"石狮"牌香烟，后又招来了同样由民企主导的其他品牌牌香烟的搅局。

投资兴业银行股权让周永伟一战成名。2000年，兴业银行改制，金融业在当时刚要向外资开放，周永伟认准银行股权一定有投资的价值。因此，当一些中小股东焦急着脱手兴业银行股权时，周永伟却如获至宝。2007年，兴业银行在上交所挂牌上市，首日交易股价超过四十元，七年时间，周永伟的投资回报率将近二十倍。

七匹狼股份在国内A股挂牌上市后，周永伟的财技更是运用到了极致。

2009年，恰逢深圳市创新投资集团改制，七匹狼趁势而入，成为其第六大股东。对周永伟来说，此次参与改制无异于搭上了一趟财富快车，深创投为七匹狼对接了一个不一样的投资平台。深创投是中国本土规模最大、投资能力最强、最具影响力的内资创投公司领头羊，目前旗下设立近七十支政府引导基金、二十九个商业化基金和四支中外合资基金。已投资金额超过一百七十八亿，投资企业达五百九十一家，已有一百多家所投企业在全球十七个资本市场相继上市。借助这个平台的渗透力，七匹狼参与了银联商务、阳光保险、汇添富资本等传统金融企业，以及蚂蚁金服、宁德时代、京东物流、柔宇科技等一众新兴产业独角兽的投资。

现在的七匹狼集团体系庞大，除了上市公司七匹狼股份外，七匹狼集团涉足的领域覆盖投资、消费品、写字楼、酒店、零售终端等等，参股金融产业的同时，还控股了为区域性中小企业提供综合金融服务的小额贷款、创投、融资租赁、担保、财富管理、典当、民间资本管理公司。

二十八年过去，七匹狼集团实业以外的业务板块战绩同样不俗。

2010年在泉州最早发起设立的汇鑫小额贷款公司，2016年在港交所挂牌上市，这是全省唯一可跨区经营的小额贷款公司，也是泉州金改区先行先试、创新发展的典范。

与汇鑫小额贷款公司同年创办的百应租赁，于2012年被全国融资租赁协会评为"2012中国融资租赁新生力量奖"，也于2018年在港交所创业板挂牌上市。

周永伟的投资风格延续了七匹狼实业的精雕细琢，在房地产、教育等一些资产配置项目上的投资表现更加突出。

恒禾置地从建筑、景观、空间、视觉设计到酒店管理合作团队的选择，堪称不惜重金，覆盖美国、澳大利亚、泰国、中国台湾、中国香港等海内外知名国际机构。

位于金井的福州大学晋江科教园是七匹狼通过PPP模式参与的另一投资项目。项目设立的初衷，晋江发挥产业集群优势，福大发挥学科优势，双方联手合作办学，共同探索校地产学研合作模式。这一项目，目前投资已经超过十二亿。

周永伟内心里有个挥之不去的情怀。2005年，为了发展需要，七匹狼集团总部从晋江搬到了厦门，由于经常到鼓浪屿，被称为"万国建筑博物馆"的鼓浪屿别墅，给他留下了深刻的印象。鼓浪屿上的很多老别墅已经跨越了一个世纪甚至更久，但至今风采依然，尽管很多已经屡易其主，但别墅的最早主人依然被反复提起。从此，周永伟立下夙愿：未来的某一天，子孙后代站在今天七匹狼投资的建筑前，也能骄傲地跟人提起，这是自己祖辈手中的杰作。

一次壮士断腕式的自我变革

经济新常态下，以实体为基，力求每件作品都是精品的七匹狼集团正在转向国际化。

周永伟并不否认，和很多实体企业一样，七匹狼实业也面临着艰难的转型。

七匹狼生根发芽里的二十多年里，中国休闲男装品牌也从无到有、别有洞天，闽派成为其中最强大的力量，七匹狼、九牧王、劲霸、柒牌、利郎、虎都、才子等举足轻重。

闽派服装大多沿袭了这样一种发展模式：最初"模仿加工+明星"模式，后围绕夹克的"商务+休闲"概念，以"品牌文化+央视轰炸+招商代理+连锁加盟"的创新模式，创造了休闲品牌飞速崛起的服装业奇迹。

欣欣向荣的背后，也暗藏隐忧：个别先知先觉者在某个领域获得成功后，周围的跟风者纷纷跟进，最后成为一个产业部落，缺乏创新的模仿和追随策略的负作用逐渐显现，这使得休闲男装集体陷入了同质化的泥淖之中。

内部竞争炽热，外部环境同样群狼环伺，互联网时代的到来，电子商务大军给传统连锁经营模式带来了巨大的冲击。

这是七匹狼股份一次壮士断腕式的自我变革。

适应新常态，七匹狼股份首先推动内部管理模式的优化重整。海尔"人单合一"的共享平台模式，为制造型企业提供了一个范本。七匹狼股份把原有管理模式，由分工合作的"扁平化"，调整为各自为战的"垂直"管理，通过鼓励内部竞争激发整个团队活力。

2013年，七匹狼股份成立专门运营主体出手电子商务，起初以处理过季库存产品为主，2015年，线上业务在承担原有的库存清理功能外，尝试进行了电商新品如户外系列的销售，在线上推出了SWSPORT运动品牌。

经历了电商企业的野蛮生长过程，熬过了漫漫的市场培育期，2017年，七匹狼的电子商务板块首次扭亏为盈。

七匹狼的国际化逐渐被提上议事日程。

2015年，七匹狼获邀到米兰时装周走秀，成为首家获此殊荣的中国男装品牌，并持续至今。这是七匹狼国际化的开始，七匹狼首次向世界展现了中国的时尚力量和独具狼性魅力的原创设计。

战略既定，便动静不断。2017年，七匹狼作为战略投资者入股香港上市公司现代传播集团的数码业务，借此渗透欧洲最大视频网站NOWNESS，通过内部裂变培育了符合新一代时尚品味选择的轻奢品牌WOLF TOTEM，并以收购方式投资了潮牌16N，聚焦时尚产业，入股跨境电商平台Farfetch和现代传播数码业务。

投资来源于法国巴黎的国际轻奢品牌Karl Lagerfeld（卡尔·拉格斐），是七匹狼国际化战略的一个标志性手笔，此次投资，七匹狼收购了Karl Lagerfeld品牌在大中华区的商标使用权、渠道和运营团队。收购Karl Lagerfeld品牌后，七匹狼丰富和完善了品牌组合，拓展了七匹狼目标消费群体。

多年持续推动，战略转型已见成效。2017年，七匹狼股份营收重返久违的三十亿门槛，营收、利润再次实现两位数增长。

松霖周华松：
打造整屋家居的"高通"

文 / 谢嘉晟、赖丹丹

在中美贸易争端的背景下，松霖科技的存在更具象征意义。它坚持以底层技术作为研发方向，不仅为中国企业坚持自主研发提供了一个可以借鉴的范本，也为推动中国制造的转型升级注入了新的活力。

二十多年过去，松霖科技已然是全球卫浴行业的中国版"高通"，它占据着全球卫浴行业的技术制高点，为全球几乎所有顶级卫浴品牌提供着 IDM 服务。而随着启动上市，一个全球独一无二的"整屋家居"计划又在路上。

招股书披露的信息显示
松霖科技就是一家别具一格的"独角兽"

一双浓黑的眉毛,这是初识周华松者容易留下的印象。

接受采访时,周华松实际控制的松霖科技招股说明书刚公开披露不久。松霖科技 2017 年启动股改,2018 年 4 月递表,无意中赶上了国内一众"独角兽"们的上市大潮。

招股书披露的信息显示,松霖科技本身就是一家别具一格的"独角兽"。

根据招股书的提法,松霖科技坚持以技术研发和工业设计为核心战略,已经建立起成熟高效的技术研发体系,参与并承担了多项国家火炬计划、政府技术创新和产学研项目等。

在外界普遍印象中,松霖品牌的卫浴产品应该才是强项,把卫浴产品跟科技挂上钩不免牵强,因此,周华松把松霖科技作为上市主体也多少让人看不懂。

事实上,截至招股书签署日,松霖科技已获授权境内专利六百一十三项,其中发明专利一百八十八项,实用新型专利两百零二项;已获授权境外专利一百一十八项,其中发明专利八十八项,实用新型专利十项,外观设计专利二十项。

在中美贸易争端背景下,松霖科技披露的一些数据无疑鼓舞人心,在已获授权的一百一十八项境外专利中,仅美国一地就有九十项。

按照周华松的定位,松霖科技就是要做一家"整屋家居"领域的中国版"高通",像中兴通信离不开美国芯片一样,抢占全球技术制高点,向全球产业链的下游输出松霖与众不同的技术和设计。

前面的二十多年中,松霖科技在卫浴行业已经实现了这一点。知名的美国摩恩(Moen)、美国美标(American Standard)、美国得而达(Delta)、美国洁碧(Waterpik),以及日本东陶(TOTO)、德国高仪(Grohe)、新西兰麦瑟文(Methven)、西班牙乐家(Roca)、法国安达屋(ADEO)、法国圣戈班(Saint-Gobain)和英国翠丰(KIngfisher)等一众全球顶级卫浴品牌,都是松霖科技的 IDM 客户。

对现在的松霖科技来说,完全按照客户的设计和功能品质要求生产的 OEM 模式已成过去,自主研发及创新设计的 IDM 模式才是追求的方向。

在松霖科技的定义中，所谓的 IDM 就是利用自有资源对区域市场状况、消费需求趋势进行分析研究，提出产品创新概念，形成完整的产品策划方案，并完成产品的创意设计、研究开发产品相关技术解决方案，最终向客户交付包含公司专利技术、创意设计等自主知识产权的产品模型、技术模组或成型产品。

值得一提的是，目前松霖科技 IDM 和 ODM 的产品比重已经超过百分之八十。周华松追求的松霖科技发展方向，与全球芯片巨头美国高通的市场定位有很多共通之处：掌握着底层的核心技术，向产业链下游授权专利。

时代的进步，也给松霖科技带来新的启发。松霖卫浴配件产品在电子化、智能化等技术领域，共获得四十一项专利，覆盖电子触摸控制、电子定量控制、智能温控、液晶显示、无线遥控、红外感应等前沿技术。

尽管已经出落得与众不同，但在周华松眼中，"现在的松霖科技仍属于创业阶段"。随着上市计划启动，一个更宏大的计划正在悄然孕育。

只有建立在自有技术、研发和设计能力基础上的产品才有所谓的品牌

周华松是湖南人，角色多重，身兼松霖科技的董事长，厦门大学知识产权研究院客座教授和湖南异地商会（全球）联合总会会长等。

周华松出生于 1966 年，和同年代很多脸朝黄土背朝天的企业家背景不同，他接受过完整的高等教育，大学阶段就读于现名为南华大学的五年制医学专业。

不过，从参加工作起，周华松就从事着与本专业无关的工作，他一天也没在医疗机构上过班，1990 年大学毕业后，直接来了厦门。

周华松第一份工作是在一家美国驻厦公司，这家公司在中国采购水暖洁具，然后到世界各地销售。这个工作机会让周华松接触了卫浴行业，他的第一个工作岗位就是采购水暖洁具，通过这家美国驻厦公司的采购视角，周华松大致摸清了卫浴行业全球市场的供需格局。

在周华松的印象中，刚毕业的前几年"都是在混饭吃"。1993 年，觉得厦门特区太小

的美国驻厦公司迁往深圳，本就一直想着怎么出人头地的周华松，不愿跟着同去，于是半推半就创立了松霖公司。

熟悉水暖行业，初创的松霖与美国驻厦公司经营着同样的产品，不过，方向正好相反，美国驻厦公司是从国内采购水暖洁具出口到世界各地，周华松则是从国外进口水暖洁具，转手到大陆销售。

1992年的南方谈话激活了中国改革开放的一江春水，在计划经济转向市场经济的过渡时代，商品短缺是个普遍现象，以当时中国的制造业基础，还生产不出像样的水暖洁具。

转手贸易属于品牌代理，一买一卖可以赚个差价，周华松也看出了其中的玄机，品牌能产生附加值，但与代理商关系不大，产生的附加值主要归品牌商所有。

放弃可以当医生这个金饭碗，大学毕业只身来闯特区，骨子里不想按部就班的个性，注定周华松不会老老实实把转手贸易坚持到底。两年后，周华松自创品牌"松霖"。

周华松的创牌之路与日后一众国内品牌的走法有些不同，很多国内品牌是基于为人OEM的基础上逐渐有了品牌意识，由是做起了品牌，周华松做品牌则反其道而行之，委托台湾彰化的一家水暖生产企业OEM，然后进口到大陆，周华松自建松霖品牌渠道。

不容否认，OEM初期，周华松赚到了钱。到1997年，松霖公司在全国各地开出了十家分公司，门下掌握着四五百家经销商的销售渠道，仅漳州一地，就有七家。通过品牌授权，周华松收获了比转手贸易高明得多的利润。

但没多久，周华松就发现此路不通。

中国经过二十年的改革开放，制造业已经具备了一定的基础，水暖洁具制造门槛不高，在泉州的南安和广东等地，涌现出了大量生产水暖洁具的低端制造企业，商品紧缺很快变成了产能过剩，周华松从中感受到了民企野蛮生长的巨大冲击力。

潮水退去，方知谁在裸泳。在日渐激烈的市场竞争中，周华松越发沮丧：没有技术、研发、设计能力支撑的品牌太空了，上下游都受制于人。OEM的模式，上游制造商能生产什么只能卖什么，而下游经销商对产品则很挑，对没有竞争力的产品并不怎么卖力。

因此，在彼时的周华松看来，只有建立在自有技术、研发和设计能力基础上的产品，才有所谓的品牌。

周华松也看到了行业积极的一面。当时全球产业链正在发生转移，中国加入WTO在即，中国拥有十几亿人口的庞大消费市场，因此，中国最有可能成为全球产业链转移的承接地，这将为产业链上游的技术、研发和设计提供广阔的市场。

1999年，周华松决定再次转型，方向是产业链上游，这便是现在松霖IDM概念的雏形。

松霖的此次转型奠定了日后发展的基础，松霖由此形成了两个产品方向，一个以输出技术、研发和设计能力为主，在商业模式上近似于美国的高通，对外授权专利为生；一个以输出拥有自主知识产权的品牌产品为主，这是很多国际国内品牌由小变大的共同之路。

基于这两个产品方向，松霖还打造出两个品牌，一个扎根于底层核心技术的SOLEX品牌，一个专注于中高端产品的SOLUX品牌。

松霖橱柜园

反复试验，反复开模，反复烧钱
就为一款花洒

松霖科技今天的罗马并非一日建成，从OEM走到ODM、IDM，是个唐僧西天取经的过程。第一次切入产业链上游，今天说来依然耐人寻味。

1999年，周华松去意大利参加展会，展会上有一款洗菜池专用的花洒引起了他的注意。凭自己在水暖洁具市场多年的经验，周华松很看好这款花洒的销路，并目测当时的中国应该有能力组织生产这款产品。因此，他很希望能从意大利经销商处争取到这款产品的OEM订单。

意大利经销商没有正式下单，只是同意试试，在没有收获任何订金的情况下，周华松便满心欢喜地回到了中国。

理论上觉得可行，把从意大利经销商带回来的花洒样品大卸八块拆开研究后，周华松才发现，造这么一个花洒哪里容易，单花洒外面的那层电镀，印象里就想不起有哪个厂家能加工。事实上，当时国内所有的水暖生产厂家也都不具备生产这款花洒的能力，单是寻找能承接电镀工艺的厂家，周华松就费了不少周折，找遍福建水暖厂家谁也做不了，最后，在广东才找到了一家电镀厂。开模也是一个烧钱的过程。意大利的这款花洒做得很精密，零配件不少，需要开的模具也多，当时国内的模具普遍很粗糙，有很长一段时间，开模后老是达不到效果，不得不一次又一次的改进回炉重造。反复试验，反复开模，反复烧钱。

一年多后，投了一百多万，差不多把松霖公司前面几年的原始积累都搭进去了，一根看起来和拿回来的意大利样品没什么两样的花洒终于造出来了。

那一天，周华松兴冲冲地知会意大利经销商："成品已经生产出来，你们可以来测试了。"

中国人口福利造就了世界工厂，如果能够在中国找到比原来生产成本低的OEM企业，意大利经销商当然何乐而不为。但当意大利经销商兴冲冲地赶到厦门松霖公司，接上水一测试，马上就傻眼了。

若非意大利经销商解开其中玄机，周华松至此都没搞明白两款花洒到底有什么不同。

按照意大利经销商给出的标准，合格的花洒打开阀门后，刚开始流出来的水应当是气泡式的，然后才慢慢变成柔和的直流水。松霖花了一百多万造出来的花洒样品，一打开阀门，水是直流的，看不到气泡。

继续还是放弃，考验周华松的时刻到了。此时的周华松有两种选择，如果选择放弃，将意味着止损；如果选择继续，还要继续投入多少才能研发出合格的产品，这是个未知数，即便决心再次投入，投入后就能生产出合格的产品吗？

还有，研发出合格的产品时，能保证合格产品在市场上不落伍吗？很有可能是，合格产品是生产出来了，却跟不上市场的节奏了，变成了过时产品。

继续还是放弃，都是难题，全是疑问。

中兴通信事件终于让很多国人弄明白了，多数企业为什么不愿意搞技术研发的原因所在。企业搞技术研发，不仅需要耐心，还需要有强大的财力支撑。

此时松霖公司还内外交困。转型未果，原来的松霖品牌渠道疏于管理，一些经销商趁火打劫，回款不及时，对松霖的产品经营也不怎么上心了，松霖公司看起来已有家道中落的样子。

中途放弃，这不是周华松的做派。

选择的结果，松霖的研发又继续大力推进，过了大半年，又是一次次推倒重来，2000年，终于磨合出了成熟的样品。没有订单托底，仍坚韧不拔持之以恒，松霖的态度感动了意大利经销商，在熬过近两年没有明确答案的苦难岁月后，意大利经销商一口气给周华松下了十多万美金的第一笔订单。

松霖公司从此峰回路转。

2006年，松霖捧回了德国iF工业设计大奖，这是松霖首获殊荣，此后，松霖荣誉不断。而今的松霖是厦门、福建省和国家三级认定的工业设计中心，还是国家级企业技术中心、国家级知识产权示范单位、国家驰名商标、国家重点火炬高新技术企业，团队主持创新设计的产品，反复拿过包括"iF设计奖"、"红点奖"、"IDEA"、"G-Mark"等工业设计领域的几乎所有国际顶尖大奖。

2010年，周华松深刻体会了十年坚持所带来的微妙变化。松霖很少参加展会，主动找松霖代工的品牌却渐渐多了起来，一众国际顶级卫浴品牌渐渐成了松霖的常客，不知不觉中，松霖的技术专利站到了全球的制高点上，有些创新让西方国家望尘莫及。

由找人OEM到帮人OEM，再到ODM和IDM，在长期探索和沉淀中，松霖建立起了与众不同的核心竞争力。

要在全球各地开出至少一百家"整屋家居"样板店

周华松的计划中，松霖科技本来不想这么快启动上市，向全球品牌授权专利的日子其实过得怡然自得。

从接下意大利经销商的第一笔订单起，松霖科技便种下了国际化的基因，基础技术研发和产品设计已然成为企业发展的核心驱动力。在松霖科技2017年的营收组成中，松霖国内市场份额只有不到四分之一，欧洲和北美洲的市场占比则超过了六成。

周华松的志向并不止于此。

按照周华松的规划，松霖科技要做成一家"全球家居卫浴领域内技术突出、产品领先、掌控核心元器件及产品关键专利技术，具备规模化高端精密制造能力的一流企业"。

短期目标内，松霖科技"要巩固并持续提升在技术、设计、生产、市场等方面的行业领先优势和核心竞争力，发展成为全球各大客户的最佳创新合作伙伴和高品质家居卫浴产品的首选品牌"。

在着手股份制改造之前，周华松又有了新的计划。

周华松要试验一个在全球范围内绝无仅有的创新商业模式——"整屋家居"，他要把一个家当成一个产品来设计，让用户只需找到松霖，就可以解决从硬件到软装的全部需求。

如果说"整屋家居"的概念只是更加体贴入微地提供全套家具的拼凑，那太小看了周华松的设想。松霖科技已经具备了提供领先卫浴产品的能力，周华松的本意是要把服务的范围由单一卫浴产品延伸到整个家居产品的人性化定制，从产品的源头就开始研发设计"整屋家居"的解决方案，再通过强大的室内设计师，将已经系列化的全屋产品定制化设计到用户的家里，由源头到最终的效果，展示的都是以深度设计为主的完整方案。

这是一个设计理念和操作难度都前所未有的系统工程，周华松之前没试过，全世界也没有人试过。与现代版精装房的区别，周华松要把基于互联网、人工智能等技术的现代科技植入到"整屋家居"中。其中逻辑与单个卫浴产品的满意度一样，不只是解决眼前的刚性需求，还要预判到更多家庭成员和更遥远的适用及时代元素。这样，置入一个家的产品，将是一个完整的松霖品牌系列，每个单品都按现有卫浴产品的设计理念来量身定制。

作为松霖"整屋家居"计划实施的第一步，松霖将推出首家样板店。与传统展厅以单品为单位不同，松霖"整屋家居"营业面积至少要一万平方米以上，提供全线完整服务和舒适的购物体验场景，以1:1真实居家样板间四大主流风格展馆比例，深度呈现用户的品位格调，聆听全家人的装修需求。

周华松已经充分评估了项目的可行性："只要有足够的运营能力，一个家的所有需求完全可以由一个品牌独立解决。"现在的多数家庭在装修时，是根据需要找到不同的品牌拼凑，每个单品都要保证设计成本和中间利润，这让松霖"整屋家居"的优势很突出，用一个松霖品牌解决一个家的所有需求，免费设计，终身负责，不仅售后服务变得非常简单，而且全局设计和松霖厂家直接供货模式，还必将大大降低家装成本。

"相对于卫浴产品，'整屋家居'模式太复杂了。"考虑到项目的复杂性，在推进"整屋家居"项目上，周华松亲自挂帅，好在，两年的探索，雏形已经摸索出来了。

按照周华松的计划，厦门样板店是第一步，未来，要在全球各地开出至少一百家样板店。

"全球都没人做过。""整屋家居"概念让周华松难掩兴奋。

海澳郑金泉：
民营油企的百年梦想

文 / 钟炳祥

从一无所有到福建省最大的民营石油供应商；从驾着小木船奔波在海上搞运输"讨生活"，到中国石油行业民营企业的领军人；从夹缝中求生存的民营小油企，到中国石油行业规章、标准的制定者、相关政策的推动者……厦门海澳集团有限公司董事长郑金泉用了近40年的光阴，曲折探索中国民营企业的石油经营之道，力图打造一艘乘风破浪、平稳前行的石油巨轮。

几度夹缝迎挑战

在福建成品油经营领域，坚持时间长达40年的民营企业家屈指可数，郑金泉是其中之一。

在改革开放之初，作为国家的战略型资源，成品油曾经处于绝对垄断，堪称铁板一块。掀开这块铁板的缝隙，是许多人的梦想，却鲜有人做到。靠着惊人的毅力、胆识和非同常人的商业智慧，郑金泉做到了。

土生土长于厦门海沧澳头村的郑金泉，在家里排行老二。因哥哥从小生病，郑金泉6岁就和父亲下田种地、出海捕鱼，比同龄人更早地领略到生活的艰辛。

为了"讨生活"，1979年，郑金泉就驾着小船奔波于海上帮人运输石油，及海沧嵩屿码头和至厦门岛内第一码头的运输摆渡。后来尝试着帮人买卖，就这样一直干了5年，直到1984年创立集美海澳石油营业部——海澳集团的前身。

当时，中国成品油实行配额制，有些人的配额指标用不完，有些需要的人却没有配额或者配额不够用，郑金泉就尝试着把多余的配额调剂给需要的人。

"当时虽说已经改革开放，但并没有很明确，干起活来偷偷摸摸的，怕被指责为'走资本主义道路，割社会主义尾巴'。"近日，在海沧商务大厦敞亮的办公室内，郑金泉接受《海峡商业》专访。对于近40年前因生活所迫干起海上石油运输、成品油配额调剂的情景，郑金泉历历在目。在当时，一堆人聚在一起时，如果有一个生意人，大家就会用异样的眼光看他。"虽然能赚钱，但身份、地位低下，而且还担心会不会遭遇秋后算账。"郑金泉说，从干这行起，自己就一直在夹缝中求生存、谋发展。

让郑金泉印象深刻的另一个"夹缝"时刻，是1993年10月1日，国家正式宣布石油行业放开，走市场化道路。在之后的四年多时间，我国的石油行业变化非常快，市场秩序也相当混乱：走私、偷税漏税、短斤少两、以次充好……如此乱象，对一些像海澳这样的民营油企来说，是一个巨大的挑战。国家对于石油行业的"急放"，让民营油企陷入两难境地。

随后，海澳集团的经营日渐困难，甚至开始进入亏损状态：起初亏损少一点，后来逐步变大。郑金泉回忆说，到1995年，一个月就要亏几十万元，有时候甚至一个月要亏上百万元。"到底要亏多少钱？亏损多长时间？当时我真的不知道，很迷茫，也很痛苦。"对于当初这种夹缝中求生的感受，郑金泉表示，很难用言语来表达。

更艰难的时刻是1997—1998年亚洲金融危机来袭。郑金泉清楚地记得，当时国际油价一路狂泻，从最高的34美元/桶暴降至17美元/桶，短短时间内，国际油价活生生地遭腰斩。

"我们从国际上预订了3船共5000吨柴油期货，船还没到厦门港口，一船油就已经亏了100多万美元。"郑金泉坦言，当时，另两船油直接在新加坡卖掉也损失了100多万美元，这样的暴跌已然远远超出海澳的承受能力，到了快要破产倒闭的边缘。

危难时刻，海澳的团队发挥了重大作用。当时，从中石化退休后受聘于海澳集团的老党员陈朱云，提议所有员工先发基本工资500元/月作为生活费，大家共克时艰。令人欣喜的是，所有员工都响应这个号召，并一直坚持到1998年底，直到公司逐渐缓过劲来。"这对公司来说是一个大坎！"回忆起当初所有员工同舟共济的那段艰难时期，郑金泉很是感动。

其实，在海澳集团三十多年的发展道路上，这样的艰难时刻并不少见。然而，正是在经历这些挫折中队伍得到了历练。以郑金泉执掌的海澳集团为代表的中国民营油企，犹如崖石缝隙中挤蹦出来的松树，坚韧且挺拔。

屡临变革焕生机

1984年2月8日，邓小平来到厦门，欣然挥毫命笔："把经济特区办得更快些、更好些。"这昭示着，国家对厦门经济特区建设的方向变得明确。

郑金泉敏锐地捕捉到了这个政策信号，正是在当年，海澳应运而生。他开始在思考：如何积极推进市场化的空间，给企业确定的目标，像导航，从起点到终点，到底要把企业带到哪里？自己将要成为什么样的人？

在接下来的十年里，国家对于市场化的态度越来越明确，这也为海澳的稳健、快速发展提供了很好的环境。"在1993年之前，成品油经营的收益是比较实惠的，只要你勤奋，有胆魄，团队组织好，愿意付出，愿意担当，基本上不会亏钱。"对于海澳创立最初十年的发展，郑金泉坦言不算太难。他说，最初的十年，精力主要集中在争取指标、拿配额上，只要拿到配额，拿到货，不愁卖。

在经过十年的黄金时期后，1993年，石油行业开始进入变革的"阵痛期"，五六年间经历了从"急放"到"急收"的重大政策调整。

海澳石化车队排队装油

对于中国的民营油企来说，政策变革在带来阵痛的同时，也让其不断寻找新的发展机遇，探索新的发展模式。在适应每一次变革之后，海澳集团变得越发强大。

"在关键时刻，克服困难还是取决于企业的基因。海澳一开始就定下了长远目标，要打造一家长久发展、受人尊敬的企业。"郑金泉回忆，1993年石油业的"放开"，走市场化之路，一时间出现大量欠账，很多人甚至欠账后不再来买油，一夜之间应收账款大幅增加。原来的卖方市场一夜之间转为买方市场。不过，当时海澳很快调整方略，客户一家家跑，一家家去要款，克服了很大困难，最终把客户又吸引回来。同时，海澳开始调整经营模式和工作重点，把原来主要精力用于争取资源改变为主要是做好营销，做好服务。

"急放"之后又迎"急收"。

1998年，亚洲金融危机蔓延到中国。1999年，我国发布《关于清理整顿小炼油厂和规范原油成品油流通秩序意见的通知》，即"38号文"，开始整顿混乱的市场秩序，并将国内各炼油厂生产的成品油交由中国石油、中国石化两大集团的批发企业经营。幸运的是，"急收"政策为民营油企留下了一个小小的窗口——对两大集团以外经清理整顿合格的成品油批发企业，可由两大集团依法采取限划转、联营、参股、收购等方式进行重组。

在成品油政策"急放"和"急收"之间，郑金泉渐渐地学会如何与两大石油巨头"共舞"。在国家还未提出"混改"的概念时，海澳集团早已在尝试"混改"：1993年，郑金泉与中石化（厦门石油集团公司前身）洽谈合作，并于1994年正式开启与中石化长达十年的合作；1998年，海澳集团与中石油合作开设联营公司，并于2006年开始进入资产端——加油站的合作。

海澳集团的每一步，几乎都走在民营油企的前面，郑金泉的探索与创新，为中国民营油企趟出了一条发展之路。

布局产业建矩阵

在1984年后的30多年间，整个石油行业的上、中、下游，任何一个领域，都发生过民营油企的倒闭大潮。

"如果当时公司只做其中任何单一业务领域，几乎都倒闭过了。可以说，没有一个板块可以单独存活到今天。"经历过石油业惊涛骇浪的郑金泉，讲述起行业更迭期残酷景象时，显得很平静。他打比方说，自创立以来，如果只单独做零售业务，公司至少要倒闭三次；如果只做国内贸易的话，公司可能会倒闭五次；如果单纯做进出口业务的话，可能会倒闭六七次；如果仅做物流、仓储的话，也可能要倒闭五次以上。

"海澳能发展到今天，一方面在于它清晰的产业定位；另一方面得益于它最初设定的目标，加上一个优秀的团队组织，以及一套规范、完善的经营管理体系。"对于海澳集团30多年来立于不败之地，郑金泉总结了上述几个原因。他表示，准确的战略定位加上基于此的许多风险管控的手段，以及相对科学化的负债率和杠杆水平，是海澳不断取得成功的保证。

如今海澳集团已经发展成为一家集经营成品油进出口、批发、零售、码头、油库、海陆铁运输配送、保税库、加油站、交易平台及交割库于一体的石化供应产业链集团公司。为福建及其周边地区的工业生产、交通运输、人民生活及能源安全等发挥了不可或缺的保障作用。

有人把海澳集团比作一艘平稳且快速航行的巨轮，成品油进出口、批发、零售、码头、油库、海陆铁运输配送、保税库、加油站、交易平台及交割库等每一个业务板块，则是这艘巨轮的核心部件。"正是拥有较为完整的产业链,让海澳集团的抗风险能力大幅增强。"有资深成品油经营者如此评价。

如此完整产业链的建立,并非一朝一夕之功。

深谙航海之道的郑金泉,用30多年的时间,抓住一切发展的契机,精心布局上下游产业链条,打造一艘石油巨轮,不断提升海澳集团的抗风险能力。

每当遇到难关时,海澳集团团队的力量就发挥出来,大家集思广益,好的意见就被采纳,帮助公司转型、升级,提前做一些产业的延伸。

譬如,在20世纪90年代中期,当经营陷入困境之时,海澳集团从传统的汽油、柴油贸易、海上运输、陆地上配送逐步延伸到比较小的品种,关注度比较低、没人愿意做的品种,把国有大集团不愿意做的"脏活、累活"捡来做,还专门成立一家公司来做。

"当时,我们和厦门的国企——厦门石油公司联手做了海上供应燃料油,给国内、国际上来厦门港口的轮船供油。"郑金泉说,当时公司的批发、零售、运输等业务都是亏钱的,虽然这项新业务赚来的钱贴到原有的这些业务上,但是帮助公司渡过了难关,使公司慢慢好了起来。郑金泉坦承,当时延伸到海上轮船供油,是无奈之举,却无意中成就了一个持续性较好的业务板块。

更多时候,海澳集团是主动布局,延伸自身的产业线。

海澳集团在厦门海沧港区12号泊位,注资打造了一座10万吨级的大型现代化立体多泊位石化组合港,规划配套储罐容量达42万立方米,远期规划100万立方米,总投资18亿元。这项工程荣获了"优秀工程咨询成果一等奖"、"三航局优质工程奖"、福建省质量信誉考核A级、"中交优质工程"、福建省(闽江杯)优质专业工程奖、交通部"水运交通优质工程奖"等大奖。这个码头,成为中国民营石化码头建设的典范。

2009年,郑金泉敏锐地捕捉到石油线上交易的巨大机会,携手泰地集团、海投集团共同出资组建厦门石油交易中心有限公司。厦门石油交易中心自2010年9月正式运营以来,2016年,该交易中心成交额一度突破3000亿元,直接纳税上亿元,间接税收至少有2亿元,成为国内首屈一指的石油交易平台。"开办线上交易中心是大势所趋,符合国际上的发展规律,把现货和期货实现对接,对于提前布局产业链的形成,起到很好的效果。"对于未来石油线上交易的前景,郑金泉表示相当看好。

每一个板块的布局,郑金泉常常走在别人前面,小心决策,大胆尝试,并且都取得了最后的成功。

参与油改绘新纲

作为福建省首批参与石油经营的民营企业家，郑金泉有许多颇有分量的身份，其中有一个身份不得不提，那就是全国工商联石油业商会执行会长，这是对30多年来他对中国石油行业做出卓著贡献的最佳肯定。

郑金泉先后参与了全国政协的《关于加快放开原油、成品油进口步伐的提案》、《国务院关于鼓励和引导民间投资健康发展的若干意见》"国36条"的制定，以及参与厦门市经信局对厦门市"十一五"、"十二五"、"十三五"《成品油仓储和配送体系发展》的纲要编制，为推动我国石油体制改革和厦门石油业发展做出了较大的贡献。

持之以恒地摸索民营资本参与石油经营之路，参与我国石油行业规则和标准的制定，带领更多民营油企开疆辟土，海澳集团为我国石油体制改革做出了较大的贡献，因此也得到了业界和社会的一致好评。不过，对于此，郑金泉常常轻描淡写。在20世纪90年代末，在中央尚未提出"混改"概念时，海澳集团已先行先试，尝试与国有石油集团携手开设合资公司，联合经营成品油。此外，海澳集团参与创建的厦门石油交易中心，一度成为国内交易量排名第一的石油交易平台。"在石油交易平台方面，很多交易规则是我们制定的，包括交易规范、行业规则等。"郑金泉自豪地表示。

在泊位建设方面，郑金泉也走在国内同行的前面。在厦门海沧港区12号泊位，海澳集团规划注资18亿打造一座10万吨级的大型现代化多泊位石化码头，拟建8个泊位，已建7个泊位，库区规划设计库容100万立方米，已完成投资10亿元，一期总库容为20.1万立方米，年吞吐能力达600万吨。目前正在进行二期工程建设。

无论是在企业管理上，还是在营销服务上，坚持创新的郑金泉一直走在同行前面。

1993年，郑金泉开创性地开出了全国第一家365天全天候供油的加油站，既有零售也有批发。"这在当时是不可思议的。全天候供油现在看起来是很简单的事情，但在当时的体系是非常复杂的，如何说服工人，如何调整记账模式，如何调整供给系统、管理系统等，都是靠着组织和团队的力量才得以实现。"郑金泉的创举，后来被业者纷纷效仿。

1997年，海澳集团成为全国第一家采用ERP系统（企业资源计划）的民营企业。ERP

是 20 世纪 90 年代由美国一家 IT 公司提出的,是针对物质资源管理(物流)、人力资源管理(人流)、财务资源管理(财流)、信息资源管理(信息流)集成一体化的企业管理软件。

当时,一家国有石油集团的领导在参观了海澳集团后,深深感慨道:"真没想到海澳集团作为一家民营企业,管理这么规范!"

作为中国石油行业民企的卓越代表,海澳集团不断创新,连续十年入选"中国服务业企业500强",是"福建省企业100强","厦门企业100强";被全国工商联石油业商会评为"中国民营石油行业十大最具影响力企业"。

为人之道信当头

海澳集团缘何能取得如此傲人的成就?这与掌舵者郑金泉的信义当头分不开。

郑金泉的父亲有一次提醒他:既然要做生意,一定要信字当头。今天你失信不还5毛钱,以后你用5元、50元甚至更多的钱也买不回信誉。

对此,郑金泉在往后的生意上深有体会。凭着多年积累下来的业务合作关系,海澳集团从新加坡买油时,一般是货到一个月后付款。"只要你一次不讲信誉,将会进入新加坡市场的黑名单,你将永远无法在这个市场上找到你的买家和卖家。"郑金泉表示,从国际市场上来看,海澳的口碑、品牌价值,甚至超出其自身拥有的资产。

在1997—1998年金融危机时,海澳集团面临生存危机,甚至发不出工资。公司骨干提议只领取基本生活费时,郑金泉被震撼了,决心想办法把工资发出去。于是,他除了"挖"出爱人的私房钱,还硬着头皮找朋友借了200万元,不仅发了工资,而且把奖金也发了。

不仅在生意场上讲信用,在学习和生活中,郑金泉也是一言九鼎。

他的好友乐映辉爆料:2006年,她和郑金泉一起参加一个在上海的课程班的学习,当时郑金泉担任学习班的班长,他曾承诺会完满完成所有课程学习,如果没有做到,甘愿受罚做一百个俯卧撑。后来,郑金泉因出国考察而迟到了,便主动上台当着全国100多个企业家的面做俯卧撑。最后做到50多个俯卧撑时,很多同学主动帮他"说情",并把他强行架走。

信义当头的郑金泉,把海澳集团的宗旨确定为"诚信创新、追求卓越!",诚信成为公司赖以生存的生命线。立足于"诚信",郑金泉立志将海澳集团打造成有思想、有文化底蕴的百年优秀企业,致力于为社会提供清洁、优质、可靠的能源产品。

万里石胡精沛：

耕耘全世界 走向全球化

文 / 谢嘉晟、赖丹丹

　　万里石在改革开放的大潮中诞生，却开启了中国石材"走出去"的诸多先河。他率先应诉欧盟反倾销，让欧盟肯定了万里石的"市场经济"地位；为了得到在美国市场公平竞争的机会，胡精沛不惜血本和当地行业协会及媒体打了场官司，最终让《华尔街日报》也发出惊叹："中国石材来了！"他还推动吸收合并全球行业巨头，让万里石成为国内A股的"中国石材第一股"。

花了22年
万里石触角遍布全球

在厦门仅有的五十多家国内A股上市公司中，胡精沛的办公室显得极其简朴。万里石在2015年成为A股中的"中国石材第一股"，胡精沛的董事长办公室还窝在二十年前搬来的厦门宏业大厦里，不仅空间未改，甚至连办公家具至今基本不变。

万里石的主业是石材，石材原料称之为"荒料"。与石材有关的装饰主题，也在这家企业中保持了二十年。现在，宏业大厦依然是万里石的管理总部、财务部和国际业务部所在地。

陪伴胡精沛在商海征战半生的，除了宏业大厦的办公室，还有一部半新不旧的私人座驾丰田商务车，以及一套住了十来年的三居室。

这是胡精沛"客户至上"理念的一部分，也是万里石的一种企业文化。

"办公室是自己用的，展厅才是给客户看的。客户不来办公室，但会去展厅。"这就是胡精沛理解的"客户至上"，把客户真正的需求放在第一位。

"就像请客户吃饭，列队相迎不重要，关键是吃什么。"

基于这样的理念，布置展厅却有十足的上市公司范，万里石几乎不惜代价，让展厅尽可能像一个艺术中心，让客户得到充分的体验！

胡精沛对办公条件的不修边幅，与万里石在资本市场里的强大拥趸形成了巨大反差。

万里石冲刺国内A股时，"涌金系"的上海祥禾投资、泉商领袖许连捷嫡系企业连捷（香港）投资，以及有七匹狼投资身影的厦门和顺达投资，都成为战略投资者。

办公环境的简陋并不影响万里石的攻城略地。现在的万里石在国际国内都有自有矿山，八家现代化石材加工厂，二十多家下属子分公司，一千多名员工，产业链从石矿开采、原石物流、建筑装饰石材、景观石材的加工制作到配套装饰工程的施工、设计及安装服务等。

全球化是万里石的另一标签，分布在全球各地的企业员工，有近百分二十是洋面孔，美国公司甚至只有总裁是从中国委派，万里石的生产基地和销售网络除了覆盖国内三十多座大中城市，触角还伸到了日本、美国、欧盟、俄罗斯、南非、阿尔及利亚、中东、中亚等地。

实现万里石今天的这个境界，胡精沛花了二十二年的时间。

和很多赤手空拳白手起家的企业家背景有所不同，胡精沛接受过系统的高校教育。他本科和硕士都就读于成都地质学院（今为"成都理工大学"），不过，学习与实践中的专业方向很有意思，本科与核原料"铀"结缘，专业是核原料与核技术工程系铀矿地质专业；硕士则考上了矿床学专业，改学"金"；参加工作后，没想到却跟"石"执狂了一辈子。

相对于"铀"和"金"，"石"的应用范围更广，市场更大。日后胡精沛经常这么跟人解释。从"铀"到"石"，胡精沛早期的人生规划，其实并不都是按照自己的设计道路走。

1985年上大学时，本意是考另一所大学的计算机专业，结果却被调配到成都地质学院跟"铀"打上了交道，好在这所大学的学术氛围非常不错，胡精沛不怎么平衡的心态很快调整了过来，放弃了计算机理想，改往地学方向努力。

那个时候大学实行学分制，成都地质学院的学校领导和老师都很开明，沿着这个方向，胡精沛用三年的时间就修满了本科学分，获准提前毕业，并顺利考取了本院的研究生。

研究生毕业后，胡精沛有很多选择，可以继续攻读本院的博士学位，或在几座城市可供分配的单位中择一就职。

当时湖南人找工作更喜欢去广东，胡精沛到深圳、广州转了一圈，最后决定留在厦门，因为"相对于深圳的快节奏，厦门不紧不慢，很适合生活。"

到了厦门，胡精沛主动改变轨迹。他在学校就是研究生处团委书记，学校根据他的专长，分配他到厦门一家外贸公司党办当秘书。当时恰好央企中建物资公司厦门公司正在招业务员，胡精沛没按学校分配的意思去外贸公司报到，转身就投奔了中建。

当秘书就是搞行政工作，对刚毕业的大学生来说，很稳定很有吸引力，但对个人成长没有太多好处，业务员却很历练人。今天回头去看，胡精沛觉得"二十七年前的选择非常正确"。

万里石材变万里石
把"万里石"输到世界，把"材（财）"留在国内

万里石创立于1996年，胡精沛下海的时间还要更早。

中建总公司的经营范围很广，主业是建筑和房地产，辅业有进出口业务等许多。胡精沛被安排到进出口部当业务员，他的专业是地质，因此，下矿山找工厂寻找原材料是他最基础

的工作，然后就是下订单、搞质管、跑海关和码头，有时候为了跟踪出货进度，他得睡在堆场或矿山上。

这段经历虽然辛苦，却是后来胡精沛钻进石材产业链的经验基础。两年后，他被提升为部门经理。

1995年，中建以项目为中心自上而下大刀阔斧推进改制，一家三十多万人的央企，主辅分离后砍得只剩下五万多人。作为辅业板块的物资公司也推动租赁与承包经营的双试点，在北京总公司的鼓励下，胡精沛正好有机会承包了中建物资公司厦门公司的进出口一部。1996年，他与事业搭档邹鹏创立了万里石公司。

邹鹏是胡精沛的成都校友、师兄，来到厦门后经他人介绍，先是成了朋友，后又成了事业上的黄金搭档。

胡精沛的"顾客至上"理念，从万里石公司名称核准之日起就被打上了深深的烙印。历史业务沿袭之故，万里石初创阶段的主要客户在日本，自立门户后，出于生意上的延续和对客户的尊重，胡精沛特地飞了一趟日本，本意是加强与日本客户的沟通，出于尊重，于是顺便讨教即将成立的公司该起什么名字比较好。

得到尊重的日本客户心网会长菅野松一先生也很高兴，他游历过中国的很多大好河山，最是惊叹"万里长城"的雄伟，于是建议起名为"万里石材"。在名称核准时，由于"万里"已被太多行业注册，联系到所经营的行业，最后注册了"万里石"。寓意于，把"万里石"输出世界，把"材（财）"留在国内。

信誉为先
亏本的买卖变成双赢的选择

承包经营在第一年便摊上了大事。1994年，中国启动汇率改革，那几年，汇率变动很大。1997年，亚洲金融危机露出端倪。公司所接的第一笔日本订单，赶上了美元兑人民币汇率的剧烈波动。

公司与日本客户的合同刚签订，当时汇率接近8，还没来得及出口到日本换回美元，转眼间汇率就跌到了6块多，汇率波动前还有一块多的利润，波动后，不仅没赚，反而赔了一块多。

此时摆在万里石面前有两条路：第一，违约放弃不做；第二，继续履行合同。违约放弃不做的代价是自此丢掉这家日本客户，不过，并没给万里石造成什么物质上的损失，除了信誉；而如果选择继续履行合同，则代价巨大，这一笔订单因汇率波动造成的直接经济损失就要一百多万。

一百多万，对初创的万里石和所处的那个年代来说，是一笔巨款。胡精沛和邹鹏两个人工作至此，加起来的积蓄也没这么多。

权衡之下，胡精沛和邹鹏还是决定硬着头皮履行合同。不过，讨价还价后，他们跟日本客户附加了一个条件："能不能保证接下来三年的订单量？"

这是一个双赢的选择。

万里石如果违约，日本客户跟下属经销商也不得不违约，一损俱损。而履约的结果，既让日本客户对这家来自中国的供应商有一个全新的认识，即便长期与如此讲信誉的供应商做生意，又有什么不放心的？

表面上看，万里石损失不小，但有三年的订单保证，以时间换空间，也足以弥补这笔亏损，而看不见的收获则是赢得了信任。

日本客户没有理由不答应。

初创的万里石有了订单保证，不过，在执行订单过程中又暴露出一连串的问题。

今天已把万里石卖到全世界的胡精沛回头发现，日本对产品质量的要求其实相当苛刻，如果能达到日本订单的要求，再跟其他国家做生意，基本上通行无阻。日本客人对石材品质、尺寸、材质和技术都有严格的要求，任何指标达不到，都会被退货。

九十年代中后期的中国制造，要磨合出日本订单的质量，其间难度不难想象，技术工艺还停留在粗加工阶段的中国石材制造，很难生产出如此高要求的产品。不停推倒重来，一次次磨合不成，灵机一动，胡精沛向客户求援，请求派日本技术人员驻厂指导，一切费用万里石承担。这是国内石材行业中聘请技术外援的开始。

在日本技术人员的指导下，万里石终于拿出了日本市场接受的产品。

当时并不发达的物流条件是履行日本合同另一道不易逾越的门槛，仅把产品从矿山经加工后运到码头，就是一项耗时耗力的浩大过程。不停磨合产品，一来二去，眼看着合同就要逾期了，情急之下，只能改走空运。漂洋过海运送石头不走海运，改走空运，海运和空运在物流成本的支出上，差别可不是一个档次。但万里石坚持了客户第一的原则，提出了不惜一切代价履约的原则。

万里石,初创时期还面临着资金周转上的困难。胡精沛至今对两个合作伙伴心存感激,一个是兴业银行,另一个是私人朋友,那时的兴业银行还没有开展备贷融资业务,由私人朋友提供担保,兴业银行提供授信,万里石的这口气至此才算喘了过来。

这笔订单之后,该日本客户与万里石的合作持续至今,并成为万里石主要的海外客户。

欧盟最终裁定
万里石获得"市场经济"地位

石材出口让万里石具备了与生俱来的国际化基因,有了日本样板,万里石再输出到其他国家并没有太多障碍。相反的,由于万里石产品占据绝对优势的性价比,对当地市场造成了实实在在的冲击,欧盟市场最先反应。

2000年11月,欧盟立案对花岗岩石制品发起反倾销调查,这是中国石材行业首次卷入国际反倾销案,涉及中国石材企业二十七家,万里石名列其中。

提起诉讼的是欧洲国际天然石材产业联合会,它代表着欧共体部分加工生产商,指控中国从1999年11月至2000年10月期间,出口到欧共体的碑石和建筑用花岗岩存在倾销行为,给欧共体产业造成了实质损害。

摆出的证据是,从中国进口的花岗岩每年成倍增加,1999年进口量是1998年的两倍,而进口金额并没有相应的增幅,1998年为两千九百四十七万欧元,1999年仅为四千二百十八万欧元,说明中国石材企业正以低价在欧盟市场倾销花岗岩。

中国企业涉案金额约四千万美元,万里石不过一百多万美元,在涉案企业和自营出口金额所占比重都不大,即便放弃,也没有太大的经济损失。

按照欧盟的规定,如果倾销成立,那么,中国出口欧洲的花岗岩将被征收百分之五十七的反倾销税,如果这样,中国的产品在欧洲将彻底失去竞争力,也意味着丢掉了这个市场。

企业应不应诉陷于两难,应诉未必一定能赢,但有生的可能,不过,应诉费用高昂;不应诉,则相当于主动缴械投降,连争取加权平均税率的机会都没有。

胡精沛和邹鹏也很纠结:"万里石的主要业务都在国际市场,如果不应诉,万一日本、美国都学欧盟了怎么办？"

斟酌的结果，万里石决定应诉。在中国涉案企业中，实际上也只有四家选择应诉，万里石和厦门非金属矿进出口公司、福建惠安协兴石材制品有限公司、厦门石雕厂，万里石是其中唯一的民营企业，其余还有一家央企，一家外资企业，一家集体企业。

应诉成本不菲。胡精沛算了一下账，万里石自出口欧盟起，多年下来滚动的全部利润，都没有这次聘请律师的费用多，加上其他衍生费用，数目庞大。应诉没有经验，单整理证据材料就是个复杂的工程。

应诉耗时、耗力、耗财，必须按规定接受一系列调查和申报，从应诉到结案，历时七个多月。欧盟最终裁定，万里石和惠安协兴石材获得"市场经济"地位。

对万里石来说，这很重要。获得"市场经济"地位，欧盟在进行反倾销调查时，就会根据产品在生产国的实际成本和价格来计算正常价格。而如果未获得"市场经济"地位，则欧盟将引用与出口国经济发展水平大致相同的市场经济国家的成本数据来计算所谓的正常价值，并进而确定出口国的倾销幅度，也就是加权平均税率。

四家应诉的中国石材企业，用详实的资料和充足的证据，表明了企业产品出口完全符合欧盟市场准入规则，产品生产成本核算符合国际会计标准，中国石材行业也遵守按市场化规则运营。

2001年6月，加上福建省石材协会和中国石材协会及中国五矿化工协会的共同努力下，欧洲国际天然石产业联合会撤回反倾销诉讼，欧委会也同时终止了反倾销调查。

"企业平时的运营要规范，真正做到账实相符，这是应对反倾销的基础。另外，还要从产品市场和企业生存发展角度权衡应诉的价值，尽可能申请市场经济地位待遇或分别裁决待遇、及时填答问卷、提出损害抗辩，积极认真严肃对待反倾销。"在胡精沛看来，应对反倾销最重要的是要有规范而健全的财务管理体系和完整的规范的所有财会记录。

十多年过去，欧盟反倾销案的成功应诉，已成为万里石的一笔宝贵经验，同时也为万里石此后的资本运作打下了规范基础。

特别值得一提，在此次应诉中，中国企业趁机对欧盟提出的同类商品出口价格替代国提出修正意见，因符合国际规范并且证据确凿，意见不仅被欧盟采纳了，并做了有利于中方的调整。此外，应诉企业还进行了"无伤害"抗辩，论证了中国石材产业、产值、产量等出口状况，举证欧盟石材大量涌入中国的事实，用大量证据证明，我国出口石材仅占欧盟市场的不到百分之五，未对欧盟行业构成伤害。

打赢国际官司
奠定在美国市场的品牌地位

万里石大张旗鼓地"走出去",始于1998年。胡精沛决定"走出去",与之前万里石的出口商品先是给到落地国的采购商,再由采购商批发给经销商不同,此次万里石直接把销售网络拉到了市场一线。

1997年露出端倪的亚洲金融危机,经过一年的发酵,外贸形势急转直下。"走出去"可以缩短供应链,更加接近市场,提高竞争力。胡精沛也看到,销售终端没有掌握在自己的手里,始终受制于人。

胡精沛把"走出去"的首站选在美国,美国是全球最大的经济体。万里石实施"走出去"战略,有意规避了把桥头堡建在日本,日本有万里石不少重要客户,有厚实的用户基础,在铺设渠道时其实更容易打开局面,但胡精沛不希望改变与日本客户长期形成的合作关系,破坏万里石一以贯之的信誉形象。

万里石一"走出去"便接连落子。1998年,万里石先在美国石材之都佐治亚州的埃尔布顿设立分公司;站稳脚跟后,2000年,又一举收购了美国国际石材公司,更名为更接地气的美洲石材公司。这是一家在美国石材行业中举足轻重的制造企业,万里石收购的目标却是奔着它的渠道。

由于万里石所需的部分与美国国际石材公司原先的定位存在着取舍,万里石整合这家公司并不容易,代价高昂,并购后的转型和员工安置,甚至耗费了比收购时更多的资金。收购的效果立竿见影,美国市场对异族入侵的负面效应也很快反映出来。中国人的勤奋和成本优势,给当地的石材供应商和零售业带来了巨大的冲击。

收购整合美国国际石材公司刚松了一口气,更大的危机已在孕育。

2001年的一天早上,胡精沛刚到办公室,美国经理的一个电话突然就打到了邹鹏总裁办公室。美国经理汇报说,万里石在美国所有的客户、配合的企业,那些搞物流的、跑运输的,都不给万里石提供服务了,他们发起了一个叫"非暴力不合作"的运动,来抵制包括万里石在内的外国企业。

原来，刚遭遇911事件的美国人，对外国人产生了强烈的敌对情绪。

万里石产品输出到美国，必须依靠当地的运输、配套加工以及安装，一听说不合作，胡精沛和邹鹏马上就感觉天要塌了。当地配套企业的不合作，当导致万里石无法按时送货、按时竣工，面临违约，一旦违约，单是每天滞留在码头的仓储费就是一笔高昂的成本支出，而由此造成的一系列违约责任所产生的费用更加庞大。

来自舆论的压力让万里石雪上加霜。佐治亚州一本地媒体《时代号角》也在这个时间节点发表了一篇文章，文章称美国的本土企业正在被万里石这样的外国企业蚕食，并指责万里石把美国收购的公司命名为美洲石材公司，这种行为就像是"塔利班拿了一本美国护照"。

"正常的经贸关系，怎么跟国际恐怖主义搞在一起。"胡精沛一听文章措辞，五味杂陈。好在万里石跟欧盟打过反倾销官司，已经具备了一定的应对经验。

胡精沛决定再打一场国际官司，让北美石材协会和《时代号角》一起成为被告。

这又是一场极其不容易的诉讼。首先取证就无比艰难，北美石材协会耍了个滑头，召集会员开会时不记录。如何证明这件事是美国石材协会挑头干的，代理律师找不到切入的头绪。

就在胡精沛为找不到证据几近绝望时，一位喜欢万里石产品的美国老客户看不下去了，他从垃圾桶里翻出了北美石材协会发来的一纸通知传真件。

有了这张铁证，北美石材协会和《时代号角》必输无疑。

然而，万里石接下来的举动出人意料。在法院结果还没出来前，他们主动找到了被告，表明了自己的态度："我们的目的不是要索赔，而是大家一起合作。"

胡精沛没有要求被告赔偿，提了两点要求：第一，加入北美石材协会，成为会员；第二，你们杂志要给我们出一篇正面客观的报道，澄清万里石是做正常生意的中国人。

同时，胡精沛还提出无偿邀请北美石材协会的代表以及美国新闻媒体的记者到中国来，让他们到中国工厂实地看看中国制造的石材产品制造工艺和流程及竞争力来源！

被告们并不知道，此时的胡精沛不仅要挽回损失，他还想变被动为主动，趁此提升万里石在美国市场的品牌知名度。

中国之行令美国参观代表团对中国石材业的专业和规范感到十分吃惊，亲眼所见后，他们确信，美国的石材制造业落伍了，无论在管理层面，还是在技术上，都已经落后于中国。

美国参观代表团回去后，吸收了万里石成为北美石材协会的第一个亚洲会员，并在华尔街日报的亚洲版头条刊发了《中国石材来了》一文。这是迄今为止，《华尔街日报》报道过的中国单体企业中，规格最高的一次，文章称，万里石作为一家中国公司，从装备、理念等各个方面领先于美国同行十年以上。

此事让万里石在美国的知名度迅速打响,并由此奠定了在美国市场的品牌地位。

2003年,万里石在南非投资矿山并设立石材加工厂。这是万里石"走出去"的另一部分,是胡精沛"利用外国资源,在外国赚外国人的钱"的战略践行,也是石里石完善产业链向上游延伸的重要落子。

"该打要打,该谈要谈,只有不怕打才不会打。"在恰逢中美贸易争端的时代背景下回顾这段历史,胡精沛两眼放光,语气铿锵有力。现在的万里石,国际市场份额占了百分之五十以上,美国在万里石的国际市场份额中又占了百分之二十,常年保持着两位数增长。

8年上市之路
成就国内A股"中国石材第一股"

万里石的国际化是"打"出来的,上市则是坚持下来的。

早在2005年,万里石就安排了一轮战略投资者的引进,通过吸收合并方式,增资引入FINSTONE集团,由内资变成中外合资。

FINSTONE集团是一家主营石材原料贸易的跨国公司,旗下有五十家控股公司,另有作为第一大股东的五家参股公司,主要从事矿山开采、荒料及大板贸易。

万里石就属于FINSTONE集团为第一股东的参股公司,不过,FINSTONE集团没有控股。稀释自身股权,让万里石尽可能团结到更多的志同道合者,这是胡精沛和邹鹏创立企业之初就已达成的共识。任正非持有的华为股权仅为1.4%,这并不影响华为上下齐心成为民族企业的骄傲。

初创阶段的万里石,胡精沛持有45%的股权,邹鹏是40%。几经更迭,引入FINSTONE集团后,胡精沛变成第二大股东,持有上市前的31.48%股权,FINSTONE集团持股34%,邹鹏持股28.05%。

万里石吸收合并外资为第一大股东,在厦门是个先例,这意味着,万里石的吸收合并过程复杂而又艰难,仅从商务审批、海关监管、工商流程变更就遇到不少需要突破的障碍,好在厦门政府很开明,让万里石少了不少周折。

FINSTONE 集团是一家有国际影响力的荒料企业，它的国际化渠道优势让万里石在开拓国际市场时如虎添翼，在专业化道路上变得更加专业。

2006年，万里石拓展国内市场，增加工程业务布局。彼时的胡精沛已经能隐约感觉到来自国际贸易业务的寒意，2008年，美国金融危机全面爆发。由于战略调整较早，危机给万里石造成的冲击大大缓解，经此转向，万里石走出了一条新道，开始由原先的产品供应商，慢慢转变成一家石材解决方案的提供商。

2007年，万里石启动上市，不过，登陆国内A股一波三折。

在启动上市后的第三年，万里石引入上海祥禾资本、连捷（香港）资本等战略投资者，并于当年完成股改。一切都在有序推进，2012年，万里石IPO申请材料被证监会受理，至此，员工上下，都在全力拼搏并耐心地等候企业上会的那一刻。

然而，2012年11月，平地惊雷。由于A股的持续暴跌，并跌破了两千点，担心股市失血过多，证监会宣布IPO暂停，并接着对拟上市企业进行史上最为严厉的财务大核查。

就是在这波财务大核查中，一些原来踌躇满志的排队等待上会企业，主动撤回了申请材料。此时的万里石也压力山大，面对着A股IPO不知何时重启的疑虑，胡精沛感受到了创业以来前所未有的压力，IPO叫停的时间跨度越长，来自资本及相关各方的压力越大。

胡精沛则认为把重心放在公司的竞争力的磨砺与提升，只要产品和公司有竞争力，公司就能存活一百年，所以万里石此时提出"不求一百亿，但活一百年"，坚持做更好的自己比上市更重要。

2014年1月，中断了一年多的A股IPO终于重启，又是一年多时间的静候，2015年6月12日下行四点十八分，当证监会发审委宣布"万里石首次公开发行A股审核通过"的消息时，员工上下一片沸腾。

2015年12月23日，万里石在深交所中小板挂牌上市，成为国内A股的"中国石材第一股"。

胡精沛说，上市后的万里石秉承"全球化、全产业链"的发展战略，围绕"保持定力，走高质量发展之路"的总体目标，深耕"专业化、全球化、服务化"，既要活百年，也要求百亿。

万里石披露的2018半年报显示，报告期内，海外项目"设计供料安装一体化"整装石材服务获得市场认可，在东盟、北非地区的品牌效应迅速提升。未来，公司将乘此东风，继续紧跟国家"一带一路"战略，拓展新加坡、印尼、缅甸、菲律宾、柬埔寨以及哈萨克斯坦，以及希腊、克罗地亚等中亚和欧洲地区。

数据显示，2018年上半年，欧美日韩等传统市场因人民币汇率波动影响，市场形势良好。

一代一路万里石

其中，欧美市场实现销售收入8299.25万人民币，同比增长94.33%；日韩市场实现销售收入6941.35万元人民币，同比增长18.29%。"一带一路"市场稳步增长，万里石正在从国际化走向全球化。

鼎丰洪明显：
敢为人先
从打工仔到上市企业老总

文 / 王明雅、黄宝珍

  在日益趋严的金融监管环境之下，鼎丰集团作为海西第一家在香港上市的类金融集团，目前正以稳健有力的步伐引领着海西金融经济的发展。洪明显作为鼎丰集团的掌门人，低调、沉稳又奋进。
  初见只觉他是一个寡言的中年人；谈话至中，他语速逐渐加快，前卫果敢的性格清晰显现，骨子里实如二十岁的年轻人。大胆敢言，机智睿智，又兼具温和性情与赤诚心志，这位四十出头的传奇创始人未来还将谱写更多的传奇。

鼎丰十载
以诚为本

十月的厦门，虽逐渐褪去了夏天的酷热和沉闷，但厦门两岸金融中心核心区正掀起一股新经济新金融的浪潮，能够趁势而上摘取更多胜利果实的企业并不多，而鼎丰集团便是其一。

来到鼎丰集团的总部大厦——鼎丰财富中心，与我们一起站在顶楼上俯瞰万里海岸线的鼎丰集团董事长洪明显先生不急不缓地为我们介绍着鼎丰集团十年发展的心路历程。

鼎丰集团于2008年成立，2013年12月9日，鼎丰集团控股有限公司正式于香港联交所创业板挂牌上市，成为海西第一家在香港上市的类金融集团，并于2015年7月成功转主板上市。同年，凭借稳健、快速的业务增长，鼎丰集团就获选2015年福布斯"中国上市潜力企业100强"第11位。如今，鼎丰集团已从一家金融服务公司发展成为金融控股、文旅产业并存的多元化、规模化、综合化的集团公司。

从2008年创立到2013年上市，再到2018年，五年一阶段，鼎丰集团的发展可谓节节攀高。近几年，国家政策对于金融市场的监管日益趋严，今年上旬，银监会与央行共同出台24个政策保障金融行业的健康有序发展。所有的政策以及市场指向都表明，如今的金融行业需要的是"补短板"与"真创新"，否则将难以在政策下生存，亦难以在业内成长。鼎丰集团作为民营控股公司，近几年保持着稳健有力的发展节奏，很是难能可贵。

"无论公司如何发展，有两项原则始终没有改变，一是诚信经营，二是风险防控。"在经营过程中，作为鼎丰集团掌门人，洪明显特别重视诚信经营，常常告诫各部门人员，公司要做的事长远的生意，切不能因为一次的收益而损害客户的利益，否则失去的是公司的未来。而与诚信经营相辅的就是风险防控。在鼎丰集团快速发展的过程中，洪明显一再对员工强调："我们需要通过不断创新金融产品，提高服务水平，以此作为企业发展的推动力。但在创新及提升的过程中，决不能降低对风险防控的警惕。合作和服务过程中，什么都可以商量，唯独风险底线不能商量。做好风险防控要靠规章制度、流程管控及严格执行，这既是对股东负责，也是对银行负责，更是对客户和企业负责。"

经历十载成长，如今鼎丰集团已经成为了业内炙手可热的多元化类金融控股集团公司。

2018年上半年，鼎丰集团把握经济上行周期及相关利好政策带来的机遇，积极调整业务策略，整体营业额大幅上升182.7%，溢利跃升45.4%，在严峻的大环境下仍然取得了健康成长。

对于一个民营企业来说，历经十载风雨，仍在不断地走上坡路，实属不易，对此成就，作为董事长的洪明显并没有过多的情感表达，而是与我们分享道"做人最重要的是诚信，而做事最重要的是敢为"，闽南人的"商道"蕴含着质朴归真的纯，与简单勇敢的野。而洪明显的"发家史"，正是一部书写闽商"敢为"精神的故事。

从服装业到金融的跨界开拓

洪明显是典型的福建人，骨子里富含着闽商"敢作敢为"的开拓精神。

1988年，14岁的洪明显有着叛逆执着的闯劲儿，不走寻常路的他抱着对新鲜世界的无限憧憬，一头扎进了当地一家服装厂工作。年少的他没有在父辈的庇佑下成长，而是选择走出去独闯天下。说起这段往事，洪明显温和的脸上有了几许凝重意味，"我无论做什么事，我父母都很支持"，回想起当初的艰涩辛苦经历，也曾令其父母担忧不已。他在服装厂打工，勤勤恳恳，从基层打工者到后来的采购人员，再升至公司管理层，这一踏踏实实就是十年。

2001年，小有积蓄的洪明显回到晋江，创办了属于自己的企业——龙之族（中国）有限公司，主要进行纺织面料及纺织化工材料的研发等。多年的服装从业经历让他意识到"研发"的力量，被业界赞许的龙之族水性涂层就是研发成功例证之一。"研发过程中遇到过技术升级、新品种开发等难题，特地到意大利、韩国等国外的工厂考察，从韩国引进新的设备。"当时仅27岁的洪明显身上已然具备常人没有的开创精神与敢为魄力。此后十年间，龙之族企业在激烈的品牌竞争中不断涌进，逐步织就了强大的服装产业链，创下了8亿至10亿的年产值，成为行业的领头羊。

如今已被外界冠以"成功人士"的洪明显，对于这些已取得的成就，依然轻摇头，不苟笑。而在谈到"鼎丰的发展"时，他却略带深思地说道"从很多方面来说，我还不算成功。鼎丰对我来说是从零开始的，鼎丰之后的很多业务也是重新开始的，天天都是新开始。"从龙之族到鼎丰，由服装业跨界金融业，大刀阔斧的改变，敢于自我清零的作为，大胆却极具雄心与眼光。

2008年，金融危机来袭，海西的中小企业遭受重创，洪明显在一位银行朋友的指点下，悟到了金融的市场缺口与未来发展的潜力，于是找来好朋友吴志忠、蔡华谈组成了海西版"中国合伙人"，先以一千多万收购了一个典当行，后投入一个多亿成立了鼎丰担保公司，这便是鼎丰集团的雏形。从服装业到金融业，一次归零的举动，却孕育了一个属于鼎丰的"黄金时代"。

求贤若渴
塑造多元化商业版图

2018年，鼎丰集团迎来了非常重要的第十个年头，鼎丰集团总部迁入了于2012年拍下并开始兴建的总部大厦——鼎丰财富中心。在我们感叹鼎丰集团在企业成长初期便有实力打造这座地标性的5A甲级写字楼时，洪明显向我们回忆起了初创鼎丰的艰辛。

鼎丰担保公司刚成立时，仅仅五个人，在五十平米左右的楼层里办公，但这些对于"吃惯苦头"的洪明显而言并不是难题，人才及业务的阻力才令这位在商界打拼二十年的"老江湖"感到前所未有的压力。毫无疑问，在那个年代，最棘手的问题是没有人才。"人才难觅，是鼎丰集团开始面临的最大问题。2008年，当年典当行业在人们的观念中，还不那么正规。"说到这里，洪明显坦然一笑，"其实大家把金融这一行想得太复杂了，只要程序合法合规，操作公平公正，是可以做好的。"但是如何才能改变民间借贷行业的灰色属性？如何才能引进高端的专业人才？当年的鼎丰创始人们费劲了心思才逐步打破这个行业的灰印象。

洪明显依然记得，当年为了邀请一些专业人才加入，他经常"三顾茅庐"，"这个行业是有门槛的，很多时候需要专业的人来做。"这个理念一直秉持了十年，求贤若渴也成为了鼎丰集团的一种常态。诚信，不仅仅是鼎丰集团对客户的承诺，也是鼎丰集团对人才的态度，以九鼎之诚对待人才，通过多渠道引进人才，为人才提供发挥平台的同时也提供晋升机会。"搬迁至鼎丰财富中心，就是为了迎接更多的鼎丰人才，只有鼎丰为他们提供生长的肥沃土壤，他们才能为鼎丰结出丰硕的果实"，洪明显说道。环视现代舒适的鼎丰总部办公环境，我们不难感受到鼎丰集团对于人才的渴求及诚意。

谈起鼎丰的发展历程，洪明显反复提及人才问题，如今，作为"金港股最具价值金融股

鼎丰财富中心

上市公司",鼎丰集团吸纳人才的能力已经非同一般。这不仅因为鼎丰集团优越的办公环境,更是源于鼎丰集团的无限发展潜力及不断开拓的业务,为人才发展提供无限可能。

初创至今,鼎丰集团已经服务了超过1000家企业,金融资本在鼎丰集团的运作下创造了更大的价值。"公司是目前少有的非国营类金融企业,之所以得到政府诸多青睐,是因为公司可以帮助中小企业解决实际的资金问题,帮市场盘活一些项目或企业,间接地服务社会",谈到鼎丰集团的"主心骨"——金融控股,洪明显肯定了鼎丰之前在此领域所取得的成绩。如今,鼎丰资产管理和融资租赁业务已成为双引擎驱动鼎丰金融服务的持续增长,同时,借力在2018年上半年获发的香港证监会1号(证券交易)、9号(资产管理)牌照,鼎丰集团正积极拓展境外证券交易及资产管理服务,进一步走向专业化和国际化。

随着不断地壮大和发展,鼎丰集团并不满足于类金融行业及业务的发展,对政策变化和经济动向一向有着敏锐嗅觉的洪明显,早早便意识到文旅产业的良好发展势头,做好了拓展多元化商业版图的准备。"文化、旅游两大产业的融合和发展是现在国家大力扶持的产业发展新模式，这个产业的综合性和带动性都极强，与我们之前在做的资产管理、融资租赁等业务都能够很好地发挥协同效应。我们希望能够充分利用起手头上现有的行业资源和网络，调整鼎丰的业务策略，通过发展文旅产业实现集团利益的可持续增长。"顺应时代环境和政策的变化，鼎丰集团依托强大的金融背景，积极将业务版图从金融控股延伸至文旅产业。2017年，鼎丰集团收购了鼎丰文旅集团，正式将文旅产业并入了鼎丰集团上市体系，大力发展以文化旅游、特色小镇为核心，涵盖健康养生、商业资产、住宅资产、酒店资产、物业管理领域等领域的文旅产业。如今已经完成或正在运作的有浙江丽水处州府城、浙江丽水凤凰古镇等多个项目。自完成对鼎丰文旅的收购以来，鼎丰集团的资产管理业务得到进一步拓展，该业务的收入较去年同期跃升578.7%，未来多个项目的运作将于数年持续产生显著的回报。这一显著的成绩，足见鼎丰集团业务调整策略卓见成效，也令我们再一次折服于闽商的"敢为"精神。

深耕十载
不忘初心

"鼎丰集团成立十年，能发展到现在，离不开社会各界人士的支持与帮助"，洪明显在谈到鼎丰艰涩与喜悦交织的十年，多次提到并感恩每一个阶段所受到的来自各界的帮助与关怀。企业成长壮大，不能忘本，只有坚定不移地践行企业社会责任，才能寻得企业与社会之间的和谐发展。多年来，鼎丰集团持续关注社会弱势群体的生存环境，扶贫济困，救助灾害。而其中，一向注重人才的洪明显最关注的社会问题莫过于贫困地区儿童教育资源的短缺。鼎丰集团近年先后在福建省政和县及江西省兴国县援建两所鼎丰希望小学，投入教学物资，组织公益活动，以感恩之心助力山区孩子的梦想起航。

深耕十年，如今仍是一个新的起点，鼎丰集团在洪明显的带领下，以敢为之心、求问鼎之势，不忘初心，必能在新经济新金融的浪潮中乘势而上，构建完善的综合性金融服务平台和多元化资产管理蓝图，为股东、员工和社会创造更大价值。

恒兴柯希平：

"厦门首富"的投资秘籍

文 / 谢嘉晟、吴翠珊

　　柯希平是多届福布斯富豪榜的"厦门首富"，因为投资 A+H 股上市的紫金矿业，一战成名。
　　柯希平以实业起家，投资却成了他的专长。他曾让省乡镇企业供销公司厦门分公司起死回生，在承包供销公司中赚到第一桶金后，便四处留意合适的投资机会，从紫金矿业、江头建材市场、安厦快速道、甲级写字楼厦门财富中心，以及国内 A 股上市公司京东方 A 和富奥股份等一系列投资中，获得了丰厚回报。
　　如今，以投资助力实体经济是柯希平新的抱负。

紫金矿业造富神话成就"福建首富"

因为是福布斯富豪榜的常客，柯希平对"厦门首富"这个称谓早已没了概念，设在厦门轮渡地标性建筑——财富中心顶楼，几可傲视全岛的办公室，足以说明一切。

这位频频问鼎"厦门首富"的安溪人，长期备受媒体关注。他现在的身份是多重的：恒兴集团董事长、现任厦门市工商联主席和福建省工商联副主席、政协第十三届全国委员会社会和法制委员会委员、全国工商联执委会常委。

不过，外界对柯希平的认识更多还停留在A+H股上市的紫金矿业。

紫金矿业起源于福建省龙岩市的上杭县，原本只是一个县级小金矿，2003年在香港H股上市后，遂成为国内最大的黄金公司；2008年，回归国内A股批量造富了超过一百七十位千万身家富豪，天下皆知。而今，尽管经历了A股的持续疲软，紫金矿业的市值依然超过千亿，是A股黄金板块的龙头股。

柯希平真正进入公众视野，就在紫金矿业回归国内A股时。在A股挂牌首日，A+H股，他共持有紫金矿业股票大约十亿股，以首日收盘价计，账面财富将近七十四亿。这笔巨额财富助力柯希平进入当年的福布斯富豪榜，并被列为"厦门首富"。

说来有趣，同样是这一年，柯希平的生意伙伴，另一个安溪人，即福州新华都集团的陈发树，成为福布斯富豪榜的"福建首富"。

投资紫金矿业完整经历首度披露

除了紫金矿业披露的信息外，柯希平很少向外界公开他投资紫金矿业的完整经历。

大背景是，1996年，福建省利用世界银行贷款投资建设了水口电站，中标的施工单位在工程竣工后，准备把工程设备卖掉。有一位中间商找到了柯希平和陈发树，向他们兜售了一个转手即可获取暴利的财富故事：这批设备的价值上亿，但他们只需以六千八百万的价格买下来，稍事整修后，他可以帮他们找到下家，一转手，至少会有两千万的利润。

中间商巧舌如簧，柯希平和陈发树当然也有自己的打算，他们认准，改革开放至此已将近二十年，各种建设热火朝天，这批工程设备即便砸在手里，也一定能找到用武之地。

然而，等柯希平和陈发树掏出真金白银把成批的工程设备买下来并进行整修后，中间商不见了踪影。期间，曾有外商愿意出四千万受让这批工程设备，算一下要倒贴三千万，由于早就想好了退路，柯希平和陈发树坚决不卖。

六千八百万，对当时的柯希平和陈发树来说，都足以令他们倾家荡产。

工程设备闲置，每天都会产生不菲的资金成本，把它们重新派上用场，显然才是最好的出路。这是柯希平和陈发树联手组建新华都工程有限公司的缘起，在新华都工程公司中，陈发树为董事长，柯希平任总经理。

1992年，科班出身，后来成为紫金矿业董事长的陈景河，作为特殊人才被引进上杭县开发紫金矿山。

万事开头难，紫金山是贫矿，并且开采难度大，到新华都工程公司成立时，流动资金严重不足。新华都工程公司设备闲着也是闲着，尽管工程款可能被拖欠，双方合作还是一拍即合。

新华都工程公司在这段时间还接手了浙江水电站，浙江水电站资金较为宽裕，这避免了新华都工程公司两头被欠的窘境。

今天，柯希平并不否认，投资紫金矿业带有一定的运气成分，当初如果那批工程机械找到了下家，卖掉也就卖掉了，可能就没有了后来深入接触紫金矿业，并决心参与股权投资的机会。而通过承接工程，柯希平和陈发树得以深入了解了紫金矿业。

2000年，上杭县委县政府鼓励干部积极认购，支持紫金矿业发展，但收效甚微。

应该说，紫金矿业的批量造富传奇，才真正唤醒了国内的股权投资意识，紫金矿业改制时，多数人对股权投资的认识仅限于一张收款凭据，当时没几个人有足够的勇气拿出真金白银换回那张凭据。

彼时的柯希平和陈发树对股权投资同样一知半解，但他们看出了不一样的投资价值。

一方面，当时紫金矿业的黄金出厂价大概是每克六十元，市场价也就卖到六十九元，金价并不贵，黄金属于硬通货，未来应该还有比较大的升值空间，从长远来看，黄金涨价，未来必定会在紫金的分红上表现出来；另一方面，随着1996年启动汇率改革，美元兑人民币汇率上蹿下跳，一会儿升值一会儿贬值，而投资黄金相对稳定。

2001年，紫金矿业启动改制时，除新华都工程公司被拖欠的工程款被折成股份外，柯希平又筹集了七百一十四万现金入股紫金矿业，认购均价在一点五元左右。

让柯希平始料未及，时隔十年，两次折合投资一千多万，居然变成了七十多亿财富，成为投资生涯的一次神来之笔，也成为中国资本市场啧啧称奇的造富神话。

在早期的物物交换中发现利润点

紫金矿业让柯希平一战成名，也从此开启了接二连三的投资步伐。不过，柯希平的第一桶金并非在紫金矿业里赚到的，今天回头去看，柯希平的财富神话靠的绝非运气。

柯希平出生于泉州市安溪县蓬莱镇的一个农民家庭，蓬莱属于山区中的平原地带，农业是家庭的主要收入。那个年代，自家种菜，然后把吃不完的菜拿到镇上的集市去卖，几乎是家家户户的生存模式。青年时代的柯希平就表现出异于常人的经商天赋，他留意到，平原地带适合种包菜，山区则更适合种地瓜、花生等，自家吃不完的，都会拿到集市上去交易，换成现金，然后再买回彼此富余的东西。

这样的买卖，无形中就增加了一道中间流通环节。发现其中的秘密后，柯希平勤快，把自家吃不完的包菜挑到山里，直接跟山里人家换地瓜、花生、大米什么的，以物易物。

彼此都是自家种的，不太计较，原本一挑包菜，到集市先卖后买，只能换回一袋大米，跟山里人家以物易物，没有了中间流通环节，再加上大家都不太计较，一挑包菜可以换回两袋大米，多出来的一袋大米拿到集市上去卖，就变成了利润。

青年时代的柯希平身强体壮务实肯干，一天能换两趟，大大改善了家里的生活条件。

默默种下到厦门发展的决心

从湖北省经济管理干部学院毕业参加工作时，柯希平被分配到安溪木偶戏团，负责灯光和音响。这个阶段，柯希平内心里的不安分因素逐渐显露。

改革开放之初,国家鼓励企事业单位搞副业,柯希平自动请缨,跟团长提出承包一个部门,不拿工资,自负盈亏。他的本意,这样一来,不需要整天跟着剧团到乡下演出,可以有更多的时间留在城里做点小生意。

承包期间,跨区采购舞台设备的机会,柯希平初识厦门特区。面对特区如火如荼的建设场面,找机会到厦门发展便在柯希平的内心里,默默地播下了种子。

二十九岁那年,柯希平终于逮住了一个机会。福建省乡镇企业供销公司厦门分公司要对外承包,在上一任承包者手里,这家公司并没有出现好转,承包者正准备歇手不干。

柯希平有当过一段时间的钢铁厂厂长,他觉得省供销公司的业务跟他曾经的经历可以很好的融合。

确实如此。1989 年,柯希平承包了省供销公司厦门分公司后,依托早期在钢铁领域沉淀的资源优势,厦门分公司很快起死回生。值得一提的是,就是在承包省供销公司厦门分公司期间,后来的事业搭档陈发树从安溪祥华来到厦门,创办了华都百货,两人从此有了交集。

倒贴数十万却令分公司起死回生

坚守诚信是柯希平让省供销公司厦门分公司起死回生的关键。

1993 年初,省供销公司厦门分公司与省五建公司签订了两千吨的钢材供货合同。在供不应求的市场经济初级阶段,钢材价格极不稳定,经常一日数变,年底交货期到时,每吨钢材的价格已经上涨了几百块,柯希平仔细一算,如果继续履约,这一笔生意不赚反赔,要倒贴数十万。明摆着会赔钱,公司员工鼓动柯希平"这笔生意不做算了",但让员工颇为意外,柯希平坚持要按合同履约。

结果证明了柯希平的此次决断相当有远见,省五建因为柯希平的守信,愿意把更多的供货合同给到他,柯希平这单供货合同中出现的亏损,在日后更多的供货合同中慢慢赚了回来。

就像青年时代发现了平原与山区以物易物的商机一样,柯希平还发现了从台湾进口钢材到大陆销售的利润空间。钢材当时在大陆属于紧俏物资,在台湾却并没有那么强烈的需求,借助省供销公司的进出口权,从台湾进口到大陆的钢材,每吨有五六百元的利润空间。

承包省供销公司厦门分公司的魄力,柯希平由此奠定了此后对外一系列投资的财务基础。

江头建材城
最早收获回报的投资项目

承包省供销公司厦门分公司斩获第一桶金后，柯希平就一直留意合适的投资机会，在紫金矿业之前，一些其他项目的投资已经先于紫金矿业股权见到回报。

1994年，承包省供销公司厦门分公司期间，柯希平创立了恒兴建筑装修材料公司，这是现在恒兴集团的前身。

从钢铁贸易中，柯希平看到了建材市场的更大需求，特区建设，不只需要钢铁水泥，还需要其他建筑装修材料，这里面蕴含着巨大的贸易商机。

柯希平的经营范围由钢铁延伸到了各种建筑装修材料。由于切入建材领域的时间较早，在市场还没反应过来之前，恒兴建材就已经取得了不少建筑装修材料的区域代理经销权。

贸易品种的扩大，柯希平的财富雪球进一步滚动。投建江头建材城，是柯希平最早收获回报的一个投资项目。

从建筑装修材料贸易中，柯希平又一次看到，厦门没有专业的建材市场，很多消费者不得不跑到上海、广东等地采购，道阻且长，成本高昂。

2001年，在柯希平的推动下，恒兴建筑装修材料公司在仙岳路江头段一侧，主导投资兴建了厦门江头建材市场。

这是厦门最早的专业建材市场，它的建成对日后大江头建材市场的形成，乃至厦门其他区域更多专业建材市场的辐射带动，都起到了样板的作用。

江头建材市场投入使用后，首先在江头片区引发鲶鱼效应，紧随其后，陆续出现了新景、国联和阿里山等多个专业建材城，原本定位突出台商特色的台湾街，变成了"厦门建材一条街"。

投资江头建材市场后，恒兴的产业链由之前的中间批发环节，延伸到了终端零售。柯希平全力出击建材装修产业链的那个当口，正好赶上了中国房地产高歌猛进的黄金二十年。

以 PPP 模式大胆投资建设安厦快速道

安厦快速道是柯希平的另一投资手笔。

外界或许并不知道，现在厦沙高速从厦门到安溪段，最早只是规划为安厦快速道，而安厦快速道的投资商正是柯希平。

柯希平投资安厦快速道带有一定的家乡情怀。

早期，安溪通往厦门，只有一条必须坐上四个多小时车程的盘山公路，1995年，原国务院总理李鹏题词的龙门隧道通车后，安溪往来厦门，才有了较为平坦的204省道。尽管较之最早的盘山公路，安厦之间的交通条件已经大为改善，但与高速路相比，这条省道在耗费时间上还是不尽如人意。

于是，安溪县官方就有了筹资修建一条从安溪通往厦门快速道的提议。这一提议得到了时任厦门市领导的支持，于厦门而言，厦门是一个港口城市，安厦快速道正好可以打开一个大后方，增强厦门经济特区的辐射力，通过安厦快速道这条物流通道，把安溪、永春、德化和南安串联起来。

然而，安厦快速道当时还不在福建高速路网规划之内，纯粹依靠地方财政投入，安溪拿不出那么多资金，于是，采用现在时兴的PPP方式，借助社会力量引入民间资本。

项目披露后，很多民企热血沸腾，有二十八家报了名。但让安溪县官方大失所望，进入公开招标环节，报名的民企悉数放弃。这让安溪县相当尴尬，最后，他们找到了已成功投资紫金矿业的柯希平。

安溪县政府规划之初想到开头并没想到结尾，安厦快速路后来并入了福建高速路网，柯希平的前期投入又变成了一笔成功的投资。2012年，厦安高速通车，从安溪到厦门的车程，由之前走省道需要近两个小时，缩到了四十五分钟。

抄底拿下地标性建筑厦门财富中心

投资厦门财富中心则是柯希平的一次抄底杰作。

现在的厦门财富中心是轮渡码头的一幢地标性建筑,历史上,财富中心所在地块曾是一处烂尾楼,柯希平接手的时机选在美国金融危机全面爆发的2008年。

国内外经济形势都不好,全球资产价格一定处于较低水平,这是柯希平抄底财富中心时的判断。彼时手握大量现金的他,正在四处寻找理想的猎物。

财富中心的原外资东家转让这个项目时,出价其实不低,是原来买入价的两倍以上。一听说如此高的价格,恒兴集团内部就先炸开了锅,多数人表示反对,理由是,这么高的价格,未来不会有多少利润空间。

柯希平慧眼独具,却看中了财富中心稀缺的资源性。他坚定地认为,财富中心的地理位置不可复制,这种不可复制的地理位置,必然促进物业的保值增值。于是,他力排众议,果断放弃了之前参股的观音山甲级写字楼海峡明珠项目,集中资源打造财富中心。

厦门财富中心

2011年，一百九十二米高的厦门财富中心建成投入使用，成为当年福建第一高楼。而今，这幢写字楼的出租率常保持在百分之九十以上，是厦门甲级写字楼里不多见的，税收贡献过亿的"亿元楼"。

国家四万亿投资拉动经济，拉高了国内房价，也拉高了财富中心的账面价值，但也让柯希平产生了遗憾，他还来不及抄到更多的优质资产，四万亿已经导致了资产价格的快速回升，此后至今，这种绝佳的抄底机会一去不再。

京东方A、富奥、瑞松机器人投资脚步停不下来

柯希平在紫金矿业股权投资中一战成名，在成名后又接连成功投资了数宗股权。柯希平的投资手法很容易让人联想到他的生意搭档陈发树。

继成功投资紫金矿业之后，陈发树又出手投资了国内A股的云南白药和青岛啤酒股权，柯希平的手法如出一辙，选择投资的新一轮标的同样是A股上市公司。

2009年，陈发树以二点三五亿美元受让青岛啤酒百分之七点零一的股份后，柯希平也斥资十六点八亿元人民币买入七亿股京东方A增发的股票。这一投资手笔一度惊艳国内资本市场，在增发股上市交易首日，柯希平账面浮盈超过二十八亿。

随着成功借壳，ST盛润早已更名为富奥股份，并且总股本由借壳之初的二点八八亿股，骤增至现在的十八点一一亿股，现在的股价虽然与借壳之初基本持平，但总股本已经翻了不只六倍，这意味着，柯希平借道天亿投资曲线入股的富奥股份股权，现在账面浮盈已经超过二十五亿。

从投资紫金矿业，到投资京东方A和富奥股份，柯希平均当配角，进入2014年，柯希平当了一回主角。

这一年，柯希平绝对控股并出任董事长的恒兴黄金在港交所挂牌上市，这是"恒兴系"的核心资产，它延续了昔日造就财富神话的紫金矿业主营，主营黄金的开采、生产和勘探，与紫金矿业似乎正面竞争，但又有所分叉，紫金矿业的一家嫡系企业成为恒兴黄金的基石投资者。

恒兴黄金在国内赴港上市的企业中表现抢眼，与上市之初相比，恒兴黄金的市值已经翻了将近一倍，现在的市值维持在五十八亿上下，峰值一度超过八十亿。

而这种成长趋势还在延续。根据恒兴黄金年报，2016年净利润增加百分之二百八十，2017年净利润增幅超过百分之十八，2018年上半年，在中美贸易争端步步升级的大背景下，恒兴黄金净利增幅放缓，但仍保持着一定的成长速度。

柯希平新一轮的投资手笔，广州瑞松智能科技股份有限公司堪称代表作。瑞松科技是一家涵盖机器人、智能技术、高端装备制造的研发、制造、应用和销售，为客户提供一整套柔性化、智能化系统整体技术解决方案的高新技术企业。

有个合作颇受关注。2007年，瑞松科技与日本北斗株式会社合资成立广州瑞松北斗汽车装备有限公司，这是国内最具规模的汽车智能装备技术研发制造商。

在"中国制造2025"的国家战略下，柯希平的这一投资手笔无疑颇具远见。

柯希平的投资，收获是主旋律，当然，和所有投资人一样，他也有失手的时候，比如停牌已达八年之久的香港上市公司天然乳品。

按照操盘者的初衷，天然乳品要在香港实现"蛇吞象"式的借壳上市，当时的天然乳品市值大概十一亿港元，装入的资产却为价值八十亿港元的新西兰最大私人牧场Crafar农场，从而在国内打造中国进口乳品第一品牌。

但因涉嫌违规，天然乳品遭到停牌至今，2016年，柯希平主动清盘了当时为投资天然乳品而在开曼群岛注册成立的运营主体。

没有改革开放就没有民营企业（家）

"没有改革开放，就没有民营企业，更没有什么民营企业家，也没有什么财富。"触及改革开放话题，柯希平谈锋大健。

在柯希平看来，一位优秀的企业家必须具备睿智、韧性、诚信、信念和责任五大特质。

企业家首先必须是聪明的，有对宏观的洞察和对微观的认知能力，以及对机会的把握和对未来的先觉能力。

"人到绝境，必有转机。"这是王阳明悟出来的人生哲学。

以柯希平的感悟，不管是经商还是人生，其实从来都没有一帆风顺，大多会经历低谷甚至是绝境，黎明往往会在最后一刻出现。

风雨过后，会有两种人生态度，一种人抬头看天，看到的会是雨后彩虹和蓝天白云；一种人则低头看地，看到的净是淤泥积水没有希望，只有那些不屈不挠的人才能坚持到最后。

诚信是传统中华商业文明的精髓所在，在柯希平的处世哲学中，也是做人的基本素质，"'仁、义、法、智、信'是中国商人的为商之道，但改革开放以来，有些商人为了利益不择手段，破坏了商人形象"，为此，利用担任厦门市工商联主席与全国政协委员的身份，柯希平呼吁重启"商人节"，倡导"大商言信，大益为公"。

人光有理想还不够，还要有坚定的信念。新时代优秀企业家应该要有对国家、对中国特色社会主义道路，以及对企业发展和对自己未来的坚定信念，树立信心，坚定理想，勇往直前。

热心公益
捐款累计超四亿

作为一名企业家，还必须有责任担当。

柯希平小时候就读于安溪县进来学校，那是一所由爱国华侨柯进来于20世纪30年代回乡捐建的学校，这位与陈嘉庚先生同时代的企业家，即使在企业经营困难的时候，依然优先保证进来学校的教育经费。

柯进来的故事自小就深深感染了柯希平，事业有成后，他顺着柯进来昔日的公益足迹，重建了进来学校，而今，这所学校的硬件水平在全省首屈一指。

他还投入超过两亿，在安溪县城创办了非营利的恒兴中学，十多年来，每年资助一百名贫困生免费上学，并向数百位贫困大学生提供资助和奖励。他还向厦门大学、福建农林大学安溪茶学院、安溪八中、龙岩上杭一中等捐资近亿。

至今，柯希平在教育及公益事业的捐款累计已经超过四亿。近年来，厦门教育资源持续紧张，继安溪恒兴中学之后，柯希平还计划在厦门再投建一所私立学校。

"人死留名，虎死留皮。人活世上，得为社会留点什么。"柯希平说。

宏发电声郭满金：
不断进取，永不满足的"厂长"

文/杨青、严曼青

郭满金说过意味深长的一段话："一直以来，我不大愿意把时间花在回忆已经做过的事情上，所以宏发深入人心的是'不断进取，永不满足'的原则，把目光永远盯在正前方。现在我们想总结好走过的道路，是因为要为百年宏发做个梳理，从或然到必然，从感性到理性，认识和掌握企业发展的客观规律，能够在历史和现实的框架中构建宏发的未来。"

被"绑架"的新厂长

30多年前，宏发初创时仅有简陋的厂房和设备，员工只有数十人，2017年，厦门宏发电声股份有限公司已经发展成为总资产73亿元、员工1万余人，年营业额84.8亿元的大型企业集团，成为世界最大的继电器制造供应商。

董事长兼总裁郭满金是宏发真正的创始人，尽管他是宏发成立后第三年才到任的总经理。但临危受命，力挽狂澜，把企业从困境中带出来的是郭满金；目标远大，定位准确，把宏发带上成功之路的是郭满金；有先见之明，领导力超群，办出了国际一流名牌企业的是郭满金。

宏发初创时注册资本360万元人民币，其中厂房装修花了近80万元；为安置从江西过来的员工购买宿舍楼花了约80万元；启动生产需要购买设备投入80万元。剩下的100多万元，维持到1987年，就只剩下8000元了。这就是郭满金接手宏发时账上的全部流动资金。

1986年夏天，在宏发公司第三次董事会上，相关负责人说道："鉴于公司还在创建期，我们把300万元花了很大一部分添置厂房设备，而这些设备发挥效益有个过程，预计有亏损。"

"公司度过了边筹备、边创建、边生产的1985年，却戴上了一顶亏损的帽子进入1986年，必然在我们思想上产生极为沉重的压力。1986年怎么办？我们只好加倍努力地干。"

到了1986年年底，宏发的情况没有任何好转，反而愈加严重了。大股东4380厂，也就是江西红声器材厂决心再次换帅，这回他们选择了郭满金。

郭满金当时是4380厂的销售科长，毕业于原四机部杭州无线电工业管理学校，现杭州电子科技大学，1968年9月分配至江西4380厂。他从电镀车间的工人做起，1981年调到计划科，两年后提为副科长，接着调任销售科科长。

郭满金的出现，改变了宏发的命运，而他的人生轨迹也从此与宏发融为一体。

1948年出生的郭满金，是在浙江诸暨的一个农民家庭里度过童年及青少年时期的。家里兄弟姐妹9个，但因生活穷窘，只活下来4个，他是最小的。童年的记忆虽无笙歌焰火，倒也不乏阳光灿烂，使郭满金性格十分积极，率真而机敏。他勤勉肯干、吃苦耐劳，既是贫困生活磨砺出的正面印记，也是使人终身受益的可贵品格。

因为家境不好，读完初中后，成绩优异的郭满金没有继续读高中，而是报考了一所专攻无线电工业的中等专业院校，专业为计划统计。1964年进校，两年后开始"文革"，学校就不招生了。郭满金很幸运，如果去读高中，毕业后便无大学可读，只能回乡务农。

到江西吉安4380厂工作是从电镀车间开始的，工作15年后郭满金调任厂里销售科科长，这在老军工厂里，还是当时最年轻的中层干部。

此时中国的改革开放已经从农村的包产到户逐渐扩展至工厂，就连军工企业也开始减少计划内指标，生产民品到市场促销，以维持企业正常运转。于是，销售科的活儿越来越不好干，也越来越重要。郭满金走马上任销售科科长，把自身的优势和劣势细细捋了一遍，这应该是他平生第一次认真地评析自己。虽然年少离家，但郭满金身上带着诸暨人天生的商业意识和经商头脑，给了他做销售工作的天分。他勤于思索，善于思考，组织能力强，能够运筹帷幄，决胜千里。因此，只要扬长避短，他是可以胜任销售科科长的。

上任之初，他向厂长提出两个条件：一是要请客吃饭权，客户来订货，辗转进山，人地两生，请吃顿饭也是人之常情，既能增进感情，又能促成订货；二是要调形象气质较好的同志到销售科，不为别的，就是开展工作管用。郭满金在4380厂的销售科科长任上干了3年，开拓了市场，赢得了客户，正在风生水起之时，生命中的另一扇窗户打开了。

那是1987年年初的一天，厂里开会，散会时张绍栋厂长把他叫住："小郭，到我办公室来一下。"接着就有了一段对话———

"去厦门宏发工作怎么样？"

"不去。"

"为什么？"

"我既不懂技术，也没有管理过一个企业的经验，所以不去……"

"你不用急于决定，回去考虑考虑再答复我。"

厂长知道郭满金是个喜欢深思熟虑的人，给了他一周的时间再想想。

一周过去了，厂长如约找到郭满金，问他考虑得如何，郭满金还是拒绝了。那确实是一副太难挑的担子，郭满金想来想去还是不能去挑。

时间又过了一个月，1987年2月初的一天，4380厂张厂长叫住了郭满金，说是"去看看厦门宏发"。他没有多想，不就是去看看嘛，也就上车了。一路从吉安到厦门，路上走了十几个小时，道路曲折颠簸，一直到天黑透了，伸手不见五指，才赶到厦门。

第二天，郭满金以4380厂销售科科长的身份列席宏发的董事会，没想到，会议的结果却是兼任宏发总经理的4380厂厂长张绍栋辞去宏发的职务，董事会聘请郭满金为总经理。

这年郭满金39岁。从此，他的人生轨迹与宏发交织在一起。

赶鸭子上架

1987年3月，被张绍栋意外"摁"在宏发当总经理的郭满金正式上任了，以至于多年以后，他仍然认为自己是被赶着鸭子上架的。

上班第一天，郭满金先把财务科科长叫到了自己面前。

"咱们账上还有多少现金？"郭满金问

"8000元。"财务科科长说。那年宏发员工118名，一个月需发工资13000元。

"几号发工资？"

"13号。"那天是3月8日，还有5天。"13号之前，还有进账吗？""没有。""那怎么办？""……"财务科科长语塞了。

几天时间怎么筹钱？没钱发工资，人心就散了。没有流动资金，企业就转不动了。财务科科长领着郭满金来到了中国银行湖里分行。分行行长接待了他们，但习惯了晴天送伞、雨天收伞的银行，始终没有同意借钱给一家发不出工资的企业，连5000元也不贷。

银行不行，再去找其他的路子。厦门有一家贵州军工企业办的内联厂，也同是电子口的兄弟企业，过去与4380厂有过配套合作。郭满金与他们还算熟，又有老厂的面子，人家终于借给宏发5000元钱，算是雪中送炭，把当月的工资发了。

吃了上顿，就得想下顿。

郭满金用宏发的房产做贷款抵押，筹集了流动资金。

然而，订单又在哪里？郭满金发挥了原来在4380厂做销售科科长的优势。他找到4380厂的同事、领导，软磨硬泡要来了一份每月5万副耳机的自销权，而此前只是代工收取加工费，这让宏发先有点儿垫底缓神的东西，暂解了燃眉之急。

与此同时，郭满金着手梳理内部员工的各种矛盾问题。他停用了前任领导留下的皇冠车，骑自行车出行，把随着他一起搬来厦门的全家人安置在简陋的厂房楼梯间里。

郭满金的一举一动，宏发的员工们都看在了眼里，他们觉得这个领导像个干事的。于是，当郭满金为稳定人心而挨家挨户地找员工谈话，反反复复做思想工作时，大家开始听进他的话，愿意和他交流。一个月的时间很快过去，事情有了转机，宏发开始盈亏平衡了。

所谓百废待兴。现在已经想象不出郭满金当时是怎么过来的了。"大约有两年半的时间，我基本就是每天夜里2点以前没有睡过觉，谈话，挨个谈，反复谈。常常是按下葫芦起了瓢，有时是我去找人谈，有时是人家找我聊。别看就百十来号人，却是剪不断、理还乱。解决的是矛盾，做的却是思想工作。"

其实那时候最难的还不是这些。对于一个风雨飘摇的企业来说，如何决策才是最难的，因为那是生死一线的选择。

做耳机还是继电器

人无远虑，必有近忧。当三拳两脚把风雨飘摇的宏发稳定下来后，郭满金便陷入了对企业未来更长远的生计与成长的思索中。宏发以后干什么？郭满金无数次地问自己。毫无经验的他，在一个个不眠之夜，思考着、纠结着、徘徊着，手中的香烟升腾起一个个的烟圈，仿佛是这一重重的问题与矛盾，缠绕着，飘摇着，久久没有散去。

这时，郭满金已经弄清了宏发开门的两件事：每个月必须给工人发工资总共1万多元；每个月企业的盈亏平衡点是实现生产销售12万元。这些都与钱有关，可持续稳定的资金从哪里来？总不能借钱发工资吧。销售固然是做企业的重要环节，但是宏发要想发展，不被困难牵着鼻子走，必须要有战略定位，明确主打产品是什么，市场突破口在哪里？

郭满金心里酝酿着这件大事，可他拿在手里的牌并不多，而且能够打出去的好牌就更不多了。做别的产品，宏发没有实力，也没有经验，只能做自己熟悉的领域，那些做过的和能做的产品。选项只有两个：继电器或者耳机。

郭满金一支一支地抽着烟，烟雾缭绕在他整个办公室。没有别的办法，继电器和耳机同样都是目前宏发能做的，但是要想做好，宏发必须选择其一，集中资源配置，全力发展。

立体声耳机在那个年代是走俏的产品。那时录音机很流行，年轻人愿意提在手里往人多处溜达，唱歌跳舞听流行音乐，电视里有个"燕舞、燕舞"的广告深入人心。而初到宏发时，为了救急，郭满金已经从4380厂要来了加工5万副耳机的单子。背靠着大股东，面向国内市场，应该不会差到哪里去。但郭满金的思考并不止于此。他认为，这将意味着宏发永远要跟着母厂，大树下面连草都长不好何况长树呢。宏发跟着母厂做耳机，饿不死，但也长不大，若想长大，势必与母厂发生利益冲突。

继电器就不一样了。继电器比起耳机，有一定的技术含量，有更广阔的发展空间。一方面从低端产品到高端产品，继电器具有很好的技术纵深，可以一步步向上攀升；另一方面作为电子元件，与各种主机配套，应用范围很广，有较宽的市场广度。还有个背景，因为继电器生产工艺特别烦琐，单价又不高，4380厂当时不看好这个产品，越做越少，准备放弃这个产品，把有限的几位专业技术人员全派到厦门宏发来了。所以，如果宏发接手继电器研制，将其发展起来，倒不失为一个好的选择。

然而，独立发展继电器谈何容易。当时国内已有继电器制造企业30多家，年产能约为4000万只，基本满足了国内市场的需求，且竞争十分激烈。

宏发作为新手难以在短期内获得国内市场的一席之地，那么国际市场呢？想到此，确实需要有些勇气了。国际市场固然更加广阔，但对于一个中国的新手企业来说，确实有一百条败回来的理由。

而对郭满金来说不仅仅需要勇气，还需要胆略。他在冷静地寻找着宏发的比较优势：成本低，包袱轻，有点能力，背靠母厂，政策鼓励，特区环境开放等。况且，一旦闯进了国际市场，企业水平相应提高一大块，再回来参与国内市场竞争，也能高举高打，宏发的路能越走越宽敞。想到了这些，郭满金拿定了主意：即使手上是一副坏牌，他也要打赢。

1987年6月，全体职工大会召开。会上郭满金宣布了对于宏发长远发展至关重要的两个决定：一是确定以继电器作为宏发的主营产品，即产品定位；二是要将宏发办成以出口为主的外向型企业，即市场定位。

话音甫落，台下哗然。大家原来满心指望郭满金会趁着从老厂拿加工耳机订单的东风，发挥他曾任销售科长的特长，把宏发往制造电声产品的方向上引，没曾想郭满金却选择了一条明摆着的荆棘路，不但去做连实力强得多的老厂都不愿做的继电器，还要往国际市场上打。

郭满金一遍一遍地给大家做工作，他讲的道理，没有什么虚的、深奥的东西，深入浅出，在情在理。慢慢地，大家把他的话听了进去，也顺着他的思路去试着理解和讨论。

然而，这个决策正确与否，则需要很长的时间来检验。这期间，作为决策者将要一直承受着巨大的压力。郭满金第一次战略选择的正确性，被宏发后来的实践一再地证明了。

AZ 公司的补偿贸易

1992 年的宏发，可以说才从亏损中走出来，刚刚站稳了脚跟。

AZ8 是自动化继电器生产线，在国内独一无二，AZ2100 是半自动生产线，在国内也属于先进设备。要购置这两条生产线，在当时可算是价值不菲。宏发如果与 AZ 合作，购买这两条生产线的经费从何而来？

如果局限于这种思维去经营企业，那就不会有今天的宏发。1993 年，郭满金在与 AZ 公司的谈判中，以诚意和技巧达成合作协议，通过补偿贸易的方式引进他们的设备。就是先将 AZ 的生产线引来宏发，由双方共同安装后生产 AZ 设计的继电器产品，再把产品返销给 AZ 公司。这些产品售后利润的大部分，用来归还 AZ 公司生产线设备款。这也就是国际上称之为补偿贸易的合作方式。

为什么宏发在资金困难的情况下，一定要想办法引进国外先进设备？这就是当时郭满金提出的"没有钱也要搞技改"的思路使然。已经进入温饱阶段的宏发，在郭满金看来，其生产设备、工艺、管理以及理念，都还与世界先进水平存在较大差距。通过引进 AZ 公司的设备和管理，来提升公司的硬件和软件档次，也是缩小差距的一种有效方法。而补偿贸易的方式，基本相当于设备改造的零首付，非常适合宏发当时的实际情况，自然也就被郭满金所采用。

宏发与 AZ 之间的具体协议是，按照每只继电器的抵扣价格与 AZ 结算设备款项，宏发的产量越高，抵扣越多，还款速度越快。

在这种情况下，宏发拿出了令 AZ 公司侧目的"中国速度"和"中国干劲"。1993 年 8 月，AZ2100 生产线先行运抵厦门，由于其以手工线为主，安装调试相对简单，一个月后即安装投产。AZ8 于当年 10 月运达，由于此前宏发根本没有自动化生产线，也从来没有接触过自动化生产设备，直到年底才基本调试完毕，基本上维持在月产 30 万只左右。

短短几个月的时间，AZ 公司两条生产线就在宏发人的手里被玩转了，超过了当初的协议月产量 25 万只。到 1994 年底，AZ2100 和 AZ8 月产量进一步增长，原计划两年时间还清两条生产线 50 多万美元的款项，宏发仅用了一年七个月就全部偿清了。

宏发的补偿贸易却非常成功，堪称经典案例。多年后宏发内部有评价说，"AZ 的这些产品给宏发带来比较高的利润"，而与 AZ 的合作也被列为宏发对外五大合作之一。

从 UL 开始的一系列认证

宏发从 1987 年开始实施外向型发展战略，如果说从此他们站在了通往世界的大门口的话，那么从 UL 开始的一系列认证，就为他们找到了打开那扇大门的钥匙。

1987 年，刚刚与宏发签订协议，一心要把中国产品销往美国的 SINO 公司告诉郭满金，产品要进入美国市场，必须进行 UL 认证，并要向美国认证机构交纳 3 万美元。宏发人听了之后一脸的茫然，何为 UL 认证？又上哪里去找 3 万美元？

经过一番探究，宏发才知道，出口境外和国内销售不同。很多国家都会对销往本国的产品制定相关规定，只有符合相关标准或者通过相关认证的产品才能进入该国市场。美国是世界电子产品最大的生产国和进口国，对电子产品的安全要求很严格，没有安全标志的产品无法打入其市场，即使一时侥幸进入，也无法真正占有一定市场。

UL 是国际权威的从事安全检验和鉴定的机构，在美国印有 UL 标志的产品可以畅通无阻地销售，其售价也要高出没有标志的产品三分之一左右，而且能够进入加拿大、日本等许多国家。因此，拿到 UL 安全认证是宏发定位国际市场后的第一步，要进入美国和北美市场，必须通过世界上权威性机构的安全认证。

认证的问题搞清楚了，但当时的宏发发放职工工资尚需借款，哪里能有这笔钱？那真是一分钱难倒英雄汉，何况还是这样的"巨款"。

这个时候，三位境外友人伸出了无私的援助之手。SINO 公司垫付了这笔钱，帮助宏发顺利通过了认证。郭满金至今感念这一恩情，他用 30 年的"涌泉"来回报这一"滴水之恩"。后来成立宏美公司时，他将三位友人纳入股东范围，为他们提供数年的红利，并在其后的数年时间里保持与他们的友谊，"我们一直把这三位长者视为宏发的恩人。"

1987 年 11 月，宏发生产的 JQX-13F 继电器获得了 UL 认证，成为国内同行中第一例以中国厂家自己的商标及型号取得的 UL 认证，宏发也由此获得了一张通往美国市场的通行证。更让他们惊喜的是，UL 认证的那个小"黄卡"还能帮助他们在国内市场通行无阻。在认证的过程中尝到了"甜头"的宏发，此后不断通过各种国际及国内认证。

1989 年 6 月，JQX-15F 获得 UL 认证；1990 年 5 月，690 型继电器获得 UL 认证；同年还有 JQX-14FF、JQX-13F-4Z、8400、9400 四种继电器及四种专用插座取得 UL 认证；是年

6月，JQX-15F和690继电器在加拿大获CSA认证。到1992年底，宏发已有90%的产品获得UL认证。宏发成为国内行业获得安全认证品种最多的厂家。

从1992年下半年开始，宏发开始另一个被广泛采用的国际标准ISO9000系列的认证。到1995年通过认证，三年的时间内，公司上下再次受到了一次洗礼。当时，广州赛宝质量体系认证中心对宏发的质量体系建设工作的评价为：在其认证过的80余家企业中为"前三位之列"。

以质取胜：宏发30多年核心理念之一

郭满金到任不过两年，就提出了"以质取胜"的经营方针，至今已经延续30多年，成为宏发的核心理念之一。应该说，它的提出与坚持，与宏发的企业性质以及郭满金的个人经历有很大的关系。

郭满金在到宏发之前，已经在4380厂工作了近20年，军工企业的严格管理方式和非常高的产品质量意识对他思想行为的塑造无疑产生了深刻的影响。所以在郭满金到任的第一年，他就明确提出"质量第一"的概念，这实际上是"以质取胜"的雏形。

除了这个渊源之外，郭满金提出"以质取胜"的企业理念还有另外一个原因。郭满金到任不久，在对继电器行业进行一番调研之后，就明确提出了这样一个观点：宏发办厂迟，规模还很小，在行业里又没有什么名气，把产品质量做好，是宏发与其他大厂竞争的唯一出路，也是宏发生存下去的唯一方法。只有依靠质量，才有可能后来居上。

但是，重视质量说起来容易做起来难。为什么？但凡在工厂待过的人都明白，重视质量的背后就是成本的牺牲和利润的支撑。因此对于许多企业家来说，他们不是不知道质量的重要性，而是不愿意花出代价去保障它。

然而在郭满金的经营思路里，获取与舍弃、生存与灭亡、现在与未来，他想得很清楚。尽管宏发没有多少成本可以拿来牺牲，但在有限的范围内，他一定要在最大程度上追求质量第一的目标，因为宏发的长远发展才是他最终的寄望所在。

在郭满金的坚持下，仅仅4年的时间，宏发就以产品质量在行业里崭露头角。也正是这种高度重视产品质量的意识，一次又一次帮助宏发渡过了难关。

好的产品来自好的零部件

当郭满金决心把继电器所有生产环节全部攥在自己手里时,宏发就走上了一条与众不同的发展道路。因为另辟蹊径,所以不同寻常,因为不平常,所以最初并不为大多数人所认同。

20世纪80年代,业界流行社会化大分工和大协作,继电器行业也冒出很多小企业做零部件,这就为很多企业走上买配套件回来组装的路子提供了条件,一时间这些组装型企业的规模都迅速膨胀起来。80年代,行业里还只有40多家继电器企业,到了90年代,就有300多家了。这些雨后春笋般的小型民营企业大多集中在浙江乐清,他们机制灵活,标志性的模式是专业化分工、社会化生产、产业链协作。继电器的主要部件由铁芯、线圈、衔铁、触点、簧片等组成,当时这批小型企业就主要以做零件为主。既然社会创造了如此良好的分工协作环境,开展继电器的组装不仅在情理之中,而且也是大多数企业的选择。实际上,不仅继电器行业,一大批中国制造企业在20世纪80年代都选择了这样一种发展路径,没想到几十年后却形成"企业空心化"的困局:没有核心技术,关键零部件缺失,利润低下。

对于当年的郭满金来说,其实并没有想得那么复杂,也未曾料到如今那些企业的困局。他只是将宏发的问题想得很明白:"前端零部件都是从外面采购,我们这些继电器企业的竞争便只剩下管理的差异了,继电器企业的核心技术与竞争力也就所剩无几,这样的企业能走多远呢?"于是,"好的产品,需要好的零部件"这样的观点便灵光闪现,并在随后的几十年时间发展成为宏发的核心竞争力之一。

应该说,郭满金是最早意识到制造业核心所在的那批企业家之一。对零件的高度重视来源于他的危机感。在他看来,如果零部件质量不提高,继电器质量不提高,企业将无法长期生存。实际上,当时的中国正处于改革开放初期,国内的家电行业方兴未艾,对继电器的需求量比较大,一般规模的继电器制造企业生存下来相对较为容易。不过对于办企业不是为赚钱糊口的郭满金来说,他谋求的是企业的长久发展,祈盼的是员工收入的长期稳定。因而,即使当时社会分工协作的风气十分浓厚,一般性的零部件供应商随处可找,但在郭满金看来,如果找不到高质量的零部件,他宁愿选择自己做。

几十年过去,当人们再回头去看这条道路时,会惊讶地发现,在"好的产品来自好的零部件"的思想指导下,宏发走出了一条全产业链的发展道路,并最终演变成为其核心竞争力。

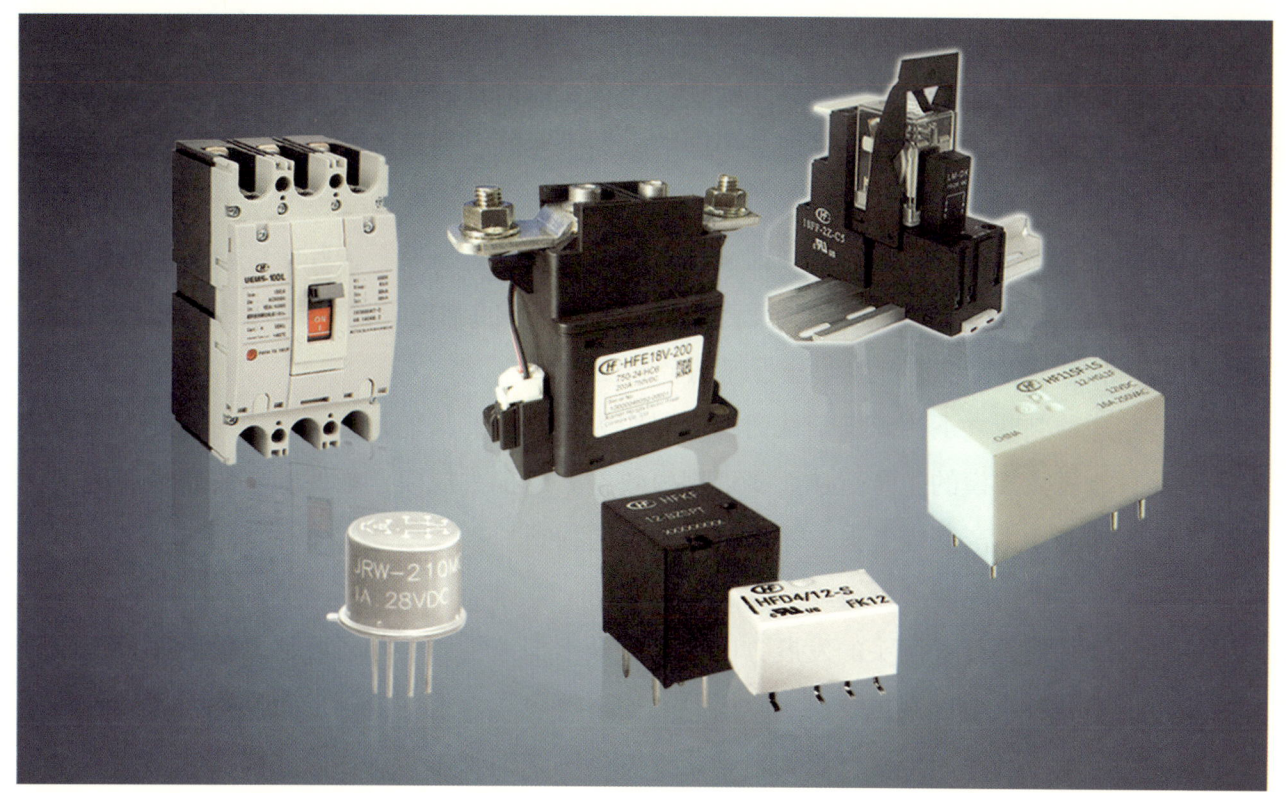

宏发产品

上马自动化生产线

如果说从零部件抓起，介入继电器行业的前道工序，使得郭满金遭到业界的质疑，那么上马自动化生产线这个"后道"设备，又一次让郭满金遭遇大范围的反对意见。

20世纪80年代初，国内继电器行业基本都是手工生产线，工人们排列成行，每个人完成固定的一道或几道工序之后，将工件传递到下一个同事。即使是到90年代，国内的自动化生产线也基本是空白，所以到1992年宏发引进AZ8自动化生产线时，仍然可以称得上是国内首条自动化线。

国内自动化线发展缓慢，一方面与行业的技术水平有关，那时候中国继电器行业在世界范围内尚属于初级阶段；另一方面行业也没有发展自动化生产线的动力，因为当时国内的劳动力资源非常丰富，完全可以称得上是物美价廉。

然而在20世纪90年代中期，郭满金就前瞻性地准备将继电器的组装工序逐步自动化。

到底是什么原因，让郭满金有这种想法？

经过几年的稳步发展，到20世纪90年代初宏发逐渐在行业里站稳了脚跟，企业发展走上正轨。然而走南闯北的郭满金发现，中国继电器企业的毛利率远远高于世界范围的一般制造企业。以宏发为例，90年代初销售毛利就超过30%。继电器只是一个电子零件，它的毛利率怎能如此之高？即使它目前在中国很高，是否能够一直保持下去呢？综合各国同行企业及制造业发展的趋势，那时的郭满金就预言：一个合格的继电器产品最终的利润不会超过10%。几十年后事实胜于雄辩地印证了郭满金的预言。

正是在这种判断之下，郭满金认为继电器作为零部件，只能是薄利多销。因此宏发要长远发展就只能靠大规模的生产，从而实现规模效益。而扩大规模，最好的办法就是实现生产的自动化，把劳动生产率提上去，才能获得相应的利润。

早发展早主动，晚发展则被动。

还有一个是对照行业巨头的发展方向。郭满金出国考察和参加行业活动的频率每年至少为两次，他不止一次地参观过泰科、欧姆龙、松下等公司，这些公司的自动化设备给他留下了深刻的印象。刚开始，他仅仅以为自动化程度高的原因是由于这些发达国家人力成本比较高，希望能用机器来代替。后来他通过交流和思考发现，"洋人更相信产品是机器做出来的，认为职工情绪好与坏会影响产品质量，所以尽量要做到装配自动化。"在这里，郭满金看到，设备自动化的程度还和产品质量密切相关。

既然做出这种判断，郭满金就要思考宏发如何在利润走低的情况下保持竞争力。思考的结果就是，开展规模化生产，配置自动化装配生产线。

应该说，郭满金的这种思路与当时国内行业乃至制造业的发展完全是反向而行，一经公布，即刻遭遇各种质疑的声音。

首先，与中国物美价廉的劳动力供应状况相违背。郭满金的这种做法，不仅国内同行不认同，就是国际同行也都很不理解，"欧姆龙、松下公司的大老板，他们也问我，说中国最突出的就是廉价劳动力的优势，你为什么还要搞自动化设备？我是想，自动化也不是国外的专利，而中国总是要往前跑，要往这方面发展的，所以就做得比较早。"

在郭满金看来，国际先进企业广泛采用自动化生产线，是一个再明确不过的预示。以发展的眼光去看中国，中国迟早会进行产业升级，迟早会进行大规模自动化生产，劳动力成本迟早会增加，廉价劳动力的优势终究会消失。所以当"深圳有个工厂，把原来比较先进的设备闲置起来，用人工操作替代机器"时，郭满金当时的做法似乎是逆潮流而动。但几十年过去，结果却证明有时候真理真的是掌握在少数人手中。

其次，很多人反对的另一个原因是，自动化生产线增加成本。一条继电器自动化生产设备总额在几百万元，而人工组装二三十人就够。

然而在宏发，仅仅十年的时间，就印证了郭满金对自动化生产线坚持投入的正确性。自动化生产线解决了中国人口红利结束时，企业的招工难问题还提高了产品的一致性，提升了产品的质量。

正是当时郭满金的执意而为，最终为宏发赢得了难以复制的核心竞争力。当业界终于开始佩服郭满金的远见卓识，想回头仿照时，各种成本的高涨，让他们只能望洋兴叹了。

引进西门子 D2 生产线

1999 年，一个新的世纪即将到来，宏发站在"国内最大继电器生产基地之一"的台阶上，为自己确定了更加宏伟的目标：依靠科学管理和技术改造，使整体实力保持国内领先并达到一流水平，成为国际上最具竞争力的知名继电器制造商之一。

1999 年的计划书，不仅高度概括了过去宏发十几年的发展成果，而且运筹帷幄地为未来几十年指明了前进的方向。这一点，在后来近 20 年的发展实践中一次次得到了印证。

以与西门子公司的合作为起点，这一个十年宏发在国际合作的道路上又迈向一个新的阶段：如果说与 AZ 公司的合作，使得宏发的外向型目标得以实现，那么通过西门子 D2 生产线的引进，则使得宏发树立起 30 年海外合作的首个里程碑：宏发不仅成为国内首家生产信号继电器的企业，而且再造了宏发的自动化生产能力。

1999 年的一天，在与 AZ 公司鲁伯的谈话中，郭满金捕捉到一个信息，德国西门子原来有一个做信号继电器的工厂，现在不想做了，想把这条线腾出来上其他生产线，正在寻求转让。鲁伯随后陪同郭满金一起到现场去看了这个工厂。看完这条生产线后，郭满金决定买下来。

从第一次听说这个消息到最后决定要买，不过几个月的时间。郭满金为什么如此迅速地就能拍板，这其中与宏发所处的境况以及他对宏发的思考有关。

1999 年的宏发，已经成立 15 年，年销售额突破亿元大关，企业规模不仅稳居国内同行第一，在国外也有一定的知名度。宏发的下一步该怎么走，新的增长点靠什么？跻身世界继电器生产企业20强还缺少什么？"不断进取，永不满足"的精神激励着郭满金，他把自己和宏发放到了"二次创业"的位置上。

D2生产线的适时出现，让郭满金的思索找到了出口。

实际上，西门子公司的D2生产线是1986年投入使用的，用于第二代信号继电器的生产，到了20世纪90年代末，国际上已经在做第四代信号继电器了。尽管西门子的这条生产线相对世界先进水平已经过时，但在中国，还没有与第二代信号继电器相关的自动化生产线，也没有对应的产品。

1999年，宏发与西门子签订合约。多年以后，很多人对此次设备的引进都不约而同地用了一个"捡"字。因为D2生产线其实就是西门子的一套准备废弃的旧设备，如果不卖给宏发，西门子也不会再用；而如果继续放在西门子，它不过就是一堆废铜烂铁。然而，运到中国以后，还是这套旧设备，在宏发人神奇的改造下，却旧貌换新颜，脱胎换骨，焕发出它蓬勃的生机，为宏发的第二次创业保驾护航。

从合资到参股 与松下连环合作

回溯宏发30多年的发展历程，平心而论，宏发走到今天，日本松下电工的功劳不小。在长达近十年的时间里，宏发和松下之间不仅是学与教、徒与师的关系，还有彼此的博弈和力量对比。

宏发与松下电工的渊源还得从1995年说起。那一年，郭满金带着李远瞻去北京松下控制装置有限公司，就像他们无数次寻求与国外同行的合作一样，这次拜访包含有参观、洽谈、合作的多重意愿。那时的宏发，销售收入已经达到6000万元，其中出口额占总收入的一半，并且拥有当时国内同行中堪称一流的1.3万平方米的厂房。由于有这些原因，加上与郭满金相谈甚欢，北京松下时任总经理仓光贤次对宏发多有赞赏之意。

得益于仓光贤次的大力推荐，日本松下本部很快邀请宏发去日本参观，并商谈合作事宜。双方商定由宏发来为松下做贴牌生产，并选定了两个产品：HJ继电器和115F继电器。

现任宏发副总裁李远瞻时任总经理助理、零件制造事业部部长，一个不到30岁的小伙子。

去日本松下本部参观，让这个年轻人大开眼界，"松下那个生产车间真是太先进、太恐怖了。"后来宏发多个高管陆续到松下学习，他们也几乎异口同声地用"震撼"来形容见到日本松下车间的感受。这是第一批受到松下现场教育的宏发人。

贴牌生产，是早期宏发与世界先进同行的主要合作方式。能与当时继电器的世界巨头松下公司合作，自然是一件好事情。

宏发人没有想到，他们与松下的缘分还远远不止于此。不久，日本松下电工方面就提出希望与宏发成立合资公司。

对于松下主动抛过来的绣球，宏发一把接住，紧接着就是实质性的谈判。到了2002年6月，宏发与日本松下电工合资成立厦门松下电工控制装置有限公司。

借着与松下电工成立合资企业的东风，郭满金又开始考虑进一步地推进学习松下电工先进经验的计划。

从为松下贴牌到成立合资公司，都是在依托松下品牌，为了保证产品质量，作为品牌输出方必然要对合作方的生产制造进行质量把控。源于这个理由，2002年郭满金向松下要求提供技术咨询。然而，对于松下来说，他们建立海外生产基地，主要是看重其他国家劳动力、土地资源等方面的优势，并不希望技术外流，特别是团队中积年累月凝聚起的核心技术。虽然他们也会做一些技术指导，但这和提供技术咨询完全是两回事。不过宏发作为合资方，提出这种要求也有一定的合理性，松下也不好直接拒绝，因此他们试图通过设立资金门槛来间接回绝。他们在谈判时直接向郭满金抛出高价：技术咨询的费用需要数百万元。原本以为宏发一定会被这个价格吓回去，没想到他们的话音刚落地，郭满金几乎想都没想就回答：就这样，签吧。闻听此言，松下谈判的一干人等一下都愣住了：同意了？这么多？但一言既出，驷马难追，既然宏发同意了，他们也只好签约。

消息传出，引起了中日双方的震动。松下电工的一位老工程师知道此事后，急得都哭了，"我这辈子就干了这个 know-how 啊，怎么就要教给中国人了呢？"厦门方面同样发出各种反对声音，要知道咨询费相当于一年利润的四分之一强。如果拿如此价格买一台设备也好，起码还看得见摸得着，但把它当作咨询费，一笔巨额资金砸出去换不回任何实物，是当时人们怎么也难以想通的。无独有偶，这一年华为花重金请IBM做咨询服务，也招致很多非议和不解，直至后来华为脱胎换骨并一步步蜚声世界时，曾经的那些质疑才逐渐变成赞叹和仰慕。宏发人也是要到十年之后，才能逐步体会到接受咨询的价值所在的。

按照双方的约定，2004年松下电工正式为宏发提供技术咨询。松下的技术人员分两期到中国来进行指导，分成模具、自动化设备、可靠性测试等3个课题组分别进行讲解以及现场指导，然后宏发技术人员再去日本参观学习。这次咨询前后进行了3年，宏发由此在继电器生产的全流程方面，得到了一次本质的提升。

厦门松下合资公司成立之后没多久，松下电工本部方面又一次表达了共结连理的愿望，希望能参股宏发。进过几番思考与评估，2003年11月28日，日本松下电工就参股宏发8%一事正式签约。宏发与松下愉快合作的日子后来持续了6年之久。2008年由于松下集团内部业务调整，松下电器收购了松下电工，原来的继电器业务逐渐淡化，厦门松下电工控制装置有限公司关闭。2009年，松下退出宏发股份。

宏发员工的参股

20世纪90年代末期，在"军转民"的大潮中，宏发的母厂4380厂也同样面临着企业改制的问题。1996年，原电子工业部将其所属的企业全部下放到地方，4380厂等10家在赣电子企业和一所中专学校归属于江西省电子局。两年以后，省电子局将十厂一校成立江西省电子集团公司，实行一套班子两块牌子的管理。

同年，江西省电子集团公司将包括宏发在内的几块优质资产，组建飞虹股份有限公司运作上市，遗憾的是，1999年飞虹上市失败。

早在20世纪90年代末，随着公司的快速发展，宏发就开始萌发运作上市的想法，以期通过向市场募集资金，加快公司的发展。

1999年，对于宏发来说，出现了一个决定以后企业走势的根本性的机会：改制。这一年初，厦门市政府出台了一份文件，允许本地国有企业职工参与企业持股，规定了具体的政策规范。郭满金立刻抓住这一机会，向公司董事会提出员工参股宏发的动议。

经过股东之间利益的反复博弈，董事会通过了员工参与持股的改制方案。

江西电子当时的第一要务是谋求上市，因此所有的事情都要围绕这一重点。从一开始，对于宏发员工参股，它考虑的一个基本点就是会不会影响上市的申报。江西电子权衡一番之后，很快提出反对意见。理由很充分，他们尽管无权阻拦宏发员工持股本企业的做法，但他们担心宏发参股会影响他们的上市进程。

宏发于是向江西电子保证，员工持股是不会影响大股东上市的。但这种保证显然是苍白无力的，在上市这种重大问题上，大股东江西电子有自己的判断。

此时的宏发该怎么办？宏发一方面极力陈述各种理由来说服江西电子，一方面联合二股东厦门联发展开对江西电子的联合"公关"，江西电子综合考虑各方面因素，最终还是点头同意了。于是，江西电子、厦门联发、宏发三方开始进入谈判议程，现在的副总裁丁云光当时作为宏发代表被委派到江西去谈判。

谈判的过程很艰苦，从参股形式到购买股票的价格，前后经历了半年时间，最后终于决定宏发员工出资1800多万元可参股20%。

1800多万元落实到四五百人身上，平均每人4万多元，在1999年时就完全是一个天文数字。而且江西电子对于资金的到位时间要求很严，20天内必须全部交齐。于是在那20天里，宏发上下齐动员，"砸锅卖铁，四处借债"，终于如期凑齐了款项。没想到，江西电子面对足额款项，却与他们商议：能不能将20%的比例先降到15%？原因是恐怕上市后总的控股比例达不到51%以上。虽然和起初的协议不一致，但宏发考虑到这种担心也有道理，就暂且同意了。2000年4月8日，宏发召开股东大会，公司实现了改制，新股东由江西电子、厦门联发、宏发工会（代表员工持股）组成。江西电子的股份由60%下降到51%，厦门联发由40%下降到34%，确定宏发工会委员会首期持股15%，员工参股宏发这件事终于得到圆满解决。

而宏发工会的持股在2001年发生了变化。按照上市的相关政策要求，上市公司的股东方不能以工会作为股东，必须转换成一个法律实体来持股。因此宏发员工持股会专门成立厦门金合捷投资咨询有限公司，将原员工持股会持有的宏发公司股权全部转入金合捷。在成立金合捷的过程中，根据上市政策的要求，金合捷股东也不能出现"工会"字样，因此由股东推选出5名个人作为股东，将工会股权让渡到金合捷公司。

2000年，江西省电子集团重新组建了一家公司江西联创光电科技股份有限公司再度运作上市，并将其所持宏发51%股权作为优质资产划入联创光电。联创光电正式成为宏发的控股大股东，股东由联创光电科技股份、厦门联发集团和厦门金合捷投资咨询有限公司组成。

2001年3月，江西联创光电在上海证券交易所正式上市。

毫无疑问，宏发员工持股本企业为上市迈出了第一步。但即使是这样，由于联创光电仍然处于绝对控股地位，宏发员工要成为控股股东，实际上还是遥遥无期，而由于占宏发51%的股权已经上过市，宏发自身上市或通过分拆上市的前景变得更为渺茫。

终于站到了 A 股市场的平台

在历经了生死一劫的"审计门"和诸多"磨难"事件后，2012年，当意气风发的宏发终于站到了 A 股市场的平台，实现了 12 年前提出的三大思路中最为艰难的"争取上市"的任务时，踌躇满志的郭满金知道，是该新的思路出台的时候了。

"翻越门槛，扩大门类，提升效率"的横空出世，宏发称之为"新三大发展思路"。

什么是"翻越门槛"，"翻越门槛"的标准又是什么？郭满金自问自答：从产品方面来说，是电寿命要符合客户要求，一致性要上去。在这一指导思想下，宏发出台了"翻越门槛"的量化标准———《继电器产品生产线"翻越门槛"要求》企业技术标准。该标准将继电器产品生产线"翻越门槛"分为初级、中级、高级三个阶段，从"电耐久性及其一致性""电耐久性末期失效模式""免校正率""生产过程致命缺陷""客户投诉"五个方面进行评价。

如果说"翻越门槛"侧重于产品质量，那么"扩大门类"则侧重于产品品种。从 2012 年开始，在继电器之外孕育"第二门类"开始成为宏发的一大任务。到 2014 年，这一门类逐渐明晰为"低压电器产业"，即 MCB（小型断路器）、接触器（专用和工控接触器）、CPS（控制与保护开关电器）、智能配电用户端等。

"要么不做，要做就要争取做到前列去。"现在宏发除继电器、低压电器之外，正在按照这一原则谋求第三、第四等其他门类的进展。

"翻越门槛，扩大门类"具有一定的延续性，但"提升效率"则完全是另一个崭新的思路。因此，宏发上下对它的理解也有一定的滞后性。所以才会有郭满金在 2015 年如释重负说的那句话："现在不少下属企业都开始理解了，为什么我要把效率指标放在那么重要的位置。"

从"世界之一"到"世界最主要的"

2010 年，宏发行业地位提升的一个标志性事件是，"宏发"商标被国家工商总局认定为"中国驰名商标"，由此成为行业惟一一家同时拥有"中国名牌"和"中国驰名商标"两项国家级荣誉的企业。

宏发行业知名度和行业地位的奋斗轨迹，可以在"中国电子元件百强"排行榜中看得很清楚。

1995年，厦门宏发电声有限公司以上年4600多万元的销售收入，在中国电子元件行业协会评选的"中国电子元件百强"活动中排行第87位。当年与宏发同时上榜的还有其母厂4380厂，即国营红声器材厂。红声以5000多万元的销售收入排名第79位，比宏发领先8位。到2013年，当宏发与红声再次出现在同一个榜单时，形势已完全逆转。红声变身为江西联创宏声电子股份有限公司，排名第90位，销售收入3.1亿元，而当年的宏发，排名12位，销售收入27亿元，是曾经的母厂的9倍。

如果说2000年，经历了十多年的打拼，宏发已经实现过亿元的规模，在国内行业取得一定地位的话，那么7年之后，宏发则俨然成为行业的领军者。2007年，宏发以3.6亿元的销售规模在"中国电子元件百强"排行榜中综合排名列第26位，位居入围继电器企业的榜首。当年入围的继电器生产厂家包括宏发共有6家，曾经声名显赫的军工企业贵州航天电器股份有限公司被宏发抛后15名，位于第41位，此时销售收入与宏发相当，为3.1亿元。仅仅6年之后，当宏发上升14名，达到第12位时，贵航电器虽然总座次上升12名，达到第29位，但宏发销售收入27亿元，贵航只有10亿元，已经不可与宏发相提并论。

宏发在行业里另一个竞争群体是外资及合资企业。从2002年与松下合作以及进行技术咨询开始，宏发的技术水平与整体实力逐步提升，到2010年百强榜中已经难觅合资企业的踪影。其实就在十年前，北京松下电子部品有限公司还以6.2亿元的销售收入位列第9位，而当时宏发还被远远地甩在第65位，销售收入为1.3亿元。这十年间，北京松下控制装置有限公司、欧姆龙电子部件（深圳）有限公司逐步淡出行业，只有上海欧姆龙控制电器有限公司还在坚持，2015年以3.9亿元名列第67位，成为百强榜中唯一的合资品牌。

2013年，宏发在中国及世界继电器行业的位置显赫：中国继电器产销量63.29亿只，占世界50.02%，而宏发占中国14%，占世界7%。

2014年郭满金坦言："现在我们与国内同行的差距拉得还是比较大，国内同行很难在整体实力上与宏发相比。五六年前，我们与松川相比优势还不明显，但现在越来越明显。"到了现在，宏发目标实现，走到了世界同行业的第一方阵里，今后宏发的任务，除了赶超，还要防止被赶超。

宏发的"十三五"规划的目标是，公司成为世界最主要的继电器制造供应商，成为中国最主要的低压电器制造供应商之一。

宏发在继电器行业从"世界之一"到"世界最主要的",经过30多年的发展,已经成为世界同行的领先者,这样的一个成绩和速度让国内同行望尘莫及,让国际同行心悦诚服。然而宏发人"不断进取,永不满足"的精神不会让他们停步和驻足,他们心中永远有着更高的目标。

30年的热血、汗水与泪水,30年的荣辱、成败与甘苦,今天的宏发听到了太多的赞誉。但在郭满金心中,所有的既往皆属于过去,他思考的是如何为宏发打造一个光明的未来。他用了一句话概括:以不变应万变。所谓"不变",就是"按照我们设定的方向,按照我们自己的计划,坚定不移地走增强自身实力的方针路线";就是"我们要认命,做最底层的、最苦的事,即使形势万不得已时,我们也要死得最迟";就是"一直要充分地去了解行业、竞争对手、市场、客户的变化,以及科学技术的发展对我们产生的影响"。

"不断进取,永不满足"精神在郭满金带领的队伍中熠熠闪光。

三五互联龚少晖：

将安逸恬静的厦门带入瞬息万变的 IT 舞台

文 / 赖丹丹

　　2010 年 2 月 11 日，有着福建"阿里巴巴"之称的厦门三五互联科技股份有限公司成功在创业板上市，成为福建第一家创业板上市的公司。

　　龚少晖，成为掘金互联网，演绎创业传奇故事的主角。在中国还是"互联网荒漠"的时代，龚少晖硬把安逸恬静的厦门带入了一个瞬息万变的 IT 舞台。然而他说，这只是在发展的快速路上取得的阶段性成果，"后面还有更美丽的风景"。

改革开放 40 年·敢勇当先 40 人

成为北京前 100 名注册上网人之一

1968年,龚少晖出生于福建建阳。从小,他就常听奶奶讲"千里眼"和"顺风耳"的故事,这让他幼小的心灵充满幻想:人要是能"眼观六路,耳听八方"该有多好。后来在学校读书时,他课余时间就痴迷于半导体之类的钻研,他感到这就是"顺风耳"。高中毕业时,毅然决然地报考了上海科技大学计算机系。他要让神话变为现实。

1988年,龚少晖从上海科大毕业生,回闽被分配到有着"北有长城,南有百灵"美誉的百灵福建省电子计算机公司上班,开始其IT生涯。

期间,龚少晖做过技术、销售和市场。在百灵的几年,学到了很多东西。工作之余,他唯一的爱好就是逛书店,读书钻研。这段经历帮助他奠定了扎实的技术根基。

有一次,百灵公司接到哈尔滨一个单位的请求:计算机一个系统硬件的Case出了故障,正在到处求援。当时国内IT企业的技术达不到相关要求,而国际知名企业IBM、惠普提出的解决方案也都不可行。这时,龚少晖带着自信站起来说:"这个方案由我来做吧!"公司领导抱着试试看的态度,便让他北上哈尔滨。说起来轻松,做起来难,龚少晖在哈尔滨不但要攻克技术难关,还要忍耐"千里冰封,万里雪飘"的严寒,这对于土生土长在南方的人来说,无疑是一个严峻的考验。然而,视挑战为人生乐趣的龚少晖,凭着自己在大学积淀深厚的计算机专业功底,从小风里来雨里去练就的强壮体格,一干就是三个月。他提出的技术方案不但严谨合理,可操作性强,而且还为百灵公司节省了70万元的费用;同时,促使对方公司签下了100万元的合作订单。这下,龚少晖在百灵公司成了名人,同事们都竖起大拇指。

1992年,龚少晖迎来了人生的第一次转折。百灵公司派他去驻北京办事处工作,从事计算机行业的市场拓展及产品销售工作。这成了他对整个IT产业的观念转变的契机。龚少晖坦言,这段经历让他开始接触市场,了解市场运作规律,"更关键的是,北京是中国互联网信息核心节点,我对新事物的思考也得益于此"。

在北京的4年,龚少晖表现出了销售才华,连续几年获得百灵市场开拓和销售的头名状元。"我是用技术性的方式打动客户,有点类似于后来的解决方案提法。"龚少晖说。

在当时的国企里,大多实行的是销售人员和技术支撑分工的模式。面对快速发展的市场,百灵的技术支撑人员显然不够,龚少晖开始了一肩挑的日子,销售也做,后台支撑的工作也承担,"许多问题已被技术人员判死刑,但我舍得下功夫,花上一两个礼拜去解决。"正是对客户的专注服务,龚少晖被广泛接受。几年的销售生涯让他开始了解客户需求,并进而对产业有了更为深入的理解。他甚至上书高层,"写了一份对未来发展方向的建议书,有几千字,建议公司尽快转型,从单纯的PC销售向大、小型机服务以及应用开发方向发展"。

随后的市场发展也验证了龚少晖的判断。这次经历让他有了第一项感悟:一个企业最重要的战略思维来自把握者,有了正确的思路,资源和优势才能得到更好的发挥。

除了关注销售,龚少晖开始专注于IT行业的种种新事务。就在他到北京之际,国家高科技园"中关村"正在崛起,大量的信息犹如天女散花。龚少晖近水楼台,他的眼界拓宽了,他的专业升华了,他的点击灵活了。他自豪地说:"从那时起,我对IT业有了全新的认识。"

1993年,在北京工作的龚少晖第一次接触到网络,快捷方便的信息传送令他眼前一亮。"我当时就在想,竟然有这么快的发送邮件的方式,这么快的跟外面沟通的方式,我在思考这个行业和世界的改变"。1995年4月的一天,已有半年没逛书店的龚少晖步入中关村的一家书屋,不禁大吃一惊:"好像半个书屋都是关于英特网的书,我觉得英特网不应该来得这么快。"遂买书研究。那天,他整整一夜未眠。翌日上午,他匆匆地洗了把脸,就直奔长安街北京电报大楼申请上网,他成为北京前100名注册上网人之一。打开电脑,轻点鼠标,随心所欲地漫游国内外网络世界。快捷方便的信息似电影镜头一幕幕闪现在眼前,他的眼睛定格在IT,这就是童年奶奶讲的"千里眼"和"顺风耳"。"当时感觉英特网就是我想象中的东西,是千里眼、顺风耳,能带来比别人更快的商机。"龚少晖认定,英特网会成为一个行业,有行业必然有生意,但还不知道是哪方面的商业最为可行。"

当时龚少晖小日子过得相当滋润,压根就没想过要出来单干。事实上,龚少晖对行业的理解始终让同行折服。一次酒宴后,一个朋友对龚少晖说:"不出两年,你一定会自立门户。"

英特网市场不成熟 就用力将它催熟

谁想到,朋友一语中的。1995年,百灵福建省电子计算机公司轰然倒闭,龚少晖和同为百灵员工太太每人拿着1万多元钱的"遣散费"到了厦门。

从京城来到厦门,龚少晖的野心大得很:他要成为厦门第一个在互联网上掘金的人。

"到厦门的第二天,我就跑到电信局去开英特网账号。当时厦门并没有英特网,"他们问我这是什么东西,我想完蛋了。"他只好等英特网接口在厦门建成。

在等待的过程中,龚少晖重操旧业,卖些硬件,并开发了一套电脑点歌系统。但是,这些听起来也不错的买卖不仅让龚少晖花完了全部积蓄,还走上了借钱之路。

1996年,厦门有了英特网接口。这年年底,精通科技实业有限公司中国频道成立。

龚少晖买了天津大学出版的一套英特网教程,现学现卖,办起了英特网培训班。"培训是最有效的,"他说,"培训一方面可以培养自己的潜在市场,开发用户群,另一方面可以了解自己的客户,知道他们在想什么,需要什么。"现在翻查1997年初的《厦门日报》,还可以找到大量他写的普及文章,因为往往一块版面上有三四篇文章都是他写的,不便全用自己的署名,就有一些用了同事的名字。龚少晖说自己差不多是国内最早在报纸上撰文介绍杨致远和网景总裁马克·安德森的。从文章可以看到他的苦心。《英特网上的商标大战——抢注专有域名》、《杨致远——信息时代华人的骄傲》、《他使INTTERNET走向平民——记马克·安德森》、《风光无限的企业内部网》。如果不告诉人家互联网是什么,互联网跟自己有什么关系,靠市场自己慢慢蠕动,大约也有成功的可能,还不用那么累,但龚少晖等不及,他必须主动出击,市场不成熟,就用力将它催熟。

www.china-channel.com 诞生

为什么会从域名注册开始做?因为域名是互联网上最基础的东西,是电子商务的第一步,从域名开始。更重要的是,"当初如果做互联网服务提供商ISP,要很多钱,不太现实。

但通过与培训人员的交流,龚少晖很快就感觉到,随着企业和英特网的结合,网站数量会激增。网上的各种经营者,做接入的可以与做内容的隔行如隔山,同样是做内容的,也是千差万别,但不管大家如何不同,共同的是都得有个域名。龚少晖就想做这个"大家都得有"的域名生意。越是共性的,市场也就越大。所以,龚少晖选择了做域名注册、虚拟主机和服务器租赁服务。"国内网速慢,费用高,租台服务器一二十万,不是龚少晖这样的穷商人所能想象的。"我们就去找美国的ISP。"五天五夜,一个网站一个网站地过滤,对比价格,对比服务,终于找到一个比较好的服务商,也就是比较便宜的服务商。"如获至宝的龚少晖迅速把早已待字闺中的中国频道注给这个服务商,外加租赁3个月的虚拟主机。总共600多美元的费用付出10天后，一个十几兆的虚拟主机开始能用了。

就像刚刚拥有电子邮箱的人，第一封邮件总会发给自己一样，龚少晖的第一单业务，注册的第一个域名，是1997年3月7日帮自己的公司注册的www.china-channel.com，十来个人的厦门小公司，域名竟叫做中国频道。"一个好的域名是成功电子商务的第一步"，龚一直这样说，必须好记，推广起来也省事。

龚少晖广告意识非常强，一开始就先到《厦门日报》打广告。很快，电信局来人说这属于专控业务，不准私人经营，并拿出了条文。龚一看，那是关于ISP接入的，跟他的域名注册是两回事。但道理说不通，对方勒令他必须停办这个业务，而且要登报道歉，不道歉就掐电话线。龚少晖乖乖地登报道歉了。很多人说，昨天还打广告呢，怎么今天就道歉了？厦门不能做广告，逼得龚少晖只能到《计算机世界》等全国媒体做。这一逼，起点变得很高，本来只是区域性的，现在有了全国知名度，龚少晖说，必须感谢电信的人。

第一个用户找上门来。"那是做铜材生意的叫明达的合资企业，域名卖了3000多元，5兆虚拟主机卖了2000多元。"

尽管如此，但问题依然存在：很长时间里用户量都上不来，这个现象一直持续到1997年。

当时网速慢，几十个字节几十个字节地走，不像现在动辄以K计。他只能起早摸黑上网，争取用网络不拥挤的时段为客户上传网页。就算没有业务，也得多上网学习技术了解动向。

1997年的春节，穷困交加的龚少晖甚至两次把老婆的结婚戒指和项链送进了典当行。"1997年，我才50多个用户，每个月都要亏几万元。因为工资低，原来一起干的人都离开了，公司只剩下夫人和我，还有一位副总。"龚少晖认定当时生意不好主要是因为客户对互联网还不太了解所致，坚持自己的初衷。时间会解决一切问题，这个春节只不过是时间问题的一部分罢了。因为没车资回家，1997年的春节过后，龚少晖没给自己放假，很早就上班了。就在这天，他开始发现有要求注册域名的电子邮件了。从求人家注册到有主动上门的用户，龚少晖预感春天已经不远。

1997年5月有两个用户，6月和7月也都是两个，到8月起，每月有了七八个。到1998年1月起，每月的注册用户数开始突破两位数。这一年过完春节的3月，更是难得的35个。在精通公司用的微软Foxpro软件中，清楚记录着他们走过的每一步，1998年的6月一个月中，就有101个用户。此后每个月都超过了100个用户，这一年的12月，中国频道经手的注册用户，已经超过了1000个。规模一上去，随着成本的降低，价格马上就低下来了。

中国频道开始步入良性循环。

成功的域名注册案例
中国阀门管件网

说到当时的域名注册，那是讲不完的故事。令龚少晖印象深刻的是现在为福建菲达阀门科技股份有限公司董事长的汪安南。

汪安南1994年从国营的食品厂辞职，1996年和两个朋友合伙做阀门管件贸易。万事开头难，对小公司来说，更是难上加难。汪安南每天要传真大量的产品介绍、图片和报价给各地客户，碰上国外的潜在客户，往往会把两张传真粘成一张来传，以节约费用。但就算是这样，每个月的通讯费仍需四五千元人民币。

所以，汪安南开始寻求更经济的商务方式。当时厦门信达公司在报纸上做很吸引人的广告，为用户提供域名和虚拟主机服务，汪安南受到启发。他在信达的虚拟主机上做了一个页面，但信达没有独立的顶级域名给用户。汪安南同时也找了中国频道，因为龚少晖做培训时，汪安南听过他的课。1997年5月16日，龚少晖为他想了个域名，叫www.china-valva-fitting.com，用的仍是越大越好的策略，中文名叫做"中国阀门管件"。这大概是龚少晖认定的互联网原则：在网上，没有人知道你是一条狗。尤其是做进出口贸易时，听起来名头大的公司会更占便宜。90多页的内容，加上域名，汪安南一共得付给龚少晖1.4万元人民币。但他当时没这么多钱，所以一共分了三次才付清。为表示谢意，汪安南想请龚少晖吃一顿饭，于是跑到菜市场买了些菜，在龚少晖家里做给他吃。

中国阀门管件网开通半年，几乎没有任何反馈。汪安南本来就没有寄太大的希望在上头，只是当它是一个便宜些的广告，反正放不坏。到1998年，开始有客户通过网页上的电子邮箱来取得联系，往返几次的寄样品之后，1998年下半年，开始有订单到了。10月份确认订单，意大利的买方一共要了4万多美元的货。1998年全年，汪安南的业务量已经有五六十万美元；1999年，这个数目是100多万美元，其中绝大部分是从网上来的。

中国唯一的国际域名一级注册机构可以开门纳客了

1998年底,龚少晖到中国科学院软件所礼堂开CNNIC的代理会,美国NetworkSolutions公司(NSI)的一位副总裁也在场。龚少晖主动向这位NSI副总裁询问:"具备什么条件才可以获得NSI亚洲首席销售合作伙伴资格?"NSI副总裁没有直接回答。"经中国频道注册的域名有多少?"老外反问。"1000个。"龚少晖老老实实地回答。"哇!1000个!"老外由惊奇而激动。成为NSI亚洲首席销售合作伙伴,500个用户就够了。事实上,龚少晖当时的1000个用户,已经是同行中数一数二的数字,只知道干活的龚少晖直到那一刻才知道自己的位置。NSI亚洲首席销售合作伙伴资格随即拿到,龚少晖在NSI拿一个域名的价钱,也很快从100美元降到70美元。

1999年4月,由美国NSI垄断的国际域名注册业务被政府打破,众多IT界的世界级顶级公司纷纷开始申请成为国际域名一级注册商,当时的中国频道不过是个仅有十来号人的小公司,是NSI下的二级注册商。龚少晖开始恶补相关法律政策、借钱贷款。说到当年的疯狂,直到今天他都觉得不可思议。"我对美国人的做事风格比较了解,首先他们不允许垄断的存在,其次他们看的是你的能力而不是你的规模。"龚少晖花了四五个月时间去写申请报告,报告有上千页。龚少晖自己也没想到,1999年10月份申请下来了,居然能一次性通过,"美国人对申请报告的定语是'Excellent'(优秀)"。

为了尽快使自己的数据库与美国的总库对接,龚少晖带着一帮手下没日没夜干了两个月,一直干到1999年底的除夕之夜,正月初一凌晨4点,几个美国长途雄壮响起,对接成功了,这意味着中国唯一一个国际域名一级注册机构可以开门纳客了。

中国频道国际顶级域名总量实现亚洲第一

接下来的日子妙不可言，作为当时中国唯一一个国际域名一级注册机构，中国频道成本迅速降了下来，月营业额则保持着翻番的增长速度，半年之后，当时的中国频道凭着客流量坐上了中国第一名的宝座。2002年7月，中国频道国际顶级域名总量实现亚洲第一。

对于许多民营企业而言，3—5年往往是一个坎，许多企业会在这期间出现问题而倒下。龚少晖也同样遇到这样的问题：快速拓展之痛。

"2000年是国内互联网泡沫的顶峰时期，我们也没少犯错。"龚少晖坦言，当时多少有些投机心态，进行了一项错误的收购，导致企业伤筋动骨，"才过了两天好日子的企业在这一年里出现亏损，我们被迫通过裁员和加强管理的方式处置危机"。

这项收购的后遗症在长达两年多的时间才消除。这使得龚少晖意识到，"你应当坚持对行业发展的理解，把握内在联系，不能人云亦云。"

面对问题，寻找解决办法，也意味着有所收获。"良好的管理体系才能支撑企业长远发展。"从2001年开始，精通科技就进行了ISO9000的质量认证，2003年，他接着投入大量资金进行CMMI3的认证，这一投资数额甚至超过了当年的利润总额。

推出35互联小刺猬标志深入人心

而就在"中国频道"这个品牌已经深入人心的时候，龚少晖却做出决定，研发智能识别过滤垃圾邮件系统。2003年，垃圾邮件在国内开始泛滥成灾，龚少晖领导的中国频道在国内的邮件服务商中率先攻克反垃圾邮件技术堡垒。

与此同时，龚少晖推出35互联。从此，一个刺猬的标志开始为外界广泛熟悉。

在新的名称中，35与"商务"谐音，龚少晖说，"我们就是要告诉客户，我们专注服务于商务的互联网解决方案。"企业LOGO为一只可爱的刺猬，在希腊神话中，狐狸想出种种办法对付刺猬，刺猬却用简单的一招——团身张刺就轻易对付了狐狸。"我们希望通过这个LOGO表达一点：我们崇尚简单，把简单留给客户。"

2004年3月，龚少晖在北京召开新闻发布会宣布推出"35互联"品牌及能智能识别过滤垃圾邮件的邮箱；8月31日，龚少晖当选为中国互联网协会常务理事。9月8日，在北京举办的"2004中国IT渠道及服务商满意度评荐颁奖大会暨2004中国IT渠道服务商高峰论坛"上，35互联(中国频道)独获"优秀企业邮箱服务商"和"优秀反垃圾邮件方案提供商"两项大奖。10月，35互联(中国频道)入选"中国商业网站100强"。11月，35智能垃圾邮件过滤系统通过了国家公安部的检测。2005年4月25日，35互联、SUN、AMD强强联手，在国内首推64位智能反垃圾邮件系统和64位企业邮局。5月，龚少晖上榜福建IT十大杰出青年。8月，龚少晖荣获厦门市"优秀企业家"称号。9月，35企业邮局入选中国"十大企业邮箱推荐品牌"，同时获2005年度"最佳功能奖"。

在2004年雅典奥运会上还发生了这么一个插曲，奥运冠军杜丽和王义夫的中文域名杜丽.cn和王义夫.cn居然被人抢注了。这件事情让龚少晖很恼火，因为抢注者正是利用他的服务抢注成功。这还了得，龚少晖开始与抢注者紧急谈判，过程不得而知，不过，现在冠军域名已经物归原主了。

到了2008年，在IT这个圈子经过10多年的摸爬滚打，龚少晖和他一起创办的35互联(中国频道)见证和撰写了中国互联网十年的发展。

福建第一家创业板上市的公司

厦门三五互联科技股份有限公司，（股票简称"三五互联"，股票代码"300051"），成立于2004年，是中国知名的互联网应用服务类创业板上市公司，也是福建省首家创业板上市公司，连续多年获得"国家规划布局内重点软件企业"、"中国创业板最具竞争力上市公司"等殊荣。

三五互联基于SaaS服务模式，先后在北京、天津、厦门等地成立技术研发中心，累积十多年的互联网产品研发和服务经验，研发推出企业邮箱、办公自动化系统（OA）、35会

公司大楼

经营系统、智慧餐厅、邮洽、域名注册、主机托管、网站建设等一系列产品，为广大企业客户提供企业上网解决方案、企业沟通解决方案、移动云办公整体解决方案和企业经营管理解决方案，并实现嵌入式架构，一账号登入，多应用多功能，满足企业客户信息化不同阶段的需求，全面推进企业信息化进程。

三五云办公、闪电建站、35会经营，几乎每隔一段时间，三五互联就会研发、推出新产品。龚少晖表示，中国目前已成为全球移动通信终端重要的应用市场和生产开发基地，公司将顺应移动互联网发展的大趋势，通过自主创新的技术研发和商业模式的探索，洞悉客户需求，不断拓展市场规模，继续提升公司的核心竞争力，致力于实现"成为中国领先的互联网软件应用及运营服务提供商"的宏伟目标。

秉承"成功源于分享，合作成就未来"的服务理念深耕企业服务十多年，三五互联现已在国内拥有数百万家企业客户和强大的百余人研发团队。优质的产品和服务也推动着业绩持续高速上扬，据最新披露的财报显示，三五互联2017年第三季度的营业收入同比去年实现了12.85%的增长。

"接下来，三五互联计划将陆续上线新产品，希望通过技术创新，不断挖掘产品的广度和深度，继续为新老客户提供高质量的服务，与广大企业客户携手共进，互利共赢。"龚少晖说。

宏泰曾琦：

时代的追梦人

文/谢嘉晟

曾琦博士是到厦门投资的第一位港商。早在1984年就到了厦门，1985年创办了宏泰，此后，大概每隔十年，他就发起一次自我革命，从来料加工起步，到拥有自主知识产权的产品，再到生产自动化，乃至信息化与自动化相结合的"两化"融合和智能制造。

曾琦博士认为，是厦门这块福地给了他施展才华的空间，因此，对脚下这片土地，他深怀感恩。他欣喜地看到，中华民族伟大的复兴之梦，就要从这块给了他生命、养育他成长的土地上，一步一步地实现。

产品的品质与可靠性就是宏泰的生命线

5月5日,新华社报道了中美首轮经贸磋商的结果,曾琦博士在朋友圈发出了感慨:谈判是艰难的,前途是光明的,中美双方应以合作共赢的态度解决问题,企图打残对方的想法是十分危险的思维。

曾琦博士有资格做出这样的评价。早在20世纪80年代末,厦门宏泰集团拥有自主知识产权的智能电话录音机,就占领了美国35%的销售市场。

中美贸易战,中兴通讯首先"躺枪"。在曾琦博士看来,遵守游戏规则、尊重知识产权非常重要,在生意场上,任何自作聪明投机取巧,到头来都会搬起石头砸自己的脚。

"诚信、创新、品质、分享。"这是曾琦博士永恒的价值观,也是宏泰企业的核心理念。

当年智能自动电话录音机能够纵横江湖达二十年之久,在这后面,就是宏泰核心价值观的生动践行。曾琦博士始终认为,产品的品质与可靠性,就是宏泰的生命线。

按照电子行业标准,企业生产的产品只要通过测试体系就可以出厂,但在宏泰,从建厂的那一天起,就参照国际国内的行业标准,建立了自己的质控中央实验室,每一批产品都要进行一系列宏泰标准的可靠性例行实验,直到合格后方可出厂。

这才有了宏泰八十年代早期的产品,能够纵横美国市场二三十年之久的神话。据说,在美国911事件中,曾有一台电话录音机留下了求救者最后的呼唤,这款电话录音机就是宏泰制造的产品。

曾琦博士举这个例子要说明一个道理:要让特朗普不至于开口闭口就打贸易战,就要像现在的中国离不开美国的芯片一样,自己先要强大,让中国的技术成为美国不可或缺的一部分。

曾琦博士的朋友圈总能让外界感受到一种力量。

在中美双方你来我往贸易争锋口水战打得正酣之际,4月22日,美方态度突然转软,美国财长努钦在华盛顿的国际货币基金组织(IMF)春季会议上发表讲话时表示,考虑访问中国商谈贸易问题。

当日，曾琦博士在朋友圈转发老歌《自强不息》时配发了言论：中华民族要自强不息，冲破老美的封锁。

他几乎每天都会转发一首充满正能量的歌曲，不只于他本身就喜欢音乐，他还有一种深入骨髓的家国情怀。

时光倒回20世纪30、40年代，当年的厦门，曾沦陷于日本铁蹄之下。抗战前的曾琦博士家族是当时厦门的望族，拥有钱庄、运输公司及民国路两边的大量物业和思明电影院等产业，后因众所周知的历史原因才脱离家族体系。

曾琦博士的父亲出生于一个印尼华侨家庭，祖父曾国聪是当时印尼侨领，1926年从新加坡留学后回国创办了厦门文化娱乐中心，即华侨俱乐部和思明电影院，抗战爆发后，为了躲避战乱去了香港。日军侵华的不堪行径，让父亲热血沸腾。父亲毅然放下香港的事业回到厦门，参加抗日义勇军并担任中队长，但不幸落入日伪军之手，在多方仁人志士的帮助下，母亲倾尽所有，才救回了父亲的一条命，此后，举家逃往南靖，母亲在战乱中生下了他。

这段经历给儿时的曾琦留下了刻骨铭心的印记。帮助祖国强大起来，成了他的初心。

生于斯长于斯，在厦门创业，并在厦门成就了宏泰的不二事业，对脚下的这片土地，曾琦博士一直心存感激。

1984年，他成为到厦门投资的第一位港商；1985年，他在厦门独资创立宏泰之后，便把根扎在了这里；1989年，有些外企萌生了撤资的念头，他不仅没有减资，反而增资开建在厦门的宏泰科学工业园，并在宏泰成立了厦门外资企业里的第一个党支部。

创立宏泰的第二年，曾琦博士便以母亲的名义捐资二十万港币，在当时的厦门鹭江职业大学设立"蔡瑜秀奖学金"。这是曾琦博士的一种"分享"理念，取之于社会，还之于社会，迄今为止，宏泰累计各种慈善捐款已经超过三千万。

"中美两国经济的互补性极强，合作一定会给两国人民带来福祉，分歧是长期积累下来的，只有通过谈判才可能随着时间的推移一项一项地解决。"以跟老美打交道二、三十年的经验，曾琦博士深信，中美合作必胜。

宏泰推出智慧工业 4.0+
懂行的都感到震撼

曾琦博士的看法始终如一，中国的强大离不开强大的实体经济，尤其是强大的制造业。因此，从投资厦门之日起，他就把做优做强宏泰的制造业，作为实业报国的首选。而事实上，根植厦门三十三个年头的宏泰制造业已经走在"中国制造 2025"的前列。

2017 年 12 月 28 日，在宏泰创立三十二周年纪念日，宏泰漳州智慧制造基地一期工程建成投产，在这个良辰吉日，曾琦博士首次向外界展示了"宏泰智慧工业 4.0+"的优异成果。

那是一个基于"中国制造 2025"规划的系统工程，庆典当日，曾琦博士向与会嘉宾解读"宏泰智慧工业 4.0+"时，曾有段专业的表述：宏泰智慧工业 4.0+ 是中国制造 2025 的发展方向，是在宏泰智慧工业 4.0 的基础上发展而来的，而宏泰智慧工业 4.0 的形成，来源于自己二十年前的博士论文《中国制造业集成战略的设计与实施》中关于向日葵理念（SunflowerApproach）、创新、改进、求变（CID）之战略，以及即时监控系统（RTMS-RealTimeMonitoringSystem{信息化与自动化相结合}）等概念，并导入柔性制造系统与智能制造服务体系的论述，由宏泰公司经过几十年的实践、创新、研发，最终形成"宏泰智慧工厂服务平台"。

按照曾琦博士的解读，平台在物联网大数据服务平台的基础上，将互联网+的概念贯穿到智慧工厂中的接单、物料供应、智慧制造、质量控制、人力资源、实时成本与销售、中央仓储及配送等全过程，具有可靠性、安全性和可操作性三大特点。

懂行的能看出宏泰漳州智慧制造基地场面的震撼。

在 SMT（表面贴装技术）车间，近二十条生产线，只需要大约二十多位管理人员，相当于一个人管理一条生产线。放在十年前，相同的车间要达到相同的效率，至少要配置两百人以上，而如果是传统的全人工插装，则至少需要五千人。

"这在过去是不可想象的。"言谈中，曾琦博士流露出几分自豪，这是"宏泰智慧工业 4.0+"的亮点之一。

在它的塑胶厂内，偌大的车间视线所及，只见近百台注塑机整齐排开，唯一能够体现车间处于正常工作状态的，是每台机器上亮着的绿色指示灯。宏泰搬到漳州智慧制造基地前，塑胶车间的工作强度是一人管理一台注塑机，而今，近百台注塑机只需数人管理。

在二十多米高、占地近七千平方米的智能立体仓库，所有产品从进厂时的零部件，到最后成品打包出厂，所有的清单、装卸和打包工序均由机器完成。这在过去同样不可想象，信息化、智能化管理的仓储环节，在机器代替人工上，更是发生了脱胎换骨般的变化。"宏泰智慧工业4.0+"的核心是中央控制系统，它相当于服务平台的中枢神经。控制中心设在一个具有时代特征的办公场所，一块长达十米、高逾两米的电子大屏幕是显著标志，伫立在办公区域的正前方，大屏幕分为近二十块小屏幕，每块小屏幕实时显示智慧工厂不同生产环节的工作状态。

这是管理者们的决策依据，整个宏泰工厂的运行状况在屏幕中一览无遗。

站在宏泰漳州智慧制造基地中央控制系统的大屏幕前，外人能感觉到曾琦博士内心的不平静："这是宏泰花了二十多年心血自己研发的生产管理系统，它能直观监控到所有生产环节，有超强的纠错系统，一旦哪里出现情况，可以及时跟进处理。"

宏泰漳州智慧制造基地展厅

曾琦博士言谈举止间激情四射，外人很难看出他的真实年龄，心态年轻、逻辑缜密，实际上，1984年他踏入厦门办厂时已是不惑之年，如今他依然激情澎湃一如当年。安排专访之前，他刚接待了一波外国客人，而在接待外国客人的几天前，他刚从香港总部回来，虽然连轴运转，但看起来精神头十足。"自动化、信息化程度之高，是所见过的亚洲工厂之最。"外国客人的评价让曾琦博士很是欣慰。

员工眼中，曾琦博士是宏泰的家长，也是一个精神领袖，他的斗志在员工的心目中就像一针鸡血，能让宏泰保持经久不息的战斗力。

曾博士的情怀
音乐是流淌在血液中让我永葆激情的音符

今日的厦门宏泰集团家大业大，除了宏泰漳州智慧制造基地外，与厦门体育中心隔路相望的宏泰科技文创园里，是与宏泰制造业并驾齐驱的文化产业，这里也是福建省文创产业示范基地。里面有宏泰倾心打造的宏泰音乐厅、萧邦艺术厅、宏泰影音制作中心；有福建省最大的琴行——名典琴行；有以传承中华传统中医学为主的健康养生产业，即华佗养生；地标性建筑宏泰音乐厅及其相关附属设施，是中国国际钢琴比赛的永久承办地。

曾琦博士天生喜欢音乐，他把投资文化产业视为一种价值分享，"就像企业做公益一样，一种文化反哺。"

曾琦博士出手文化产业，并非心血来潮。

厦门有一个美丽的"钢琴之岛"鼓浪屿，2004年，时任厦门市长张昌平到北京文化部争取让厦门承办中国国际钢琴比赛，之前三届，比赛的举办地都在北京。很遗憾，文化部派人考察过厦门的场馆设施后，得出了一个结论：厦门没有一个适合承办国际钢琴比赛的场馆。

曾琦博士与考察团官员餐叙时知道了这个事情，当时他正在筹建厦门宏泰中心，于是主动提出，可以将宏泰中心原来要建设国际会议中心和写字楼的五千多平方场地，改建成符合国际标准的音乐厅，作为中国国际钢琴比赛的永久承办地。

这是中国第一座由民企投资的社会公共设施，如果不搞音乐厅，建成写字楼出租，以宏泰中心的地理位置，每年单是租金收入就有近千万，而现在单是营运两个音乐厅，每年还要补贴七百万，一来一回，宏泰每年要减少一两千万的收入。

但是，企业家的情怀是不能用金钱来衡量的。

宏泰音乐厅建成以来，举行了上千场次国内外音乐赛事与演出，包括第四届、第五届、第六届中国国际钢琴比赛，以及中国少年儿童合唱节、全国青少年钢琴比赛、全国大提琴比赛、CCTV钢琴小提琴比赛等。宏泰音乐厅为国内多家国家级的电台、电视台及网络平台输送过高品质的音视频信号和现场直播，有近百位著名的国内外著名音乐家和宏泰音乐厅有过精彩的合作，迎来过中国国家交响乐团、中央民乐团、波兰波罗的海爱乐乐团、澳门乐团、厦门爱乐乐团、厦门乐团、香港儿童交响乐团等国内外著名乐团的精彩演出。

宏泰音乐厅作为高雅艺术表演殿堂稳步成长的同时，成为世界及中国优秀音乐作品的展示平台、国际性艺术活动的交流平台、两岸艺术交流平台和公益性艺术教育的推广平台。

宏泰音乐厅的运营每年都需要有大量的投入，不过，曾琦博士不无感慨，"实业报国是我的初心，而音乐是流淌在血液中让我永葆激情的音符，如果宏泰的文化产业布局能够在提升一个城市的艺术品位，以及培育高雅音乐市场上起到一点作用，这样的投入，我还将继续。"

曾琦博士的情怀所在，除了经商实业报国，还有一份社会责任。从香港回到家乡厦门来投资办厂期间，他还在盈盈一水间搭建起沟通两岸交流的桥梁。

2008年7月4日，台湾和厦门两岸实现直航，这是历史性的一刻，却很少人知道，此事与曾琦博士有关。

按照原定安排，台中至厦门航线并不在两岸直航首航列表中，曾琦博士是时任香港厦门联谊总会的理事长，他多方奔走并做出承诺：如果两岸直航不能成行，两岸直航逾百万元的包机费用由他买单。在他的不懈努力下，距离直航只剩两天的时间里，终于得到了确切消息。由于包机已经预先定好，台中与厦门的直航最后成行。

多年来，曾琦博士为两岸交流合作付出很多，牵线搭桥先后促成了厦门双十中学和台中双十中学的结缘，厦门实验小学和台中光复小学的"联姻"，主办"宏泰杯"两岸网球邀请赛等，在厦门举办的第四届世界合唱节中，当两岸双十中学合唱团同台共唱一首歌时，台下不少观众热泪盈眶。

宏泰的创立，对于开放初期的厦门来说，具有标志性意义

国家统一，匹夫有责，能力所及之处，曾琦博士总是不遗余力。

正如出手文化产业，曾琦博士的产业布局也带着一份浓郁的家国情怀，三十三年前投资厦门时，亦是如此。

在厦门出生长大的曾琦，曾在厦门科委工作过几年时间，结婚生子后，三十二岁那年，随太太一家移居香港。初到香港的曾琦，生活很不容易，一家三口租了一个七平方的公寓，白天把儿子寄到托儿所，两口子都去打工。每个月，两口子拿到手的工资虽然所剩无几，"但日子过得还蛮开心"。

曾琦参加工作时在厦门科委从事某些科研项目，到了香港，凭着一技之长，他在一家电子厂谋到了一份工作。曾琦典型的性格特点是"不服输"，到香港后面临的最大难题是语言障碍，工厂里通用广东话，与客户沟通用英语，为了能够与同事自由交流，利用下班时间，他报名上了夜校，由于狠下功夫，只用了三个月时间，就完成了语言上的逆袭。

曾琦本着终生学习的理念，不仅攻读了英国华威大学的 IGDS 并取得了工程管理硕士和工程博士学位，并获得了香港理工大学大学院士和英国华威大学 WIMG 工业院士衔。

初到香港，由于努力与才干，在香港工作第一年，曾琦便被擢拔为工程部经理，第二年又升任部门经理。

曾琦的创业是一个才能逐步被挖掘的过程。1978年，所在电子厂的另一位高管拉他入伙，两个人另起炉灶搞了一家属于他们自己的电子工厂，曾琦任总经理，另一位高管任董事长。

那是一段曾琦今天谈来百感交集的历史，从 1978 到 1984 年的六年间，"那家电子厂的生意做得非常好"，由一个厂变成三个厂，有五千多名员工，OEM（代工）起步，在转向 ODM（原始设计制造商）的过程中，"赚了很多钱"。

由于人为因素，曾琦后来被迫离开了那家合资公司，离开时，尽管他所持有的股份价值被严重低估，他还是坚持自主创业重新开始，这才有了今天的宏泰。

来大陆投资有些机缘巧合。

大陆改革开放后，四个经济特区对于吸引外资都思之若渴。1984年的一天，曾琦突然接到来自深圳特区的一个陌生电话，对方自称是深圳经贸委的，来意很直接，邀请他到当时还是小渔村的深圳考察投资。

双方约好次日九点半在深圳罗湖关口见面，曾琦八点四十五分就到了，但到了约定时间，并没有找到相约的人，曾琦只好到邮电局排队打长途电话回香港，由于排了两个多小时的队还轮不上，于是就回了香港，双方错过了见面的机会。信息传播如此困难，见个面都这么费周章，要是办了工厂，这生意还怎么做？曾琦婉拒了深圳经贸委的盛情，"深圳搞制造业的时机还不成熟，等等再说。"到深圳的投资就这样擦肩而过。

就在这时，时任厦门副市长江平带着招商团一行四人到香港招商。江平是曾琦在厦门科委工作时的领导，江平一行与深圳经贸委代表的意图相差无几，专为厦门湖里二点五平方公里特区的招商引资而来。

和江平是老相识，曾琦自然乐于一见，这一见，江平告诉曾琦，厦门跟深圳的投资战略有点不同，有很好的规划，对基础设施比较重视，已经着手在建机场和万门程控电话等等。

深圳搞制造业的痛点，在厦门马上就会得到解决，他又是在厦门出生长大的，有情份因素在内，曾琦当场答应江平："同意回厦门老家办个小厂，以此抛砖引玉，希望将来有更多大公司到厦门投资。"1984年，曾琦在厦门瓷器厂租了五百平方米的厂房，开启了厦门特区第一家港商独资企业的历史。

1985年，曾琦独资创办了宏泰。宏泰的创立对于刚改革开放的厦门来说，具有标志性意义，宏泰做大做强是历史沉淀的结果，在彼时的厦门，它却实实在在起到了抛砖引玉的作用，此后，信心驱使，外资接踵而至。

自动化战略的实施
让宏泰收获了意外的惊喜

从一家租用五百平方厂房起步的小厂，到今天成就跨界多个行业的宏泰工商集团；从创业初期的来料加工，到成为"中国制造2025"的成熟样板，或许只有曾琦博士自己才能明白，那是宏泰不断创新自我革命，才推动了宏泰一次次的凤凰涅槃。

曾琦投资厦门时，中国整个制造业的基础其实都相当脆弱。做出口加工，让宏泰生产出符合国际品质要求的产品，当时是多么的不容易，这是宏泰的第一次自我革命。

OEM（来料加工）同样具备一定的技术含量，初创的宏泰员工来自于社会各个角落，有国企员工，更多的是从没当过工人的农民工，素质参差不齐，首先必须对员工进行一次系统性的培训，这是一次掌握基本技能的革命。

曾琦坚持两手抓，一手抓内部培训，从香港派遣成熟技术员和工程师到厦门，手把手地教；另一手派员工到香港学习。宏泰创立伊始，曾琦就敞开胸怀，直接从大陆招聘的员工里面选派到香港学习，所有的管理层都是自行培养的国内员工，来帮助培训的香港高管，带上手后就撤回香港。

宏泰第一次自我革命的意义，从创立伊始便树立了很强的品质意识，这为以后走自主研发道路奠定了基础。

正当宏泰工厂热火朝天，海外订单源源不断时，曾琦看到了另外的一面。

宏泰在改革开放之初就进入大陆，目睹了厦门特区的变化，曾琦博士很快意识到，社会在不断进步不断革新，企业如果守着OEM一成不变，到头来肯定会被淘汰。从国际发展趋势来看，自主研发才是制造业的主流。

20世纪80年代末期，曾琦发起了以自主研发为导向的第二次革命，他不再拘泥于一成不变地守着OEM订单，着手组建研发队伍，大笔投入技术创新。

1988年，宏泰拥有自主知识产权的自动电话录音机问世，这是全球范围内的创新产品。继录音电话之后，宏泰又自主研发了其他通信产品。

1994年，宏泰启动第三次自我革命，这一次，曾琦把革命的方向锁定自动化。虽然当时工人的工资并不高，但从国外先进制造业经验中，曾琦已经能够料到，"自动化"将会是未来中国制造业发展的方向。

曾琦博士最早把宏泰的大部分利润及新增投资用来购买国外先进的自动化插机和贴片设备，到2010年前后，宏泰电路板车间的自动化率已经达到百分之八十以上，在国内同类工厂中处于领先地位。

自动化战略的实施，让宏泰收获了意外的惊喜。

2004年前后，当工荒潮席卷大江南北的制造业时，宏泰由于较早实施机器代工，不仅抢先一步实现了企业的减员增效，当其他同行还在为四处找不到工人而焦虑不安时，曾琦博士正指挥若定，让人给车间里的自动化机器上润滑油。

宏泰以"智慧工业4.0+"为核心的第四次革命，曾琦博士称之为宏泰的又一次工业革命，这次革命，其实从2006年就酝酿了。

如果说与1994年启动实施的自动化革命有什么不同，此次工业革命融入了信息化。曾琦博士在宏泰的第四次工业革命中提出的"智慧工业"理论，与2015年国家提出的"中国制造2025"战略堪称异曲同工，宏泰在"两化"融合上的成功实践，使之成为国家智能制造的试点企业。

而今，宏泰的第四次工业革命还在继续，漳州智慧制造基地的建成投产，已经让曾琦博士看到了可以想象的将来。

其实并非每一次自我革命都那么称心如意。曾琦博士说，改变是一个痛苦的过程，每一次革命都非常痛苦，但是你不改变，就会被淘汰。

宏泰在发动制造技术革命的同时，产品结构革命也在大刀阔斧的推进，每砍掉一款虽然短期内还能赢利的产品，尤其让曾琦苦不堪言。而随着国际市场竞争加炽，宏泰的竞争优势也越来越不明显。2006年起，停留在消费电子产品的战略必须改变，曾琦博士逐步淘汰了宏泰一些消费型产品的生产，其中包括每年仍有近二亿营收的消费电子产品。

此次产品结构革命，宏泰漂亮地躲过了2008年美国金融危机一劫。由于宏泰迭代产品较早转向商用领域，到2010年，宏泰商用产品全面代替消费电子产品，自主创新产品迎来了收获期。

以"智慧工业4.0+"的新姿态宏泰站在了时代的风口

"宏泰智泰工业4.0+"开始实施于2006年，外界并不知道，它的理论形成更早，实际上脱胎于曾琦二十年前攻读英国华威大学工程博士时所著的博士论文。当时论文用的是英文，今天翻译过来，中文题目"中国制造业集成战略的设计与实施"，与时代背景无比契合。

曾琦博士把厚如纸书的博士论文视为一部圣典，珍藏在宏泰厦门总部的办公室，作为"中国制造2025——宏泰智慧工业4.0+"的理论基础。

这篇博士论文的核心有三：一是"向日葵"理念，二是创新、改进、求变之战略（即CID），三是即时监控系统RTMS（信息化与自动化的融合）。

向日葵理念被视为宏泰企业文化的基础。向日葵象征宏泰体系内的企业，每一朵花瓣好比不同部门，彼此心连心；向日葵时刻向着太阳，太阳则代表企业的客户，向日葵面向太阳，象征着为客户提供称心满意的服务。

二十年前的中国，刚确定建立社会主义市场经济体制，经济模式还带有浓郁的计划经济色彩，曾琦从香港来到大陆，以两地发展模式的亲身实践，他对未来中国经济会走市场模式坚信不疑。

以市场为导向，以客户为中心，这就是向日葵理念的核心。

CID是企业战术与战略层面的规划。二十年前的曾琦博士就认定，企业发展不可能一成不变，要保持顽强的生命力，需要有坚持创新的精神和自我变革的勇气。

站在中国改革开放四十年的时间节点，曾琦博士看到了以习近平主席为核心的新一届领导班子的领导能力与凝聚力。纵观过去，他用壮士断腕般的勇气，推动着宏泰完成了一次又一次的自我革命。当同城一度风光无限的国企厦华、夏新，乃至后来的外资企业台和、三德兴电子等，一个接一个地退出历史舞台时，宏泰却以"中国制造2025——宏泰智慧工业4.0+"的崭新姿态，站在了时代的风口。

曾琦博士论文中的RTMS，换成今天的潮语，就是国家战略中的信息化与自动化"两化"融合和"中国制造2025"。

曾琦博士认为，"中国制造2025"如果套用德国工业4.0的概念，并不适合中国的国情。

中国的工业基础没有德国好，百分之九十以上都是中小企业，它们缺乏资金和技术，走工业4.0道路要花很长的时间，照搬德国工业4.0模式并不合适，很难达到，因此，"中国制造2025"要走自己的路。

"宏泰智慧工业4.0+"就是曾琦博士基于这套理论下进行本土化改造的"中国模本"。

曾琦博士的构想，漳州智慧制造基地只是"宏泰智慧工业4.0+"的一个样板，是"百亿级小型智慧工业服务平台"的试验基地。宏泰智慧工业服务平台的服务对象是为全球范围内的制造企业提供一个共享的智能制造服务平台，即"宏泰智慧工业互联网服务平台"。在这个平台上，互联网＋概念将被贯穿到智慧工厂的全过程中，优点是可靠、安全和可操作性。

从漳州智慧制造基地样板投入运行的情况来看，"宏泰智慧工业4.0+"服务平台适用于全球各类不同行业制造业的服务系统，具有不受时间、地点限制的第四维空间概念，他可以服务于全球不同国家与地区的各种不同行业的制造业：既可以服务于大型企业自有的制造系统，又可以引进中小型企业进入服务区域，提供最直接的服务。

"宏泰智慧工业4.0+"的显著的平台特点，它可以通过云端的全线物联网服务于任何制造商的订单、材料、智能制造、品质管理、成本管理和交货等供需服务平台，在保证企业彼此之间的信息安全，互不干扰、互不泄露的前提下，让不同的企业通过"中国制造2025-宏泰智慧工业4.0+"服务平台，达到工业4.0的建制标准。

在漳州智慧制造基地样板工程的基础上，宏泰将着手筹建千亿级的"中国制造2025-宏泰智慧工业4.0+"服务平台。

按照曾琦博士的测算，中国只要有两到三千个这样的大型服务平台，就可以满足百分之八十的民生商品的生产需要。

"纳滤之父"蓝伟光：
"真净水"背后的故事

文/谢嘉晟

　　这段时间，朋友圈能感觉到蓝伟光心情的突然大好。继他所领导的三达集团与华北制药联合生产的"纳滤甘泉"投向市场两年之后，几天前，三达与厦门大学建南矿泉水厂联合生产的"纳滤甘泉"也在厦门面市。
　　正所谓喜事成双。2016年，三达生产"纳滤甘泉"的核心技术刚获得厦门市专利特等奖，2017年，这一技术又获得中国专利优秀奖。这是三达膜技术在工业领域备受推崇之后，大规模转向民生应用的标志性事件。

国内民企登陆新加坡证券交易所第一股
三达膜蓄势二次腾飞

最近,蓝伟光双喜临门,与华北制药联合生产的"纳滤甘泉",以及三达膜公司推出的第二代民用"无机陶瓷纳滤芯"净水器相继获得丰收。为了与过去的"山泉水"和"纯净水"作个区别,蓝伟光把"纳滤甘泉"定义为"真净水",意思是:在净水过程中返璞归真、回归天然,既剔除了水中各种外源的微污染,又保留了水中天然存在的矿物质。

早在十几年前,国内以农夫山泉为首的"山泉水"和以娃哈哈为首的"纯净水"两大饮用水阵营,就曾针锋相对发起了一场没有分出胜负的争论:"山泉水"质疑"纯净水"过滤得太干净,把一些天然矿物质都给滤没了,"活水"变成了"死水";"纯净水"转过头来也在攻击"山泉水"过滤未净,保住矿物质的同时,化学微污染也给留下来了。

按照蓝伟光的定义,"真净水"顾名思义就是"真正的净水",它同时规避了"山泉水"和"纯净水"的短板,不仅把"山泉水"中的微污染都过滤剔除了,还能保留被"纯净水"滤没掉的矿物质,"活水"还是"活水"。

"纳滤甘泉"由蓝伟光提供技术和品牌,华北制药负责安全生产、质量控制和市场销售。华北制药是一家老国企,与蓝伟光已经有二十多年的合作历史。之前,蓝伟光创办的三达膜为华北制药提供工业膜分离技术和设备,这是提高药品质量的一道重要门槛,很多国产药品与进口药品之间存在质量差距,就是因为少了这道可以精益求精的分离纯化技术。

蓝伟光是最早开发膜技术,并把它从国外引入国内,而且加以推广应用的拓荒者之一,依托自身在膜分离技术上的沉淀,他一手创立的三达膜公司早在2003年就成为新加坡主板上市公司,这是国内民企登陆新加坡证券交易所的第一股,蓝伟光也因此晋身福布斯富豪榜。

与华北制药联合生产的"纳滤甘泉"是蓝伟光的又一杰作,这是他推动膜技术应用从工业分离到民生净水的华丽转身。"纳滤甘泉"依托三达纳滤芯技术,完美实现了"真净水"。

三达膜纳滤净水器的工作原理同样源自于它的纳滤芯技术。三达膜于2008年首次推出基于第一代纳滤芯基础上的民用净水器,后来的市场证明,当年的纳滤净水器不够完美,设备占用空间较大,安装也麻烦,而且有二道前置滤芯,需要定期更换,成本不菲,尽管效果不错，要频繁更换前置滤芯始终是块心病。

后来推出的用"蓝博士"作为商标的新一代净水器只有一道复合纳滤芯，看起来仅仅比一瓶葡萄酒略大一点，不仅少占了空间，使用起来也很方便："隔段时间，若滤水量变小，拆开清洗一下就好了，一般情况下，两年才需要更换新的纳滤芯。"更具普惠价值的，新一代纳滤芯净水器技术进步了许多，价格却比第一代产品便宜了不少。

一直引领着最前沿的纳滤芯技术，蓝伟光用自己最喜欢的称谓为三达膜的新产品命名，也给三达膜的纳滤芯净水器当形象代言人。

蓝伟光被尊为"纳滤之父"，是厦门大学膜技术应用与推广中心的创始人，现在是厦门大学水科技与政策研究中心的首席科学家，同时还兼任新加坡国立大学、北京大学、南昌大学的教授和博士生导师，他经常受邀出席世界各地很多关于水处理话题的演讲，潜移默化中，市场上已经逐渐接受了"真净水"这个新品类；在推广新一代纳滤芯净水器时，他引入了互联网的烧流量模式，"免费试用，满意付款"。

技术升级和营销变革双管齐下，三达膜蓄势二次腾飞。

夫妻共同创业拼天下
同进厦大，共赴新加坡

人生的精彩莫过于把一件喜欢的事情做到极致，蓝伟光正是如此。已经进入天命之年的蓝伟光，前半生的精力差不多都花在了与水处理有关的事业上，潜意识里，他始终保持着一份改善中国饮用水质的责任感。

蓝伟光出生于福建武平的一个农村家庭，兄弟姐妹五个，他排行老大，缺吃少穿是他少年时代的特征。

《中国企业家》杂志曾让他与柳传志、李开复、俞敏洪等大佬一起讲述母亲的故事。

蓝伟光说，在他小时候的农村，一开始喷洒农药，田里就会有死鱼出现，童年时候的小伙伴们会拣死鱼回家解馋，每当这个时候，他的母亲总会面带愁容，她不仅不许自家的孩子去拣这种被农药毒死的鱼开荤，对农药给水造成的污染也经常会表现出忧虑和不安，"鱼都能毒死，田里的水会流入溪河，这水还能喝吗？"

母亲只是个目不识丁的农村妇女,但她本能的反思在他幼小的心灵里留下了深深的烙印。

少年时代的这些片断,也在蓝伟光的潜意识里深深埋下了环保的种子,他希望他的故乡能永保青山碧水,水资源即便被农药污染,通过某些手段处理,也能得到治理和恢复。

这种环保意识影响了蓝伟光此后至今。1981年参加高考时,他填报了厦门大学化学系,厦大毕业后,他又报考了厦大海洋环境化学专业的研究生,有了大学的沉淀,他对水有了新的理解,来自山村的蓝伟光,相信大海会有更加广阔的施展舞台。

另一段经历则让蓝伟光走上了净水之路。

蓝伟光考研的成绩很优秀,但他是家中长子,对于一个贫困的农村孩子来说,选择先就业赚钱帮扶家庭,远比继续深造更加务实。不过,考研的优异成绩还是帮到了他,现在隶属集美大学,当时的厦门水产学院向他伸出了橄榄枝,校方希望蓝伟光能到他们学校当老师,教化学。为了争取到他,院方还答应他,可以把他在武平老家中学教书,当时是女朋友后来成为蓝太太的陈霓一块儿调到水院。

在如此优厚的条件下,蓝伟光成了厦门水产学院的一名老师,随后调入水院的陈霓被安排在同校的化学实验室。此后至今,无论是早年在大学,还是后来抛弃铁饭碗辞职创业拼天下,陈霓更像一个一直都在默默无闻充当贤妻良母的幕后英雄。

蓝伟光在办公室跟朋友谈事,她会坐在另一间办公室耐心地等他一起下班回家;蓝伟光在前面设计方案,她在后面配合试验,一起研究,联合署名发表论文;蓝伟光冲锋陷阵,她相夫教子。夫唱妇随的最佳境界莫过于此。

蓝伟光和陈霓的梦幻组合,很快在厦门水产学院的学术领域大放异彩,任教的六年里,他们联合署名的多篇论文陆续在当年他们那个领域权威的学术刊物上发表。那是蓝伟光学术生涯里的第一个巅峰,当年的厦门水产学院老师能够在《海洋学报》这类权威学术期刊上发表科研论文的凤毛麟角,这些论文后来改变了蓝伟光的人生。

1990年,他的一篇论文经他在厦门大学的指导老师杨荪楷教授拿到夏威夷的一个国际学术会议上去宣读后,被后来成为他导师的新加坡国立大学黄明强教授慧眼相中,蓝伟光因此获得了新加坡国立大学的全额奖学金,有了下南洋攻读博士学位的机会。

陈霓如何陪伴蓝伟光一起到了新加坡,说来有趣。当时可没有微信,新加坡与蓝伟光的对接主要靠书信,蓝伟光收到新加坡国立大学的录取通知书不久,黄明强教授又来信问他:"太太陈霓是否会和他一起来新加坡?"蓝伟光不知黄教授此问何意,书信来往问清缘由时间跨度上来不及。按照正常的思维逻辑,导师问他太太陈霓是否同去,应是出于方便照顾他的生活考虑,但当时的蓝伟光确实没有这种心智,他反而顾虑,导师是否担心他拖家带口到新加坡,影响了学习与科研,于是他回信说:"太太暂时不去。"

到了新加坡见过黄教授后,蓝伟光后悔莫及。原来,导师问蓝伟光"太太是否同去"的原因,是他非常欣赏他们夫妇俩联合署名的十几篇论文,据此判断这对夫妻本身就是最佳的研发搭档,若陈霓能够同来,势必事半功倍,加速研究课题的进展。为此,导师还特地为陈霓准备了一份做研究助手的经费。蓝伟光回信说太太不来,黄教授没再追问,就用那笔预留的经费聘请了另外一个实验助理。陈霓若应邀同去,她在新加坡领到的月薪折成人民币,相当于当年她在厦门水产学院月工资的二十倍,更重要的是,两口子不用两地分居。

蓝伟光对当时猜错导师的良苦用心懊悔不已。不过,事情的发展让蓝伟光有了"塞翁失马,焉知非福"的感慨,如果陈霓同去新加坡,他们的人生或许又是另外一种轨迹,"后来会否继续朝着改善中国饮用水质的方向努力,就很难说了"。

为了解决陈霓再到新加坡的问题,黄教授给蓝伟光指明了另一条道。新加坡是个岛国,淡水资源奇缺,当时恰逢新加坡政府正在大力资助与海水淡化相关的科研项目,黄教授让他试着去申请课题经费。"当时刚去,如果不是为了让她也能在国大获得一个工作机会,根本就不会想着去搅和与本身研究课题以外的事情。"蓝伟光深信那是一种梦想家庭早日团圆的力量在作祟,在他的努力下,申请居然成功了。

不久,陈霓也来到新加坡,两口子的"梦幻组合"得以重启。

马桶哗啦一声响过
他发明生活污水循环变成饮用水技术

获得新加坡政府的科研经费,为蓝伟光打开了另一扇窗,这个与海水淡化相关的项目,让他实践了新加坡政府如何把急需解决的问题转化为科研的课题,调动市场多方力量积极参与,寻找解决方案的思路。

按照新加坡约定俗成的操作模式,政府有关部门会根据经济与社会发展的需要,先设置科研项目,然后向社会公开,供高校及科研院所的专家或团队申请,应用型研究课题从立项开始就必须找到承接合作转化的企业,政府此举的目的是通过产学研无缝对接,让课题更贴近市场需求,让成果更具备商业价值。

这对之前已习惯于中国科研体制的蓝伟光而言，一切都显得非常新鲜，但也极具挑战性。幸运的是，通过自己的努力，他不但申请到了经费，而且还找到了承接合作转化的企业，蓝伟光由此开始了人生当中最有成就感的水研究经历。

海水淡化的技术当时分为热法与膜法两大流派，热法的关键是加热蒸发，膜法的关键是用膜过滤。蓝伟光选择了膜法，他当时的理由是，膜法不会产生改变物理和化学性质的"相变"，能耗较低。然而，实践中，蓝伟光发现，事情并非想象的这般简单，采用当时现成的反渗透膜法对海水过滤后，淡水的回收率并不高，甚至是，分离出的淡水比浓盐水还要少，如果想要提高淡水的回收率，可能要消耗比热法还高的能源，那个时候，能量回收的技术并不成熟。此外，浓盐水的处理也非常麻烦，直接排入海里会引发海洋生态问题，而要实现综合利用，还有许多问题尚待解决。在当时的条件下，膜法海水淡化困难重重。

就在蓝伟光为此茶饭不思的时候，有一天深夜，他在实验室苦无良策之后去了一趟洗手间，马桶哗啦一声响过，他突然"脑洞"大开，"是不是可以把膜过滤的原水由海水改为生活污水？"从理论上，蓝伟光认为是可行的。海水淡化就是一个泵压与渗透压对抗的过程，泵压必须高过渗透压才能获得淡水，而随着过程的深入，浓水侧的渗透压会越来越大，要继续获得淡水，所需的泵压也会越来越高，这意味着，能耗越来越大，因此，不只提取淡水的比例有限，还会留下大量的浓盐水。如果改用冲马桶后的生活污水做原水，虽然貌似很脏，但固液很容易分离，溶解性的有机物渗透压远比海水盐分来得低，如此一来，能耗就会大幅度降低，水的回收率也可以大幅度提高。"显然，把采用膜法过滤的原水从海水改为生活污水，困扰海水淡化的能耗与水回收率的问题都会迎刃而解。"蓝伟光坐在抽水马桶上，越想越兴奋。回过神来，他雀跃万分，赶紧回实验室，收拾、关门，打道回到他们的出租房，把已入睡的陈霓叫醒，兴奋地跟她大概说述了下突发而来的奇思妙想。"胡思乱想。"本以为会得到认同的蓝伟光，没想到却迎来陈霓的一阵嘲笑。睡意正浓的陈霓一听就觉得那是不着调的事情，站在女人喜爱洁净的角度，把生活污水循环回收变成饮用水，想想都觉得恶心。

然而，科技毕竟是理性的思维，就分离的原理而言，蓝伟光觉得来自冲马桶厕所水的灵感没有任何问题，随后进行的实验也证明，他基于膜的溶解扩散原理而得出的推断是对的。

由此，蓝伟光的研究从海水淡化转向了生活污水的净化与回收利用，这正是新加坡后来扬名世界的新生水最原始的技术源泉。

尽管蓝伟光再三强调新加坡新生水的成功，技术因素所占的比重非常小，它是新加坡国民的水忧患意识、政府优秀的水政策，以及市场开发的水技术三位一体、完美结合的产物，但后续的发展不断证明，用污水当原水的膜法净化成本，确实要比海水淡化低很多。

今天，海水淡化与新生水一同被列为新加坡的四大水源之二，很少人知道，新加坡利用污水净化回收利用的新生水，比通过海水淡化得来的淡水要多得多，其根本原因正是由于两者在处理成本上的大不相同。

因为在膜法水处理领域所取得的成就与做出的贡献，蓝伟光受到了包括新加坡建国总理李光耀等在内多位新加坡政要的接见，并荣获了新加坡国立大学杰出校友奖。

1994年，还没拿到博士学位，蓝伟光就先受邀加盟了新加坡一家知名的水处理技术公司，并被委任为技术总监。一年之后，通过论文答辩，蓝伟光才成为名副其实的"蓝博士"，这个称号，他至今仍把它印在名片最重要的位置上。蓝伟光经常自我调侃说，那个年代的博士，还是比较受人尊重的，不像今天"满大街都是"，但鱼龙混杂，含金量差异悬殊。

蓝伟光在新加坡国立大学的研究与实践，使他真正明白了产学研结合的道理。后来，他把这段经历进行总结与反思，并把它升华为三达膜的公司理念：唯有把市场的难题作为科研的课题，逆向思维、不断创新、破解难题，成功应用并加以推广，企业才能获得持续发展。

国外净水滤芯在国内水土不服 他萌发了一项饮水"普惠计划"

"有心栽花花后开，无心插柳先成荫。"蓝伟光经常如此形容自己曾经的经历。在他的印象中，有生以来的很多事情，结局跟当初的设想总不在一个节拍上，与水结缘，同样包含了很多的阴差阳错。

未拿到博士学位先加盟知名水处理公司的蓝伟光，离开新加坡国大后接受了一项新的挑战，即把公司获得亚太地区独家代理权的以色列MPW公司生产的纳滤膜，推广到中国的医药化工生产企业里。为了贴近市场，蓝伟光回到了中国，这一次，他把落脚点放到了上海，然而，这一趟经历又让他与水再续前缘。

已经习惯了饮用新加坡自来水的蓝伟光，在上海安顿下来后，最先感到的不适应就是上海和新加坡两地自来水的明显差异：上海自来水有一股很浓的漂白粉味道。用漂白粉给自来水消毒，至今仍是国内多数城市的通行做法。

初来乍到的那段时间，蓝伟光才真正体会到什么叫水土不服，为了解决他的饮用水问题，新加坡总部还专门从美国为他购买了台反渗透膜净水器，这在当年的上海属于奢侈品。

从国外到上海工作的人群，普遍适应不了自来水中的那股漂白粉味道。

对于蓝伟光来说，自己的体验反而成为扩大生意的一次良机，主业之外，他把向驻沪外籍人士兜售美国反渗透膜净水器当成了副业，为了降低成本，他甚至怂恿总部从美国进口反渗透膜滤芯，在上海组装生产净水器。

然而，好景不长，蓝伟光兜售反渗透膜净水器的同时，也频频接到用户的抱怨。抱怨主要集中在反渗透膜滤芯的使用寿命太短，用不了多久，水质又会变坏，用户难以接受，由此引发了无数纠纷。蓝伟光自己就是膜技术领域的专家，很快找出了问题所在，他发现，从美国引进的反渗透膜滤芯存在着重大缺陷。

上海自来水中的氯含量颇高，反渗透膜最忌讳的就是氯，这款净水器的工作原理是依靠前置的活性炭把氯吸附剔除掉，然后再把水导入反渗透膜中去除溶解性污染物。但一根活性炭滤芯的氯吸附容量极其有限，很快会达到饱和，这导致了含氯的自来水直接进入反渗透膜，损坏了膜滤芯。找出症结所在，蓝伟光马上叫停了在上海的净水器组装项目。反渗透膜怕氯是由滤芯材料的特性决定的，当时唯一的应对技术就是强化预处理，增加前置滤芯，以增加吸氯容量，从而确保反渗透膜不被损坏。

然而，前置的滤芯多了，过滤的层级增加，管路变长，成本增加，维护也变复杂了。

众所周知，净水靠滤芯，滤芯大多是用膜做的，当时几乎所有的膜芯都要依赖进口，但国外流行的净水滤芯移植到国内后，因为水源水质差异太大，通常都会水土不服，所以，南橘北枳的故事在中国的净水行业不断上演。这一点，蓝伟光倒是看得很透，他之所以叫停上海的组装项目，正是因为他原来服务的公司没有生产核心净水滤芯的能力。

但后来有一次，与一位业界前辈闲聊时，对方的一句话刺激到了蓝伟光。

前辈说："伟光你是全球顶尖的膜专家，名声在外，你现在在工业领域的推广应用已经十分广泛，但膜技术更大的应用应该是在民生净水领域，而现有的膜技术却解决不了自来水深度净化的问题，能够剔除化学微污染的保留不了矿物质，能够保留矿物质的又剔除不了化学微污染，你能不能开发一个两全其美的膜，解决老百姓的饮用水安全问题？"

蓝伟光的心被震到了，这不仅是利国利民的好事，若能破解这一难题，也必将开创一个庞大的蓝海市场。那一刻，他立下夙愿并默默着手实施一项惠及千家万户的"普惠计划"：一定要开发一款既能保留矿物质，又能去除微污染的净水膜滤芯，让自来水返璞归真、回归自然，喝起来口感可以媲美未受污染的天然水！

这是蓝伟光与民用净水行业的初恋。他深信，在上海时，如果不是正把推广以色列纳滤膜的生意做得风生水起，自顾不暇，他会更早介入这一行业。

理想与现实隔着千山万水 他就跋山涉水

从有心准备到惠及千家万户的纳滤芯净水器正式推出，是一个攻克重重技术壁垒的漫长过程。

在上海工作二年回到新加坡后不久，蓝伟光辞去了令人羡慕的工作，回母校厦门大学任教，并创立了日后在中国膜工业界声名鹊起的新加坡主板上市公司三达膜。

这段时间，蓝伟光虽然把主要精力放在了工业分离膜技术的开发应用上，但暗藏心底的那个"普惠计划"一直让他魂牵梦绕，三达膜的上市，为他推进这项计划提供了强大的平台。

站在今天的角度去审视美国当年的那款反渗透膜净水器，存在的缺陷其实就像当年"山泉水"攻击"纯净水"时所举证的，"滤得太干净，把水中天然矿物质都给滤没了"。

解决这个缺陷，蓝伟光最先想到的是他当时已广泛应用在工业领域的有机纳滤膜，纳滤膜的截留分子量介于超滤膜与反渗透膜之间。他想从工业化生产的净水厂入手，在源头上提升饮用水质。

2000年，他注册了"纳滤水"商标，并申请了有机纳滤膜的净水专利。

然而，蓝伟光很快又发现，有机纳滤膜概念看似不错，实际应用中也有诸多问题，一是仅能透滤钠、钾离子，无法保留水中天然存在且人体必需的钙、镁、锶、硅、硒等矿物质与微量元素；在剔除化学微污染方面，一些分子量很小的有机污染物也会与水一起被透滤。有机纳滤膜并不能真正做到他所设想的"纳其所需（保留矿物质）、滤其所虑（剔除微污染）"。

面对上述问题，蓝伟光利用其在新加坡和国内的研发平台，又做了很多探索性的努力，试图改进有机纳滤膜，但实验均以失败告终。

有件事情挺有意思，其间，天津大学依靠已经在市场上推广使用的有机纳滤膜，甚至抢先一步开发了"北洋牌纳滤水"，从知识产权保护的角度来看，只要有第三方使用了"纳滤水"这个名称，都属于侵犯了三达膜的商标权。

但蓝伟光对此并不以为然，因为他很清楚，有机纳滤膜生产的纳滤水存在先天缺陷，因此，他们的"纳滤水"之路很难走远，另一方面，他也希望有人一起把"纳滤水"这个品类做强做大，有人对此感兴趣，他也乐观其成。从天津大学使用"纳滤水"商标一事中，蓝伟光产生了新的想法，他提出了另一个新概念——真净水。他认为，较之"纳滤水"，"真净水"作为净水新品类的名称，更容易被普通大众认知与接受。

这一次，蓝伟光没有再为"真净水"去注册商标，他要让更多人了解并推广这一净水新品类。长时间在市场和科研之间游走，他明白"市场是共同做大的"这一知易行难的道理。

蓝伟光希冀从净水厂入手，在源头上提升饮用水质的做法，事实上也遇到了诸多困难，以目前国内的用水机制，中间隔着重重的阻力与障碍，依靠民企的力量自下而上推动自来水从源头上进行净化，任重而道远。

蓝伟光把思路退回到推进"普惠计划"上，他意识到，只有研发出让百姓用得起的净水滤芯，才有可能实现"真净水"。

入主德国著名膜公司迈纳德
研发升级直抵"芯"脏

2004年，蓝博士获得了一个收购德国著名膜公司迈纳德的机会。

迈纳德公司由当时的世界500强企业、德国化工巨头赫司特旗下的膜技术部门，与阿克苏·诺贝尔旗下的膜组件公司重组而成，有着深厚的技术底蕴，但当时的现金流几近枯竭，随时面临破产倒闭的危险。

蓝伟光在董事会上提议由上市公司三达膜作为并购迈纳德的主体时，刚开始，他的方案遭到了其他董事的强烈反对，他们担心，万一并购迈纳德后消化不良，会影响到上市公司的业绩。那段时间，TCL收购法国Thomson电视、明基收购西门子手机部门接连失败，整个并购市场阴霾未散，迈纳德是德国老牌的膜材料制造企业，三达膜是一家植根中国的膜应用技术公司，其他董事担心，双方在文化上的差异迥大，整合有难度。

蓝伟光深入解释了迈纳德的价值所在：这家公司具备德国人严谨的工匠精神，拥有超强的研发能力，跟三达膜的现有产业正好形成优势互补，这种互补有利于打造膜产业链。他力排众议，最后说服了三达膜的董事会支持了他的计划。这宗并购为三达膜后来从一家膜工程技术公司升级为一家膜材料研制企业奠定了坚实的基础。

在管理融合上，蓝伟光也很快用自己的行动和方式证明了自己在董事会上的坚定主张。

那时候，一个华人以第一大股东的身份出现在一家德国企业的董事会里十分罕见，召开并购后的第一次董事会时，蓝伟光能明显感觉到当时迈纳德管理层以及核心技术人员的不自在，但第一次发言，蓝伟光就把他们征服了。

蓝伟光给他的德国同事分析了 TCL 收购 Thomson 电视之所以失败的原因，并举证了当年中国收复香港时实施的"港人治港"特别制度，借此表达他希望在迈纳德公司实行"德人治德"的想法。他的诚意很快赢得了迈纳德管理层与技术人员的信任与好感。

紧接着，蓝伟光又站在专业的角度对整个国际膜技术应用产业作了分析和判断，话题很快引起了共鸣，一个原本计划只开一小时的董事会，在不知不觉中变成了一整个下午的技术交流会，傍晚在德国古堡喝黑啤酒的时候，探讨还在继续。

理念融合给这宗并购起了个好头，蓝伟光的"普惠计划"渐行渐近。

迈纳德本身就是国际上知名的有机膜材料制造商，很了解德国膜同行所取得的最新科研成果，在他们的牵线搭桥下，蓝伟光因此获益良多。

有一次，在迈纳德公司的安排下，蓝伟光与一位德国知名的纳米技术专家进行技术交流。

专家告诉他，无机纳米材料制备技术的飞速进步，将改变传统的有机膜分离过程，这种技术可以制备 3D 材料，使吸附过程无须前置，与过滤同步进行，从而提升膜分离的效率，让之前一直都在使用的 2D 有机膜无法做到的事，都能够实现。

言者无心，听者有意。纳米专家的一席话启发了蓝伟光利用天然无机材料制备纳滤芯的新思路：从有机到无机，从 2D 到 3D，如果能为膜过滤增加一个维度，让过滤与吸附相结合，那么，是不是就可以一箭双雕，事半功倍滤出"真净水"。回到新加坡之后，蓝伟光立即与三达的技术总监一起制定了严密的技术方案，搭建了纳滤芯研发项目小组。他们把市场上已经使用多年的英国皇家道尔顿陶瓷滤芯作为参照物，整合传统陶瓷滤芯与活性炭吸附的优点，把攻克的重点聚焦在陶瓷滤芯的三维立体空间上，希望能把天然多孔的硅藻土与活性炭及其它的功能添加剂整合在一起。

为此，蓝伟光又在中国收购了一家当时国内颇有名气的活性炭厂，并与相关科研院所合作，针对性地开发了微孔直径比传统型号小 800 倍的特殊活性炭，从而让活性炭对氯及其他化学微污染的吸附容量，也得以按几何倍数增加。值得一提的是，这一创新的纳米微孔活性炭制备技术后来获得了中国国家科技进步二等奖。天然硅藻土本身含有微米级的蜂窝状多孔结构，通过特殊的工艺技术，把三达特制的纳米微孔活性炭镶嵌其中，然后烧结成形，让蓝伟光引以为傲的无机陶瓷纳滤膜芯就这样问世了。

至此，蓝伟光甚感欣慰，无机陶瓷纳滤芯问世后，他已经能感觉到来自市场的良性反应。由于这一创新彻底颠覆了市场上使用已久的反渗透膜滤芯，一些依赖反渗透膜滤芯组装生产净水器的商家，对新生的三达纳滤芯产生了本能的抵触与排斥。

在蓝伟光看来，这是好事。新生的三达纳滤芯如果没有形成竞争力，对他们的产品构成了威胁，是引不起市场的反弹的。全球最知名的美国反渗透膜核心材料制造商，在明尼苏达的膜材料制造厂改用三达的纳滤芯净水器，至少已经证明了这一点。

推进"普惠计划"的关键全在"芯"脏，三达纳滤芯的问世，让这一计划的实施成为可能，最新一代的"蓝博士纳滤芯净水器"售价，已从从第一代时的3000多元，降到1500多元。

博士在新生水厂

涌泉赖桂勇：
身家数亿时，全家住六十平小屋
经历低谷后，迎来另一种快意人生

文/陈惠婷

  第十届全国人大代表，也是集美区至今唯一被推选为全国人大代表的民营企业家；同时期，企业纳税超千万，问鼎集美区内资企业纳税第一名，入选全国民营企业五百强，建成厦门第一个民营工业园。这些辉煌和成就围绕着同一个名字：赖桂勇。
  厦门民营经济发展史上从来不会少了赖桂勇和他身后涌泉集团的那一笔。他享受过改革开放的红利，也经历过倾家荡产、走投无路的困局，如今再起步的赖桂勇走进了另一种懂取舍、知进退的快意人生。

他把农民吃苦耐劳的资本发挥到极致

　　1984年，中国的改革开放在这年元旦刚过不久，释放出不一样的信号。除了出国之外，一直坐镇北京的邓小平，突然决定到南方看看。2月份，邓小平走完广东就来到厦门特区视察，项南同志提出把特区扩大到厦门全岛。

　　此时同属泉州的晋江，民营经济展示出野草般强劲的生命力，而德化还处在市场经济的起点和边缘。纵然信息再闭塞，总有一批人春江水暖鸭先知，敏锐地察觉到沿海特区的季节和时代在变化。年仅21岁的德化农民赖桂勇闻风而动。他口袋里揣着从亲戚朋友那儿借来的十八块钱路费，从偏远山区德化赶到特区厦门。

　　"没有邓小平，没有改革开放，就没有我的今天。"赖桂勇至今记得初到厦门，"满大街都是骑自行车的人，店里卖一百多块钱一辆，我当时连做梦都不敢梦到自己能买一辆，就想着怎么赶紧把娶老婆欠下的一千六百块钱还了。"

　　农民最大的资本是吃苦耐劳，赖桂勇就把这点发挥到极致。初来乍到，他挖化粪池、当搬运工、做小工，最苦最累的活都干过一遍。不到一年，就把负债还完了。

　　有一点小积蓄后，赖桂勇开起了食杂店，倒卖农副产品。他是大山里走出来的孩子，了解菌类、木材等农产品的习性，就像对长在屋后的小白菜一样熟门熟路。这对他成就后来的事业有至关重要的影响。一路走来，赖桂勇的商业轨迹从未偏离过农业。

　　那段时间，赖桂勇经常奔波在德化、龙岩、宁德、漳州等农产品丰富的地区，把各种各样的木耳、生姜、冬笋、马铃薯进到厦门，还跟当时全国最大的食用菌出口公司形成稳定的供应关系。

　　这天，赖桂勇照例回老家德化拉冬笋。山路崎岖，车子突然爆胎，车身失控侧翻，不巧就压到赖桂勇的腿上。当下，他疼得连喊人帮忙都会牵动神经。后来车子挪开了，他的腿也暂时失去知觉。赖桂勇创业起步如何艰难，与同时期草根企业家类似，采访时，也只是经旁人提起，他才想起往事。

　　思绪从回忆中拉回来，他笑笑说："当年创业那么艰难，家里上有老下有小，我还是撑过来了。"

请一百多人彻夜排队买股票稳赚第一桶金

中国本就地大物博,改革开放初期又兼具人口红利,国内种植加工的农副产品因价格低廉,在海外市场格外抢手。

1986年,一位日本客户找到食用菌进出口公司,提出进口香菇。该公司负责人问赖桂勇:"懂不懂香菇?知道产地在哪里吗?""懂一点,如果是木屑袋栽香菇是在宁德古田县,浙江庆元的花菇栽培技术最好……"对方一听,这何止是懂一点,根本就是行家。

那时候,各产区与销售地之间信息闭塞,再加上出口权掌握在少数国营的外贸企业手里,赖桂勇手里的香菇,从买到卖,最高可以赚到十倍、二十倍的差价,"浙江庆元收购花菇一斤六十几块,可以卖到两百多,其他可能卖到更高。"1987年,赖桂勇顺利成为外贸香菇厂的负责人,这个体制外的农民终于凭着技术优势在吃香的外贸公司占得一席之地。

但赖桂勇个人把这些际遇归结为运气,他说:"当时就算是傻子做生意,只要踩在改革开放的风口上,也能飞起来。"

他不仅运气好,胆子还特别大。当普通人还挣扎在温饱线上,赖桂勇已单枪匹马掘金股市。

1992年6月,厦门汽车、龙舟、厦海发、厦门国泰(俗称老四家)发认购证募股上市。那天是周末,厦门设的四五个点都在通宵排队。大家秩序还不错,不是因为文明,而是谁都都不懂。如果有人告诉你,只要排队一个晚上,花50元买的这张"纸",第二天可以卖500元,你就能想象抢购的场面是什么样。赖桂勇在做农产品贸易时就听闻买股票能赚钱。"老四家"上市当天,他请了一百多个工人彻夜排队,把自己做贸易攒的积蓄都投进去。换成普通人谁敢轻信这种空穴来风的传闻,一不小心全家积蓄都打水漂了。赖桂勇偏偏就敢赌一把,还赢了。

"一个人只能买五张,我请了一百多工人买了五百多张。""老四家"上市正赶上沪深股市走小牛,厦门汽车发行价1.8元,上市开盘10.29元,认购证带来了数亿元的利润。"老四家"启蒙教育了厦门第一批股民,成就了金龙汽车的辉煌,也见证了早期大户的"炼金术"。不早不晚,也为赖桂勇带来第一桶金。利用这笔资金,赖桂勇继续扩大香菇、木材等农副产品采购与深加工,并持续出口到日本、中国香港等地。

贸易公司转型农业科技企业
口袋里的十八元变成身家数亿

据集美区摄影家协会常务理事王进法回忆:"九十年代,大家物资都缺乏。我们到户外摄影取景,有时候经过赖桂勇的手套加工厂,都会停下来讨论这家做手套加工出口的企业。那个年代,还是在灌口农村,有一个这么大的加工厂,谁都觉得很牛。"坊间对赖桂勇充满钦佩之词,一时间他代表了当时灌口民营工业的最高生产水准。

赖桂勇从农产品贸易一下子跨越到防护用具研发生产,又一次得益于他敢闯敢试的性格。

1996年,日本贸易商偶然向赖桂勇求购一款抗静电、可降解的手套。举目望去,全市竟没有企业有能力生产一双满足要求的手套。机缘是老天赏赐,能利用好才是真本事。赖桂勇以敏锐的洞察力预判,这又是一块掘金的处女地。

"既然有需求,我就找门路生产。我刚好认识一家大型滴塑公司的副董事长,几次沟通下来,他决定辞职给我当手套厂厂长。"从一开始抗静电的、可降解的,到后来防滑的、防臭的、耐磨的、透气的……手套从一个简单的功能开始延伸并开发出上百个品种。可以说,只有你想不出去,没有他研发不出来的功能手套。

如赖桂勇所料,手套销量非常火爆,海外订单如雪片飞来,流水线日夜不停地转动,一批又一批成品通过外贸公司走出国门,销往美国、欧洲、澳大利亚等发达国家。

涌泉工贸发展公司1994年注册资本319万元。三年后,翻了十几倍,增加到4600多万元,并逐渐从一家贸易公司逐渐转变为研发与销售为一体的出口型农业科技企业,形成天然苯系香料、功能化木制品、环保防护产品、林木种苗四大业务板块。

公司陆陆续续增资扩产,员工也逐渐就发展到一千多人。1997年6月,赖桂勇再次抓住机遇,注册成立厦门涌泉集团有限公司。这期间,涌泉公司的资本成几何形扩张,"幼苗"企业将要长成行业巨擘。

从18元起家,到涌泉企业集团成立,仅从资本金来说,赖桂勇就把原始的本钱整整盘大了760多万倍。当时就有人假设,区区十八元,就算是用它来买纸,然后把这些纸全部变成百元大钞,恐怕也印不出几亿的人民币来。

涌泉公司综合厂区奠基典礼

集团跻身全国民企五百强
集美商会至今唯一的全国人大代表

1997年年底,灌口镇李林村溪南坪324国道西北侧一片二十万平方米的土地上,正在举行一场隆重的奠基仪式。来自全市媒体和灌口民众聚集在此,共同见证厦门第一座民营工业园的诞生。

两年之后,拥有二十多栋楼的涌泉工业园在这儿拔地而起。园内包含办公楼、科研楼、专家、活动中心、员工宿舍,集办公、生活、娱乐为一体的建设规格,放在今天依然是超前的。

涌泉工业园落成之后,带动一方人气。集团鼎盛时期,园区聚集上万人口,比一个普通村子的人数还多。李林村村民在附近经营一间小卖部,足够养活全家人。

在民营经济粗放成长的年代,赖桂勇目光如炬,深信人才和研发才是企业的未来。同行出口的松木经过简单加工，风吹日晒就变形。赖桂勇就投入大量科研经费，引进人才，研发出来的松木要不仅要脱脂烘干，还要防腐阻燃防疫，最大程度做到一根八米长的松木不变形。

涌泉集团鼎盛时期，旗下有四大业务板块，共二十多家企业，一百多个科研人员分布在木雕、实木门、板式家具、手套帐篷、雨伞、口罩、外贸、物流、建筑等不同细分部门，累计科研投入超亿元，年均一千多万元，科研仪器投入三千多万。集团还成立了国家级企业技术中心、实验室、林木良种繁育（厦门）示范基地，以及博士后科研工作站、省级林产业工程技术中心等多个研发机构，并与国内外十多个高校院所建立产学研协作关系，承担了国家七部委二十多个国家级科技计划、产业化项目，拥有十六项发明专利和四十项专有技术，并建有二十八万亩原料林基地，是全国民营林业科技企业的排头兵。

涌泉集团成立第二年，就成为全市第二家获得进出口权的民营企业。一方面源于赖桂勇早期与外贸公司业务往来打下的基础，另一方面民营企业能拿到进出口经营权真的是凤毛麟角，这也就奠定了涌泉集团成立之初就是外向型、科技型企业。

据他介绍："2008年以前，我们生产的东西都是百分之百出口。"涌泉的产品像洪水一样涌出国门。以手套为例，涌泉集团出口的手套占国际市场98%，日本、欧美国家的警察手上戴着的手套都是涌泉制造。2000年—2003年，涌泉还连续4年出口创汇排名厦门民营企业第一位，被评为全国出口创汇"先进乡镇企业"。

集团成立第三年就是集美区千万纳税大户，之后更连续五年纳税超千万，成为全区最大的内资集团，跻身全国民企五百强。

赖桂勇本人被推选为第十届全国人大代表，期间还提交了《让龙头企业带动新农村建设》等一系列关注新农村建设的议案。根据集美区工商联秘书长郑伟强描述："那时赖总参加全国'两会'回来，集美区的企业家都要到区政府听他的报告。"

赖桂勇和涌泉集团一时风光无二。采访时，他也不时喟叹，一时繁华让他忘记及时转舵，错过外贸转内资的最好时机。

教育子女生活朴素
做起慈善不遗余力

苦了几十年，挣钱总要潇洒一把。这是大多数人的逻辑。赖桂勇辉煌时期身家数亿，与公司日进斗金相比，他的家庭生活却无半点奢华，甚至有些清贫。

"在厦门槟榔西里小区，有一套六十平方米的住房，就是赖桂勇的家。在这个普通和狭小的房子里，记者看到的是一些普通得旧家具和一本已经签发了十三年的房产证。"这是2004年赖桂勇当选第十届全国人大代表时，中国农村科技杂志社和中国科技新闻学会联合编辑的《东方大地之子》刊登的一篇报道。文中提及的"六十平方米的住房"，是赖桂勇原打算让孙子上学的学区房，也在后来企业困难时被出售，用来支付员工工资。

创业至今，赖桂勇用过三部车，"第一部车是用三根木头换的二手车；第二部是部门经理换车，我直接拿来用，开到没喇叭没空调；第三部车是按揭两年买的奥迪，用到现在还开得很舒服。"

不仅是他自己，家里人也没有生活优越的感觉。三个小孩一开始都寄住在乡下上学，也没有任何特殊待遇。根据小儿子赖鹭挺透露，"我们当时都不懂家里收入怎么样，日子过得跟普通人没什么两样。"后来虽然被送到加拿大留学，但赖鹭挺表示，在国外的大多开支都是自己在超市打工，一点一点攒下来。

赖桂勇希望孩子们学会独立、负责。他言传身教，时刻注意把朴素的家风悄悄融入下一代的心中。看得出他满意自己对孩子的教育，尤其欣赏小儿子吃苦耐劳的性格，采访中多次笑呵呵地向人说道："他在加拿大超市做临时工，赚得比正式工还多。这孩子能吃苦。"

合法经营，追求效益，那时一个合格的商人；分享成功，回馈社会才算是真正意义上的企业家。赖桂勇不求生活富足，做起慈善公益来却不遗余力。赖桂勇从以十八元起家，到身家上亿，他始终不忘这些均来自全社会的关怀和帮助。他亦将回报社会的初心镌刻成企业名字：涌泉。赖桂勇时刻提醒自己：滴水之恩，涌泉相报。

涌泉集团成立之后，连年无偿捐款给农村教育、养老、植树造林。赖桂勇在公司鼎盛时期，还一度打算将把当时集团55%的股份收益权无偿捐献给员工。同时，他还计划在公司内部成立了社会发展基金会，将35%的股份收益权通过公证捐赠给基金会，专门用于农村社会的救助。这样算下来，他无偿捐赠集团90%的股份收益权，剩下的10%才留给家族。最终，计划因企业震荡而落空，但这个承诺至今是赖桂勇奋斗的目标。

六个月发不出工资 员工竟无人讨薪

如果按赖桂勇的规划走下去，福建慈善人物榜上也许会多一个名字。但人生的转折往往在难以预料的拐角出现。外向型企业的基本特征是生产和经营面向国际市场，直接受国际市场变化的影响。这样的成长模式在改革开放的初期有其成长的优越性，但一旦国际市场发生震动，也就成了悬在企业头上的达摩克利斯之剑。

2008年，一场令人胆战心惊的金融风暴逼近眼前，赖桂勇一手缔造的商业帝国大厦将倾。

这是所有外贸企业非常不堪的一年。集美台商投资区一片热火朝天的生产盛况一下子逆转到景气衰退的愁云惨雾。现在每平方米均价近两万的集美乐活小镇，当时挂出两千块钱都没人要。涌泉集团订单一落千丈，工业园里各项生产销售指标一步步呈现出恶化的趋势。

曾经有多荣耀，后来就有多惨烈。困难时，赖桂勇连续六个月发不出工资，员工人数从五千多人一个月内锐减到三千多人，再到一千多人，同时还有一百五十几个官司缠身。当时就算把整个工业园和手头几十套房产都卖出去，也资不抵债。他晚上睡不着，白天也不敢看到停滞的工厂，冷清的园区。最艰难的时刻，赖桂勇跟妻子都签好了《遗体器官捐赠协议》。

不幸中有万幸。集团几千名员工，竟没有一个人找他讨工资，甚至集团高管还自发集资，力图帮企业渡过难关。赖桂勇至今一直感慨，"是我运气好，碰到好员工。"

越是困难的时候，越是显得人与人之间的帮助弥足珍贵。来自社会、政府、员工的援手让赖桂勇在至暗时刻看到希望，他后来说："当时如果不是看到大家都在尽力帮助涌泉站起来，我可能真的没勇气撑过来。"

转变也就一念之间。曾经心性急躁的赖桂勇一下子看开，他说服妻子把最后留给孙子上学用的学区房也卖掉，"只要命还在，卖掉资产就是砍手砍脚而已，难看一点没关系，总有东山再起的机会。"

有园区，有团队，还有一身经验教训
东山再起，他要给子孙留下金山银山

"党和政府给我太多荣誉和支持，我始终感谢党，感谢改革开放。我回报社会的初心不是作假。我的一切得益于员工和社会的善意，要对得起股东、员工和社会各界对我的宽容。"如今，他经常在深夜十一二点时，在园区闲庭信步，想想从前的挫折，想想现在的生活状态和企业未来的路。

2015年，50多岁的赖桂勇在熬过了最艰难时期后，带着留下来的员工东山再起，并确定公司发展方向：专注种苗培育和森林病虫害防治。

十八大以来，习近平反复强调"绿水青山"。他明确指出，"绝不能以牺牲生态环境为代价换取经济的一时发展"，多次提出"既要金山银山，又要绿水青山""绿水青山就是金山银山"。

赖桂勇如今所做就是在子孙后代留下金山银山。"防治病虫害最传统的方法就是喷农药。"赖桂勇介绍，农药从飞机上一喷，不仅害虫益虫一起被杀死，还破坏生态，对空气、水、土壤都是二次污染。昆虫繁衍周期不尽相同，可能是每周、每个月，甚至每天，有的是在树底下、有的是在土壤地下。总之，喷农药是治标不治本。

他认为："电梯、电线、高楼大厦以后对子孙后代来说，都是钢筋水泥、破铜烂铁，只有空气好了、水干净了，才是留给子孙最好的财富。"

几经研究，涌泉集团的病虫害防治办法已经初见成效。尤其是被誉为"植物癌症"的松线虫病，是公认的世界性难题，在专家团队的努力下，已经有突破性的成效，技术达世界领先水平。

经历了大喜大悲之后，赖桂勇反而获得了超然的心态。他不再遇到事情就变得性情暴躁，急于求成，而是能够置身幕后，从而从容细致地思考一切。"病虫害防治眼下不赚钱，别人都不愿意做。我有园区，有科研工作站，还有一身的经验教训，那就我来做，说不定以后就赚钱呢。"

涌泉集团现在专注的行业市场空间，尚不能与他当年打下的商业版图相提并论。短时间内，也很难一下子扭转掣肘行业发展的技术和观念。但是，这个五十多岁的企业家经历了人生的起伏后，他就想通了，放开了。说起眼下的科研工作，赖桂勇直言："这个真的很可爱，很可爱。"

往后，摆在赖桂勇和涌泉集团面前的任务依旧很重，但我们不能怀疑这是未来。只不过现在还不知道，这个未来什么时候来。

美亚柏科滕达：

改革试验下的成品

文 / 谢嘉晟

  2018年是中国改革开放的第四十个年头，回顾过去的四十年，滕达称自己是当之无愧的改革试验品，从小学到大学都赶上了标志性的"最后一届"；改革创新也是滕达从创业开始坚持至今，他认为企业创新才有活路，每年都大力投入研发推动企业创新。他一手创立的美亚柏科公司已成长为中国大数据社会治理方案探索的先行者，是国内电子数据取证行业的龙头企业、网络空间安全专家。

虎鲸二号现场勘查取证专车亮相央视"大国重器"栏目

3月7日,有时间分身接受专访的这一天,无意中又给滕达凑了个"10",月与日的数字相加,正好是滕达一路走来不同寻常的吉祥数字。

美亚柏科1999年9月22日创立,改成股份制的时间是2009年9月22日,奋斗的周期正好相隔十年。

向证监会递交上市申报材料,报送反馈意见的时间是10月18日,1+0+1+8总和是"10",股票发行日期是3月7日,冻结资金是523亿,挂牌日期是3月16日,每一组数字各自相加,总和都是"10"。

再往深里推演,美亚柏科的证券代码30188,公司用车车牌是闽DFU188,把"922+188"排成竖式,上下三组数据相加正好凑成"101010",是1的程序代码。而对美亚柏科来说,"10"显然是个幸福密码。

从狗年春节之前约到春节之后,好不容易排出个"可以聊聊的时间",无意中又凑了个"10",把这个日子放到改革开放四十年的时间节点,对滕达本人和美亚柏科进行一次阶段性的梳理总结,无疑又是一个可以留下印记的日子。

滕达更愿意说自己就是一个"改革试验品",他并不遮掩自豪:"如果没有改革开放,就没有今天的滕达和美亚柏科。"

美亚柏科是A股创业板的上市公司,是中国网络空间安全的专家,是全球电子数据取证行业的老大,滕达是美亚柏科的现任董事长。在美国纳斯达克还有一家和美亚柏科主营高度相似的上市公司,市值折算成人民币30亿左右,市值体量不在一个等级。

就在安排专访的前一天,滕达刚在朋友圈晒了美亚柏科的虎鲸二号现场勘查取证车,这辆车刚刚在央视最新播出的《大国重器第二季》中亮相。

虎鲸二号由厦门金龙汽车提供了副身板,核心是以美亚柏科电子数据取证系统为主搭建起来的综合性指挥平台,车内配置高科技装备,能快速恢复并分析各类数据。说起来,它其实只是美亚柏科移动式的电子数据取证装备。在美亚柏科,用于电子数据取证的有三大类,

虎鲸二号移动式取证实验室

一类是便携式的，可以随身带走；另一类是固定的实验室设备，是搬不走的；最后一类就是，像虎鲸二号这样的特种装备，属于移动式的取证实验室。

适应不同的环境，取证设备的核心功能大同小异，除了可数据取证，还可用于解读类似飞机"黑匣子"中的数据。

基于不同的使用环境，美亚柏科还研发了警用无人机，电子数据取证疆域从地面升到了天空，在汶川地震、厦门国际马拉松、天津港 8.12 爆炸事故中，这款产品都为现场勘察提供了技术支持。

无人机市场的逐渐扩大，无人机安全问题也日益突出。从协助监管部门维护公共安全出发，美亚柏科还衍生了反制无人机的"电子鹰"，它可以阻断无人机飞行中的信号，迫降无人机，从而为限定区域营造一个安全的上空。

去年的金砖厦门会晤，这款"电子鹰"就是保护会晤现场空中安全的神秘力量。

父亲带回"有意思的东西"成为滕达的"指南针"

谈及改革开放，滕达兴奋得像个孩子："我就是一个典型的'改革试验品'。"

滕达是地道的厦门人，小学毕业时赶上了改成"六年制"的新老划断，他成了最后一届"五年制"毕业生；初中毕业，赶上最后一届"大面积保送"，他顺理成章到了厦门双十中学高中部；1988年考上厦门大学，又赶上最后一届"免费大上学"，到他那一届止，大学生不仅学费全免，每个月还可以像领工资一样，领取一定的生活补助，在他那一届之后，不仅要交学费，生活费还要完全自理；认真学习的阶段赶上了中国教改；1992年大学毕业参加工作，则赶上了中国深化改革扩大开放的大好形势，这一年，中国开始讲述"春天的故事"。

滕达的成长道路，贯穿了中国四十年改革开放的整个进程。

和很多同龄人相比，滕达应该算是相当幸福，父亲是集体企业厦门区办电子仪器厂的领导，母亲则是厦门第一中学的老师。

父亲属于较早与市场接轨的国企改革派，他带头以创新的经营思路改革区办厂，还在以产定需的计划经济时代，就主动走出去，南征北战，国内国外，用市场化手段撬开产品的出路。由于市场化介入较早，父亲成为中国改革开放后最早受益的群体。

改革开放不久，父亲就自己创办了一家组装计算机主板的工厂，主营相当于来料加工，原料进口，成品出口，后来主营过渡为电子元器件的自主研发生产。现在，父亲创办的这家电子元器件工厂在汽车电子领域具备一定的竞争力，在苏州有三万平方的自建厂房，管理着几百号员工。

在滕达眼中，父亲愿意尝试并乐于接受各种新兴事物，对每个机会都不轻易放弃，一直很拼。父亲今年已经七十三岁，因为心脏和血管问题，身上搭了八个支架，虽然"跟机器人一样"，但至今仍然坚持在一线。

父亲有一个开放的视野，脑子里装着一个开放的思维。

父亲对新兴事物总是兴致勃勃，在20世纪80年代那会儿，一有出国机会，他都会把差旅费尽可能的省下来，给儿子带一些礼物回来。

因此，滕达还在上初中时，双十中学仅有两台用于教学用的两台286电脑，他的家里就有一台。父亲对新兴事物的关切，潜移默化中变成对孩子兴趣的培养，当多数中国人还不知道电脑是什么玩意儿时，他看到老美玩得很嗨，于是，把省下的差旅费给孩子带回了一台电脑。

聊到酣处，滕达不无得意，"从小迷恋电子，不是因为我多有天赋，而是因为我有一个好父亲。"

父亲的这台电脑对滕达的帮助是润物无声的。其带来的影响随着滕达的成长慢慢显现出来，初三时，就拿下全国青少年计算机程序设计大赛福建赛区的冠军。

父亲喜欢给孩子买新鲜玩意儿，传承给滕达，变成了一种购物习惯，觉得走公司采购流程太麻烦，他经常自掏腰包给公司买各种"有意思的东西"。

美亚柏科有个专用展厅，除了陈列公司自己研发的软硬件产品，另一个看点是各种新老物件。老物件有那台当年父亲从国外买回来的286电脑，还有他从老美空运回来的老军用越野车、老数码相机、老打印机和老电视机。

展厅里的新物件多数是全球范围内的最新科技产品，有些还只是概念，滕达把它们买回来，初衷就像当年父亲从国外带回的电脑，无意中给孩子当了指南针一样，他希望自己的信手拈来之举，也能给公司的研发人员提供一点启发。

一旦接触什么新鲜玩意儿 就大胆猜想种种可能

就出身而言，滕达是典型的技术派。

美亚柏科有自己的食堂，滕达吃饭不设包厢，也没什么谱，挑个没人的位子坐下，一些同事就会围坐过来，然后，话题就绕开了，更多时候是展开各种技术上的联想。接受采访的当天，平昌冬奥会满眼高科技的"北京八分钟"成为议论的话题。

这顿饭议论的核心是：舞台中央二十四个屏幕机器人，怎么在技术上做到整齐划一？外行人看着热闹，只有内行人才知道里面的技术含量。

老员工显然一眼看穿了美亚柏科这些技术范扎堆琢磨"北京八分钟"的意图："估计用不了多久，公司又会有新的东西出来了。"

滕达已经习惯于一旦看到什么新鲜玩意儿，就大胆猜想跟美亚柏科现成技术合体的种种可能。这是危机意识使然，从创业至今，他的头脑始终清醒，曾经风光无限的摩托罗拉、诺基亚和柯达，今天看来都是反面教材。

正所谓一招不慎满盘皆输，柯达还是数码相机的鼻祖，最后却败在了数码相机的手上；今天牛遍全世界的华为，也曾被爱立信不放在眼里，说是三十年河东三十年河西，很多企业从牛哄哄到转眼不行，甚至连三年都没有挺过去；相比之下，互联网企业的生命力还要更加脆弱，雅虎从八千亿市值到四十八亿贱卖，前后也就十六年时间。

这些反面教材都太触目惊心，以至于滕达时时警惕自己，几乎言必称创新："只有创新才有活路，必须无时无刻保持创新。"

对于创新，滕达有深刻的理解。

美亚柏科的前身是一家电脑销售公司，滕达大学毕业后的若干年里，风口都是拨号上网，卖组装电脑是很多IT企业的核心业务。

自小与电脑为伍，大学修的专业也对口，滕达顺理成章成为家父企业中的一员。在滕达的成长过程中，美亚柏科的第一任董事长、厦门大学电子工程系刘祥南教授不能不提。

找导师一般是攻读硕博阶段的事情，还在填报高考志愿选择专业阶段，父亲就先为滕达引荐了一位导师，他就是刘祥南。父亲与刘祥南的结识并非偶然，刘祥南是父母同学的哥哥。因为与父亲的特殊关系，刘祥南成为父亲企业的顾问。

那段时间，IT产品的卖点主要在硬件，在推广普及时代，不缺生计。刘祥南和滕达都是科班生，自是不可能视而不见。依托家父的企业，刘祥南和滕达成立了一个单独的部门，代理进口品牌机，也兼营组装电脑。

技术出身，生性腼腆的滕达跟着父亲走南闯北，首先历练了性格，学会了怎么主动开拓市场。当时电脑营销的主战场是政府和机构，厦门某政府部门成了美亚的第一个客户。

都是卖电脑，价格又很透明，如何在竞争中体现优势？表面上都说在售后服务上一较高下，其实多数电脑公司所提供的售后服务并无太大区别，都是上门安装、统一培训，教会客户如何使用电脑。美亚柏科的售后服务不同之处在于，它把培训当成了一门学科建设，是"系统化的"，与很多同行"教会为止"不同，美亚柏科的培训自成体系，有专门的教材，专业的老师，有统一考试，合格者还可以拿到人社部颁发的证书。

"培训带动销售，促进服务，了解需求。"这种培训上的创新，让滕达师生还在卖硬件时代，就已经成为电脑战国的一方霸主。

美亚柏科的培训模式已经成为核心竞争力，在同安，有一幢独立于总部之外的188培训大楼。多数外界并不知道，这是美亚柏科面向全球的网络空间安全和电子数据取证应用培训的黄埔军校。

瞄准电子数据取证软硬件刚性需求

美亚柏科业务范围的每一次扩展，总是伴随着创新，电子数据取证和网络空间安全两大业务板块的形成，创新始终贯穿其中。

20世纪90年代，政府和机构采购电脑，很多时候是体现"与现代化接轨"的一种摆设，主要的应用在码字，偶有开窍的，会装上一套财务软件，让程序化代替人工。

今天回头去看，滕达对厦门政府部门意识的超前，感激中带着赞叹。与大部分政府单位不同，那会客户单位采购电脑并不仅限于码字，还希望"把电脑用起来"，使之能支持信息安全的搜索，把人工的机械化工作转换成程序化操作。

该政府单位超前的设想让滕达浮想联翩，他意识到，信息安全的搜索技术不只是应用在厦门，在全国整个系统内都有着广泛的需求。

当时并不知道，他们提出的概念其实就是今天的大数据。那个时候，互联网还是个模糊的概念，这个较为前卫的举动，用专业的话来说也就是"织个局域网"。

以当时国内的技术底子，滕达不得不承认，搞这玩意儿真的无从下手。最后，刘祥南老师的另一个学生被派上了用场，这名学生在厦门大学网络管理中心工作，他所从事的工作跟该单位想要的信息搜索有些异曲同工。

通过创新培训模式，形成卖硬件的竞争力；在卖硬件中创新应用软件，1999年9月22日，由滕达父亲投资，以已经退休的刘祥南和滕达为首搭起草台班子，美亚柏科正式创立。

要在"一穷二白"的国内产业现状，凭空为厦门该政府单位开发一项关于信息安全的搜索技术，门槛不低。彼时的美国是全球IT产业的灯塔，对供应中国的很多硬件和技术都是封锁的，美亚柏科创始团队希望能借鉴美国的现成技术，搞个中国模本，但在技术上怎么突破，成了难题。

不只是现在的华为在老美不时碰壁，在滕达的印象中，这个国家一直很傲慢，对中国企业一直保持着很高的警惕性，早期的美亚柏科从那引入一些先进设备，要先预付款，半年交货，派人过去培训，教材只能看一个晚上。

从参加美国企业的专业培训，回到国内再教给客户，基本上只有一周的时间，初创期的美亚柏科不仅要完成教材的翻译，还要编成接地气的另一本教材。

核心技术和硬件靠东拼西凑，折腾了两三年，发现还是找不着北，2006年，美亚柏科走上了自主研发的道路。借鉴他人基础上的创新，让美亚柏科像踩在了巨人的肩膀上，快速崛起。

2008年的北京奥运是美亚柏科的一个转折点。

奥运会是体育赛事的竞技场，也考验着网络空间安全技术，一些不怎么友好的黑客会借机入侵，在这种情况下，需要有一个强大的网络空间安全系统对各种信息进行过滤。凭借在该领域的领先优势，美亚柏科受邀投标，并通过不懈努力获得了认可，由此奠定了公司在国内"网络空间安全"领域的专家地位。

美亚柏科电子数据取证技术的突破，同样是在沙漠地带寻找绿洲。

美亚柏科为厦门某执法机构量身定制的网络空间安全系统，逐渐推广到福建全省各个机构。有一次，某地发生一起案件，数据突然丢失，办案部门找到美亚柏科，希望能把数据复原。

花了一个通宵的时间，美亚柏科的技术人员终于用硬盘把数据分析出来了。这个事件，让美亚柏科看到了执法部门对电子数据取证软硬件的刚性需求。

同样在国内技术一片空白的状态下，仅凭这个含糊的概念，美亚柏科创造性地辟出了一个产业。而今，美亚柏科百分之六十以上的营收，来自于电子数据取证业务。

电子数据取证业务在2002年迎来飞跃，时值十六大召开前夕，国家网络安全主管部门对此类设备公开招投标，美亚柏科成为中标的两家企业之一。不过，同时中标的两家企业很快在售后中出现分化，由于培训服务的明显差异，美亚柏科的发展势头逐步超过另一家中标企业，成为行业龙头。

上市首日成为当日四只新股中涨幅第一

站在父亲的角度，今天的滕达无疑是他的骄傲，美亚柏科于 2011 年 3 月 16 日在深圳创业板挂牌上市，滕达实现了父辈长期以来没有实现的很多愿望。

父亲的指南针作用，让滕达的成长总是不会偏离大方向太远，除了上市闯关在脑海里留下较深的记忆外，他甚至想不起更多的坑坑坎坎。在美亚柏科成功登陆深交所后，滕达曾公开过一次上市经历，他把推进上市的过程视为"无异于一次西天取经"。

这并非言过其实，多少准备冲刺上市的企业因为熬不到挂牌的那一天，中途崩塌。正在向注册制推进的 A 股，拟上市企业尚且排成了长队，昔日美亚柏科想在创业板上市，其中艰辛由此可见一斑。

"仅美亚柏科企业性质该如何界定这一关，就差点让我放弃了上市的念头。"那是一段回顾起来仍让滕达觉得有趣的经历。

继承了父亲善于捕捉机会的血统，滕达只在创业初期有过难以为继的经历。创业初期，没有完善的资本市场，融资渠道不畅，资金压力山大，难免有时候会有上顿没下顿，每当这个时候，他不敢跟父亲张口，改向母亲要钱，母亲总会尽量满足他。

借钱给滕达的母亲郭永芳自然而然成了美亚柏科的法人。一个颇有意思的变化是，创立时，母亲是国内居民，美亚柏科注册为内资企业，后来，随着父母双双移居香港，郭永芳的身份变成了香港市民。

这一身份切换在当时成为致命障碍，按照当时创业板的上市规则，接收的企业必须是内资企业，母亲身份的中途变更给美亚柏科带来了一个尴尬难题：要上市必须先证明确属内资企业。

"当时，我们找了很多相关部门，从地方找到国家部委，因为没有先例，没有一个部门愿意开证明。"滕达记得，在筹划上市的前面半年时间里，所有高管围绕这个问题挠破了头皮，想尽各种可能的途径，力求找到答案，但各方反馈回来的答案让滕达一次比一次失望。

就在滕达几乎想要放弃的时候，美亚柏科曾经的董秘突然在彼时刚过会的博深工具上市公告中留意到，这家河北公司有着和美亚柏科一模一样的经历，所不同的是，出资人由国内居民变成了新加坡国籍。

"香港还是我们中国的，比新加坡的理由更加充分。"这一发现让公司上下一片沸腾。第二天，董秘找到相关部门，拿回了企业性质证明样本，至此"第一难"才算迎刃而解。

滕达本以为此后的上市进程会顺一些，事实还是有些残酷，递送年报的过程同样充满痛苦。

每年的12月份，是保荐人资格考试的时间，一到这个时间，保荐机构的所有员工几乎都在忙着读书应试，根本无暇顾及美亚柏科。而在上会之前，美亚柏科必须补齐2009年的年报。无奈之下，美亚柏科只能把上会日期顺延。

等找到人补齐2009年第一季报，滕达又傻眼了。早期的美亚柏科业绩有周期性，一般上半年收入只占三成，到第三季度会占到五成，最后一个季度会占到五成。如果用第一季报上会，财务报表相当难看，可能还会出现亏损。因此，券商建议再把上会日期顺延，补上2010年年报后再上会。

建议很善意，却并不那么切合实际。这意味着美亚柏科上会得拖上另一个周期，周而复始，其实又在重复上一个周期的轮回……

2010年12月28日，美亚柏科如愿过会。2011年3月16日，滕达在深交所敲响上市钟声，直到那一刻，他一颗悬了三年多的心，才算彻底地落了下来。

上市首日，美亚柏科报收于50.1元，上涨25.25%，在当日上市的四只新股中涨幅第一。

"一带一路"的天地够宽 有足够施展的广阔舞台

狗年春节一过，3月1日，滕达马上启程去了一趟马来西亚，同行的还有厦大厦门校友会的八十位企业家和八十位厦门爱乐乐团的成员。

滕达是厦大厦门校友会企业家分会的现任会长，此行的目的地是厦门大学马来西亚分校，一行抵达吉隆坡时，厦大原校长、厦大校友总会理事长朱崇实和厦大马来西亚分校校长王瑞芳亲自到机场迎接。

回到厦门后的滕达对于此次马来西亚之行很是感慨，他把朱校长任上的"建马来西亚分校"一事视为一次壮举，特地在朋友圈转发了关于此行的相关报道，并配上了言论。

正如朱校长深情的感言："九十多年前，厦大校主陈嘉庚在事业有成之后回国创办了厦门大学，九十多年后，厦门大学经过数代人的不懈奋斗，已成为中国最优秀的大学之一，她怀着深深的感恩的心来到校主生活与成长的土地，创办了厦门大学马来西亚分校。这是对校主精神的传承，对马来西亚这片美丽土地的回馈，是对所有马来西亚善良人民的感恩。"

滕达也记住了朱校长开创中国完整高校走出去先例的伟大意义："'一带一路'人才培养最好办法是在跨文化当中、在相互的欣赏学习、生活当中来了解当地的文化，促进未来两地更好地合作交流。"

去了一趟厦大马来西亚分校，滕达像接受了一次洗礼，突然觉得，中国企业完全没有必要跟特朗普死磕美国市场，老美不留爷，自有留爷处，中国"一带一路"倡议的天地够宽，有中国企业足够施展的广阔舞台。

改在四十年前，中国高校要到海外设立分校，那是不可想象的，中国模式之所以能够得到很多国家的认可，就基于对中国政府的信任，四十年来中国国力的逐渐强大，很多国际势力看中国的眼光由昔日的俯视变成了今天的仰望。

企业征战星辰大海亦是相同的道理，如果中国企业的技术能够领先于世界，变成地球人的不可或缺，就像中国的新四大发明"支付、共享单车、高铁和微信"，在全球处于领先地位，那么，尽管特朗普言必骂骂咧咧，动辄要打贸易战，还是会受到多数国外市场的欢迎。

从到美国培训连教材都不让带走的教训中，滕达就明白，不能在这棵歪脖子树上吊死。

美亚柏科的征战原则是围绕"家门口"的城市向外开拓，如果公司大本营厦门走不通，就从最近的周边城市攻起，先做出样本，再逐步推广，让市场成本做到最低，并且有辐射作用。比如，厦门执法部门是美亚柏科最早的客户，而电子数据取证应用到工商系统，则是从泉州开始的。

泉州是有名的品牌之都，知识产权问题比较严重，电子数据取证对打击假冒伪劣有着十分重要的作用，就好像给泉州执法部门装了一双"火眼金睛"，于是便迅速撬开了泉州市场，产品得到了泉州执法部门的认可，在厦门的推广自然就水到渠成。

在此基础上，美亚柏科变成了一个孵化器，服务领域从公安、工商扩大到税务、药品，以及基于非统计数据国民经济运行态势数据分析。

通俗而言，美亚柏科为国家治理社会提供了技术和平台，为政府精准执法提供支撑。好比工商管理餐饮业，厦门有一万多家餐饮企业，有限的人手如何把精力放在突出问题的监管上，通过大数据比对，就可以找出问题的重灾区。

当应用培训也能成为美亚柏科强大的竞争力时，国外那个昔日的对标公司，都不敢小觑了。滕达见证了公安中国模式的崛起到强大，早期的中国公安参加国际刑警培训，美国的模式是标本。现在倒过来了，很多国家把中国的培训模式视为榜样，中国的培训学校成了国际警察的"黄埔军校"。

培训驱动，产品输出，创新成就核心竞争力，当老对手还在鄙视中国的土办法时，美亚柏科已经悄悄把中国产品卖到了老对手的大后方，并把"中国方案"输送到一带一路沿线上的二十多个国家和地区。

女娲用7天创造了人类，7是轮回，也是再生；7是里程碑，也是新起点。

2018年3月16日，美亚柏科上市七周年了，团队由昔日几个人组成的草台班子，变成今天拥有2600多人的一支庞大队伍，申请专利330项，取得授权专利172项，举办了2000余期培训，培训过国内外学员8万余人，有5家全资子公司、7家控股子公司、10家参股公司，拥有全国网络警察培训基地、中国刑警学院技术实习基地、中证司法鉴定中心等。

金牌厨柜潘孝贞：
领跑"中国制造2025"的新实业家

文/谢嘉晟

  潘孝贞堪称中国厨柜行业的一个旗帜性人物。
  他一手创立的金牌厨柜是国内厨柜细分领域的第一品牌，是国内资本市场里的"专业厨柜第一股"，拥有行业唯一的国家级厨房工业设计中心，是国家"863计划"的承接单位和厨柜行业国家标准的制订者，是中国第一家把自有品牌输到海外的厨柜企业，是"两化"融合的典范和"中国制造2025"的成熟样板。

国内 A 股斜刺里杀出的一匹黑马

带着"国内专业厨柜第一股"光环上市的金牌厨柜,无疑是国内 A 股斜刺里杀出的一匹黑马。

上市以来的神勇股价是金牌厨柜最耀眼的表现。2017 年 5 月 12 日登陆上海主板首日,金牌厨柜开盘价 40.10 元,市值 26.8 亿,5 月 22 日开板之后,股价依然保持一路坚挺,到 12 月 29 日——2017 年最后一个交易日,报收于 132.07 元,市值将近九十亿,在 2017 年 A 股挂牌上市的数百只次新股中,创下开板以来全年沪深两市涨幅第一。

金牌厨柜这波特立独行的牛市行情,在 2018 年 3 月 20 日触及上市以来的最高价 179.90 元时,市值超过一百二十亿。

金牌厨柜的精彩故事和发展潜力显然已为资本市场所挖掘。

金牌厨柜素来特立独行。现在的金牌厨柜是中国厨柜细分领域的第一品牌,拥有行业唯一的国家级厨房工业设计中心,是国家"863 计划"的承接单位和厨柜行业国家标准的制订者,是中国第一家把自有品牌输到海外的厨柜企业,是"两化"融合的典范和"中国制造 2025"的成熟样板。

金牌厨柜的特立独行离不开潘孝贞的特质,他是金牌厨柜的创始人之一,从出生地福建三明永安考入上海同济大学后,就表现出与众不同的特质。

同济大学是德国人创办的百年名校,德语是学校要求学生必须掌握的第一外语,因此,潘孝贞的专业虽是建筑管理,还要多加一年学习德语课程。

建筑管理的学制是不多见的五年,精心挑选的专业,进了大学校门潘孝贞才明白,专业在建筑学院,方向却侧重管理,俗称"万金油"专业,学的课程面很广,建筑、经济、管理、法律,但多而不精,学业不需太花心思,可自由支配的时间自然就宽裕了。

那时候,大学生流行勤工俭学,同学们各有出路,有的开咖啡厅,有的开舞厅,潘孝贞更是这所严谨工科大学里的一个异类,他参加过很多的实践,最经典的当数搞房地产培训班。

潘孝贞上大学那会儿,1992 年后掀起的房地产浪潮正热,跟房地产有关的一些培训课程非常走俏,未走出校门的很多在校大学生,对房地产专业知识趋之若鹜。高校里有现成的师资和教室,潘孝贞只是干了一件资源整合的事情,他把招生公告往周边大学校园一贴,响应者果真络绎不绝，复旦大学、上海财经大学和上海外国语大学报名的学生特别多。

今天来看，潘孝贞昔日的这桩创举眼光独到堪称完美，实现了参与各方的多方共赢。他把学费分一半给授课的老师，另一半就是自己的收益，1993临毕业前一年，他已经腰缠万贯，成为名副其实的"万元户"，而学员们通过参加培训，也得偿所愿。

潘孝贞和初中同学温建怀创立金牌厨柜时，延续了这种特立独行的个性。

当时，他手中正捧着湖里国企厦门天地开发建设公司的铁饭碗，这家公司在中国房地产高歌猛进的二十年里，充满活力；彼时的温建怀是厦门建行中山支行的副行长，也是少年得志。

"当时所任职的企业是典型的国企，自己的某些想法在国企体制下根本无法实现。""宁做鸡头，不做凤尾"的个性，抱负得不到施展的压抑感，最终促使潘孝贞选择了下海。

温潘的此次决断是"爱拼敢赢"闽商精神的一个写照，两个人的创业决心和信心由此可见一斑。下海时，潘孝贞的代价是放弃了几年工龄眼下看来就要分配到手的一套住房，而温建怀则放弃了一片大好前程。

金牌厨柜的发展证明了"中国式合伙人"的最优模式，知根知底的同学携手创业，省却了很多磨合成本。日后，温建怀任董事长，潘孝贞为总裁，温建怀学的是金融专业，分管内控、财务、投资；潘孝贞精于工科，主导技术研发、市场营销和品牌打造，珠联璧合。

温潘携手的这种天衣无缝，甚至直接体现在早期的企业名称中。金牌厨柜初创阶段相当一段时间都叫"建潘企业"，建有温建怀的名字成分，原来效力于建行，创业后将与建筑建材行业打交道，故取"建"字，潘是潘孝贞的姓。

"建潘企业"名称一直沿用到企业股份制改造，才被更名为金牌厨柜。

"温潘搭档"：打造厨柜行业"金牌"

潘孝贞下海时机的选择带有一定的偶然性。

1998年间，潘孝贞经常途经厦门湖滨南路的闽南大厦，沿街周边扎堆的橱柜专卖店引起了他的兴趣。他留意到，这些橱柜品牌要么是台商进口内销的舶来品，要么是一些海归创业人士借鉴欧洲样式，在国内加工而成的仿制品。

转了一圈，以在房地产摸爬滚打多年的经验和多次创业尝试累积下的商业敏感，潘孝贞眼睛为之一亮：这玩意儿将来一定会有市场！

利用工作之便与一家本土厨柜企业进一步接触后，他发现，厨柜行业市场潜力巨大，而且，"初始投入和利润空间也比较符合自身的创业条件和想法"。

彼时中国的福利分房制度接近尾声，住房走向市场化已是大势所趋。潘孝贞凭直觉判断，随着住房的个性化需求得到释放，眼前看着就养眼的厨柜，在未来住房条件的升级换代中，一定会变成一种刚需品。

抑制不住内心的兴奋，意犹未尽的潘孝贞兴冲冲找到了温建怀。彼时的温建怀已走上银行中层干部岗位，跟不同行业打交道的机会同样很多，两人都有了很多实践，英雄所见略同，对"自主创业"一拍即合。

温潘联手从兼职代理一家本土厨柜品牌开始，随着对厨柜行业的了解，以及从行业成长中看到的希望，1999年，俩人双双离职全心自创品牌，这是金牌厨柜的开始。

鲜有人知道，现在"国内专业厨柜第一股"光鲜亮丽的背后，其实也熬过一段初创阶段几近崩溃的艰难时期。

温潘初创的启动资金是自有积蓄加上多方拆借筹措来的，有二三十万。建潘企业创立的标志，在厦门本岛后浦租用了一个工人可以吃住的八百平方通用厂房，购买了一整套设备和原材料，招了些工人，在台湾街当时筹建中的国联建材城租了个三十见方的门店。

今天回头去看，金牌厨柜首店店址的选择堪称神来之笔。国联是厦门第一家建在商场里的专业建材市场，与更早之前落成的江头建材城最大不同，在江头建材城闲逛，店面临街分散，必须忍受露天的酷暑与严寒，而国联建材城可以让消费者像逛商场一样逛建材市场。

不可否认，金牌厨柜把店址落在国联建材城，曾让很多业界都看不懂。老市场有成熟的客户群体，可以为新店引流，把一家新店开在一个还处于培育期的新兴市场，显然存在着诸多不确定性。

只有温潘自己心里清楚，企业产品名称之所以注册为"金牌"，就寓志于做行业冠军，在这一市场定位下，进驻国联建材城最为合适。

万事俱备，温潘踌躇满志。按计划，当年底国联建材城会开业，因此，尽管前期租厂租店、购买设备和原材料后，启动资金已经捉襟见肘，他们还是深信，只要国联建材城开张了，厨柜行业的天然定制属性，就会把建潘企业的资金流续上来。

人算不如天算。国联建材城并没有如期在当年底开业，由于消防验收迟未通过，一拖再拖。

对温潘来说，等待国联建材城开业的那段时间无比煎熬，一方面，启动资金眼看着就要弹尽粮绝；另一方面，团队信心也几近崩溃，一些员工看到三个月还没开张，已经人心思动。

硬挺了三个月，国联建材城还是没开，眼看着明天就要发不出工资了，在一个下着滂沱大雨的深夜，两人不得不冒雨赶到一家娱乐场所，找正在那里 K 歌的朋友借钱。

柳暗花明，1999 年 3 月 18 日，国联建材城开门营业。

那是一个激动人心的时刻，因为抢占了国联第一家进驻厨柜专卖店的先发优势，金牌厨柜从进入市场起便显得鹤立鸡群，开业当天，金牌厨柜连接数笔订单。

厨柜行业的特殊性，帮助建潘企业触底反弹。厨柜需要预先定制，定制必须先付定金；在原材料采购上，则可以向供应商争取账期，两头占现金流便宜的行业特性，让建潘企业顺利渡过了此劫，并且在此之后再未受流动资金困扰，订单越多，占有的现金流也越多。

全心下海一年多后，金牌厨柜从此开挂，工厂由后浦搬到蔡塘，先是整幢三层，后又扩到周边；2008 年，北京奥运会召开前夕，金牌厨柜搬进了自建的同安橱柜产业园。可以在自建厂房里随心所欲的自搭积木，温潘找到了新的快感，金牌厨柜进入了另一个境界。

现在的金牌厨柜已在中国建立起全球最大、最具科技含量的厨柜产业集群，在厦门同安和江苏泗阳有两大生产基地，在国内七百多个大中城市有一千多家专营店，有线下实体店和线上网店互为打通的国际国内销售渠道。

金牌橱柜工厂

金牌信条：品质是"价值和尊严的起点"

潘孝贞坦承，金牌进入厨柜行业的时间并非最早的，不过，切入的时机算是比较好的，正好赶上了中国持续二十年的房地产驱动经济周期。

外部环境之外，企业内部的"金牌之道"无疑是成就今日金牌厨柜的关键。"金牌之道"是金牌厨柜长期形成的一套文化理念体系，主要包括"以客为先"、"质量第一"、"爱拼敢赢"和"学习创新"四大核心。

"硬件不够，软件来凑。"初创阶段的整个厨柜行业材料、工艺都相差无几，产品"硬件"上很难体现差异，体现差异化和竞争力只能拼服务这个"软件"，金牌厨柜从切入这个行业起，便一点一滴地践行着"以客为先"的服务理念。

温建怀在银行摸爬滚打多年，潘孝贞有丰富的房地产从业经验，银行和售楼都有一套优雅的服务模式，他们把银行营业大厅和售楼处的服务理念引入厨柜行业，专业、规范、着装统一、彬彬有礼的售服形象很快在行业中独树一帜。

厨柜有淡旺季，淡季闲来无事，售后主动上门，"有病看病，无病健身"。本以为装完了事的客户，突然迎来免费上门保养的金牌售后人员，其留下的印象自是不言而喻。

直至今日的金牌厨柜办公楼前，有十几个最方便的停车位多数时候都是空的，温潘不仅不许员工停放，自己也不图省事，把它留给随时会来的客户。

温潘都属闽商，金牌厨柜把"爱拼敢赢"的创始精神融入了企业文化，鼓励员工敢拼、爱拼、善拼，保持创业精神，脚踏实地居安思危。按照潘孝贞的说法，希望未来的金牌厨柜能出五十个"温总潘总"、五十个组织源点、五十个决策点、一百个中高层经营型奋斗者、一千个中基层先进奋斗者，让金牌的奋斗者都成为金牌合伙人。

金牌厨柜还是一家学习型的企业，在潘孝贞看来，学习永不晚，思路决定出路，创新就是最好的出路。

这只是金牌厨柜"软件"的一部分。从创立金牌厨柜之日起，温潘就有一个非常清晰的产品思路：品质第一。在潘孝贞所信奉的格言中，品质还是"价值和尊严的起点"。

潘孝贞师从德国人创立的同济大学，德国人的风范、德国文化的影响以及德国精益求精的严谨态度，深深地渗进这所老牌工科大学的血液中，也在他的身上烙下了很深的印记。

潘孝贞所信奉的"品质是价值和尊严的起点"格言，出自于他大学时代台湾生产力大师石滋宜在同济大学举行的一堂公开课。他把这句话做成标语，悬挂在生产车间，希望这个品质理念能传导给每一位员工。

金牌厨柜由量变到质变，首先从设定参照物开始。欧式厨柜是行业的样板，欧式厨柜的发源地在欧洲，全心下海后，温建怀和潘孝贞开始有时间去考察国内外同行，组织参展接触客户，通过横向比较和了解需求，在摸索中提升品质。

一头扎进去，加上温潘理工科的先天悟性，金牌厨柜很快尝到了甜头。他们做了一个引领行业的动作，把国际市场上最新的双饰面板引入国内，它属于新型材料，兼具美观和环保。

双饰面板把金牌厨柜的品质提升了一个档次，很快引起了国内同行的跟风。

见的世面多了，潘孝贞看到了中国厨柜行业发展的另一面。尽管受益于庞大的市场潜力，中国厨柜行业十几年时间就走过了欧美国家几十年才走过的道路，相形之下，中国厨柜品质还是被甩了若干条街。无论是德国厨柜的严谨和强大的内在功能，还是意大利厨柜奔放时尚的设计，都不是一朝一夕能够形成的，中国厨柜行业可以抄袭别人的样式，内在的精髓却非短期之功可以一蹴而就。

金牌厨柜在意大利的米兰设立了工作室，聘请了意大利、德国以及中国台湾的设计师组成研发团队。这是中国厨柜行业的一次创举，中兴事件让很多国人明白了自主研发的重要性，也意识到自主研发可能付出的代价。在全球厨柜技术高地的欧洲搞自主研发，金牌厨柜需要有一种舍我其谁的勇气。植根于欧式厨柜研发力量基础上的自主创新，成效立竿见影。米兰工作室把国际水准的技术和标准，实实在在地嫁接到中国企业中，让金牌厨柜在保留欧式优点的同时，融入了创新元素。

这是一个从跟风到超越的过程。

"两化融合"：攻克技术"黑匣子"

初创的金牌厨柜并不寂寞，仅厦门一地，高峰期就扎堆了近百个厨柜品牌，能够在千军万马中杀出重围，"智能制造"是金牌厨柜的一把利器。

按潘孝贞的解读，金牌厨柜的"智能化"主要集中在三个层面：

一是制造的智能化。从接单到出货，全程信息化，原来必须依靠人海战术才能解决的一些流程，现在基本上采用机器代工。机器可以保持二十四小时不间断运转，制造流程智能化产生的直接效果，降低了成本，提高了效率。

二是营销系统的智能化。客户走进实体门店，只要连上WIFI，导购员便可以判断出客户的喜好；门店还实现了从接单到派单的信息化流转。不难想象，下单流程如果离不开人力，企业做大后，只是接单就是项庞大的工程，不仅效率低下，要背负高昂的人力成本，人工传单还容易出现差错。

三是产品本身的智能化。即智能厨房和智慧家居的语音交互，这是金牌正在努力的下一个方向，目前虽然还处于概念和试验阶段，但已经在全球厨柜行业中呈现了一个已知的未来。

现在，走进金牌厨柜的生产期间，外人或许会为金牌厨柜的智能制造水平所折服。用"武装到牙齿"来形容金牌厨柜的信息化水平并不夸张，向金牌订制一套高端厨柜，从提交订单到交货最多只需十二天。

这无疑是潘孝贞值得骄傲的地方："没有两套厨房的要求是一样的，每个厨房都有几百个零部件，每套厨柜都要走几十道流程，每个月都会接到成千上万份订单，总有一个地方不一样。此前，从接到单子到出货安装，要花费一个多月时间。"

厨柜行业的天然定制属性，也让金牌在推动"两化"融合和智能制造上，具备了与生俱来的基因。不过，启动信息化建设则缘于一个意外。

十多年前，潘孝贞偶然间看到了南京林业大学一位老教授翻译成中文的一篇科技文章，这篇源自国外的文章阐述了未来"大规模定制"的趋势和可能。

这篇文章成为金牌厨柜推动"两化"融合和智能制造的理论依据，从2005年起，金牌厨柜便着手推动"信息化"和"工业化"的融合试验。

潘孝贞说，走弯路交学费不可避免，但目标确定后，便不遗余力、背水一战。

打通"信息化"和"工业化"的"黑匣子"，是两年前才攻克的技术难题，不难想像，摸索过程耗时耗资耗力。

厨柜的传统定制流程大致是，先在门店看样下单交付订金，然后根据进度付款，其间需要现场查勘和测量，接下来工厂备料生产，最后送货上门安装。

门店接单，工厂生产，与此相应的生产方式，接单主要靠手，信息传递靠走，流程之长堪称"产品之最"，接单、选材、测量、下单、配送、安装，多数环节离不开人工。传统的印象，一套厨柜由数百个零部件组成，有用到木作，也用到电工，有传统家俱，也有现代电器，厨柜制作只是木匠工艺的简单拼凑而已。

实际上，厨柜在一套住宅里的作用，它无异于人体里的那颗不能停止跳动的心脏。

早期的金牌厨柜是中国厨柜行业的一个缩影，材料外调，工厂程序化组合装配，技术门槛不高，产品同质化严重，这是行业共性。不过，行业优势也很突出，现金流充沛，没有库存。

因此，无论是"信息化"，还是"工业化"，对于厨柜行业来说，都是一个极其复杂的系统工程，要把两套系统链接起来，更非短期之功。

"信息化"是互联网的必然产物，共用模块基础上植入个性化需求，不断试错就能达到满意的效果；"工业化"亦是如此，机器代工是总的方向，通过信息技术把所有设备都串联起来建成自动化系统，同样需要不断试错。

让潘孝贞颇为自豪的，现在的多数企业还处在单独摸索"信息化"或"工业化"阶段，寄望于能在2025年实现大一统的"两化"融合，而金牌厨柜从一开始便推动"两化"融合和智能制造，高要求、高起点、高标准。

然而，外界并不知道，金牌厨柜"两化"融合的整体框架早就搭建好了，在"信息化"和"工业化"的连接上，却一直存在着一个"黑匣子"，很长时间内，"黑匣子"问题只能依靠人力解决。

潘孝贞今天重提往事显得特别意味深长，因为采用人工也能对付，"黑匣子"问题就这么一直悬而未决。本来在"两化"融合上跑在行业前头的金牌厨柜，直到广东后来居上，突然在智能制造水平上追了上来，才回过神来。

受益于时代大数据技术条件的赋能，这一次，金牌厨柜在攻克"黑匣子"问题上并没费太多周折。

一套被称为"金牌GIS系统"的工业化定制智能解决方案，成为撒手锏，它相当于金牌厨柜的神经中枢，由大数据分析系统、在线设计系统、移动互联网应用、敏捷供应链平台、车间数据系统、数据采集系统六大模块组成。

如何解决大批量规模效益和多品种个性化需求之间的矛盾，是推进"金牌GIS系统"的关键。

根据潘孝贞的经验，订制化与规模化矛盾的解决之道，是如何把标准化和柔性化进行结合。柔性化是"以顾客为中心"的理念在生产上的应用和延伸，但企业又不可能无节制的订制，消费者需要柔性，生产厂家需要刚性，刚与柔之间需要找到一个最佳平衡点。

模块分解在这个时候就显得至关重要。金牌厨柜通过实践，提炼出了通用模块，这些模块有很强的组合能力，可以满足不同消费者的个性化需求，从而体现成本优势。

以柜子为例，可以拆分成门板和柜体，门板起主要的装饰作用，这部分定制化程度越高，消费者会越满意；而支撑柜子的柜体，则可以通过设定不同型号的板材进行组装。这样，金牌厨柜提供门板订制，柜体按照各种型号标准化备货。

金牌厨柜推翻了前端设计后端加工的传统生产模式，而是先建立结构和工艺数据库，在此基础上再建外观模型库。此举意义重大，在此基础上设计出来的厨柜，经过拆单系统的分解后，可以生产出更多的标准件，这有利于后端的排料生产，提高效率。

依托六大模块打造出来的智能化生产流程，外界很难想象：每天，金牌厨柜把数以千套计的个性化订单输入系统，订单就会自动分拆成数百个零部件转化成生产的数据，自动加工，成品下线。

"黑匣子"的解决之道，就是借助条形码把整个工业化系统链接起来，打通信息化系统和机器设备，从而实现全程自动化控制生产。

"整个产品周期包含了数字化和智能化，信息化进程和工业化进程不再独立进行，而是二者在技术、产品、管理等方面相互交融。"潘孝贞的得意之处，"金牌GIS系统"还会自动识别，哪些订单该分配给厦门生产，哪些订单又该分配给泗阳生产。

打开美国市场，具有样本和标志性意义

2017年，金牌厨柜成功挂牌A股主板后，熟悉的朋友都留意到，潘孝贞在提及企业发展的愿景上，发生了微妙的变化，金牌厨柜"成为高端厨柜领导品牌，打造国际一流企业集团"的说法，开始出现在一些公开的表述中。

金牌厨柜的国际化步伐其实由来已久。早在启动信息化建设的时候，金牌厨柜就曾在中国厨柜行业中，第一家以自有品牌方式出口到东南亚，后逐步拓展到中东和北非，2018年挺进北美。

金牌厨柜的国际化路径不禁让人想起中国高铁，在吸收的基础上加以创新，中国高铁技术站在了全球同行的前列。

金牌厨柜品质提升的过程跟中国高铁的发展路径很相似，先是吸收欧美厨柜的先进理念

和先进技术，然后在此基础上进行创新，由跟风实现超越后，金牌厨柜逐渐放弃了对米兰工作室的依赖，转向鼓励中国本土设计师，力求融入中国元素的金牌厨柜，能在全球同行中脱颖而出。

美国市场僵局的打开，无疑具有样本和标志性意义。

今天的美国拥有全球最大的经济总量，也因此具备了全球最强的购买力，不过，对同样占据着全球技术制高点的美国市场来说，外来产品想争得一席之地并不容易。

美国的厨柜市场，大致分为二元，本土品牌割据了中低端市场，来自欧洲的欧式厨柜则占领高端市场，金牌厨柜的目标，锁定美国的中高端市场。可以想见，金牌厨柜首先必须直面与欧洲供应商的短兵相接。

但和很多国际品牌来到中国后面临水土不服一样，初到美国市场的金牌厨柜，对于如何打破既定的市场格局同样束手无策。经过大量的市场调查和一段时间的摸索实践后，2018年4月24日、25日，金牌厨柜展厅在美国西雅图和芝加哥两座不同的城市隔天开出。

那一天，专程赶赴美国的温建怀主持了两家展厅的开幕仪式。

对于中国企业来说，这无疑是个扬眉吐气的日子。刚接受巨额罚单的中兴通讯给中国制造业蒙上的阴霾未散，金牌厨柜却在这个时候，把中国制造的拥有自主知识产权的厨柜，输送到了号称全球技术高地的美国，对好打贸易战的特朗普来说是个讽刺，对中国企业而言则是种鼓励。

十九年的沉淀，多重优势叠加，金牌厨柜已然站在世界同行的最前列。

在潘孝贞看来，中国厨柜已具备四大优势，即智能制造、规模及成本、全产业链和商业模式。

中国家居制造行业排名靠前的企业中，基本上均已采用不同方式攻克了智能制造的技术难题，金牌厨柜更是细分领域智能制造的佼佼者，而欧式厨柜的发源地欧洲，至今在生产工艺上仍停留在传统阶段，没有多少突破和改进，相较之下，中国厨柜今天的智能制造水平把欧洲模式甩了好几条街。

厨柜行业在中国经过二十多年的发展，已经构建起比较完整的产业链，就金牌厨柜而言，厦门和江苏两大生产基地周边都聚集了不少供应链上的制造企业，中国厨柜的生产成本本来就优于欧洲，全产业链优势必然进一步凸显与欧洲的成本优势。

"中国人灵活多变，还有很强的市场适应能力。"在潘孝贞的评价中，中国人的勤劳和韧性，是欧洲人不可比拟的。

在 PK 美国市场时，金牌厨柜就瞄准了欧洲供应商的软肋，比如欧式厨柜只用厘米作为计量单位，而美国人习惯于用英寸；在材料的使用上，欧式厨柜喜欢用刨花板，而美国人更喜欢多层实木板；欧洲供应商在经营风格上还"一根筋"，相形之下，金牌厨柜更加灵活务实，适应市场的能力与意愿也更强。

对本就工于服务的金牌厨柜来说，这是个容易改变的细节，金牌厨柜适应美国人的习惯，改用英寸计量，采用"多层实木板"作为原材料。把类似服务于中国顾客的一些理念和方式输出到美国，在欧式厨柜的选择上，美国人自然而然就会倾向于中国制造的金牌厨柜。

在品质上领先一着，在成本上占尽优势，在生产工艺上智能制造，占尽天时、地利和人和优势的中国厨柜，没有理由不受到全世界的欢迎。

在金牌厨柜上市一年之后接受专访时，信心满怀的潘孝贞已能看到指日可待的未来：中国定制家居必将称雄世界。

他欣赏"马云乡村教师计划"
要用企业家的视角去做公益

潘孝贞被视为新时代背景下新实业家的典型代表。

伴随中国改革开放成长起来的上一代企业家，给人一种印象，眼里只有事业，家庭和兴趣总是难以两全，潘孝贞的存在无疑改变了外界对新一代企业家的认同标准。

和上一代企业家出生时缺吃少穿的时代背景不同，潘孝贞出生于七十年代，少年时代就赶上了中国改革开放的好年头，家境虽说不上富裕，却也衣食无忧，并有机会通过自己的努力接受国内最优质的高等教育，参加工作后又陆续拿到了高级工程师、注册房地产估价师、土地评价师等资质。

专业教育背景让他不只对行业趋势的把握相当自信，也让他在处理好事业与家庭、兴趣的关系上，和上一代有了较大的不同。

在事业上，他不只和温建怀领导了金牌厨柜走向上市，他还是全国工商联橱柜专业委员会和中国五金制品协会厨房设备分会会长，是厦门市工商联（总商会）副主席。

潘孝贞兴趣广泛，青年时代酷爱篮球、长跑，步入中年又迷上了高尔夫、帆船和骑马，如果不是身系责任，他还想尝试滑雪、登山这类可以跟大自然深度接触，更具有挑战性的户外运动。

潘孝贞的个人兴趣堪称玩到了极致，很多企业主张买游艇，他鼓励买帆船，并在厦门总商会发起成立了帆船游艇运动俱乐部，不只自己玩，还号召更多的企业家们一起来玩。

按照潘孝贞的理解，帆船不只可以举行竞技运动，更好地融入企业文化。相对于游艇，帆船还可以走得更远，可以更好地展示企业挑战自我的奋斗精神。如今，帆船比赛是厦门总商会的一项保留节目，也是金牌厨柜用于凝聚客户和员工向心力的一种方式。

潘孝贞还有一个符合中国传统标准的美满家庭，他在前方征战沙场，太太在后方相夫教子，琴瑟和鸣。

迎来金牌厨柜里程碑式的挂牌上市，潘孝贞终于可以松一口气，去践行一些思虑已久的计划，首选是"做点有意义的事情"。

潘孝贞在慈善观上同样特立独行，他不喜作秀，倡导落到实处。比如他表示很欣赏"马云乡村教师计划"，用企业家的视角去做公益。"马云乡村教师计划"跟他当年上大学时搞房地产培训班有很多共通之处，整合了乡村空巢老人、留守妇女和儿童各方的资源，让空巢老人有人陪伴，留守妇女有事可做，留守儿童得到呵护。内心里，潘孝贞把"马云乡村教师计划"视为自己从事公益的榜样。他对以公益为名的圈层活动不以为然，认为履行社会责任不一定非得是直接捐款捐物，提倡"用商业的手法经营公益"。

企业家的特长就是经营，分内事是发挥特长，把自己的企业做大做强，照章纳税，解决更多人就业，让员工衣食无忧；发展壮大，有条件就把企业办到贫困地区去，让贫困地区的人就近上班，可以兼顾家庭和工作，从而减少留守儿童和空巢老人；扶持供应商是履行社会责任的另一种方式，帮助供应商壮大的同时，让更多的企业参与纳税，解决更多人就业。

基于这样的慈善观，金牌厨柜把厦门之外的第二个生产基地设在了江苏泗阳。

今年春节前夕，潘孝贞回了一趟永安老家，举行了一场敬老新春团拜会，请村里一百多位七十岁以上的老人吃了顿饭，给他们每人打了一个红包，接下来，他要在村里建一所养老院。在农村出生长大的潘孝贞，知道农村老人最需要什么。

潘孝贞还倡导授人以渔。他以父亲的名义在当年就读过的小学设立一只奖学基金，鼓励老师和学生为家乡培养更多的人才；他还把这所学校的学生组织到厦门来游学，费用不多，他的用意，学生们从永安山区来到厦门，却开阔了眼界，或许在孩子们成长的道路上，还会因为这一次的厦门之旅，在幼小的心灵里播下一颗希望的种子。